朱子學文獻大系・歷代朱子學研究文類叢編

顧宏義 嚴佐之 主編

歷代「朱陸異同」文類彙編

顧宏義 王耐剛
丁小明 張天杰 編撰

上海古籍出版社

圖書在版編目(CIP)數據

歷代"朱陸異同"文類彙編 / 顧宏義,嚴佐之主編.
—上海: 上海古籍出版社, 2018.7
(朱子學文獻大系.朱子學研究文類叢編)
ISBN 978-7-5325-8842-8

Ⅰ.①歷… Ⅱ.①顧… ②嚴… Ⅲ.①朱熹(1130-1200)—理學—研究②陸九淵(1139-1193)—心學—研究
Ⅳ.①B244.75②B244.85

中國版本圖書館 CIP 數據核字(2018)第 103323 號

歷代"朱陸異同"文類彙編

(全五册)

顧宏義　嚴佐之　主編

顧宏義　王耐剛
丁小明　張天杰　編撰

上海古籍出版社出版發行

(上海瑞金二路 272 號　郵政編碼 200020)

(1) 網址: www.guji.com.cn

(2) E-mail: guji1@guji.com.cn

(3) 易文網網址: www.ewen.co

常州市金壇古籍印刷廠有限公司印刷

開本 890×1240　1/32　印張 75.5　插頁 25　字數 1,378,000

2018 年 7 月第 1 版　2018 年 7 月第 1 次印刷

印數 1—1,100

ISBN 978-7-5325-8842-8

K·2487　定價: 450.00 元

如有質量問題,請與承印公司聯繫

本書爲

二〇一一年度國家社科基金重大項目

二〇一六年度國家古籍整理出版資助項目

朱子學文獻大系編輯委員會

學術顧問

安平秋　陳　來　束景南　田　浩（美國）

林慶彰（中國臺灣）　吾妻重二（日本）

總　策　劃

朱傑人　嚴佐之　劉永翔

總　編　纂

嚴佐之　劉永翔　戴揚本　顧宏義

朱子學文獻大系總序

從一九九三年起，至二零零七年止，我們先後策畫，並相繼完成了朱子全書、朱子全書外編的編纂和出版，把朱子本人的撰述編著與注釋之作，及其指導或授意門人弟子的撰著纂述，作了一次元元本本的文獻清理和集成。而除此之外，這整整十五年來的收穫，還有我們對朱子學説及其歷史意義認識的不斷更新和逐步深刻。

朱子是繼孔子之後，儒家思想文化史上成就最卓越的學者和思想家。近半個世紀前，錢穆先生在朱子學提綱中提出：「在中國歷史上，前古有孔子，近古有朱子。此兩人，皆在中國學術思想史及中國文化史上發出莫大聲光，留下莫大影響。曠觀全史，恐無第三人堪與倫比。」朱子建構的理學思想體系，博大精深，不僅在儒學發展史上具有劃時代意義，而且對其身後長達七百餘年的中國，乃至日本、朝鮮等東亞諸國的思想、學術、社會、政治，都産生了深刻、巨大、恒久的影響。而此影響在思想學術史上留下的顯著印跡，就是後世學者鮮能繞開朱子説事，要麽尊朱、宗朱，要麽反朱、批朱，「與時俱進」的朱子思想研究，成爲貫串數百年學術史無時不在的主題和主軸。於是,有學者甚至認爲,「在朱熹以後,理學就成了『朱子學』」,朱子就是「理學傳統中的孔子」。這樣的評價,雖然未必「真是」,卻亦庶幾「真事」。推而論之,則所謂「朱子學」,固然是指朱子本人的思想學術,卻又不止是其本人的思想學術。按照陳來先生的説法,朱子留下的豐厚著述與精緻學説,以及七百餘年來,他的同道學友、門人弟子與後世尊朱、宗朱學者,對朱子著述、學説的闡發與研究,即「整體地構成了現如今我們所研究的『朱子學』」。作爲整體、通貫的朱子學,其學術範疇不僅涵蓋易、詩、禮、四書等傳統經學領域,更涉及哲學、史學、文學、政治學、教育學、社會學、文獻學等諸多學科,既是一座内容廣闊、内涵精深的傳統思想寶庫,一份極富開掘意義和傳承價值的文化遺産,也是一門具有多學科交叉特色的名副其實的綜合性專學。

自二十世紀八十年代以來,海内外學術界對朱子學研究表現出前所未有的興趣和關切,發展迄今三十餘載,已獲長足進步。但綜觀現狀,反思自省,我們的研究及取得的學術成果,與朱子學本身所應該享有的研究規模和研究程度,還很不相稱,若衡之以「整體、通貫」的要求,則該研究領域中的很大一部分,甚至還未曾涉及過。近年來,關於推進整體、通貫的朱子學研究的想法,逐漸成爲學界的一個共識。如以朱子學爲主題的國際學術研討會在我國大陸、臺灣及美國、韓國等地數度舉辦,如朱子學通論等朱子學研究專著相繼問世。而「中華朱子學會」、「朱子學學會」等全國性學術團體的成立，則意味着一個「學術共同圈」的初步形成，以及作爲一門獨立學科的朱子學研究已進入一個新的歷史階段。學者們指出，新時期朱子學研究的任務，就是要規劃對宋、元、明、清各個朝代的朱子學，以及每位朱子學家重要的見解進行分析，把他們流傳下來的書籍、文獻進行整理、研究。而後者，即對歷代朱子學文獻的整理與研究，無疑是前者的先行和基奠。

認識漸趨深刻，遂生自覺擔當。在完成朱子本人撰述的文獻集成之後，我們有意再接再厲，把歷代朱子學文獻整理研究工作繼續下去。先是在朱子全書外編書稿殺青之際，我們就曾醖釀用傳統的「學案體」來編纂歷代朱子學者的相關學術文獻。後來朱傑人教授主編影印朱子著作宋本集成，又提出編纂出版「朱子學文獻大系」的構想。不過那幾年忙於編纂整理顧炎武全集，既分身無術，也分心不得，只能把研究計劃暫擱心頭。故而，當顧炎武全集一旦脱稿，此事也就順理成章地提上了議事日程。二〇一〇年末，我們開始循着「朱子學文獻大系」的思路策劃課題；翌年初春，確定以華東師範大學古籍研究所爲主體，組建科研團隊，以「朱子學文獻整理與研究」爲課題，擬訂科研規劃。是年初夏，課題被納入當年國家社科基金重大項目第二批招標目録；秋十月，經過競標面試，以嚴佐之教授爲首席專家的「朱子學文獻整理與研究」課題正式獲批立項；冬十二月，課題論證會在華東師大召開，經專家組評議審定，規劃通過論證，項目正式啓動。按照課題規劃，「朱子學文獻整理與研究」課題，凸顯文獻整理與研究並重的特色，旨在從理論和實踐兩個方面，構建一個符合整體、通貫的「朱子學」學科内涵和特點的「朱子學文獻」分類體系，並從浩若煙海的歷代典籍文獻中，梳理出屬於「朱子學」學科範疇的基本文獻資料，打造一個集「朱子學文獻」大成的信息大平臺。爲此，課題設計了「歷代朱子學研究著述集萃校點」、「歷代朱子學研究文類輯録校點」、「歷代朱子著述珍本集成影印」、「朱子學專科目録編撰」和「朱子學文獻專題研究撰著」等項子課題。各項研究的最終成果形式，則將結集爲一部開放性的大型叢書朱子學文獻大系。

朱子學文獻大系下轄歷代朱子學著述叢刊、歷代朱子學文類叢編、歷代朱子著述刊本集成、朱子學文獻研究叢書四部不同類型的叢書，故稱之「大系」。其中歷代朱子學著述叢刊，擬按學科、著述或學術議題分編專輯，如「朱子經學專輯」、「朱子四書學專輯」、「朱子近思録專輯」、「『朱陸異同』專輯」等，以集中提供經過精選精校的歷代朱子學重要研究著述的閱讀文本。歷代朱子學文類叢編，擬按專題分類輯集散見於各種典籍的朱子學研究篇章，如序跋、劄記、語録、書信等，以集中提供經過遴選類編的歷代朱子學研究文獻散篇的閱讀文本。歷代朱子著述刊本集成，擬按時代分編朱子著述宋刻集成、元明刻本朱子著述集成等，以集中提供高仿真影印的朱子著述歷代各色珍稀版本。朱子學文獻研究叢書，擬收入具有文獻學研究屬性的各種編著撰述，如朱子學古籍總目、朱子學史籍考、朱子與弟子友朋往來書信編年等。朱子學文獻大系下轄各叢書均已製訂基本收書目録，但不預設收書總數上限，倘日後發現宜收之書，則可隨時補編增入，故謂之「開放性」大型叢書。各叢書均自有編例，我們但在其下屬專輯或所收撰著前撰寫序言，以交代編纂宗旨與體例，如歷代朱子學著述叢刊之近思録專輯序、歷代朱子著述珍本叢刊之朱子著述宋刻集成序言、朱子學文獻研究叢書之朱子與弟子友朋往來書信編年序等，各叢書前則不再撰寫總序。至於歷代朱子學著述叢刊各書的校點體例，如底本、校本的遴選標準，專名號、書名號的使用規範，異體字、版别字的處理方法，舛誤衍闕的校字原則，以及校勘記的書寫格式等，皆一併沿循朱子全書編纂陳例，在此不再贅述，若遇特例需作變通，則在各書校點説明中予以交代。

朱子學文獻大系是我們按自己對整體、通貫的朱子學的認識，而爲之「量身定制」的一個朱子學文獻庫，囿於識見，必欠周詳而不能盡如人意。好在大系是「開放」的，可以隨時吸納同道高明之見，不斷補充，漸臻完善。朱子學文獻大系的規模、體量和難度，都超出朱子全書與外編許多，這樣的設計或許有些「自不量力」。編纂朱子全書、外編用了整整十五年，況且那時我們纔年過「不惑」，而今則已年届「耳順」、「從心」之間，十年再磨一劍，能否一如既往，勝任始終，尚難卜知。好在整理與研究朱子學文獻並非心血來潮之念，更非趨時應景之計，而是建設與發展整體、通貫的朱子學的真切需要，是必須要做的學術事業。也好在我們有一個同心同德的學術團隊相依託，所以朱子學文獻大系成果的不斷推出和最終成功，還是應該可以期待的。

二〇一四年五月
二〇一八年四月修訂
嚴佐之

歷代「朱陸異同」文類彙編序

古信州今上饒下轄鉛山縣北十五里有山名「鵝湖」，鵝湖山峰頂有佛寺亦名「鵝湖」。鵝湖寺歷史上曾因是唐代高僧大義禪師的道場而盛極一時；又因地處浙、皖、贛、閩四省交通孔道，旅人往來止宿，林下幽勝，留下不少題名鵝湖的詩篇，如陸游詩：「夜宿鵝湖寺，槁葉投客牀。」「我亦思報國，夢繞古戰場。」然而，真正使鵝湖之名昭著青史的，還當數南宋孝宗淳熙二年朱子與陸象山兄弟的那次會講與辯論，史稱「鵝湖之會」、「朱陸異同之辨」。朱子與會講召集人吕祖謙，原本是想通過會晤面談，促成雙方彌合分歧，會歸於一，可惜鵝湖論道不僅未能如其初衷，反令異同之迹日益彰顯，裂痕暴露無遺，論戰逐步升級，雖二賢萎謝亦不得落幕。嗣後朱、陸弟子門生，與後世宗朱闡朱、諍朱攻朱之人，猶孜孜於「支離」「簡易」、「正統」「異端」之爭，緣朱陸而朱王，聚訟紛紜，愈演愈烈，雖改朝易代而不能止歇。

發生于公元一一七五年的鵝湖之會，無疑是驚動當時、影響後世的一大學術事件；發端于鵝湖之會的「朱陸異同之辨」，絶對是理學史上最富爭議的一大學術公案。綿歷七八百年的「朱陸異同之辨」，實與朱子學史糾纏始終，至如明正、嘉間陽明學之勃興，清乾、嘉時考據學之大盛，此等近世學術史上的重大轉型，也都與「朱陸異同之辨」脱不開干係。或許也正因爲有象山、陽明這樣强大理論對手的存在，朱子學發展歷史才呈現出如後來那般的曲折與精彩。由此看來，「朱陸異同之辨」或許是考察理學史、朱子學史的一條最具「原生態」的發展脈絡。

「朱陸異同之辨」在理學史、朱子學史研究中的特殊意義，當然不是現在的新認識，自民初以來，學界即對其多有關注與研究。舉其犖犖大者，如早先的錢穆中國近三百年學術史、朱子新學案與牟宗三從陸象山到劉蕺山，近頃之湯一介中國儒學史、龔書鐸清代理學史、岡田武彦王陽明與明末儒學等。既如此，又何必重提這個老生常談的話題呢？坦率地説，這是因爲在執行朱子學文獻整理與研究計劃的文獻調研過程中，發現了大大超出經驗之外的「朱陸異同」歷史文獻，遂而發覺對於「朱陸異同之辨」歷史衍變之既有研究，原來還大大存在繼續拓展、進而更新的可能。歷代「朱陸異同之辨」留下大量「朱陸異同」歷史文獻，是「朱陸異同之辨」歷史存在的證據，也是「朱陸異同之辨」歷史研究的基礎。惟其數量宏富，彌布四部，漫無統紀，搜檢尤難。文獻若不能足徵，研究勢必受影響。既鑒於此，故特將搜檢獲知的「朱陸異同」歷史文獻，試作整理與研究，但爲同道追蹤利用，提供些許便易。

一 「朱陸異同」歷史文獻釋義

既爲討論「朱陸異同」歷史文獻，則必先予釋義。與廣義的朱子學定義相應，此所謂「朱陸異同歷史文獻」，顧名思義，乃指包括朱、陸生前身後、一切與「朱陸異同之辨」相關的歷史文獻，時限上自鵝湖之會，下止清代終結。這是一個界義限定在「朱陸異同」範疇之内的概念，凡若僅涉朱子、象山、陽明學説而無關朱陸、朱王異同之辨的文獻，則一般不在討論之列。例如清陳澧東塾讀書記有「朱子書」一卷，但只是申述朱子學術思想，如云「朱子自讀注疏，教人讀注疏，而深譏不讀注疏者」，「朱子從學於李延平乃早年事，其時已好章句訓詁之學矣」，「朱子注大學、中庸名曰章句，用漢儒名目，以曉當時之以爲陋者」等，基本不直接涉及「朱陸異同」議題，故不以「朱陸異同」歷史文獻視之。但如此定義，雖已劃出概念邊際，仍感覺難以捉摸，故試就其文獻内涵之大概，析分四類：是非優劣的評述、思想觀點的申述、歷史衍變的論述、世態輿情的記述。兹分述如下。

其一，所謂「是非優劣的評述」，大多是對朱陸或朱王異同是非優劣比較的總體性評判。例如清初關中大儒李顒靖江語要、東林書院會語答人問朱陸異同曰：

陸之教人，一洗支離錮蔽之陋，在儒中最爲徹切，令人於言下爽暢醒豁，有以自得；朱之教人，循循有序，恪守洙泗家法，中正平實，極便初學。要之，二先生均大有功於世教人心，不可以輕低昂者也。若中先入之言，抑彼取此，亦未可謂善學也。

紫陽之言，言言平實，大中至正，粹乎無瑕，宛然洙泗家法。陸、王矯枉救弊，其言猶藥中大黄、巴豆，疏人胸中積滯，實未可概施之虛怯之人也。

這是被標籤爲「王學大師」的李顒，對朱子與陸王之學的總體評價。再如宋末元初的劉壎，主張會同朱陸，但總體上仍以陸高於朱，所撰陸文安公祠堂記曰：

聖賢自堯舜累傳而達乎孔孟，自孟氏失傳而竢夫宋儒。故有周、張、二程濬其原，而周則成始者也；有朱、張、呂、陸承其流，而陸則成終者也。

他是把陸象山視爲南宋理學的「成終」者。又明代駱問禮，雖身處王學崛起的萬曆時代，卻仍「守紫陽之垣塹，仰攻金谿，力而且堅」，所撰朱陸同異論，品評朱、陸學術高下自成一説：

> 故學一也，朱譬則大成之樂，金聲玉振，條理具備，而陸則雲和之鼓，謂樂弗得弗和則可，謂鼓可以盡樂不可也。朱譬則由基之射，巧力俱全，發無不中，而陸則孟賁之力，謂力爲射者之所不廢則可，謂力足以盡射不可也。朱譬則四時元氣，周流寒暑，而夏蟲不可以語冰，陸近之矣。

駱氏之意，是朱之學能「盡」陸，而陸之學不能「盡」朱。值得注意的是，駱問禮並非明代理學名家，理學史的書寫還從未給過他一點位置，但他對朱、陸學術的這一總體定位，卻頗具參考意義。後來李光地嘗比喻説：「佛家有經師，有法師，有禪師。經師是深通佛經，與人講解。法師是戒律精嚴，身體力行。禪師是不立文字，參悟正覺。儒門亦似有此三派：鄭、賈諸公，經師也；東漢諸賢壁立萬仞，法師也；陸子靜、王陽明，禪師也。程、朱便是三乘全修，所以成無上正果。」與駱問禮的比喻也是差不多的意思。

其二，所謂「思想觀點的論述」，大多是針對朱陸或朱王異同核心議題的專題論述，如「尊德性道問學」、「無極太極」、「格物致知」、「知行合一」等。清初王弘撰正學隅見述就是十分典型的一個例子。王弘撰字無異，號山史，陝西華陰人，「年近五十，始歸正學」，正學隅見述是其「皈依」理學後的第一部著作。此書專就「格物致知」、「無極太極」二大朱陸異同核心問題發表己見，嘗自序書旨曰：

弘撰愚不知學，唯讀古人之書，以平心静氣自矢，罔敢逞其私臆，而久之有是非判然於吾前者。蓋嘗有見於格物致知之訓，朱子爲正，無極太極之辨，陸子爲長，賢者之異，無害其爲同也。今掇其旨要，著之於篇。

書中對何以朱子「格物致知」之訓爲正，陸子「無極太極」之辨爲長，均有長篇大論，兹不贅引。又如大學「改本」、「古本」問題，此一因錯簡而生的文本之爭，曾導致北宋以來理學内部的義理之爭，後又成爲朱王異同之辨的一大關節。朱子采用二程改本，又爲「格物」補傳，以爲其「格物窮理」説的經典依據。陽明不滿朱子章句，主張恢復禮記古本，實爲其「致良知」説張本。明隆慶元年馮柯撰求是編，其中大學古本篇，即專論此核心議題。馮持論自成一説，認爲「朱子之改正則是，朱子之補緝則非」：

致知格物之傳，本未嘗缺，但簡錯爾。朱子以己意補之，則因其錯而謂其缺，固非也。陽明見其補之非也，遂削之而復古本，則因其不缺而謂其不錯，亦非也。至如董槐、葉夢鼎諸公，欲移經文「知止」以下二條之説，與夫近日蔡介夫欲移「物有本末」條於「知止」之上之説，則世之學者類喜言之。然經文一章，吴草廬所謂「玉盤無缺」者也。以傳簡之錯，遂割不錯之經文以補之，則欲以補其瘡，而先剜肉以爲瘡矣，尤非也。以愚考之，朱子之改正則是，朱子之補緝則非。今但據其所改正，以「聽訟」之釋本末者，爲釋格物致知，則節次分明，意義周密，不必補，不必復，不必移，而傳自完矣。

諸如此類者，在「朱陸異同」歷史文獻中占居相當比例。

其三，所謂「歷史衍變的追述」，主要是指那些追溯或評議「朱陸異同之辨」歷史衍變的文獻。兹舉晚明曾異撰送長樂諭劉漢中先生教授廣信序爲例。序曰：

信州鵝湖，古朱、陸辨論同異處也。自孔子之世，教學大明，而及門不免有本末之訟，是以或支或簡，雖大儒亦互諍其所是。朱、陸固訟於道中，所謂不失和氣而相爭如虎者，其於聖門，則亦師、商之互爲嚌啜，而游與夏之相商也。其角立起於門士篤信其師説，深溝高壘，而不肯相下，而流至於尋聲之徒，目不辨朱、陸何人，鬨然而佐鬥，而腐儒里師，狥傳注而反之者，執而問之，亦不知作何語，無自衛之力，而適足以招侮。蓋自弘、正以前則朱勝，隆、萬以後則陸勝，嘉、隆之間，朱、陸爭而勝負半，然其下流莫甚於萬曆之季。至於今日之後生小子，發蒙於傳注，齎之糧而倒戈，實則非有所深然於陸，並未能有所疑於朱者也，第以爲世既群然而排朱氏，吾亦從衆而擠之擊之，不如是則無以悦衆從俗焉耳。蓋昔之爭者，起於過信其師學，而今之附和而詬先儒者，求一能疑之士且不可得，所爲愈爭而愈下者也。

曾異撰字弗人，福建晉江人。此序因送友人劉漢中赴任廣信教授而撰作，故由信之鵝湖而鍥入「朱陸異同之辨」。曾氏雖享名文苑，但就學術而言，不過是閩中理學圈中普通一員，然序文對明弘、正以來「朱陸異同之辨」的衍變態勢，與明末士人盲目從衆心理的分析，卻相當明白精到。再如曾國藩的覆潁州府夏教授書，則主要是對清初以來「朱陸異同」諸家學説的評議臧否，信中説道：

姚江宗陸，當湖宗朱，而當湖排擊姚江不遺餘力，凡涇陽、景逸、梨洲、蘇門諸先生近姚江者，皆偏摭其疵痏無完肌，獨心折於湯睢州。……睢州致書稼書，亦微規攻擊姚江之過，而於上孫徵君鍾元先生書及墓志銘，則中心悦服於姚江者至矣。蓋蘇門學姚江，睢州又學蘇門者也。當湖學派極正，而象山、姚江亦江河不廢之流。蘇門則慎獨爲功，睢州接其傳，二曲則反身爲學，鄠縣存其録，皆有合於尼山贊易損益之指。……乾、嘉間經學昌熾，千載一時，阮儀徵、王高郵、錢嘉定、朱大興諸公倡於上，戴東原、程瑶田、段玉裁、焦理堂十餘公和於下，羣賢輻輳，經明行修。……天下相尚以僞久矣，陳建之學蔀通辨阿私執政，張烈之王學質疑附和大儒，反不如東原、玉裁輩卓然自立，不失爲儒林傳中人物。惟東原孟子字義疏證一書，排斥先賢，獨伸己説，誠不可以不辨。姚惜抱嘗論毛大可、李剛主、戴東原、程棉莊率皆詆毁程朱，身滅嗣絶，持論似又太過。無程朱之文章道德，騰其口舌，欲與爭名，誠學者大病。若博核考辨，大儒或不暇及，苟有糾正，足以羽翼傳注，當亦程朱所心許。若西河駁斥漫罵，則真説經中之洪水猛獸矣。

此類文獻雖爲數不多，卻證明自來對「朱陸異同之辨」歷史衍變的關注早已存在。

其四，所謂「世態輿情的記述」，主要是指那些反映「朱陸異同之辨」的世態輿情或政治背景的歷史文獻。清初計東撰耆舊偶記，記述康熙十一年間理學諸老爭辨「朱陸異同」軼事，堪稱典型。記曰：

當今海内耆舊尤重長安者，蘇門孫徵君鍾元先生、京師孫侍郎退谷先生、王尚書敬哉先生、沛縣閻孝廉古古先生、崑山顧隱君寧人先生。今康熙十一年，徵君年九十一，侍郎年八十，尚書年七十一，孝廉年七十，隱君年六十。徵君之學從象山、陽明入，而踐履篤實，生平於大節無所苟。侍郎之學以朱子爲宗，於五經俱有纂述注疏，自行其意。尚書湛深經術，尤工文章及古近詩體。孝廉喜任俠，與徵君少壯時意氣相類，晚游九邊，好談兵及經世方略。隱君專精經傳訓詁及五音四聲之學，考訂詳慎，爲侍郎密友。……十一年秋，飲酒侍郎家，獨隱君亦在坐，語及徵君之學宗陸背朱非是，作數百言。次日，吾友宋學士招予偕孝廉飲。别六年矣，孝廉兩目益爛爛有光射人，神氣益壯健，相見甚歡。因語及兩孫先生論學同異，孝廉張目叱咤曰：「孫給事耶，是何得與蘇門山中人同語，因讕語亦作數百言。」罷酒次日，復聞隱君向客稱閻孝廉過當。又次日，學士問予曰：「兩日何所聞？」予笑曰：「兩日但見諸老人論學，八十歲老人詆九十歲老人，七十歲老人詆八十歲老人，六十歲老人又詆七十歲老人也。」

計東字甫草，號改亭，江蘇吴江人。生於明天啓五年，清康熙十五年卒。順治十四年舉順天鄉試，後以江南奏銷案被黜。康熙十一年，計東年四十有七，記中孫徵君奇逢、孫侍郎承澤、閻孝廉爾梅、顧隱君炎武諸老，與王尚書崇簡、宋學士德宜等，皆其師長一輩的名碩大儒，而所記諸公論辨「朱陸異同」事狀，皆其現場親聞目睹，聲形兼備，活靈活現，相當真實地還原了清初「朱陸異同之辨」的學術生態。

以上是對所謂「朱陸異同」歷史文獻内涵的大致劃分，然非絶對。以下更作進一步文獻揭示：按文獻體制，分「朱陸異同」歷史文獻爲「專書文獻」與「單篇文獻」二大類；按文章體裁，分單篇文獻爲「專論」、「書信」、「語録」、「論説」、「劄記」、「記」、「序」、「傳志」、「案語」、「試策」、「奏疏」、「詩」等十二小類，並分述於下。

二 「朱陸異同」歷史文獻類説

「朱陸異同」歷史文獻，一以著述形式存世，是謂專書文獻；一以文章形式存世，是謂單篇文獻。兹首揭專書文獻，次説單篇文獻。

朱陸異同專書文獻，概指專門或主要討論朱陸或朱王異同問題的撰著。惟稍涉其事者不入其列，如陸隴其讀朱隨筆、夏炘述朱質疑等書，雖有關金谿、姚江條目若干，但整書並非專論朱陸或朱王異同，故不以「朱陸異同」專書視之，但擇取其相關之單篇而已。「朱陸異同」專書必因「朱陸異同之辨」升温至一定熱度纔應勢而生，故雖相比於「朱陸異同」單篇文獻出現時間晚，傳世數量少，但所傳達的文獻意義卻十分重要。以下按成書年代先後分述之。

先是明弘治二年，自稱「獨喜誦朱子之書，至行坐與俱，寢食幾廢」的程敏政，著道一編六卷，倡朱陸始異終同之説，是爲現存最早的「朱陸異同」專書。繼而正德四年，餘干張吉因「惡近世儒臣」「始殊終同」之説，「取象山語録反覆玩味有可疑者，韻而訂之」，成陸學訂疑二卷。正德十年，又有朱子鄉人程曈撰閑闢録十卷，專闢程氏「始異終同」之説。正德十五年，乃有陽明夫子「專取朱子議論與象山合者」，編訂朱子晚年定論一卷，爲其「朱、陸同歸論」正式定説。嘉靖十二年，東莞陳建著學蔀通辨十二卷，斥程、王之説「援陸入朱」。隆慶元年，慈溪馮柯撰求是編四卷，辯駁「傳習録之可疑者」，並及「朱陸是非」、「朱王同異」諸題。至崇禎間，又有安福王尹撰道學迴瀾八卷，「於王守仁朱子晚年定論則反覆掊擊」。明清易代，專書之作更是層出不窮。清順治十八年，錢塘秦雲爽撰紫陽大指八卷，於朱陸異同持調停兼采之立場。康熙初，大興孫承澤輯考正朱子晚年定論二卷，斥陽明朱子晚年定論「不足爲據」。康熙六年，孝感熊賜履撰閑道録三卷，「力闢良知之學，以申朱子之説」；復於康熙二十三年著下學堂劄記三卷，亦專爲朱陸異同而發。康熙十五年，華陰王弘撰撰正學隅見述一卷，謂「格物致知」説當以朱子所注爲是，「無極太極」説當以陸九淵所辨爲是。康熙十七年，平湖陸隴其撰學術辨一卷，「凡上中下三篇，皆辨姚江之學」。康熙二十年，大興張烈撰王學質疑一卷，「攻擊姚江之學」，末附朱陸異同論。康熙三十八年，絳州護成撰朱陸異同書一卷、辯陸書一卷，辨朱陸異同，斥陸氏之妄。康熙五十二年，江都朱澤澐撰朱子晚年定論一卷，復於雍正十年撰朱子聖學考略十卷，「詳敘朱子爲學始末，以攻金谿、姚江之説」。又康熙間，錢塘王復禮撰三子定論五卷，稱朱、陸、王三子「不諱學禪」，「虚懷可證」，「出處相合」，「原無可議」，「不妨同異」。雍正九年，臨川李紱撰朱子晚年全論八卷，謂「朱子與陸子之學，早年異同參半，中年異者少同者多，至晚年則符節之相合」。又雍正間，連城童能靈撰朱子爲學次第考三卷，所考「與朱澤澐書大致皆互相出入」。至道光十一年，歸安費熙撰朱子晚年定論評述一卷，謂「定論一書誠非後學所可妄議」，復爲姚江伸張。需要説明的是，上述護成二種專書，原是答友人問朱陸異同的書信，辯陸書係答翼城師清寰，朱陸異同書二劄未詳答何人。書劄始經弟子抄録傳揚，嘗傳入京師，爲魏象樞激賞，乃千里寄書，贊其「接文清之淵源，考亭之正派」。後弟子編纂刊印先師遺著護冰壑先生全書十三種，書劄易名辯陸書、朱陸異同書二種，循例作叢書另種處理，故歸入專書一類。

以上所述僅爲傳世可睹之朱陸異同專書，亡佚未傳者尚未計入。據宋趙希弁郡齋讀書附志著録，宋時尚有「無極太極辨一卷」，雖未詳編者，但知是「朱文公、陸梭山、象山往復論難之書也」。另據元劉壎朱陸合轍序、袁桷龔氏四書朱陸會同序等文獻記載，宋末元初，有吴汝一「考朱子書，凡言論旨趣與陸子同者爲一編」，名曰筦天；有劉壎「取象翁文集手鈔焉，且復取晦翁語録，摘其推尊文安者著於篇端」，名曰朱陸合轍；有龔霆松「於四書集陸子及其學者所講授」，名曰四書朱陸會同舉要。又黃虞稷千頃堂書目著録明人著述，有郝敬閑邪記二卷、張恒學辨撤蔀一卷、何棟如道一編五卷、連城璧朱陸參同辨疑等。察其書名，頗疑似「朱陸異同」專書，惜皆亡佚無傳，難考其詳。又明駱問禮新學忠臣序云：「今欲明聖學於斯世，而不先辨程朱與陽明先生之是非，未有不波塵於異説者，顧世方重異陽明，不知與其爲陽明之佞婦，不若爲之忠臣。偶訪郭學博，得林次崖四書存疑，爲録數條足以訂證傳習録而發揮聖學者，名之曰新學忠臣，以授諸生。」清陳梓傳習録辨跋云：「錢塘王嗣槐著，康熙丁丑鏤板，共四卷。尊朱子，闢陽明，以通俗語解釋辨駁，使人易曉良知家陽儒陰釋之詭幻，無可逃遁，誠紫陽之功臣也。」清費熙朱子晚年定論序云：「定論一書，坊間舊有評本，係震川某氏所訂，惜其評語與前後所附見者，徒沿王學流弊，於朱子所以立説與王子所以表章之故，俱未有見及。」據此可知，亡佚失傳的朱陸異同專書，宋、元以降，尚多有之。

傳世的朱陸異同專書雖爲數不多，但對明、清二代的朱陸異同之辨影響極大。如道一編、朱子晚年定論、學蔀通辨、朱子晚年全論等，後世論戰激辯大都由此挑起，故亦爲學者所熟知，研究所常用。然其他專書則未必有此「知名度」，但其中不乏頗具價值、值得關注者，如朱澤澐之朱子聖學考略。朱澤澐字湘陶，號止泉，江蘇寶應人。其學宗朱子，認爲朱陸異同之辨，聚訟至今不得定論，實由未能真知朱子學術思想之「真精神、真門徑」所致，無論宗朱一脈，抑或王門弟子，皆不能免此之弊：

王學突興，特宗象山，以無善無惡、直透心體，立爲宗傳，至指朱子之學有洪水猛獸之災。自是以後二百餘年，天下學者多惑其説。間有宗朱子者，又不得朱子聖學次序之精微，但以習見習聞之説駁之，不獨無以服彼之心，折彼之氣，反使執吾之説，以相訾謷，幾成聚訟，無有底止。是以遷延至今，學脈不歸於一，良可歎已。……宗朱子者，於朱子聖學之極致本原既未究悉，至於朱子早年、中年、晚年所以屢造益深，疑而悟、悟而精進之故，又未嘗留意，徒襲文字語言之粗迹，以闢彼虛無誕妄之邪説，使朱子數學一片真精神、真門徑，不顯於後世。是以學彼之學者，其徒轉盛，而朱子之學反晦盲否塞，湮鬱不彰。此其罪，豈僅主張異説者獨任其咎哉！

朱子聖學考略一書，即按此理路編撰：通過對朱子著述全面、系統的文獻考察，釐清朱子學術思想的發展脈絡，從而廓清朱陸異同聚訟紛紜的迷霧。相比於明代以來「朱陸異同」專書的情緒化對峙，朱子聖學考略更具實事求是的理性色彩。而與此研究理念、方法相近的，還有同樣編撰於雍正年間的童能靈朱子爲學次第考等。此等「朱陸異同」專書的出現，或不失爲「朱陸異同之辨」在清代深入發展，於學理上更上一層臺階的標誌。錢賓四先生論辨「朱陸異同」，特别强調打破門户樊籬，在全面考訂朱子學文獻的基礎上，對朱子學術思想作系統研究。讀其朱子新學案，尤覺印象深刻，他説：「考論朱陸異同，有一絶大難端首當祛除，即傳統門户之私見是也。就理學内部言，則有程朱與陸王之門户對立。就理學之對外言，則有經學與理學之門户對立。從來學者立論往往爲此兩重門户之見所束縛，而未能放眼以觀，縱心以求。而朱子之學術思想，遂未能有人焉攬其全而得其真，此誠中國學術史上一大可惋惜之事。」「今若於朱子學術思想大體系，及其歷年進展軌迹，有所認識，則對於後來明清諸儒有關朱陸異同之討論，其所取於朱子文集與語類者，宜有一較新鮮較適當之解釋與闡明。而對明清兩代所紛爭競辨之朱陸異同一問題，各執一辭，懸而不決者，庶可獲得一更近情實之結論。」考諸「朱陸異同」歷史文獻，乃知錢賓四先生與清人朱止泉先生的見識相當契合，研究結論亦庶幾一致。舉此一例，是想證明「朱陸異同」專書的文獻研究價值，尚大有待開掘利用的空間。

「朱陸異同」單篇文獻，概指專門或部分討論朱陸或朱王異同議題的單篇文章。若純論朱子或象山、陽明學説者，則不在其内。單篇文獻分散在經史子集各部，但以子部儒家類與集部别集類著述爲主。若按文章體裁區别，擬可分成專論、書信、語録、論説、劄記、記、序、傳志、案語、試策、奏疏、詩等十二小類。

一曰專論。此所謂專論，是指那些徑以「朱陸」題名的單篇文獻，如李光地朱陸折疑、章學誠朱陸、書朱陸篇後等，並不拘文章體式，論説、序跋、書信、劄記、語録均有，惟因此類單篇文章的出現，亦必是「朱陸異同之辨」深化之反映，故特爲拈出而與專書相應。就目下查考所知，「朱陸異同」專論最早見於宋末元初劉壎著述，如隱居通議之朱陸、水心論朱陸、朱張吕陸，水雲村稿之朱陸合轍序。明代則有亢思謙慎修堂集之朱陸同異辨，唐順之諸儒語要之朱辨陸象山、陸辨朱晦庵，海瑞備忘集之朱陸，駱問禮萬一樓集之朱陸同異論，姚舜牧來恩堂草之吴澄論朱陸，劉城嶧桐文集之答巡江御史王雪園論朱子晚年定論等。清人文章，若顧炎武日知録之朱子晚年定論，張能鱗西山集之朱陸異同説、施閏章學餘堂文集之朱陸異同略、李光地榕村全集之朱陸折疑、胡煦周易函書别集之朱陸陰陽形器之辨、儲大文存硯樓集之朱陸異同辨、阮葵生茶餘客話之朱王之學、章學誠文史通義内篇之朱陸、書朱陸篇後、姚椿晚學齋文集之陽明朱子晚年定論辨序、夏炘景紫堂文集之與詹小澗澧茂才論朱子晚年全論書、李祖望鍥不舍齋文集之朱陸異同論、劉光蕡煙霞草堂文集之與門人王伯明論朱陸同異書、朱一新無邪堂答問之答問朱陸入道、唐文治紫陽學術發微之讀朱子晚年定論等。

專論文章是針對朱陸異同議題的專門考論，其學術性較一般單篇文獻更强。如前舉明駱問禮朱陸同異論的論辯就頗與衆不同，他以孟子「惡於執一」爲理論依據，推出朱子之執中「會其全」、象山之執一「非中正」的結論：

朱陸之辨非一日矣，言其異者則曰「朱子道問學，陸子尊德性」，言其同者則曰「道問學者未始不尊德性，而尊德性者未始不道問學」。嗚呼，何其易也。聖賢之學與異端初非二道，而所以卒異，則聖賢會其全，而異端執其一焉爾。孟子曰：「所惡於執一者，爲其害道也，舉一而廢百也。」使其舉一而不至於廢百，聖賢亦何惡於執哉？惟其有所執必有所廢，此所以爲異端，而異端顧不自知，方自以爲得斯道之大原，而思以易天下，爲聖賢者不得不哀而號之，以幸其一悟，彼竟不悟，則固有任其咎者矣。朱子之學，會其全者也。德性則尊，問學則道，唐虞之精一，洙泗之博約，一也。而陸子則恃其資禀之穎出，謂天下事物皆其細，故吾惟正其本而木自舉。……以陸子穎出之才，雖執其一，不爲甚害，然要非中正之轍也。使東施效顰而鼯鼠學浮，則末將有不可救者。故朱子不得不以「道問學」語之，非謂德性之不足尊，補偏之劑也。不知者遂謂其道問學之功居多，而欲調停之者又爲著道一之編。道一編固晚年定論之始也。竊嘗考中庸「尊德性道問學」之章句，而得朱子用心之密矣。其言曰：「尊德性所以存心，道問學所以致知，非存心不能致知，而存心者又不可不致知。」嗚呼，斯言也，豈其偏于問學者哉？

此説似屬前未曾有，值得關注，而值得注意的還有此人。駱問禮字子本，號纘亭，嘉靖四十四年進士，萬曆初任湖廣副使，復引退歸里，「韜光林壑者又二十餘年」。他生於王學熾盛的年代，長在姚江毗近之諸暨，卻未被潮流裹挾，堅信「學陸象山斷不若學朱晦庵之全」，且「與諸縉紳博士家辨難，百折不回」。朱陸同異論是他萬曆三年所撰蕉聲石論一組五篇論文之一，其他四篇分别爲王文成公論上、中、下及陳檢討論。此外，他還編著朱陸異同專書新學忠臣，並有留别斗野李寅丈序、與許敬庵、復何知州、上趙司寇、簡徐覺齋等諸多朱陸異同單篇文獻傳世。就此而言，駱問禮堪爲萬曆間宗朱左陸、尊朱抑王的典型人物，不該缺席理學史的書寫。然而明史雖列其傳，卻無一字涉及其學，明儒學案不知何故竟無其名，後世研究更鮮有提及。是知專論文獻宜有重新審視、認真檢討、深入開發之必要。

二曰書信。傳世的朱陸異同單篇文獻，絶對以書信、語録二種文章體裁出現最早、存數最多。蓋朱陸異同之辨初始，爭議論辯幾乎皆由師友間書信或師弟子答問來交流傳達，及至宋末元初，其他體式的單篇文獻漸始增多，但書信、語録仍是普遍常用的溝通表達方式，很多書信、語録被輯入文集或單獨成編，仍占朱陸異同單篇文獻很大比重，其價值似亦毋須贅述。如朱子與象山辨「無極太極」，程敏政與汪舜民辨「朱陸早異晚同」，王陽明與羅欽順辨「朱子晚年定論」，陸隴其與湯斌辨「尊朱黜王」等理學史上的緊要之事，他們之間的往返書信，都是研究必引的重要文獻。然而尚未充分揭知和利用的書信文獻仍不在少數，如清初應撝謙的與秦開地論紫陽大指書、再與秦開地書、與秦開地第三書。紫陽大指撰者秦雲爽，字開地，號定叟，浙江錢塘人。書既成，託友轉請應撝謙爲序。撝謙字嗣寅，號潛齋，浙江仁和人，明諸生，潛心理學，躬行實踐，謹守朱子家法，不喜陸、王家言。應雖允爲書序，但並不滿意秦調和朱王的學術立場，只是礙於情面，不能於序中盡意表達，遂繼以書函通郵，再行質疑商榷。書曰：

前紫陽大指吾兄命作一序，撝謙不揣，欲稍述吾兄發明先賢之意，而辭不别白，仍有未盡，及觀凡例，又微有同異，業已刻成，不便往復。今既擬共爲切磋，須悉所欲言，方無負同學。明知瀆聽，然始雖睽，而辨之明，則終必合，始有未立相持之門户。……近又有兩是騎牆之見，謂格物作窮理亦可，解作爲善去惡亦可，只要力行。夫言而不行，是謂「不誠無物」，只能自害，安能害人？妄言妄行，「果敢而窒」，此其疑誤後學，爲害也大矣。……且主敬之説，亦自有辨。主敬則凡言不敢輕發，凡事不敢輕爲，默而成之，亹亹孜孜，仍如無有，此所謂敬也。若如陸氏之空腹高心，妄自尊大，厲色忿辭，如對讎敵，其去敬也遠矣。……陸氏乃言「六經皆我注脚」，此其視聖人之氣象何如哉？陽明又從而祖述之，謂「舉世之儒，皆知而不行，由於格物之誤」。吾未見格物變解以後之士，皆勝於未改以前之人也。蓋道之不行，不繫於格致之改與未改，而道之不明，學術分裂則已百年於兹矣。

秦開地獲信後並有回覆辯説，反諷應撝謙「不遵朱子之重居敬」，故應又致書再三。限於篇幅，兹不贅引。然則私密之書信往往比公開的序跋更能見撰者内心之真，由此可窺一斑。因紫陽大指而引發的朱陸異同之辨，除應氏三書外，尚有陸隴其答秦定叟書二封。陸亦因「書中尚不能無纖毫之疑」，一再覆書質疑問難，且有「再承手教，兼示以答中孚、潛齋、擴菴諸書刻本」云云，是知秦氏猶與李中孚顒、董擴菴裕等時賢書信辨覆，且將答書刊印寄示多士，潛齋僅其一耳。

三曰語録。師弟子問答是理學表達與傳遞思想觀點的習常方式，當初朱子與象山論辨，不在書信，即在語録。「朱陸異同」語録文獻有單刻行世如朱子語類者，一般統歸子部儒家類，今可見者尚有明呂柟涇野子内篇、崔銑士翼、黄佐庸言、柯維騏柯子答問、唐樞一庵雜問録、清孫奇逢孫子答問、李光地榕村語録、朱一新無邪堂答問等。有語録收入别集者，如前舉李顒靖江語要，即先刊單行，後由門人王心敬輯入二曲集。再若陸九淵象山語類又見象山集，孫奇逢孫子答問又見夏峰先生集等，故别集中朱陸異同語録文獻尤多①。另子部儒家類書中亦常有存見，如清張沭溯流史學鈔，書名「史學」，實非史論，乃其講學之語，間雜書柬、問答語録等。其中敦臨堂録、嵩談録、燕邸録、天中録、游梁講語等，均有涉及朱陸異同之辨的語録。兹舉燕邸録語録一則爲例：

劉寺評介人問：「朱子與陽明異同？」曰：「功夫則同，言語則異。」問：「宜宗何家言語？」曰：「朱子能兼陽明，陽明不能兼朱子，自以朱子爲宗。但朱子言語亦須擇。」問所擇，曰：「先居敬而後窮理，如此類語是正宗，有悖此者，必係未深造時語。『敬』之一字，千聖嫡傳，吾輩今日居心處事，纔有一毫怠心，便有無限可悔處。」

張沭字仲誠，號起庵，河南上蔡人，是清初與湯斌聲名齊肩的中原大儒，或稱其學「與夏峰同出陽明，亦兼取程朱」，至有「起庵衍陽明之緒」之説。然觀此條語録，竟謂「朱子能兼陽明，陽明不能兼朱子，自以朱子爲宗」，則過往之論，不亦當另作考量乎？或者以爲語録是

① 如元陳櫟定宇集之答問、許謙白雲集之答或人問、吴澄吴文正集之答海南海北道廉訪副使田君澤問，明夏尚樸東巖集之語録、湛若水湛甘泉先生文集之問疑録、薛侃薛侃集之雲門録、研幾録、吴道南吴文恪公文集之語録、馮從吾少墟集之語録，清雷鋐經笥堂文鈔之答諸生問毛西河語、朱一新佩弦齋雜存之答陳生鍾璋問王陽明學術、李棠階李文清公遺書之語録等

「門人弟子所記録，其中多不可信」。此説固無可厚非。但語録亦「有書函文章所不能詳，而面談之頃，自然流露，暢竭無遺者」，此錢賓四先生所見，特引之以供參考。

四曰論説。朱陸異同論説文獻大多是對理學基本議題的考辨，如吴澄無極太極説、王漸逵性論、來知德心學晦明解、沈懋孝格物窮理辨等；或縱論理學源流、儒釋之辨，如汪俊學説、薛侃儒釋辨、沈懋孝道脈論、程晉芳正學論、章學誠浙東學術等。論説文章，常見載別集類、子部儒學類及經部易類、四書類著述①。論説文獻討論的大都是有關朱陸異同的重要問題，説理性更勝於一般文章，故屬「朱陸異同」歷史文獻中學術價值較高的部分。不少論説文章旨意新穎，別具隻眼，頗具參考價值。如夏炘朱子深戒及門不得無禮於金谿説就「氣象」衡論朱陸異同，即是一例：

宋乾、淳之間，陸文安公以聰明先覺之資崛起金谿，聚徒講學，與建安壇坫相望，

---

① 如宋有史繩祖無極而太極即易有太極，元有王申子先賢論无極太極，劉玉尊德性道問學説，明有劉宗周向外馳求説、高攀龍陽明説辨、駱問禮王文成公論、姚舜牧論陸子静，清有王弘撰論格物、朱子晚年之悔論、陸隴其太極論、熊賜履太極圖論、李光地知行篇、勞史辯王門宗旨之非、朱軾太極圖説解、朱澤澐朱子格物説辨、李紱致良知説、雷鋐論太極圖説通書、論格致傳義、翁方綱姚江學致良知論、焦循辯論良知論、方東樹辨道論、潘德輿格物説、黄中堅講學論、閻循觀文士詆程朱論、夏炘陸文達公學術與文安公不同考、朱子深戒及門不得無禮於金谿説等。

一時英俊後學之士，鮮有及者。是以朱、陸之門，互相切磋。劉純叟者，學於陸氏，而登朱子之堂者也。來相見時，極口以子静之學爲大謬。朱子詰之曰：「子静學術，自當付之公論，公不得遽如此説。」又朱子過江西，與文安之兄文達對語，而純叟不顧而去，獨自默坐。朱子曰：「便是某與陸丈言不足聽，亦有數年之長，何得如是？」諸葛誠之者，亦遊於兩先生之門者也。朱子詒之書曰：「示喻競辨之端，三復惘然。愚意欲深勸同志者，兼取兩家之長，不得輕相詆議。」「向來講論之際，見諸賢往往有立我自是之意，無復少長之節、禮遜之容，至今常不滿也。」嗟乎！觀朱子之所以戒及門者，然後知朱子之於金谿，其心平，其氣下，其禮恭，其詞遜，既以禮自律，復以禮約束及門之士。其所以救金谿之失者，不徒在論説之異同也。

按朱子詰斥劉純叟無禮，事見語類，朱子與諸葛誠之書，見載文集。夏文考論與衆不同，其著眼處不在朱陸論説之異同，而在論辯者氣象之異同，以此比較二人高下。讀錢穆朱子新學案，見其於此一問題亦有發明：「朱子之告其及門及婺學諸人，則勸其兼取陸學之長。而其告陸之門徒，則不得不直斥其短。此亦正欲其亦能兼取他長耳。」「朱子生平於象山，言其過必稱其善，直至象山卒後，朱子此一態度始終不變。而象山於朱子，則惟有彈擊，絶無轉語。兩家文字俱在，其語録流傳者亦皆可證。此亦兩人異同之一端也。」若此足以啓發研究之思的例子，於朱陸異同論説文獻中尚見多多。

五曰劄記，包括讀書劄記、隨筆日記、雜録雜記等。朱陸異同劄記文獻大多分佈於子部儒家、雜家類及集部別集類書籍中。儒家類如真德秀西山讀書記、黄震黄氏日抄、胡居仁居業録、羅欽順困知録、徐問讀書劄記、薛瑄讀書録、胡纘宗願學編、顧憲成小心齋劄記、黄道周榕壇問業、刁包潛室劄記、陸隴其讀朱隨筆、雷鋐讀書偶記等。雜家類如宋羅大經鶴林玉露、史繩祖學齋佔畢、俞文豹吹劍録、王應麟困學紀聞，元劉壎隱居通議、盛如梓庶齋老學叢談，明楊慎丹鉛總録、何良俊四友齋叢説、張萱西園聞見録，清顧炎武日知録、王弘撰山志、阮葵生茶餘客話等，或屬雜説，或歸雜考。此外，子部小説家類亦偶有所見，如宋葉紹翁之四朝聞見録。別集中的「朱陸異同」劄記文獻，則如宋詹初寒松閣集之日録、明高攀龍高子遺書之劄記、清王弘撰砥齋集之頻陽劄記等。再如晚清郭嵩燾近思録注，其實就是他的近思録閱讀劄記，其中並有論及朱陸異同者：

程、朱皆是讀得書多，自是孔門家法如此。然聖人之自言，則曰「君子多乎哉不多也」，而其教人，一以「博學於文」爲義。三代德行、道藝皆出於學，總須多聞多見，而後漸積義理多。朱子道問學之功，孔門之正軌也。

陸象山之學肇於南宋，王陽明之學盛於有明，一用釋氏之言心言性者播弄聰明，引人入勝。至陽明氏標立頓、漸二義，一本釋氏之説，爲傳授之資矣。觀釋老之學之大演於漢唐以後，而後知孟子憂時之遠；觀陸王之學之綿延於宋明，而後見程子、張子衛道之嚴。

劄記揭示了郭嵩燾之學的尊朱傾向，是郭氏衆多著述所絶無僅有者，誠屬難得可貴。

六曰記，如學記、齋記、堂記、祠記等。其著名者，如吴澄尊德性道問學齋記、王守仁稽山書院尊經閣記、李光地重建鵝湖書院記等。記文多見載别集，總集亦偶有所見。大凡所記對象與朱、陸學脈相關，則記文多半會涉及朱陸異同議題。兹以顧憲成日新書院記爲例，記文緣起於雲間錢漸菴先生構日新書院，而奉先師孔子之像於中，晦菴朱子、陽明王子列左右侍焉。門弟子有不解其意者，問教於顧：「孔子之道至矣，若顏曾思孟則見而知之，若周程則聞而知之，皆嫡冢也。舍而獨表朱、王二子，其説何居？」涇陽先生遂寫下日新書院記一文，就此朱王異同之問作了回應。兹節文如下：

諸賢具體孔子，即所詣不無精粗淺深，而絶無異同之迹，至朱、王二子始見異同，遂於儒門開兩大局，成一重大公案，故不得不拈出也。嘗試觀之，弘正以前，天下之尊朱子也，甚於尊孔子，究也率流而拘，而人厭之，於是乎激而爲王子；正嘉以後，天下之尊王子也，甚於尊孔子，究也率流而狂，而人亦厭之，於是乎轉而思朱子。其激而爲王子也，朱子詘矣；其轉而思朱子也，王子詘矣。則由不審於同中之異，異中之同，而各執其見，過爲抑揚也。其如之何而可夫亦曰祖述孔子，憲章朱、王乎？蓋中庸之贊孔子也，蔽以「小德川流」、「大德敦化」兩言，而標「至聖」「至誠」爲證。予竊謂朱子由修入悟，王子由悟入修，川流也，孔子之分身也，一而二者也。由修入悟善用實，其脈通於天下之至誠，由悟入修善用虛，其脈通於天下之至聖，敦化也，又即孔子之全身也，二而一者也。然則千百世學術之變盡於此，千百世道術之衡亦定於此，舉顔曾思孟之所見而知，周程之所聞而知，都包括其中矣。是故以此而學，時而收斂檢束，不爲瑣也，時而擺脱掃蕩，不爲略也，無非所以成己也。以此而教，時而詳曉曲諭，不爲多也，時而單提直指，不爲少也，無非所以成物也。以此而逗機緣，當士習之浮誕，方之以朱子可也，當士習之膠固，圓之以王子可也。何也？能法二子便是能裏孔子，所以救弊也。救弊存乎用，用無常，不得不岐於異。以此而討歸宿，將爲朱子焉，圓之以孔子可也，將爲王子焉，方之以孔子可也。何也？能法孔子纔是能用二子，所以立極也。立極存乎體，體有常，不得不統於同。

涇陽先生是朱陸異同之辨歷史衍變中的顯要人物。這篇記文以「小德川流」、「大德敦化」，借喻孔子與朱、王「一而二」、「二而一」，「同中有異」、「異中有同」的關係，相較於涇陽諸多朱王異同文獻，其說理性尤强，可惜較少受到研究者的關注。

七曰序，包括書序，贈序，書序並及書跋。大凡所序所跋之書與朱、陸之學相關，則書序書跋多半會對朱陸異同有所議論。如陳建學蔀通辨就有顧憲成刻學蔀通辨序、張伯行學蔀通辨序、盧文弨書學蔀通辨後、阮元學蔀通辨序、書東莞陳氏學蔀通辨後等諸多序跋，各自表達不同的觀點與立場。朱陸異同書序文獻較多①，似毋須解釋，亦不煩舉證。朱陸

---

① 元有劉壎朱陸合轍序、袁桷龔氏四書朱陸會同序、虞集跋朱先生答陸先生書、戴良題楊慈湖所書陸象山語，明有張吉陸學訂疑序、薛應旂重刻朱子晚年定論序、汪舜民跋篁墩程先生往復三書、吴寬題朱陸二先生遺墨後、蔣冕跋邃庵楊公所藏朱子與包祥道手帖、馬其昶書陸清獻公手劄後、王宗沐象山粹言序、耿定向象山先生要語類抄序、沈懋孝刻紫陽要語跋、劉元卿宋儒傳略序、顧憲成刻學蔀通辨序、黄克纘刻明朝理學名臣傳序、羅大紘訂讀大學古本序、高攀龍王文成公年譜序、蔡獻臣理學宗旨序、費元禄陽明先生文集序、劉宗周重刻王陽明先生傳習録序，清有孫奇逢道一録序、刁包辯道録序、朱鶴齡書陽明先生傳習録後、黄宗羲先師蕺山先生文集序、吴肅公明誠録自序、范鄗鼎理學備考序、湯斌理學宗傳序、趙士麟朱子全書義序、陸隴其周雲虬先生四書集義序、顏元王學質疑跋、孔尚任廣陵郡學會講序、張伯行學蔀通辨序、方苞學案序、李紱書孫承澤考正朱子晚年定論後、陳梓傳習録辨跋，楊錫紱二愚堂劄記序、沈廷芳福建續志理學傳序、盧文弨書學蔀通辨後、余廷燦書王學質疑後、戴殿泗金華理學粹編序、惲敬明儒學案條辯序、阮元學蔀通辨序、書東莞陳氏學蔀通辨後、姚椿陽明朱子晚年定論辨序、唐鑑學案小識自序、張海珊書陸象山先生集後、曾國藩書學案小識後、方宗誠書陸象山集節要敘、胡泉王陽明先生書疏證序等。

異同贈序文獻在宋元明清別集中多有見載①。前舉明曾異撰送長樂諭劉漢中先生教授廣信序已能説明一些問題，且不妨再看一篇明林希元送張淨峰郡守提學浙江序。林希元字茂貞，號次崖，福建同安人，官至雲南按察司僉事。張淨峰名岳，字維喬，號淨峰，福建惠安人，官至右都御史。林、張是正德十二年同榜進士，在陽明學説崛起之時，他倆是堅定的朱子擁躉。林希元因張岳遷升浙江按察副使提督學校，特撰序相送，希望他利用督學的職權，在浙江强力推行程朱之學，以此遏制王學蔓延的勢頭。序曰：

國朝弘治以前，士必明經，學必適用，不失國家養士之意，故出於學校者，皆能有所樹立，以贊國家昌大休明之治。……自時厥後，雜學興而正學廢，人才治道重有可慮者矣。蓋自詩章雕鏤之學興，先王經世之迹輟而不講，學術於是始壞；自記誦涉獵之學興，孔門博約之旨輟而不講，學術於是再壞；自良知易簡之學興，程朱義理之學

① 若元方回送繆鳴陽六言、送柯山山長黄正之序、送家自昭晉孫自庵慈湖山長序、吴澄送陳洪範序、虞集送李彦方閩憲、送李擴序、黄溍送慈谿沈教諭詩序，明胡翰送祝生歸廣信序、王禕送樂仲本序、蘇伯衡送陳伯柔序、程本立送朱叔仁之官序、程敏道送汪承之序、黄綰送王純甫序、林希元送張淨峰郡守提學浙江序、歸有光送王子敬之任建寧序、許應元送敬所王先生赴廣東少參序、駱問禮留别斗野李寅丈序、鄭鄤鵝湖問渡序，清計東贈陳子萬至京師序、送蔡立先還九江序等。

輟而不講，學術於是大壞。學術既壞，人才何自而出？治道何自而致？聖天子孜孜求賢圖治於上，何由而仰稱哉？兩浙人文之盛先天下，學術之弊固有然者。吾聞道有要、事有機，督學之官，人文之領袖，世道轉變之要機也。今使督學之官能得經明行修者十數人分布天下，正學安得而不興，士習安得而不變？淨峰少有異質，自知爲學，即以孔孟、程朱爲宗，日從事於窮理修身之要，再經憂患，磨礱益熟而造詣益深，以若人而督學，兩浙可爲人文世道賀矣。

贈序既表達了林希元的尊朱抑王立場，也反映出朱學陣營對王學昌熾的政治焦慮，而他們的反制舉措之一，便是要藉督學的行政權力，使程朱之學重新佔領國家人才培育的陣地。

八曰傳志，包括傳記、行狀、墓誌等。如著名的宋葉適胡崇禮墓誌銘、元虞集故翰林學士資善大夫知制誥同修國史臨川先生吴公行狀、明宋濂胡長孺傳等。朱陸異同傳志文獻主要分布在别集、總集及史部傳記類著作中①。其所以涉及朱陸異同之辨，多由傳主而起，

① 如宋真德秀湯武康墓誌銘、魏了翁隆州教授通直郎致仕譙君墓誌銘、元李存上饒陳先生墓誌銘、祝蕃遠墓誌銘、鄭玉洪本一先生墓誌銘、明張宇初故紹庵龔先生墓誌、李開先涇野吕亞卿傳、鄧元錫王稚川行狀、焦竑奉直大夫左春坊左諭德兼翰林院侍讀陽和張公元忭墓誌銘、學士姚明山先生淶墓誌銘、陳懿典先考贈奉直大夫右春坊右諭德梅岡府君暨先妣王宜人盛宜人行略、清王崇炳金華徵獻略之陳其蒠傳等。

雖涉事無多，着墨寥寥，有時卻頗能管窺豹斑、拾遺補缺，不容忽視，例如明張元忭爲陳讓撰寫的見吾陳公傳。陳讓字原禮，號見吾，福建晉江人，紫峰先生陳琛從弟。嘉靖十二年進士，官監察御史。嘗從紫峰先生學，有見吾文集未傳。陳讓傳見閩中理學淵源考，卻片言不及其學。惟元忭此傳能對其學術統承有所發覆，且皆關乎朱王異同之辨，兹節其要曰：

自考亭朱子倡道於閩中，一時及門高弟砥行植節者滿郡邑，故閩中之學在有宋孝、寧之世爲最盛。迨明興以來，朱子之書布四方，家傳而人誦之，然特習其說以獵取科第，影響剽竊，而朱子之宗旨轉晦。夫自蔡虛齋、陳紫峰兩先生相繼出，乃始一洗俗儒之陋習，獨采朱子之精微，而閩中之學在皇明正、嘉之間又最盛。見吾公蓋紫峰之從弟，自少即稟學焉，盡得其衣鉢之傳，而統承於虛齋者也。然當兩先生時，陽明先生方講致良知之學，獨異於朱子。世之爲兩先生之學者，泥於舊聞，相率而排之。公既尊信兩先生，而亦無疑於陽明之說。嘗與人論學有云：「陽明先生懼人謂格物只是窮理，窮理只是讀書，故以格物爲主于行。懼人以致知爲致聞見之知，故加一『良』字於『知』之上，非良知不足以言知，非格物不足以言致良知。」又云：「陽明之學，入頭處在格物，要妙處在慎獨。獨者獨知也。獨只是良知，慎獨即是致良知。此學初無足異，不知世人緣何而異之。」又云：「宋儒之學，萬分之中不無一失。陽明發明其所未至，將以爲宋儒之忠臣益友，而非欲拾彼之短，以形己之長也。今講陽明之學者，輒掇拾宋儒之短以爲口實，語養德之學則爲薄德，語講學之事則無益於學，而徒使陽明得罪於先儒，可爲深戒。」由是推之，公於朱、王二子之學，蓋皆超然自得，而非徒依傍口耳，私開户牖者。使論學者人人如公，則二子之説，不惟不相悖而實相濟矣，尚何辨論之紛紛哉？

傳文保存了陳讓若干條論朱王異同語録，頗具參資價值。張元忭字子蓋，號陽和，浙江山陰人，隆慶狀元，官至左春坊左諭德兼翰林侍讀。明儒學案説張元忭之學，「從龍溪得其緒論，故篤信陽明」，「談文成之學，而究竟不出於朱子」。我們但看傳文總結説：「公於朱、王二氏之學，蓋皆超然自得，而非徒依傍口耳，私開户牖者。」亦正可視爲張元忭「朱王異同」觀的一條注腳。

九曰案語。朱陸異同案語文獻，内容豐富，分佈頗廣，甚至連江西通志這等地理類書籍也有回溯朱陸異同之辨歷史的案語。當然較多還是存在於儒家類著述中，如前舉朱陸異同專書之道一編、朱子晚年定論、學蔀通辨、朱子晚年定論考、正學隅見述、朱子晚年全論、朱子爲學次第考等，皆後附按語以陳己見，是考察撰者朱陸異同觀點、立場之集中所在。兹試舉童能靈朱子爲學次第考爲例。該書卷二「癸巳，四十四歲」下，載「廖德明録癸巳所聞曰：『二三年前見得此事尚鶻突，爲他佛説得相似，近年來方看得分曉。』」下附童氏案語曰：

能靈謹按：廖子晦乃朱子門人，記其癸巳歲所聞於朱子之語也。記稱「二三年前」者，應指庚寅、辛卯之歲也。是時朱子年四十一二矣，蓋尚未免鶻突也。考朱子於己丑春，已分未發已發條理。又歷庚寅、辛卯至於壬辰，然後西銘解義成，而於理一分殊之辨洞然矣。然太極、通書二者尤爲奥杳，則又歷癸巳四月，而二書之解始成，於是精密詳審而無復遺憾。故論朱子之學者，當以壬辰、癸巳以後之説，斷爲終身定論也。讀朱子之書者，亦自當以不合於西銘、太極、通書之説者，斷爲早年之論明矣。顧學蔀通辨但以朱子四十歲爲斷，近日當湖陸氏又以壬辰爲始分未發已發之年，恐皆有所未盡也。自此而後，則但有愈精、愈密、愈純熟而愈簡潔者，蓋無復向時異同之説矣。

童能靈對陽明的「朱子晚年定論」説持否定態度。此條案語通過文獻考證，修正了陳建、陸隴其的劃年，提出朱子學術思想的成熟和確立，當以四十三四歲以後爲界。此實爲朱陸異同之辨一大關節。錢賓四先生亦十分重視，以爲朱、陸鵝湖初會，朱子年四十六，「當時學問途徑，大體已定，二陸兄弟謂其留情傳注，無基築室，又謂是支離事業，沉浮榛塞，是殆不足以服朱子之心」。童案考證確實，可爲錢説背書。諸如此類者，還有宋黄震黄氏日抄、明劉宗周聖學宗要等。

「朱陸異同」案語文獻還多見於史部傳記類中的學術史著述，如孫奇逢理學宗傳、熊賜履學統、朱軾史傳三編、戴殿江金華理學粹編等。孫奇逢研究可謂夥矣，然取資理學宗傳案語者極少，該書「羅文莊欽順」傳下案曰：

困知録於諸大儒皆有所疑，而攻子静特甚。竊讀崔後渠與整庵書曰：「今之論學者，右象山，表慈湖，小程氏，斥文公。」則守程朱之學者，無怪言之激而求之深也。

從崔銑與太宰整庵羅公書中悟出羅欽順之所以「攻子静特甚」，原是因當時論學者偏護陸學、打擊程朱過度而激起的反彈。竊以爲，夏峰先生之所以「試圖走朱王融合之路」，亦應與他對歷史反思抱「了解之同情」不無關係。

十曰試策，包括策問、策論等。「朱陸異同」入試策由來已久，元趙汸名篇對江右六君子策，便是他應對「虞集私試」以「拳拳朱陸之異同爲問」的一篇策論。朱陸異同試策文獻多見載別集，如明丘濬重編瓊臺稿載太學私試策問三首，其一曰：

問：道學之説，唐以前無有也，有之其始於宋乎？……我祖宗準古制，立進士科，以五經四書取士，一主程朱之説，今日士子所習以應科者，是即先儒所謂道學也。但學者假此以出身，謂其無得於身心則有之矣，若謂此外又别有所謂向上一著，而後謂之道學，吾不知其何説也。自洪武、永樂以來，士之養於學校，進於科目，仕於中外，並無異議。今世士子乃有輒於舉業之外别立門户，而自謂爲道學者。然彼自相稱，謂草澤之中可也，而吾士夫由科目以仕中外者，亦從而張大之，何耶？豈習見宋人凡攻道學者即謂之邪黨而爲此邪？嗚呼，儗人必於其倫，兹豈其倫邪？説者有謂朱子道問學之功多，陸氏尊德性之功多。斯人之徒，蓋專主陸氏尊德性之學，措其心於言語文字之外。其然，豈其然哉？且中庸謂「君子尊德性而道問學」，二者之功，其可偏廢歟？朱子之學，其果一偏之學歟？或者之言是歟？非歟？諸士子所讀者五經四書，所主者程朱之説，在學校以此爲學，應科目以此爲文，他日出而有官守、有言責者，亦將以此爲用也。請試言道學之所以爲道學，考朱、陸之實，辯吴氏之言，溯其源而沿其流，而推其所以致弊之由。

這篇策問的傾向性十分明確，其導向性亦可想而知。此類「朱陸異同」試策亦稱「道學策」，今所見者尚有王廷相策問一道、劉定之太學私試策問一道、歸有光省策問對二道、熊賜履癸丑會試策問一道等，雖留存不多，其文獻價值卻非同一般。

十一曰奏疏。朱陸異同奏疏文獻的情況與試策文獻相似。如高攀龍崇正學闢異説疏呼籲天子「明詔中外，非四書五經不讀，而不得浸淫於佛老之説；非濂洛關閩之學不講，而不得淆亂以新奇之談」，被認爲是他「表彰程朱之學，用以遏制王學末流之泛濫，救時之弊的最初宣言」。今存朱陸異同奏疏大多事關孔廟從祀之議。如明嘉靖十三年薛侃上正祀典以敦化理疏，請以陸九淵入祀；萬曆元年謝廷傑上崇祀大儒以明正學以育真才以隆聖澤疏，請以王守仁入祀；萬曆十二年申時行上從祀疏，請以王守仁、陳獻章、胡居仁入祀；萬曆二十二年劉元卿上增祀四儒疏，請議「增祀宋臣羅從彦、李侗，先臣鄒守益、王艮」。萬曆十二年白沙、陽明從祀既定，又有唐伯元上從祀疏，力辨王守仁入祀之非；陳于陛上議從祀以崇聖道疏，並請以胡居仁、蔡清入祀，爭辯十分劇烈。兹節録陳于陛疏如下：

臣嘗虚心平氣而論之，獻章、守仁之學，猶之飲醇醪而棄糟粕，得魚兔而捨筌蹄，宜其薄訓詁于不事矣。不曰「雖有般、倕，不廢繩墨；雖有羿、基，不廢彀率」乎？熹之學實能爲獻章、守仁而能不爲者也。要之，皆不失爲聖人之徒也。假令世有高明之士，必欲洮汰言辯，擺落形迹，以見本心自悟，自爲收斂，修之奥竅之中，而聖域立躋，即以獻章、守仁爲師可矣，誰得而禁禦之？若夫垂世立教，以中正範天下後世，臣謂非熹之學不可也。

陳氏深恐陽明入祀孔廟，會引發「今今之學者過于信守仁而輕于詆朱子」的負面影響，以致後世「見守仁之從祀已久，輒疑朱子之學術爲非」，故奏議增祀朱子一脈的胡居仁、蔡清，以作平衡。此亦當是朱陸異同學術之辨在廟堂之上的一次公然攤牌。

十二曰詩，包括詩、贊、歌詞等韻文。「朱陸異同之辨」入詩毫不足怪，鵝湖之會，象山兄弟與朱子的應和詩句：「易簡工夫終久大，支離事業竟浮沈」，「卻愁説到無言處，不信人間有古今」，揭開朱陸異同之辨的帷幕。後世題詠朱陸異同的詩篇，如元潘音遠遊詩：「方從草廬公，共究鵝湖旨。紛紛朱陸議，竊幸窺端倪。」明夏尚樸寄王陽明二首：「同甫有才疑雜伯，象山論學近於禪。平生景仰朱夫子，心事真如白日懸。」「陸學也能分義利，一言深契晦翁心。紛紛同異今休問，請向源頭著意尋。」清朱鶴齡贈海寧許西山明府兼訊黄太沖：「鵝湖、白鹿開講院，剖析聖義晨星明。至今正學不墜地，恃有巨手能支撐。考亭、象山宗旨合，虛實二教理兩行。奈何後人判塗畛，祖分左右紛呶爭。文成立説救章句，虛無豈與竺乾并。俗學肆口恣掊擊，無異同室分旗鎗。我欲融釋歸大冶，一銷文壘與墨兵。」諸如此類的朱陸異同詩篇爲數不少，而堪稱稀奇的是前舉張吉陸學訂疑，居然悉用四言詩體撰成。如其中一條節引象山語録：「吾嘗與晦翁書云：『揣量模寫之工，依倣假借之似，其條畫足以自信，其節目足以自安。』此言切中晦翁之膏肓。」其下張氏「訂疑」曰：

道之大原，本出於天。散在萬物，形色自然。流行古今，滔滔百川。播諸六籍，因言以宣。士志於茲，力貴精專。駁雜泛濫，多岐所牽。空寂孤單，不覩大全。獨有一法，孔鑄子淵。博文約禮，並造兼權。未入聖域，惜無長年。鄒孟而下，絶學不傳。競取魚兔，不操蹄筌。終日無獲，奚足怪焉？卓哉晦翁，亞聖大賢。孔顔法度，宛在目前。公惡異己，騰口翩翩。彼所得者，略不推先。昧耶私耶？孰任厥愆？

張吉屬胡居仁一路的宗朱學者。陸學訂疑自序曰：「朱、陸之學，先輩論之詳矣，近世儒臣，又謂其學始雖殊途，終則同歸於一致，備摘二家辭旨近似者，類而證之，是蓋又一説也。」「竊惟學朱不得，猶不失爲博達之士；學陸不得，流爲禪釋之歸必矣。予惡夫世之從邪而畔正也，乃取象山語録反覆玩味，有可疑者韻而訂之，藏諸篋笥，以俟知者擇焉。若與其閑邪衛正，不失爲朱氏忠臣，則世之偏執一隅、詆訾先哲者，亦可以少愧矣。」乃知此四言詩體陸學訂疑實爲最早批駁程敏政道一編的「朱陸異同」專書，其意義亦不可輕忽。

三 「朱陸異同」歷史文獻研究意義發微

通過對「朱陸異同」歷史文獻的海量搜檢，集腋成裘，壘土成臺，觀察視野既勝以往，對朱陸異同之辨歷史衍變的認識和感悟自然會有不同。兹擇要記述數項，僅爲拋磚引玉之用。

其一，因由「朱陸異同」歷史文獻揭示，至少在宋寧宗嘉定十三年，朱子再傳、三傳弟子就已開始相與討論「朱、陸氏之所以異同者」。

關於朱陸異同之論始於何時的問題，今仍有持「始於明代」之説者，謂趙汸對江右六君子策「始倡朱陸早異晚同之説」，「朱陸同異論爲世人所注目，那是吴草廬以後的事」，「到趙東山、程篁墩而愈加精微」。然此乃承襲舊説，所見實已滯後。此前錢賓四先生曾據元袁桷清容集所載「淳祐中鄱陽湯中氏合朱陸之説，至其猶子端明文清公漢，益闡同之」，認爲「此爲會同朱陸之最先見者，時宋室尚未亡，蓋猶遠在趙汸前」。只是這條文獻以及這個結論，早在清代就已被發現和提出。全祖望奉臨川先生帖子一曰：

愚考會同朱陸之説，今世皆以爲發源於東山趙氏，然不自東山始也。袁清容云：「陸子與朱子生同時，仕同朝，其辨爭者，朋友麗澤之益，書牘具在。不百餘年，異黨之説，深文巧鬬。淳祐中，鄱陽湯中氏合朱陸之説，至其猶子端明文清公漢，益闡同之，足以補兩家之未備。」是會同朱陸之最先者一也。清容又云：「廣信龔君霆松，發憤爲朱陸異同舉要，於四書集陸子及其學者所講授，俾來者有考。」是元人之會同朱陸者，然亦在東山之前。二湯爲淳祐間巨子，使其書存，必有可觀。龔氏之書不知何等，今皆無矣。

全氏所引袁清容二條文獻，均出氏著龔氏四書朱陸會同序。袁序所言「鄱陽湯中氏」，字季庸，號息庵，饒州安仁人，寶慶二年進士，歷官右正言、左司諫、知袁州、工部侍郎。所言「猶子端明文清公漢」，字伯紀，號東澗，饒州安仁人，淳祐間以薦授信州教授兼象山書院山長，度宗時官至工部尚書，以端明殿學士致仕，卒謚文清，宋史有傳。所言「廣信龔君霆松」，號艮所，江西貴溪人，「宋咸淳鄉舉，元郡縣上所著書於省，省聞之朝，授漢陽教授，不就」，歸里，講學理源書院。「慨朱陸二家之徒議論不一，因窮源委，作四書朱陸會同注釋，三年書始成，時稱朱陸忠臣」。茲且毋論「元人之會同朱陸者」龔霆松，先説「會同朱陸之最先者」湯中、湯漢。按全謝山修定宋元學案存齋晦静息庵學案，還曾提及湯中之兄湯千，「嘗從真西山論洙泗、伊洛之源流，與朱陸之所以同異，融會貫通，卓然自有見處」，惜未能道其詳。今考真德秀、湯千相與論朱陸異同，事出真德秀湯武康墓誌銘，時間更在湯中、湯漢「合朱陸之説」之前。茲節録其文曰：

> 予年二十六，始識升伯於都城，方是時，升伯以詩文稱諸公間，雄麗秀拔，有古作者風致。後十餘年濫官于朝，又得其所爲通變十二策者讀之，論説娓娓，援古質今，奮然有爲國建策圖久安之志。於是撫卷三歎曰：「此賈誼長太息書也。」恨時無知君者，亦自咎前日知之未至也。又五六年再見於延平，旋過予西山精舍，相與論洙泗、伊洛之源流，與朱、陸氏之所以同異者，旁及方外之學，融會貫通，卓然自有見處，殆非前日升伯矣。越二年，起帥湘中，求士之可與偕者，莫吾升伯若也。凡再聘始來，來則朝夕與處。

湯武康名千，字升伯，初號隨適居士，晚更號存齋，饒州安仁人。慶元二年進士，嘗官武昌軍節度推官，南劍、嘉興郡學教授，改通直郎知湖州武康縣。寶慶二年卒，年五十有五。按真德秀生於宋淳熙五年（1178），墓誌銘云「年二十六始識升伯」，是在嘉泰四年（1204）；「後十餘年濫官于朝」，「又五六年再見於延平」，相加未逾廿年，則二人會晤西山精舍，相與論「朱、陸氏之所以同異者」，必不出寧宗嘉定年間。考墓誌銘云「越二年，起帥湘中」，而宋史本傳云真氏於嘉定「十五年，以寶謨閣待制湖南安撫使知潭州」，遂可確定真、湯會晤，應在嘉定十三年（1220），時距朱子去世已二十年，離黄榦去世尚有二年，相較淳祐中湯中、湯漢「合朱陸之説」，至少早二十餘年，宜爲目前所見朱子身後論「朱陸異同」文獻之最先者。

湯千在真德秀西山精舍討論「朱、陸氏之所以同異」，詳情不得而知，只能略考安仁湯氏家族諸子學術，以窺其基本學術立場。據真德秀湯武康墓誌銘，「湯爲安仁望族，用儒科顯者相踵」。宋史本傳稱湯漢「與其兄干、巾、中等，皆知名當時」（按，宋元學案湯氏名作『千』，孰爲是尚無確考，本文姑從宋元學案。），但不詳其學術師友，且誤記其世系，實則漢是千、巾、中猶子，而非兄弟。按全謝山存齋晦静息庵學案表，湯千、巾、中兄弟「並柴南溪、真西山門人，詹氏再傳，屏山、晦庵三傳」，而序録則謂：「鄱陽湯氏三先生，導源於南溪，傳宗於西山，而晦静由朱而入陸，傳之東澗；晦静又傳之徑畈。楊、袁之後，陸學之一盛也。」又全氏奉答臨川先生序三湯學統源流劄子曰：「陸文安公弟子在江南西道中最大者，有鄱陽湯氏。此閣下鄉里文獻，而向來無知之者。」「三湯子之學，並出於柴憲敏公中行，固朱學也。其後又並事真文忠公，亦朱學。乃晚年，則息、存二老仍主朱學，稱大、小湯，而晦靜別主陸學。東澗之學，肩隨三從父而出，師友皆同，而晚亦獨得於晦靜。是時朱、陸二家之學並行，而湯氏一門四魁儒，中分朱、陸，各得其二。」全謝山因所獲臨川「鄉里文獻」「向來無知之者」，故能糾舊時記載之失。然其所考並非全是，道光間王梓材校定宋元學案，已指出多處錯誤，如將息庵、存齋名號錯戴等，限於篇幅，茲不詳舉。今但就「湯氏一門四魁儒，中分朱、陸，各得其二」之説，略加考辨。

先説「別主陸學」的晦靜。湯巾字仲能，號晦靜，嘉定七年進士，知繁昌縣，紹定六年主白鹿教席。按西山門人徐元傑白左揆論時事書，明確説「湯巾明朱氏之學」。又咸淳間釋道璨誥封贈孺人先妣吳氏壙誌，稱吳氏「伯兄叔量，早有聲場屋，以工深多不合有司尺度，從主一張公洽、晦靜湯公巾，受晦翁書而讀之，與功名相忘」。吳氏伯兄陶叔量，新建人，寶祐四年進士。乃知湯晦靜嘗宗朱學而授朱學。那麽他是否又曾「別主陸學」呢？考劉克莊祭湯仲能文有曰：「烏呼！早挹存齋，中交晦靜。晚善遺公，珠璧輝映。四海所稀，一門而並。近參周、朱，遠泝淵、孟。粗而事物，妙而性命。先儒疑義，下語未瑩。前輩緒論，開端未竟。審思明辨，博考精訂。餘力及文，上下馳騁。」其中「粗而事物，妙而性命」，「審思明辨，博考精訂」二句，盡合朱子「下學上達」主旨，與陸學分明涇渭。後村亦從學西山，且與湯氏諸子友，後村集中有贈仲能、季庸、伯紀詩文多首，如答湯升伯因悼紫芝云「紫芝曾説子能詩，開卷如親玉樹枝」，挽湯仲能云「訃至聾三日，悲來贖百身」，送湯季庸監嶽云「季子真奇士，聲名亞長君」，送湯伯紀歸番陽云「華宗所産必人英，久見諸賢説父兄」等，可見交誼極深。故祭文所言，應是後村對晦静的「蓋棺」之論，可信度頗高。如是，則謝山之説或未必然。再説「大湯」存齋。真德秀湯武康墓誌銘有二處記述似爲要緊。一説湯千之學得自乃父臨齋公：「臨齋於古學無不通，君爲舉子時罕以語之，至是始盡發其藴。大要談義理不騖於虚無高遠，而必反求之身心；考事實不泥於成敗得失，而必鈎索其隱微；論文章不溺於華靡新奇，而必先乎正大。要其歸，以切實用、關世教爲主。君於是盡得家學之傳。」復謂湯千聞釋氏之説而訢然有得：「嗚呼！欲知吾升伯者，仕觀其自竭，窮觀其自守，斯得之矣。自其少時，博參聖賢言論，以爲指歸，精思力踐，不進不已。既又聞瞿曇氏之學，以了悟爲聞，亦從而究其説，久之訢然，若有得也。閒嘗語予曰：『儒佛之道雖殊，要皆以求本心爲主，倘能悟所謂活法者，則雖混融爲一可也。』予雖未悉其指，然視君所養，虚閑怡悦，有超然自得之趣，則其所造詣誠有未易窺者。」按墓銘前言臨齋家學如何，尚未能明判朱、陸，後言湯千「以了悟爲聞」，則可爲之定性。朱子嘗批評瞿曇氏之「了悟」曰：「夫學者既學聖人，則當以聖人之教爲主。今六經、語孟中庸大學之書具在，彼以了悟爲高者，既病其障礙而以爲不可讀,此以記覽爲重者,又病其狹小而以爲不足觀。如是則是聖人所以立言垂訓者,徒足以娛人而不足以開人,孔子不賢於堯、舜,而達摩、遷、固賢於仲尼矣,無乃悖之甚邪!」朱子所謂「彼以了悟爲高者」,意指江西陸學,則西山稱千「以了悟爲聞」,其義亦可想而知。此語出自墓銘,誠亦「蓋棺定論」,頗可采信。既如此,則全氏謂大湯晚年「仍主朱學」之説,實大有問題。再説湯漢。全謝山奉臨川先生帖子一引袁清容序云「淳祐中,鄱陽湯中氏合朱陸之説,至其猶子端明文清公漢,益闡同之」,但在奉答臨川先生序三湯學統源流劄子卻説「東澗之學,肩隨三從父而出,師友皆同,而晚亦獨得於晦静」,「案袁清容集亦言晦静始會同朱陸之説,至東澗而益闡同之」。同樣案據袁序,卻一稱湯中,一稱湯巾。此處差異,王梓材曾有考訂,以爲「湯中氏係湯巾氏傳寫之誤」,然亦未必。但無論湯中抑或湯巾,湯漢「會同朱陸」可確定無疑。袁桷跋宜春夏君與上饒陳先生文蔚講經書問亦曰:

自武夷之説行,其門人矜重自秘,皆株守拱立,不能親有所明辨,獨勉齋黄公奮然衛道,以其同焉者析之,曲焉者直之,使後之人無以議。湯文清公後出,復以昔之所深疑者充廓之,是則武夷之忠臣矣。

因湯漢敢於深疑朱子之説，而非「株守拱立」一味佞朱，故稱之「武夷忠臣」。「忠臣」之稱頗有意思，王陽明崛起，後世亦有稱其朱子忠臣，駱問禮質疑王學，亦自題書名新學忠臣。惟此尚可深究，於兹難道其詳。又湯漢深疑者何，袁跋未言。據朱彝尊經義考，朱子大學章句案語，似可略知其一：

大學不題作者姓氏，或云七十子之徒共撰所聞，或云是子思作。至朱子於百世之後，毅然論定爲曾子之書。……而樗齋漫録又云「大學決是子思所作，不然『誠意』傳中不合有『曾子曰』三字」。黄岡樊氏亦曰「記引曾子之言，決非曾子之書可知」。學者所見不同如是。當日復齋陸氏、東礀湯氏，咸謂朱子中庸、大學，其傳不遠。而朱德莊亦不信朱子章句，於是董文清而後，改本紛綸出矣。

其謂「當日復齋陸氏、東礀湯氏，咸謂朱子中庸、大學，其傳不遠」，是説朱子學庸章句近出不可盡信。此或即湯漢「深疑」朱子處之一。朱彝尊如是説，當時必有依據，但今未存而已。另據袁桷延祐四明志記載，度宗咸淳中，王應麟「爲太常博士，湯文清公漢爲少卿，與先生鄰牆居，朝夕講道，言關、洛、濂、閩、江西之同異」。可知湯漢不僅晚年會同朱陸，而且參與討論，十分積極活躍。據上所述，則全氏所謂「湯氏一門四魁儒，中分朱陸，各得其一二之説，似難成立。

當然，上述考證並非專爲訂補全氏之闕訛，還是想通過集結「朱陸異同」文獻揭示，至少早在宋寧宗嘉定十三年，即朱子身後約二十年，其再傳、三傳弟子就已開始相與辨論「朱、陸氏之所以同異者」，代表人物就是鄱陽湯氏一門諸子及真德秀、王應麟等。

其二，因由「朱陸異同」歷史文獻揭示，歷史上的朱陸異同之辨，曾有過三次高潮，分别在宋末元初、明正德嘉靖與清康熙雍正時期。

存世的「朱陸異同」歷史文獻，自鵝湖之會至清末七百餘年幾無間斷，即使是在理學最不受待見的清乾嘉時代，亦未消聲匿迹。但數據顯示，不同時期的文獻存量大有差别，宋末元初、明正德嘉靖、清康熙雍正三個時期，不僅留存「朱陸異同」文獻最多，且專書、專論出現最爲集中。以專書之出現最能體現朱陸異同之辨的「熱度」，特舉而述之。據統計，今存明代朱陸異同專書七種，出自正德四年至隆慶元年近六十年間的占五種；清代存專書約十四種，十三種出自順治十八年至雍正十年的七十年間。宋元時代的朱陸異同專書雖無傳，但可考者有吴汝一篔天、龔霆松四書朱陸會同舉要、劉壎朱陸合轍三種，均出自宋末元初。鑒於明、清專書皆有書可稽，毋須贅言，而宋末元初專書既不復見，且撰者除劉壎外，吴、龔二人俱不名經傳，故特勾稽文獻，略加考述。

吴汝一，字伯成，號雲卧，江西南豐人，宋理宗寶祐六年，以秘閣修撰爲江西轉運副使兼守隆興，有詩名，人稱「江西詩伯」，著雲卧詩集未傳，江湖小集、兩宋名賢小集有節選。同里劉壎從其游，嘗謂「雲卧翁清高簡澹，翛然如蓬閬間人。學問精深，爲包門高第弟子，文肅公特敬異之」。此所謂「包門」，即指包約、包揚、包遜兄弟。約字詳道，揚字顯道，遜字敏道，江西建昌南城人。包氏兄弟三人皆從朱、陸二子學，宋元學案並列「朱子門人」、「陸氏門人」，黄宗羲案曰：「包顯道、詳道、敏道同學於朱、陸，而趨向於陸者分數爲多。」其所謂「文肅公」，即包揚之子恢，字宏父，號宏齋。宋元學案列名包揚傳下「克堂家學」，克堂是包顯道號，稱包恢「弱冠即聞心性之旨，成嘉定十三年進士」，「景定初，拜大理卿、樞密都承旨兼侍講，權禮部侍郎」，「封南城縣侯，以資政殿學士致仕，卒，年八十七，贈少保，謚文肅」。宋史本傳稱「恢少爲諸父門人講大學，其言高明，諸父驚焉」。嘗言「文安之學深造自得，本之孟氏。孟氏之後，至是而始一明」。雲卧先生吴汝一既爲「包門高第弟子」，又獲包文肅公恢「特敬異」，則其學淵源大概可知。吴著筦天，僅見于劉壎朱陸合轍序：

朱、陸之學，本領實同，門户小異。故陸學主於超卓，直指本心，而晦翁以近禪爲疑；朱學主於著書，由下學以造上達，而象山翁又以支離少之。門分户别，伐異黨同，末流乃至交排互詆，譁競如仇敵，遂令千古聖學之意，滋鬱弗彰矣。當是時，克堂包公崛起盱江，出入二宗師門下。其子樞密宏齋先生，親侍講貫，每謂二家宗旨券契符合，流俗自相矛盾。至哉言乎！顧踵襲成俗，趨附貶駁，或者高朱而抑陸，私心迷繆，寖失和平。同里雲卧吴先生汝一病之，考朱子書，凡言論旨趣與陸子同者爲一編，題曰笎天，銷磨黨偏，掀抉瞽聵。學者各宗其説，門户雖小異，本領無不同也。夫人惟一心，心惟一理，群聖相授，繼天立極，開物成務，何莫由斯？孔子曰「性相近也」，孟子曰「先聖後聖若合符節」，豈至於學能獨異乎？

是知吴氏笎天之作，亦因受包揚、包恢父子講學影響，病流俗之「高朱抑陸」而起，其旨則在會同朱陸，「銷磨黨偏」。限于文獻稀少，不能更多揭示，然既爲「包門高第弟子」，又受「文肅公特敬異」，似不妨參照其師門傳授，以窺雲卧翁之「朱陸異同」立場。

據劉壎之言，對雲卧先生影響最大的是包揚、包恢父子。包揚是包氏三子中比較特别的一位，錢賓四先生説：「包氏兄弟中，敏道最偏激，劉後村集謂其喜涉禪可知。詳道篤實，而守陸説不能變。顯道易轉動，其在南康與朱子相見，已依違於朱、陸兩家間矣。」宋元學案稱包顯道初師象山，好走極端，「嘗詆朱子，有『讀書講學，充塞仁義』之語。朱子以告象山，象山亦大駭，答以『此公好立虛論，須相見時，稍減其性』。」「及象山卒，顯道率其生徒詣朱子精舍中執弟子禮。」然據錢賓四先生考證：「黎編語類『包揚録』稱癸丑、甲辰、乙巳所聞，爲朱子五十四、五、六三年，象山卒在紹熙三年壬子，上距淳熙乙巳尚八年，則顯道游朱門，不待象山卒後。」並考證顯道因入門較早，即弟子蔡抗亦尊其「在師門爲前輩」。包揚在象山在世時，即「率其生徒」投名考亭門下，此事甚可玩味。錢氏言包揚「依違於朱、陸兩家間」，是説他持各尊其是之立場，無伯仲左右之分。可惜包揚無論學文字留存，難究其竟。惟子恢承「克堂家學」，或可藉以觀之。據包恢自述，嘗於慶元六年春隨父赴考亭進謁朱子：「某之先君子從學四十餘年，慶元庚申之春，某亦嘗隨侍坐考亭春風之中者兩月。每一追思，常嘆景星之還復快覩。」故其每言及朱子，從不失尊崇之意，且自以爲最能得乃父朱子之傳。其跋晦翁先生帖曰：

學必有存主之處以爲本，必有持守之功以爲實，其致知講習，乃所以精此本實之所在，而非末非虛也。我先君從文公學四十有餘年，受其啓誨最多且久，每於侍下竊聞之，繼於先生文集中飫觀之。庚申之春，又嘗躬拜先生于考亭而受學焉。詳其所主，無非先存主而重持守。今者獲讀所與李丈二書，實有契於前聞。雖二書未足以盡見先生之學，而大旨則有在矣。獨疑近世爲先生之學者，往往多以格物爲主，至或偏於致知而廢力行，泛於講習而乏持守，其所謂致知講習者，又類失其本而流於末，無其實而入於虚，殊戾先生誨人之旨，大抵不過從事於解釋文義之間，卒之皆墮於空言而已。李文處謙，師友淵源，萃於一家，其天資既謙厚，其學問加誠實，其有得於先生之旨獨深，而過人亦遠矣。

朱子與李處謙書今存晦庵集，云「大抵爲學當以存主爲先，而致知力行亦不可以偏廢」。包恢以此詮釋朱子爲學大旨「先存主而重持守」，則正與象山之説相合。觀其象山先生年譜序乃曰：「先生以學者茫茫，如在門外、如在路傍而莫知所從入，其誤認以爲門爲路而誤入者尤多。故其教多先指其所入以示之，乃發足第一步也，由是而之焉，方將循循以導其進於深遠之地。」是包氏於朱、陸二家間，實取兼合會同之態度。然包恢於象山極爲推崇，曰：「孟氏之後千五百年，能自得師，大明此學。」「先生殆若特爲此學而生者，發揮啓迪、開闢充拓之功大矣。」若此不吝美譽，朱子未曾有享。至其陸象山先生贊曰：「彼之所學者，告子之外；此之所學者，孟子之内。外者皆虚説誣，而徒塞乎仁義；内則皆實光大，而可入乎聖智。」似更存暗詆朱學之意。由此可見，包氏雖會同朱陸，而心中另有高下之判。此一關節宜與吴汝一、劉壎之朱陸異同立場，不無關繫。以下接述龔氏四書朱陸會同、劉壎朱陸合轍。

龔霆松，號艮所，江西貴溪人，「宋咸淳鄉舉，元郡縣上所著書於省，省聞之朝，授漢陽教授，不就」，講學理源書院，「作四書朱陸會同注釋，三年書始成，時稱朱、陸忠臣」。袁桷龔氏四書朱陸會同序曰：

曩朱文公承絶學之傳，其書叙疑非西京，於孝經則刊誤焉，詩去其叙，易異程氏，中庸疑於龜山楊氏。程、楊，朱子本以傳授者也，審爲門弟子，世固未以病文公也。陸文安公生同時，仕同朝，其辨爭者，朋友麗澤之益。朱、陸書牘具在，不百餘年，異黨之説興，深文巧闢，而爲陸學者不勝其謗，屹然墨守，是猶以丸泥而障流，杯水以止燎，何益也。淳祐中，鄱陽湯中氏合朱、陸之説，至其猶子端明文清公漢，益闡同之，足以補兩家之未備。抑又聞之，當寶慶、紹定間，黄公榦在，朱子門人不敢以先人所傳爲别録。黄既死，夸多務廣，有語録焉，有語類焉，望塵承風，相與刻梓，而二家矛盾大行於南北矣。廣信龔君霆松，始發憤爲朱陸會同舉要，於四書集陸子及其學者所講授，俾來者有考，删繁薈精。余於龔君復有望焉。夫事定於千百年，則罔有異論，故歷舉與廢之説若是。

龔氏學術淵源未詳，但由袁序可知其著書之意，亦因「慨朱、陸二家之徒議論不一」，而特於四書會同朱、陸之説，調和「二家矛盾」。

劉壎，字起潛，江西南豐人，宋嘉熙四年生，元延祐六年卒，終年七十八。史稱壎「以道學鳴於時」，嘗自序朱陸合轍編撰緣起曰：

追懷景定辛酉歲，親炙雲卧先生，得聞梗概。咸淳丙寅歲，宏翁以尚書造朝，約予與諸老往。辭先生，進予坐側，警誨娓娓，亦及兹事，抉去籓籬，少正卑滯。當時馳心科舉文字之間，弗克叩擊。及今科舉文字念絶，思見鴻碩，考德問業，諸老亦既棄濁世而游太虚，先哲弗作，晚節無聞，爲之惆悵。自悼不聰，乃取象翁文集手鈔焉，且復取晦翁語録，摘其推尊文安者，著於篇端，以詔來世會而通之。水中之月，即天上之月也。蜀日越雪，何爲者？故更名其集曰朱陸合轍云。

劉壎嘗親炙鄉老吴汝一，且與包恢關係密切，則其學所自亦可推知。合轍抄自象山文集，且將朱子「推尊文安」語録「著於篇端」，則其編纂之旨固已昭然。按劉壎嘗道聽途説曰：「朱文公平生竭盡精力解注諸書，實爲後學之益。晚與白玉蟾游，始悟其徒勞，遂賦詩曰

『書册蘊頭無了日，不如抛却去尋春』，蓋自悔也。其於象山心服以此。」其記陸文安祠堂又曰：「聖賢自堯舜累傳，而達乎孔孟，自孟氏失傳，而竢夫宋儒。故有周、張、二程濬其原，而周則成始者也；有朱、張、吕、陸承其流，而陸則成終者也。」又前舉劉壎撰有題名朱陸文章四篇，題含「朱陸」劄記四篇，是所見最早的朱陸異同專論文獻，亦宋元之人絶無僅有者。朱陸篇有曰：「晦菴殁，其徒大盛，其學大明，士大夫皆宗其説，片言隻字，苟合時好，則可以掇科取士，而象山之學反鬱而不彰。然當是時，雖好尚一致，而英偉魁特之士，未嘗不私相語曰：『時好雖若此，要之，陸學終非朱所及也。』蓋二先生之學不同，亦由其資禀之異，晦菴則宏毅篤實，象山則穎悟超卓。」

宋末元初，明正德、嘉靖，清康熙、雍正間，「朱陸異同」專書、專論文獻的集中爆發，反映了朱陸異同之辨在此三個歷史時期的「高漲」。而接著「高漲」出現的，是「元儒好爲調和朱陸」，「元代已是朱陸並行」，是嘉隆之後的王學獨尊，是乾嘉時代的考據大興。如是，則朱陸異同之辨歷史衍變，誠與理學史之轉折變化有莫大關係。

其三，因由「朱陸異同」歷史文獻揭示，歷史上朱陸異同之辨的群體參與度很高，不止是少數理學家掌握的話語；是存在於現實社會的思想之爭，而非孤處一隅的心靈獨白。

前舉計東耆舊偶記追記康熙十一年孫承澤、閻爾梅、顧炎武諸學界大佬聚會爭辯朱陸異同的生動場景，極爲難得。無獨有偶，與計東同時的錢澄之也有類似記載，其與徐公肅司成書曰：

> 向與閣下聚首於令母舅寧人寓齋，寧人極詆陽明之學，又出吴江一老生所寄駡陽明書，比之毒藥猛獸，徧示坐客。弟見其方寸敗紙耳，字畫怪誕，文理惡劣，皆陳羹飯餿語，不惟未嘗見陽明書，并未嘗讀程朱書者，不知寧人何以欣然夸示人也？弟見寧人駡與甚勇，如此固陋尚欲引之爲助，其所以惡陽明者至矣，故默不與辨。酒間，問曰：「顧涇陽何如？」曰：「正學也。」弟曰：「余觀其解學、庸亦頗采陽明語，何也？」寧人大哈，以爲妄，問弟見諸何書。弟偶失記，無以應。益大噱，久之曰：「君元來於此事甚淺。」閣下爾時亦主寧人之説，以涇陽深闢陽明者也，猶記之乎？弟比大慚，非慚其學之淺，慚其以爲妄也。既抵家，搜諸敝簏得之，蓋顧先生小心齋劄記也，即命兒子鈔稿奉寄，託爲轉致寧人，以謝此慚。

徐元文字公肅，顧炎武外甥。錢澄之此信與計東所記異曲而同工，惟譏刺更甚，然亦非無中生有。余之所以再舉此例，絶非於亭林有何隱義，而是因爲信中提及的那位大駡陽明「比之毒藥猛獸」的「吴江一老生」。「方寸敗紙」、「字畫怪誕」、「文理惡劣」、「陳羹飯餿語」，

「未嘗見陽明書，并未嘗讀程朱書」，錢澄之用盡不堪之詞，描繪了一個積極參與朱王異同之辨的無名氏人物形象。同樣的事例還見於李顒答邵幼節書，信中寫道：

> 茲所寄粵友來書萬餘言，以朱、王異同爲訌，用心可謂勤矣。然未免舍目前切己之實，而葛藤已往公案。替古人耽憂，本非至不得已，僕不欲饒舌，幸爲我善辭可也。

直接與亭林先生通書的「吴江一老生」，千里郵書求教於二曲先生的「粵友」，皆民間籍籍無名而好辨朱陸、朱王異同者，他們與學界大佬一樣投入朱陸異同之辨，並共同構成這場轟轟烈烈的學術思想之爭的社會基礎。此下再舉一有名氏卻非知名者的事例。

王弘撰頻陽劄記記述康熙十六年「頻陽之行」與李顒的一場朱陸異同之辨，其中説到在「頻陽晤談」前，已先與富平知縣郭傳芳有過二度朱陸、朱王異同的學術交鋒，其曰：

> 丁巳秋九月初三日……頻陽郭九芝明府使來，附朱山輝太史之訃，劄云：「憶前歲之冬，與先生坐張鹿洲將軍席上，辨尊經閣記。」……予復之云：「尊經閣記大要是衍『六經皆我注腳』之緒，茅鹿門謂程朱所不及，弟謂程朱正不肯爲耳。知先生有未忘於懷者，而弟亦執其愚見如故也。……是月十有九日……九芝要予入城，坐定，問别後爲學之功。予出所爲正學隅見述一册視之。九芝攜歸署，尋有劄云：「敬讀大著，

極其真切平正，最透徹者，尤在格物一段。……此解得之天然，當與文成致良知本義同尊。至云『聖人爲學有序，斷無一蹴而至之事』，『知行原不相離，亦斷無行在知内之理』。以傳芳思之，道理原自一貫，在己得者可不庸其層次，若繇下學至上達，須是自邇及遠，如知到百步地位，即從一步用心起工夫，不敢間斷，方可行到百步，若是止知五十步，再五十步，即有支歧舛錯之處。以此推之，行實不在知之外也。先生以爲何如？」予復之云：「承教『物之則明，格之義自明』，此真實之解，即精闢之解也。……弘撰之説與文成頗異，唯先生更察之。至知行之説，朱子有輕重先後之别，爲不易之言。有知而不行者矣，未有行而不知者也。豈真謂行在知外哉？亦言其序如此耳。尊劄云『知到百步地位，即從一步用心起工夫，不敢間斷，方可行到百步』，此正知先行後之明徵，而先生推以爲行不在知外之證，何也？」

郭傳芳字九芝，大同威遠衛人，順治戊子拔貢，選陜西咸寧丞，歷權郃陽、長安令，康熙十三年除富平。王、李「頻陽軍砦」相會，他正在富平知縣任上。郭於康熙八年拜識李顒，「自是崇奉其道，契分日深」。惟其雖皈依理學，卻還入不了理學家榜單，但以政聲小有其名耳。劄記透漏王、郭第一次朱王異同之辨，是在康熙十四年，二人同「坐張鹿洲將軍席上辨尊經閣記」。張鹿洲將軍，名夢椒，字鹿洲，山西代州人，時任陝西安遠營總鎮，亦因遇識二曲先生而幡然志道。二人所辨尊經閣記即稽山書院尊經閣記，是陽明「心外無理，心外無物」主張的代表作。王弘撰嘗著尊經閣記一文駁斥陽明：「如其所言，是經可以不尊，尊經亦可以不閣也。題曰『尊經』，文先埽經，於爲記之意不已悖乎？」郭傳芳與之論辨，自是持陽明立場。第二次論辯在王弘撰會晤李顒之前，二人就正學隅見述所論「格物致知」展開爭辯，王以朱子「知先行後」觀點爲是，以爲「知行雖不相離，亦斷無行在知内之理」，郭則持陽明「知行合一」之説，認爲「行不在知外」。就二人往來文字而言，郭的理學理論修養尚淺，似非王弘撰對手。然今舉此例，並非在意論辯内容是否精彩，而在於參與朱陸、朱王異同之辨的郭傳芳的身份：一個不同於無名氏「吴江一老生」、「粤友」的現任知縣。

再有那些雖史傳有名，卻非理學界知名者，留下不少有分量的「朱陸異同」歷史文獻，卻入不了理學史名録，就像明萬曆間的駱問禮。我們但看朱陸異同專論的作者，就大有類似人物存在，如撰寫朱陸同異辨的亢思謙，撰寫朱陸的海瑞，撰寫吴澄論朱陸的姚舜牧，撰寫朱陸異同説的張能鱗，撰寫朱陸異同略的施閏章，撰寫朱陸異同辨的儲大文等。他們的積極參與和意見觀點，似亦不宜輕輕放過。

檢諸文獻，若此無名、不知名或知名者的「朱陸異同」議論，數量夥多，遠超名家，着實構成朱陸異同之辨歷史衍變的社會基礎。朱陸異同固然屬於理學「内聖」方面道體認識與成聖功夫的異同，故其所爭，多在「無極太極」、「尊德性道問學」、「格物」、「知行」、「博約」等形而上的議題和概念上。就此展開研究，重在理學名流大家，亦屬理所當然，無可厚非。然而「朱陸異同」歷史文獻證明，「朱陸異同之辨」終究是發生在現實世界之中，理學大家縱有獨立見解，終究「脱胎」於社會母體，不能不與諸多無名、不知名或知名的論辯參與者發生關聯。

其四，因由「朱陸異同」歷史文獻揭示，朱陸異同之辨還滲入朝廷舉試、國家祭祀等治政領域，不止是「學術共同圈」内的儒者「清談」。

朱陸異同本是南宋理學群體内部如何修身達道的學術思想分歧，對外則是同聲相求、互伸援手的「政治盟友」。然而一旦政治權力結構發生變化，這種内外有别的盟友關係就變得脆弱，學術上的互相批評變成互相詆毁，政治上的互相聲援轉爲互相排斥。他們在「得君行道」的一致性方面迅速弱化，在如何達道的差異性方面卻日益擴大，更進而異化爲互相排斥、傾軋的權益之爭。惟此轉變不能不予關注。據元陳櫟汪主静先生墓誌銘記載，早在宋理宗景定間，黟縣汪深任湖州安吉縣教諭，因「慨然思有以作新其人，匪徒從事乎文章」，遂改革舊章，「諸生因而奮修前哲，潛玩而服行之，大小翕然歸仰，尊稱爲主静先生」。「時近臣以先生薦于國學，而議者以主静之學陸學也，非朱子之學也，遂罷其事」。就因爲汪深學宗象山，便被議者拒之太學門外。同樣的過分之舉還發生在元初吴澄身上。虞集名篇吴草廬先生行狀記載至大元年吴澄爲國子監丞，因言朱子於道問學之功居多，而陸子静以尊德性爲主，「議者遂以澄爲陸氏之學，非許氏尊信朱子本意」，以致「澄一夕謝去」。此事於虞集送李擴序所記尤詳：

僕之爲學官，與先生先後而至。學者天資通塞不齊，聞先生言，或略解，或不能盡解，或暫解而旋失之，或解而推去漸遠，退而論集於僕，僕皆得因其材而達先生之説焉。先生雖歸，祭酒劉公以端重正大臨其上，監丞齊君嚴條約以身先之，故僕得以致其力焉。未幾，二公有他除，近臣以先生薦於上，而議者曰：吴幼清陸氏之學也，非朱子之學也，不合於許氏之學，不得爲國子師，是將率天下而爲陸子静矣。遂罷其事。嗚呼！陸子豈易言哉？彼又安知朱陸異同之所以然，直妄言以欺世拒人耳。是時僕亦孤立不可留，未數月，移病自免去。

草廬不堪非議，憤然辭職，事在至大元年，時在皇慶二年詔立程朱之學爲科舉程式之前五年。「議者」顯屬朝廷權臣中極端宗朱一派，爲捍衛其掌控的太學絶對權力，拒斥吴澄，孤立虞集，即便二人並非純粹陸學，也在所不容。此爲學術之爭異化爲權益之爭的典型事證，其將激化二家矛盾，催逼陸學反彈，也勢所必然。當然，從「朱陸異同」歷史文獻來看，朱陸異同之辨滲透到國家治政層面的「主戰場」還是在科試選士一塊。

掌控科舉選士的話語主導權，是確立學派優勢，進而擴大政治權勢的前提，主導權固然由皇權決定和賦予，結果卻是理學内部矛盾的異化和學術生態的惡化。「晦菴殁，其徒大盛，其學大明，士大夫皆宗其説，片言隻字，苟合時好，則可以掇科取士，而象山之學反鬱而不彰。」「自近年科舉行，朱學盛矣，而陸學殆絶。世之學者玩常襲故，尋行摘墨，益見其爲學術之弊。」這是出自宋末元初之人的質疑，並亦因此而影響了朱陸異同之辨歷史衍變的走向。對朱學立爲官學、懸爲功令的一般認識，是科試經義悉用程朱傳注。但從前述朱陸異同試策文獻可知，科試策問出題也是宗朱、宗陸學者利用與爭奪的一塊陣地。前舉明丘濬太學私試策問，是太學應對正式科試策問的訓練，有如今日之「模擬考」、「預答辯」，其影響士子，尚爲有限。影響廣大的事例當數清康熙十二年癸丑會試策問，由時任副主考官熊賜履擬題，曰：

問：道術生於人心，學術通乎世運，所關甚鉅也。故孔黜隱怪，孟詎詖淫，是非邪正之介，必兢兢致嚴焉，將無列聖諸賢，肩任大統，毫釐千里，斷有不容假借者歟？乃若二氏虛無，忌言分别，百家猥陋，習尚儱侗，以墮黜爲嘿潛，以含糊爲渾化，豈三教一家，一切不礙，而魯論鄒辯，反屬饒舌歟？紫陽集諸儒之大成，德性問學，交底於至，而鵝湖則詆爲未聞道。世儒好高欲速，狃曲耽虛，每不便於下學上達之説，或抑朱崇陸，或等朱陸而一之。然則二子爲異爲同，孰得孰失，顧遂迄無定論歟？敬軒、敬齋，踐履醇篤，直接洛閩，尚矣。無何，新會續慈湖之燈，姚江標象山之幟，龍谿、緒山以及東溟、大洲之徒，儒名墨行，波流雲擾，在彼者，源流本末不既昭然可覩歟？告子，禪宗也，無善無不善，亦猶「無垢無浄」等説也。陽明提宗，實祖述之。陽明曾不自諱，而後人必代爲諱之，何歟？若泰和、涇野、少墟、梁谿諸子，皆羽翼宗傳者，其間偏全純駁、優劣淺深，亦可得而論列之歟？今聖天子崇儒重道，表彰正學，爾多士居恒講究，當必有要歸一是之見，其明晰敷陳，以佐盛朝右文之治。

熊賜履字敬修，湖北孝感人，康熙戊戌進士，官至大學士，是清初一位鐵桿尊朱派。他持守門户最深嚴，尊朱黜王最堅決，是對康熙趨信理學、尊崇程朱，啓發最早、影響最大的理學名臣之一。會試出題關乎國家掄才選舉，非同小可，非考官隨意可爲，如若出題不慎，將致失職之罪，罹罷黜之禍。而這道策問的要害，正在「黜異端以崇正學」，是要將陸王之學判爲異端，一棍子打死。熊賜履敢在會試策問中擬出如此偏激的題目，是否有聖意暗中支持不得而知，但對天下舉子學術趨向的影響，應是可想而知。明呂柟涇野子內篇記述他在會試策問現場遇到的一件事：「予癸未在會試場，見一舉子對道學策，欲將今之宗陸辨朱者，誅其人、焚其書，甚有合於問目，且經書論表俱可。同事者欲取之，予則謂之曰：『觀此人於今日迎合主司，他日出仕，必知迎合權勢。』乃棄而不取。」嗚呼！上有所好，下必趨之。主試者「問目」有所偏取，應試者竟至激言「誅其人、焚其書」！呂思勉先生言：「應科舉的人，其意既在於利禄，則學問僅係工具，利禄纔是目的。」應試答題，事涉仕途，利益所在，不由不從。會試策問「指揮棒」對朱陸異同之辨歷史衍變的影響力度，可以想見。

朱陸異同之辨在國家祭祀、修史領域的展開，主要是指明萬曆間王陽明從祀孔廟、清康熙間纂修明史二事引發的朝臣爭議。限於篇幅，不復舉例。但萬曆十二年敕准陽明入祀，乃是王學取代朱學獲得壓倒性優勢的一大關節。今但舉馮柯求是編傳播艱難過程，以見彼時王學之强勢壓人，事載馮烒福建學道崇正堂翻刻求是編序。烒字居方，馮柯中子，萬曆二十年進士，三十九年任福建提刑按察司副使，奉敕提督學校，翻刻乃父求是編。序長不克全録，兹節引相關内容如下：

先子貞白承德公，悟通三極，學求一是，倡道慈湖，黨徒雲集，玄言名理，自開户牖，而尋宗切脈，竟皈考亭。顧七舉不博一第，且新學初特盛於江右，及華亭當國，亦復左袒。而吾邑登朝者，雖知交受業，皆舍所學以從彼，而公亦無如之何也。……隆慶庚午冬……取代行傳習録中可疑者，分章摘段，支疏節駁，以要於是。辛未春始脱稾，題曰求是編，書成而疾亦愈，因梓家塾。……萬曆甲戌冬，訪族姪益川憲副於留都，蓋同庚同學友也，出此編示之，屬其序。時新學方盛，謝不敢。間持以示其座主興化李石麓相公春芳。公固與華亭同朝，因講此學者詫爲異。時公患目眵，令揭一章誦之，乃論「盡心知性」章也。公曰「此段原卻差些」。歸而始序之，然亦不敢顯是之也。……乙酉，烶發解，出殿撰孫柏潭繼皋老師門下，計偕時攜全書就正以別。而孫師折簡寄謝，有曰：「尊公全書出以觀人，人無不奉若枕中鴻寶者。求是編爭借傳寫幾遍。」……烶即求師所以序此編者，而謙讓曰：「亦嘗思爲之，而語不能徹，故作而止者屢耳。」會辛卯秋，晤吴翰檢觀我公應賓於阜城高光禄諱定家，聞吴公精於性命學，亦即懇序之，而亦未有以應也。……己酉春，吴憲長本如公祖用，先以乃叔觀我丁未秋所爲求是編序者見示，而後知吴公之所以遲十六年不即發者，蓋諱其求多於新建耳。故今即爲兩解之詞，而終無見於一統之正。

馮熤所言三位謝絶爲求是編作序的人，分别是官拜山西按察司副使的馮柯族侄孫馮謙、馮熤座師萬曆甲戌科狀元孫繼皋、翰林院編修吴應賓。馮謙字履吉，與屬「大父行」輩份的馮柯「同庚同學友」，「指爲青雲交」，關係十分親密，可他還是因「新學方盛」而不敢接受馮柯的求序。後因宰輔李春芳對求是編有所肯定，始爲之序，卻仍不敢明顯肯定，只是説些是是而非的廢話：「觀者不徒曰録之言是，編之言非，又不徒曰録之言非，編之言是。」孫繼皋字以德，無錫人。雖其口稱「讀求是而見編之步步精神，録之著著破綻」，但俟馮熤開口求序，卻立即圓滑地推脱。吴應賓字尚之，桐城人，精性命之學，嘗著宗一聖論，面對馮熤求序，亦因「其求多於新建」而不敢應聲，躊躇十六年始爲之，卻依然只是講些「今之不可無求是，猶昔之不可無傳習」這等模棱兩可的無用之話。馮謙、孫繼皋、吴應賓三位朝廷命官之所以對序求是編心存難言之隱，顯然不是出於學術上的考量，而是來自官場的政治壓力。由此可見，那些影響朱陸異同之辨歷史衍變的非學術因素，是不能不加考慮的。

因文獻集聚效應而帶來的歷史啓示當然不止於此，如歷來對「朱陸異同」所秉持的態度和立場，遠不止「尊朱抑陸」、「右陸左朱」或「朱陸會同」那麽簡單；如以往對一些理學名家的研究和認識，還多少存在缺漏和偏失等。然行文至此，已顯冗長，必須打住。而拙文曝獻個人所獲之不盡成熟的啓示，不過是想證明「朱陸異同」歷史文獻對於朱陸異同之辨歷史衍變研究，具有相當的重要性。

四　歷代朱陸異同典籍萃編與歷代朱陸異同文類彙編的編纂

對於「朱陸異同」歷史文獻及其在「朱陸異同之辨」歷史衍變研究中的意義，是在執行「朱子學文獻整理與研究」課題的過程中不斷加深認識的。按照原初的規劃設計，歷代朱子學著述叢刊要做一個「學術論辯」專輯，遴選丘濬朱子學的、陳建學蔀通辨、孫承澤考正朱子晚年定論、陸隴其讀朱隨筆等歷代宗朱學者討論朱子學術思想的撰著十二種。另外，歷代朱子學研究文類叢編要做一個「學術思想」編，將散落在各類古籍中有關朱子學術思想研究的單篇文章輯録一編，如宋黄震黄氏日抄之讀本朝諸儒理學書晦庵語録，明顧憲成涇皋藏稿之朱子二大辨序、朱子節要序、刻學蔀通辨序等。然而隨着文獻調研的進展，發現「學術論辯」專輯選目中有過半之書，皆緣起於歷史上的「朱陸異同之辨」，而選目之外還另有不少類似的專門或主要討論朱陸、朱王異同議題的撰著。同樣，「學術思想」編的文獻調研也發現，散落於各類古籍中專門或主要討論「朱陸異同」問題的單篇文獻，其數量之多，涉及之廣，大大超出我們的預想。重要的還在於，這樣令人興奮的文獻新發現，使我們逐步清晰地意識到，既往對朱陸異同之辨歷史衍變的認知和書寫，似乎有了重新考量的必要和可能，而鑒於「朱陸異同之辨」在近七八百年思想學術史上的重大影響與特殊意義，於是就有了單獨編纂「朱陸異同」歷史文獻專輯的計劃更新，亦即如今已完成編纂、交付出版的「朱陸異同」專書文獻叢刊歷代「朱陸異同」典籍萃編，與「朱陸異同」單篇文獻類編歷代「朱陸異同」文類彙編。

彙刊歷代「朱陸異同」專書，此事前已有之。新世紀初，爲迎接紀念朱子誕辰八百七十週年國際學術會在鉛山鵝湖書院召開，江西高校出版社出版了吴長庚教授主編的朱陸學術考辨五種，即程敏政道一編、王守仁朱子晚年定論、陳建學蔀通辨、李紱朱子晚年全論、王懋竑朱子年譜。此次校刊歷代「朱陸異同」典籍萃編（下簡稱萃編），規模有所擴增，凡收書二十種，依次爲：明程敏政道一編、程曈閑闢録、王守仁朱子晚年定論、陳建學蔀通辨、馮柯求是編、清秦雲爽紫陽大指、孫承澤考正朱子晚年定論、熊賜履閑道録、下學堂劄記、王弘撰正學隅見述、陸隴其學術辨、張烈王學質疑、護成朱陸異同書、辯陸書、朱澤澐朱子聖學考略、朱子晚年定論辨、王復禮三子定論、李紱朱子晚年全論、童能靈朱子爲學次第考、費熙朱子晚年定論評述。以下對收書、編例等情況稍加説明。

其一，歷代「朱陸異同」典籍萃編既屬朱子學文獻大系，按例但取宗朱尊朱一派學者的著述，但「朱陸異同」情況特殊，不能不兼取貶朱攻朱者之著述，否則難以全面觀照和反映「朱陸異同之辨」的真實面相。是特爲變例，除一併收入道一編、朱子晚年定論、朱子晚年全論外，別增道光間尊王一派學者費熙的朱子晚年定論評述。其二，程曈、陳建、孫承澤、熊賜履、陸隴其、護成、朱澤澐、童能靈等，其學皆宗朱而黜陸，並一以貫之，其書則尊朱而攻王，固悉收無疑。然而彼時學者也並不是非朱即陸、非王即朱地絶對門户對峙，或宗朱而不反陸，或尊王而不貶朱，如秦雲爽紫陽大指、王弘撰正學隅見述、王復禮三子定論，皆不同程度地持兼取朱陸、朱王之立場。惟此正見朱陸異同之辨的多元複雜，故亦一併收録。其三，朱陸異同專書大多因道一編「朱陸早異晚同」説而引發，而接續，惟馮柯求是編、張烈王學質疑是針對陽明傳習録而作。但二書既産生於朱陸異同之辨的第二波高潮，且其所質疑辯駁的「心即理也」、「致知格物」、「知行合一」等議題，都是朱陸異同之辨的核心與焦點，故亦一併收録。其四，護成朱陸異同書、辯陸書，原是答友人問朱陸異同的三封書信，後易名作爲單列的二種書收入護冰壑先生全書，故不以其篇幅短小，並作專書收入萃編。其五，前述傳世可覩之朱陸異同專書，僅張吉陸學訂疑、王尹道學迴瀾二種暫未收入。陸學訂疑是對其悉用詩體表達學術觀點的有效性尚存顧慮，道學迴瀾則因四庫存目叢書暫闕未見。好在這是「開放性」叢書，以後情況若有改變，猶可增補續編。遵循歷代朱子學著述叢刊編纂整理規定，歷代朱陸異同典籍萃編所收各書，大體遵照中華書局擬訂的校點體例，從嚴執行，個別處如專名號的使用等，則根據歷代朱陸異同專書的特點，稍作更趨細化的改動。作爲繼近思録專輯之後的第二種歷代朱子學著述叢刊子叢書，其書名未沿用前編之「專輯」，而改作「典籍萃編」，雖然顯得有些不一致，卻也是出於更貼切反映叢書性質而經反復斟酌的考慮，敬祈讀者諸君明鑒。

輯録歷代朱陸異同單篇文獻，前未曾有，既無成例援引，亦乏檢索依傍，較之專書合刊，此事行之尤難。今成歷代「朱陸異同」文類彙編三卷，共輯得宋、元、明、清四朝著者三百四十四位、文章一千三百八十一篇，其中宋元卷收輯自朱子、象山以下著者六十六位、文章三百八十一篇，明代卷收輯自危素以下著者一百五十九位、文章六百二十七篇，清代卷收輯自孫奇逢以下著者一百十九位、文章三百七十三篇。輯選校點規則，詳見卷首凡例。作爲朱子學文獻大系屬下歷代朱子學文類叢編的第一種資料彙編專輯，歷代「朱陸異同」文類彙編的編纂整理具有一定的試驗性。茫茫四部書，文獻何其多！數百位撰著者、千餘篇文章，輯合一體，或規模亦不失可觀，卻仍難免掛一漏萬，若繼而深潛細搜，固必能更有續獲，但時限不容無盡期，只能適可而止。雖明知盡善盡美爲不能，但我與我的同仁，仍願持守「爲所不能爲」的精神，勉力而爲。

我們期盼對「朱陸異同」歷史文獻研究意義的認識能得到學界同道的認同，也期待歷代「朱陸異同」典籍萃編、歷代「朱陸異同」文類彙編的編纂整理出版能對推進朱子學史、理學史的研究有切實的助益，更渴求賜讀萃編、彙編的高明之士能糾其不逮，不吝賜教。

二〇一八年春三月　嚴佐之

凡例

一、「朱陸異同」之辨争，涉及廣泛，影響深刻，歷代參與討論、發表意見之儒士學人衆多，除王陽明朱子晚年定論及如道一編、學蔀通辨、正學隅見述等專著以外，尚有難以計數之單篇文章，如宋代真德秀跋包敏道講義、袁甫重修白鹿書院記、王應麟慈湖書院記，元代虞集跋朱先生答陸先生書、鄭玉送葛子熙之武昌學録序、趙汸對江右六君子策，明代汪舜民答程篁墩學士書、劉玉尊德性道問學説、唐順之朱辨陸象山陸辨朱晦庵、王陽明朱子晚年定論、清代張能麟朱陸異同説、桑調元辯王門宗旨之非等，亦屬有益於全面考察、深入研究「朱陸異同」發生、發展歷史之重要參考資料。惟此等資料叢雜散處各書，搜索不易，故大多未爲研究者所關注。爲此，本彙編乃主要蒐集編纂歷代文獻中論述「朱陸異同」之單篇文章以及重要之論述章節，包括相關之序跋、劄記、語録、書信等。

二、本彙編所收資料之時間斷限，上自南宋中期朱熹、陸九淵及其門人後學之言論文章，下迄清末。

三、因朱熹與陸九淵兄弟論辯於鵝湖，拉開朱、陸學術異同之爭序幕，此後朱、陸後學各遵所聞，轉相紛爭，執學問之異同，爭門户之勝負，朱學、陸學判然分途。故本彙編首載朱、陸評述對方之文字，其次編録之資料，即據其著者之生卒時間爲序編排。其生卒年未詳者，即據其及第時間或親屬、交游等情況加以推定。同一著者之文獻，據輯録之資料所依據之文獻先後爲序編排，一般以經史子集爲序。并於其前簡要介紹所輯録文獻之著者生平、學術源流及其著述情況。

四、本彙編所收文字以所輯録文獻爲據，若其文字顯有錯誤，則錯字加圓括號（　），改正之字加方括號［　］；如係魯魚亥豕之類，便予徑改；其語義兩通者則不予更動。若其中顯有脱文，則所添加之字加以方括號［　］；若有衍文，則所删去之字加圓括號（　），一般不再校注考訂。若有須作説明者，即以「今案」形式處理之。

五、本彙編所收文字，其原文因後世傳抄而産生之避諱字，一般予以回改，其缺筆者補全。然著者因避本朝諱而更改之字，則一般不作回改。

六、爲便於閲讀利用，卷後分别編附著者索引和徵引書目，以漢語拼音爲序。

總目録

歷代「朱陸異同」文類彙編

第一册

宋元卷

顧宏義 編撰

上海古籍出版社

目録

陸九淵 …… 一一一

吴澄
劉因
程文海

朱熹

朱熹（一一三〇～一二〇〇），字元晦，一字仲晦，號晦庵、晦翁、雲谷老人、遯翁，徽州婺源（今屬江西）人。紹興十八年（一一四八）進士。寧宗即位，除焕章閣待制兼侍講。慶元黨禁，落職罷祠。六年卒，年七十一，追謚曰文。著述甚富。事蹟見黄榦勉齋集卷三六文公朱先生行狀。宋史卷四二九有傳。

晦庵集卷四鵝湖寺和陸子壽

德義風流夙所欽，别離三載更關心。偶扶藜杖出寒谷，又枉籃輿度遠岑。舊學商量加邃密，新知培養轉深沉。却愁説到無言處，不信人間有古今。

晦庵集卷三一答張敬夫十二月　節録

熹窮居如昨，無足言者。但遠去師友之益，兀兀度日，讀書反己，固不無警省處，終是旁無彊輔，因循汩没，尋復失之。近日一種向外走作、心悦之而不能自已者，皆準止酒例戒而絶之，似覺省事。此前輩所謂「下士晚聞道，聊以拙自修」者。若充擴不已，補復前非，庶其有日。舊讀中庸慎獨，大學誠意、毋自欺處，常苦求之太過，措詞煩猥。近日乃覺其非，此正是最切近處、最分明處，乃舍之而談空於冥漠之間，其亦悮矣。方竊以此意痛自檢勒，懍然度日，惟恐有怠而失之也。中略。傷急不容耐之病，固亦自知其然，深以爲苦而未能革。若得伯恭朝夕相處，當得減損。但地遠，不能數見爲恨耳。此間朋友絶少進益者，擇之久不相見，覺得病痛日深。頃與伯恭相聚，亦深歎今日學者可大受者殊少也。奈何奈何？子壽兄弟氣象甚好，其病却是盡廢講學而專務踐履，却於踐履之中要人提撕省察，悟得本心，此爲病之大者。要其操持謹質，表裏不二，實有以過人者。惜乎其自信太過，規模窄狹，不復取人之善，將流於異學而不自知耳。鄉約之書，偶家有藏本，且欲流行，其實恐亦難行，如所喻也。然使讀者見之，因前輩所以教人善俗者而知自修之目，亦庶乎其小補耳。

晦庵集卷三三答吕伯恭節録

上略。陸子壽聞其名甚久，恨未識之。子澄云其議論頗宗無垢，不知今竟如何也。下略。

晦庵集卷三四答吕伯恭節録

上略。近兩得子壽兄弟書，却自訟前日偏見之説，不知果如何？下略。

晦庵集卷三四答吕伯恭節録

子壽相見，其説如何？子静近得書。其徒曹立之者來訪，氣質儘佳，亦似知其師説之誤。持得子静近答渠書與劉淳叟書，却説人須是讀書講論，然則自覺其前説之誤矣。但不肯翻然説破今是昨非之意，依舊遮前掩後，巧爲詞説。只此氣象，却似不佳耳。下略。

晦庵集卷三四答吕伯恭節録

上略。子壽兄弟得書，子静約秋涼來遊廬阜，但恐此時已换却主人耳。渠兄弟今日豈易得，但子静似猶有些舊來意思。聞其門人説，子壽言其雖已轉步而未曾移身，然其勢久之亦必自轉。回思鵝湖講論時是甚氣勢，今何止什去七八耶？下略。

晦庵集卷三四答吕伯恭節録

上略。子壽學生又有興國萬人傑字正純者亦佳，見來此相聚，云子静却教人讀書講學。亦得江西朋友書，亦云然。此亦皆濟事也。下略。

晦庵集卷三四答吕伯恭節録

上略。子静到此數日。所作子壽埋銘已見之，叙述發明，此極有功，卒章微婉，尤見用意深處。歎服歎服。子静近日講論比舊亦不同，但終有未盡合處。幸其却好商量，亦彼此有益也。下略。

晦庵集卷三四答吕伯恭節録

上略。子静舊日規模終在，其論爲學之病，多説如此即只是意見，如此即只是議論，如此即只是定本。熹因與説既是思索，即不容無意見；既是講學，即不容無議論；統論爲學規模，亦豈容無定本？但隨人材質病痛而救藥之，即不可有定本耳。渠却云「正爲多是邪意見、閑議論，故爲學者之病」。熹云：「如此即是自家呵叱亦過分了，須著『邪』字、『閑』字方始分明，不教人作禪會耳。又教人恐須先立定本，却就上面整頓，方始説得無定本底道理。今如此一概揮斥，其不爲禪學者幾希矣。」渠雖唯唯，然終亦未竟窮也。來喻「十分是當」之説，豈所敢當？「功夫未到」，則乃是全不曾下功夫，不但未到而已也。子静之病，恐未必是看人不看理，自是渠合下有些禪底意思，又是主張太過，須説我不是禪，而諸生錯會了，故其流至此。如所喻陳正己，亦其所訶，以爲溺於禪者。熹未識之，不知其果然否也。大抵兩頭三緒，東出西没，無提撮處。從上聖賢，無此樣轍。方擬湖南，欲歸途過之，再與子細商訂，偶復蹉跌，未知久遠竟如何也。然其好處自不可掩覆，可敬服也。他時或約與俱詣見，相與劇論尤佳。俟寄書扣之，或是來春始可動也。下略。

晦庵集卷三五答劉子澄 節録

上略。到泉南，宗司教官有陳葵者，處州人，頗佳，其學似陸子静，而温厚簡直過之，但亦傷不讀書，講學不免有杜撰處，又自信甚篤，不可回耳。下略。

晦庵集卷三五答劉子澄 七月九日 節録

上略。子静寄得對語來，語意圓轉渾浩，無凝滯處，亦是渠所得效驗。但不免些禪底意思。昨答書戲之云："這些子恐是葱嶺帶來。"渠定不伏。然實是如此，諱不得也。近日建昌説得動地，撐眉努眼，百怪俱出，甚可憂懼。渠亦本是好意，但不合只以私意爲主，更不講學涵養，直做得如此狂妄。世俗滔滔，無話可説，有志於學者又爲此説引去，真吾道之不幸也。下略。

晦庵集卷三五答劉子澄節録

上略。近年道學外面被俗人攻擊，裏面被吾黨作壞，婺州自伯恭死後，百怪都出。至如子約，别説一般差異底話，全然不是孔孟規模，却做管商見識，令人駭歎。然亦是伯恭自有須拖泥帶水，致得如此，又令人追恨也。子静一味是禪，却無許多功利術數。目下收斂得學者身心，不爲無力。然其下稍無所據依，恐亦未免害事也。下略。

晦庵集卷三六答陸子壽節録

蒙喻及祔禮，此在高明考之必已精密，然猶謙遜，博謀及於淺陋如此，顧熹何足以知之？然昔遭喪禍，亦嘗攷之矣。竊以爲衆言淆亂，則折諸聖，孔子之言萬世不可易矣，尚復何説？況期而神之之意，揆之人情，亦爲允愜。但其節文次第，今不可考。而周禮則有儀禮之書，自始死以至祥禫，其節文度數詳焉。故温公書儀雖記孔子之言，而卒從儀禮之制。蓋其意謹於闕疑，以爲既不得其節文之詳，則雖孔子之言亦有所不敢從者耳。程子之説意亦甚善，然鄭氏説「凡祔，已反于寢，練而後遷廟」，左氏春秋傳亦有「特祀于主」之文，則是古人之祔固非遂徹几筵，程子於此恐其考之有所未詳也。開元禮之説，則高氏既非之矣。然其自説大祥徹靈坐之後，明日乃祔于廟，以爲不忍一日未有所歸，殊不知既徹之後、未祔之前，尚有一夕，其無所歸也久矣。凡此皆有所未安，恐不若且從儀禮、温公之説，次序節文亦自曲有精意，如檀弓諸説可見。不審尊兄今已如何行之？願以示教。若猶未也，則必不得已而從高氏之説。但祥祭之日未可撤去几筵，或遷稍近廟處。直俟明日奉主祔廟然後徹之，則猶爲亡於禮者之禮耳。鄙見如此，不審高明以爲如何？

晦庵集卷三六答陸子壽

先王制禮，本緣人情。吉凶之際，其變有漸。故始死全用事生之禮。既卒哭祔廟，然後神之。然猶未忍盡變，故主復於寢，而以事生之禮事之。至三年而遷於廟，然後全以神事之也。此其禮文見於經傳者不一，雖未有言其意者，然以情度之，知其必出於此無疑矣。其遷廟一節，鄭氏用穀梁練而壞廟之説，杜氏用賈逵、服虔説，則以三年爲斷。其間同異得失雖未有攷，然穀梁但言壞舊廟，不言遷新主，則安知其非於練而遷舊主，於三年而納新主邪？至於禮疏所解鄭氏說，但據周禮「廟用卣」一句，亦非明驗。故區區之意竊疑杜氏之說爲合於人情也。來諭考證雖詳，其大槩以爲既吉則不可復凶，既神事之則不可復以事生之禮接爾。竊恐如此非惟未嘗深考古人吉凶變革之漸，而亦未暇反求於孝子慈孫深愛至痛之情也。至謂古者几筵不終喪，而力詆鄭、杜之非，此尤未敢聞命。據禮，小斂有席，至虞而後有几筵，但卒哭而後不復饋食於下室耳。古今異宜，禮文之變，亦有未可深攷者。然周禮自虞至祔曾不旬日，不應方設而遽徹之如此其速也。又謂終喪徹几筵，不聞有入廟之說，亦非也。諸侯三年喪畢之祭，魯謂之「吉禘」，晋謂之「禘祀」，禮疏謂之「特禘」者是也。但其禮亡，而士大夫以下則又不可攷耳。夫今之禮文，其殘闕者多矣，豈可以其偶失此文而遽謂無此禮邪？又謂壞廟則變昭穆之位，亦非也。據禮家說，昭常爲昭，穆常爲穆，故書謂文王爲「穆考」，詩謂武王爲「昭考」。至左傳，猶謂畢、原、酆、郇爲「文之昭」，邘、晋、應、韓爲「武之穆」，則昭穆之位，豈以新主祔廟而可變哉？但昭主祔廟則二昭遞遷，穆主祔廟則二穆遞遷爾。此非今者所論之急，但謾言之，以見來說考之未精類此。又謂古者每代異廟，故有祔于祖父祖姑之禮。今同一室，則不當專祔於一人。此則爲合於人情矣。然伊川先生嘗譏關中學禮者有役文之弊，而吕與叔以守經信古，學者庶幾無過而已，義起之事，正在盛德者行之。然則此等苟無大害於義理，不若且依舊説，亦夫子存羊愛禮之意也。熹於禮經不熟，而考證亦未及精，且以愚意論之如此，不審高明以爲如何？然亦不特如此，熹常以爲大凡讀書處事，當煩亂疑惑之際，正當虛心博采以求至當。或未有得，亦當且以闕疑闕殆之意處之。若遽以己所粗通之一説而盡廢己所未究之衆論，則非惟所處之得失或未可知，而此心之量亦不宏矣。閑併及之，幸恕狂妄。

晦庵集卷三六答陸子美

伏承示諭太極、西銘之失，備悉指意。然二書之説，從前不敢輕議，非是從人脚根、依他門户，却是反覆看來，道理實是如此，别未有開口處，所以信之不疑。而妄以己見輒爲之説，正恐未能盡發其奥而反以累之，豈敢自謂有扶掖之功哉！今詳來教及省從前所論，却恐長者從初便忽其言，不曾致思，只以自家所見道理爲是，不知却元來未到他地位，而便以己見輕肆抵排也。今亦不暇細論，只如太極篇首一句，最是長者所深排。然殊不知不言無極，則太極同於一物，而不足爲萬化之根；不言太極，則無極淪於空寂，而不能爲萬化之根。只此一句，便見其下語精密，微妙無窮。而向下所説許多道理，條貫脈絡，井井不亂，只今便在目前，而亘古亘今，攧撲不破。只恐自家見得未曾如此分明直截，則其所可疑者乃在此而不在彼也。至於西銘之説，猶更分明。今亦且以首句論之：人之一身，固是父母所生，然父母之所以爲父母者，即是乾坤。若以父母而言，則一物各一父母。若以乾坤而言，則萬物同一父母矣。萬物既同一父母，則吾體之所以爲體者，豈非天地之塞，吾性之所以爲性者，豈非天地之帥哉？古之君子惟其見得道理真實如此，所以親親而仁民，仁民而愛物，推其所爲，以至於能以天下爲一家，中國爲一人，而非意之也。今若必謂人物只是父母所生，更與乾坤都無干涉，其所以有取於西銘者，但取其姑爲宏闊廣大之言，以形容仁體而破有我之私而已，則是所謂仁體者全是虚名，初無實體，而小己之私却是實理，合有分别，聖賢於此却初不見義理，只見利害，而妄以己意造作言語，以增飾其所無，破壞其所有也。若果如此，則其立言之失，「膠固」二字豈足以盡之？而又何足以破人之梏於一己之私哉？大抵古之聖賢千言萬語，只是要人明得此理。此理既明，則不務立論而所言無非義理之言，不務正行而所行無非義理之實，無有初無此理，而姑爲此言以救時俗之弊者。不知子静相會，曾以此話子細商量否？近見其所論王通續經之説，似亦未免此病也。此間近日絶難得江西便，草草布此，却託子静轉致。但以來書半年方達推之，未知何時可到耳。如有未當，切幸痛與指摘，剖析見教。理到之言，不得不服也。

晦庵集卷三六答陸子美

前書示諭太極、西銘之説，反復詳盡。然此恐未必生於氣習之偏，但是急迫看人文字，未及盡彼之情而欲遽申己意，是以輕於立論，徒爲多説而未必果當於理爾。且如太極之説，熹謂周先生之意恐學者錯認太極别爲一物，故著「無極」二字以明之。此是推原前賢立言之本意，所以不厭重複，蓋有深指。而來諭便謂熹以太極下同一物，是則非惟不盡周先生之妙旨，而於熹之淺陋妄説亦未察其情矣。又謂著「無極」字便有虚無好高之弊，則未知尊兄所謂太極是有形器之物耶，無形器之物耶？若果無形而但有理，則無極即是無形，太極即是有理明矣，又安得爲虚無而好高乎？熹所論西銘之意，正謂長者以横渠之言不當謂乾坤實爲父母，而以「膠固」斥之，故竊疑之，以爲若如長者之意，則是謂人物實無所資於天地，恐有所未安爾，非熹本説固欲如此也。今詳來誨，猶以横渠只是假借之言，而未察父母之與乾坤，雖其分之有殊，而初未嘗有二體，但其分之殊則又不得而不辨也。熹之愚陋，竊願尊兄更於二家之言少賜反復，寬心游意，必使於其所説如出於吾之所爲者而無纖芥之疑，然後可以發言立論而斷其可否，則其爲辨也不煩，而理之所在無不得矣。若一以急迫之意求之，則於察理已不能精，而於彼之情又不詳盡，則徒爲紛紛，而雖欲不差，不可得矣。

然只此急迫，即是來諭所謂氣質之弊，蓋所論之差處雖不在此，然其所以差者則原於此而不可誣矣。不審尊意以爲如何？子静歸來，必朝夕得欵聚。前書所謂異論卒不能合者，當已有定說矣。恨不得側聽其旁，時效管窺以求切磋之益也。延平新本龜山别録漫内一通。近又嘗作一小卜筮書，亦以附呈。蓋緣近世説易者於象數全然闊略，其不然者，又太拘滯支離，不可究詰，故推本聖人經傳中説象數者只此數條，以意推之，以爲是足以上究聖人作易之本指，下濟生人觀變玩占之實用，學易者決不可以不知。而凡説象數之過乎此者，皆可以束之高閣而不必問矣。不審尊意以爲如何？

晦庵集卷三六答陸子美

示諭縷縷，備悉雅意。不可則止，正當謹如來教，不敢復有塵瀆也。偶至武夷，匆匆布叙，不能盡所欲言。然大者已不敢言，則亦無可言者矣。

晦庵集卷三六答陸子静

奏篇垂寄，得聞至論，慰沃良深。其規模宏大而源流深遠，豈腐儒鄙生所能窺測？不知對揚之際，上於何語有領會？區區私憂，正恐不免萬牛回首之歎。然於我亦何病？語圓意活，渾浩流轉，有以見所造之深、所養之厚，益加歎服。但向上一路未曾撥轉處，未免使人疑著，恐是葱嶺帶來耳。如何如何？一笑。熹衰病益侵，幸叨祠禄，遂爲希夷直下諸孫，良以自慶。但香火之地，聲教未加，不能不使人慨歎耳。

晦庵集卷三六答陸子静

昨聞嘗有丐外之請而復未遂，今定何如？莫且宿留否？學者後來更得何人？顯道得書云嘗詣見，不知已到未？子淵去冬相見，氣質剛毅，極不易得。但其偏處亦甚害事，雖嘗苦口，恐未必以爲然。今想到部，必已相見，亦嘗痛與砭劑否？道理雖極精微，然初不在耳目聞見之外，是非黑白，即在面前。此而不察，乃欲别求玄妙於意慮之表，亦已誤矣。熹衰病日侵，去歲災患亦不少。此數日來，病軀方似略可支吾，然精神耗減，日甚一日，恐終非能久於世者。所幸邇來日用工夫頗覺有力，無復向來支離之病。甚恨未得從容面論，未知異時相見，尚復有異同否耳？

晦庵集卷三六答陸子静

税駕已久，諸況想益佳。學徒四來，所以及人者在此而不在彼矣。來書所謂利慾深痼者已無可言。區區所憂，却在一種輕爲高論，妄生内外精粗之别，以良心日用分爲兩截，謂聖賢之言不必盡信，而容貌詞氣之間不必深察者。此其爲説乖戾狠悖，將有大爲吾道之害者，不待他時末流之弊矣。不審明者亦嘗以是爲憂乎？此事不比尋常小小文義異同，恨相去遠，無由面論，徒增耿耿耳。李子甚不易，知向學，但亦漸覺好高。鄙意且欲其著實看得目前道理事物分明，將來不失將家之舊，庶幾有用。若便如此談玄説妙，却恐兩無所成，可惜壞却天生氣質，却未必如乃翁樸實頭，無許多勞攘耳。

晦庵集卷三六答陸子静

學者病痛誠如所諭，但亦須自家見得平正深密，方能藥人之病。若自不免於一偏，恐醫來醫去，反能益其病也。所諭與令兄書辭費而理不明，今亦不記當時作何等語，或恐實有此病，承許條析見教，何幸如之。虚心以俟，幸因便見示。如有未安，却得細論，未可便似居士兄遽斷來章也。

晦庵集卷三六答陸子静

十一月八日，熹頓首再拜上啓子静崇道監丞老兄：今夏在玉山，便中得書，時以入都旋復還舍，疾病多故，又苦無便，不能即報。然懷想德義與夫象山泉石之勝，未嘗不西望太息也。比日冬温過甚，恭惟尊候萬福，諸賢兄、令子姪、眷集以次康寧，來學之士亦各佳勝。熹兩年冗擾，無補公私，第深愧歉。不謂今者又蒙收召，顧前所被已極叨踰，不敢冒進以速龍斷之譏，已遣人申堂懇免矣。萬一未遂，所當力請，以得爲期。杜門竊廩，温繹陋學，足了此生。所恨上恩深厚，無路報塞，死有餘憾也。前書誨諭之悉，敢不承教。所謂古之聖賢惟理是視，言當於理，雖婦人孺子有所不棄；或乖理致，雖出古書，不敢盡信。此論甚當，非世儒淺見所及也。但熹竊謂言不難擇而理未易明，若於理實有所見，則於人言之是非，不翅黑白之易辨，固不待訊其人之賢否而爲去取。不幸而吾之所謂理者，或但出於一己之私見，則恐其所取舍未足以爲羣言之折衷也。況理既未明，則於人之言恐亦未免有未盡其意者，又安可以遽絀古書爲不足信，而直任胸臆之所裁乎？來書反復其於無極、太極之辨詳矣。然以熹觀之，伏羲作易，自一畫以下，文王演易，自乾元以下，皆未嘗言太極也。而孔子言之。孔子贊易，自太極以下，未嘗言無極也，而周子言之。夫先聖後聖，豈不同條而共貫哉？若於此有以灼然實見太極之真體，則知不言者不爲少，而言之者不爲多矣，何至若此之紛紛哉？今既不然，則吾之所謂理者，恐其未足以爲群言之折衷，又況於人之言有所不盡者，又非一二而已乎？既蒙不鄙而教之，熹亦不敢不盡其愚也。且夫大傳之太極者何也？即兩儀、四象、八卦之理，具於三者之先，而緼於三者之内者也。聖人之意，正以其究竟至極，無名可名，故特謂之太極，猶曰「舉天下之至極無以加此」云爾，初不以其中而命之也。至如「北極」之「極」、「屋極」之「極」、「皇極」之「極」、「民極」之「極」，諸儒雖有解爲中者，蓋以此物之極常在此物之中，非指「極」字而訓之以中也。極者，至極而已。以有形者言之，則其四方八面合輳將來，到此築底，更無去處；從此推出，四方八面都無向背，一切停勻，故謂之極耳。後人以其居中而能應四外，故指其處而以中言之，非以其義爲可訓中也。至於太極，則又初無形象方所之可言，但以此理至極而謂之極耳。今乃以中名之，則是所謂理有未明而不能盡乎人言之意者一也。通書理性命章，其首二句言理，次三句言性，次八句言命，故其章内無此三字，而特以三字名其章以表之，則章内之言固已各有所屬矣。蓋其所謂「靈」、所謂「一」者，乃爲太極；而所謂「中」者，乃氣禀之得中，與「剛善」、「剛惡」、「柔善」、「柔惡」者爲五性，而屬乎五行，初未嘗以是爲大極也。且曰「中焉止矣」，而又下屬於二氣五行、化生萬物之云，是亦復成何等文字義理乎？今來諭乃指其中者爲太極，而屬之下文，則又理有未明而不能盡乎人言之意者二也。若論「無極」二字，乃是周子灼見道體，迥出常情，不顧旁人是非，不計自己得失，勇往直前，説出人不敢説底道理，令後之學者曉然見得太極之妙，不屬有無、不落方體。若於此看得破，方見得此老真得千聖以來不傳之秘，非但架屋下之屋、疊牀上之牀而已也。今必以爲未然，是又理有未明而不能盡人言之意者三也。至於大傳既曰「形而上者謂之道」矣，而又曰「一陰一陽之謂道」，此豈真以陰陽爲形而上者哉？正所以見一陰一陽雖屬形器，然其所以一陰而一陽者，是乃道體之所爲也。故語道體之至極，則謂之太極；語太極之流行，則謂之道。雖有二名，初無兩體。周子所以謂之「無極」，正以其無方所、無形狀，以爲在無物之前，而未嘗不立於有物之後；以爲在陰陽之外，而未嘗不行乎陰陽之中；以爲通貫全體，無乎不在，則又初無聲臭影響之可言也。今乃深詆無極之不然，則是直以太極爲有形狀、有方所矣。直以陰陽爲形而上者，則又昧於道器之分矣。又於「形而上者」之上復有「況太極乎」之語，則是又以道上別有一物爲太極矣。此又理有未明而不能盡乎人言之意者四也。至熹前書所謂「不言無極，則太極同於一物而不足爲萬化根本；不言太極，則無極淪於空寂而不能爲萬化根本」，乃是推本周子之意，以爲當時若不如此兩下説破，則讀者錯認語意，必有偏見之病。聞人説有即謂之實有，見人説無即以爲真無耳。自謂如此説得周子之意已是大煞分明，只恐知道者厭其漏洩之過甚，不謂如老兄者，乃猶以爲未穩而難曉也。請以熹書上下文意詳之，豈謂太極可以人言而爲加損者哉？是又理有未明而不能盡乎人言之意者五也。來書又謂大傳明言「易有太極」，今乃言無，何耶？此尤非所望於高明者。今夏因與人言易，其人之論正如此。當時對之,不覺失笑,遂至被劾。彼俗儒膠固,隨語生解,不足深怪。老兄平日自視爲如何,而亦爲此言耶?老兄且謂大傳之所謂「有」,果如兩儀、四象、八卦之有定位、天地五行萬物之有常形耶?周子之所謂「無」,是果虚空斷滅、都無生物之理耶?此又理有未明而不能盡乎人言之意者六也。老子「復歸於無極」,「無極」乃無窮之義,如「莊生入無窮之門,以遊無極之野」云爾,非若周子所言之意也。今乃引之而謂周子之言實出乎彼,此又理有未明而不能盡乎人言之意者七也。高明之學超出方外,固未易以世間言語論量、意見測度,今且以愚見執方論之,則其未合有如前所陳者,亦欲奉報,又恐徒爲紛紛,重使世俗觀笑。既而思之,若遂不言,則恐學者終無所取正。較是二者,寧可見笑於今人,不可得罪於後世,是以終不獲已而竟陳之,不識老兄以爲如何?

晦庵集卷三六答陸子静

來書云:「浙間後生貽書見規,以爲吾二人者所習各已成熟,終不能以相爲。莫若置之勿論,以俟天下後世之自擇。鄙哉言乎!此輩凡陋,沈溺俗學,悖戾如此,亦可憐也。」

熹謂天下之理有是有非,正學者所當明辨。或者之説誠爲未當。然凡辨論者,亦須平心和氣，子細消詳，反覆商量，務求實是，乃有歸著。如不能然，而但於匆遽急迫之中肆支蔓躁率之詞，以逞其忿懟不平之氣，則恐反不若或者之言安静和平，寬洪悠久，猶有君子長者之遺意也。

來書云「人能洪道」止「敢悉布之」。

熹按此段所説，規模宏大，而指意精切，如曰「雖自謂其理已明，安知非私見蔽説」，及引大舜善與人同等語，尤爲的當。熹雖至愚，敢不承教。但所謂「莫知其非」、「歸於一是」者，未知果安所决？區區於此亦願明者有以深察，而實踐其言也。

來書云「古人質實」止「請卒條之」。

熹詳此説，蓋欲專務事實，不尚空言，其意甚美。但今所論「無極」二字，熹固已謂不言不爲少，言之不爲多矣。若以爲非，則且置之，其於事實亦未有害。而賢昆仲不見古人指意，乃獨無故於此創爲浮辨，累數百言，三四往返而不能已，其爲湮蕪亦已甚矣。而細考其間緊要節目，並無酬酢，只是一味慢罵虚喝，必欲取勝。未論顔、曾氣象，只子貢恐亦不肯如此。恐未可遽以此而輕彼也。

來書云「尊兄未嘗」止「固自不同也」。

熹亦謂老兄正爲未識太極之本無極而有其體，故必以「中」訓「極」，而又以陰陽爲形而上者之道。虚見之與實見，其言果不同也。

來書云「老氏以無」止「諱也」。

熹詳老氏之言有無，以有無爲二；周子之言有無，以有無爲一，正如南北、水火之相反。更請子細著眼，未可容易譏評也。

來書云「此理乃」止「子矣」。

更請詳看熹前書曾有「無理」二字否。

來書云「極亦此」止「極哉」。

「極」是名此理之至極，「中」是狀此理之不偏。雖然同是此理，然其名義各有攸當，雖聖賢言之，亦未嘗敢有所差互也。若「皇極」之「極」、「民極」之「極」，乃爲標準之意。猶曰立於此而示於彼，使其有所向望而取正焉耳，非以其中而命之也。「立我烝民」，「立」與「粒」通，即書所謂「烝民乃粒」，莫匪爾極」，則「爾」指后稷而言，蓋曰使我衆人皆得粒食，莫非爾后稷之所立者是望。「爾」字不指天地，「極」字亦非指所受之中。此義尤明白，似是急於求勝，更不暇考上下文。推此一條，其餘可見。「中者天下之大本」，乃以喜怒哀樂之未發，此理渾然，無所偏倚而言。太極固無偏倚而爲萬化之本，然其得名自爲「至極」之「極」，而兼有標準之義，初不以「中」而得名也。

來書云「以極爲中」止「理乎」。

老兄自以「中」訓「極」，熹未嘗以「形」訓「極」也。今若此言，則是已不曉文義，而謂他人亦不曉也。請更詳之。

來書云「大學、文言皆言知至」。

熹詳「知至」二字雖同，而在大學則「知」爲實字，「至」爲虛字，兩字上重而下輕，蓋曰「心之所知無不到」耳。在文言則「知」爲虛字，「至」爲實字，兩字上輕而下重，蓋曰「有以知其所當至之地」耳。兩義既自不同，而與太極之爲至極者又皆不相似。請更詳之。此義在諸説中亦最分明，請試就此推之，當知來書未能無失，往往類此。

來書云「直以陰陽爲形器」止「道器之分哉」。

若以陰陽爲形而上者，則形而下者復是何物？更請見教。若熹愚見與其所聞，則曰凡有形有象者皆器也，其所以爲是器之理者則道也。如是則來書所謂始終、晦明、奇偶之屬，皆陰陽所爲之器；獨其所以爲是器之理，如目之明、耳之聰、父之慈、子之孝，乃爲道耳。如此分別，似差明白。不知尊意以爲如何？此一條亦極分明。切望略加思索，便見愚言不爲無理，而其餘亦可以類推矣。

來書云「通書曰」止「類此」。

周子言「中」，而以「和」字釋之，又曰「中節」，又曰「達道」。彼非不識字者，而其言顯與中庸相戾，則亦必有説矣。蓋此「中」字是就氣稟發用而言其無過不及處耳，非直指本體未發，無所偏倚者而言也。豈可以此而訓「極」爲「中」也哉？來書引經必盡全章，雖煩不厭，而所引通書乃獨截自「中焉止矣」而下，此安得爲不誤？老兄本自不信周子，政使誤引通書亦未爲害，何必諱此小失而反爲不改之過乎？

來書云「大傳」止「執古」。

大傳、洪範、詩、禮皆言極而已，未嘗謂極爲中也。先儒以此極處常在物之中央，而爲四方之所面内而取正，故因以中釋之，蓋亦未爲甚失。而後人遂直以極爲中，則又不識先儒之本意矣。爾雅乃是纂集古今諸儒訓詁以成書，其間蓋亦不能無誤，不足據以爲古。又況其間但有以「極」訓「至」，以「殷齊」訓「中」，初未嘗以「極」爲中乎。

來書云「又謂周子」止「道耳」。前又云「若謂欲言」止「之上」。

「無極而太極」，猶曰「莫之爲而爲、莫之致而至」，又如曰「無爲之爲」，皆語勢之當然，非謂别有一物也。向見欽夫有此説，嘗疑其贅。今乃正使得著，方知欽夫之慮遠也。其意則固若曰非如皇極、民極、屋極之有方所形象，而但有此理之至極耳。若曉此意，則於聖門有何違叛而不肯道乎？「上天之載」，是就有中説無；「無極而太極」，是就無中説有。若實見得，即說有說無，或先或後都無妨礙。今必如此拘泥，强生分別，曾謂不尚空言，專務事實，而反如此乎？

來書云「夫乾」止「自反也」。

太極固未嘗隱於人，然人之識太極者則少矣。往往只是於禪學中認得個昭昭靈靈能作用底，便謂此是太極，而不知所謂太極乃天地萬物本然之理，亘古亘今，攧撲不破者也。「迥出常情」等語，只是俗談，即非禪家所能專有，不應儒者反當回避。況今雖偶然道著，而其所見所説即非禪家道理，非如他人陰實祖用其説，而改頭換面，陽諱其所自來也。如曰「私其説以自妙而又秘之」，又曰「寄此以神其姦」，又曰「繫絆多少好氣質底學者」，則恐世間自有此人可當此語。熹雖無狀，自省得與此語不相似也。

來書引書云「有言逆于汝心，必求諸道」。

此聖言也，敢不承教。但以來書求之於道而未之見，但見其詞義差舛，氣象粗率，似與聖賢不甚相近，是以竊自安其淺陋之習聞，而未敢輕舍故步以追高明之獨見耳。又記頃年嘗有平心之説，而前書見喻曰：「甲與乙辨，方各自是其説，甲則曰願乙平心也，乙亦曰願甲平心也，平心之説恐難明白，不若據事論理可也。」此言美矣。然熹所謂平心者，非直使甲操乙之見、乙守甲之説也，亦非謂都不論事之是非也，但欲兩家姑暫置其是己非彼之意，然後可以據事論理，而終得其是非之實。如謂治疑獄者當公其心，非謂便可改曲者爲直、改直者爲曲也，亦非謂都不問其曲直也。但不可先以己意之向背爲主，然後可以審聽兩造之辭，旁求參伍之驗，而終得其曲直之當耳。今以麤淺之心，挾忿懟之氣，不肯暫置其是己非彼之私，而欲評義理之得失，則雖有判然如黑白之易見者，猶恐未免於誤，況其差有在於毫釐之間者，又將誰使折其衷而能不謬也哉？

來書云「書尾」止「文耶」。

中間江德功封示三策，書中有小帖云：「陸子静策三篇，皆親手點對，令默封納。先欲作書，臨行不肯作。」此並是德功本語。不知來喻何故乃爾？此細事不足言，世俗毁譽亦何足計。但賢者言行不同如此，爲可疑耳。德功亦必知是諸生所答，自有姓名，但云是老兄所付，令寄來耳。熹已具此，而細看其間亦尚有説未盡處。大抵老兄昆仲同立此論，而其所以立論之意不同。子美尊兄自是天資質實重厚，當時看得此理有未盡處，不能子細推究，便立議論，因而自信太過，遂不可回。見雖有病，意實無他。老兄却是先立一説，務要突過有若、子貢以上，更不數近世周、程諸公，故於其言不問是非，一例吹毛求疵，須要討不是處。正使説得十分無病，此意却先不好了。況其言之粗率，又不能無病乎？夫子之聖，固非以多學而得之。然觀其好古敏求，實亦未嘗不多學，但其中自有一以貫之處耳。若只如此空疎杜撰，則雖有一而無可貫矣，又何足以爲孔子乎？顔、曾所以獨得聖學之傳，正爲其博文約禮，足目俱到，亦不是只如此空踈杜撰也。子貢雖未得承道統，然其所知似亦不在今人之後，但未有禪學可改换耳。周、程之生，時世雖在孟子之下，然其道則有不約而合者。反覆來書，竊恐老兄於其所言多有未解者，恐皆未可遽以顔、曾自處而輕之也。顔子以能問於不能，以多問於寡，有若無，實若虛，犯而不校；曾子三省其身，惟恐謀之不忠、交之不信、傳之不習，其智之崇如彼，而禮之卑如此。豈有一毫自滿自足、强辯取勝之心乎？來書之意，所以見教者甚至，而其末乃有「若猶有疑，不憚下教」之言，熹固不敢當此，然區區鄙見亦不敢不爲老兄傾倒也。不審尊意以爲如何？如曰未然，則「我日斯邁，而月斯征」，各尊所聞，各行所知，亦可矣，無復可望於必同也。言及於此，悚息之深，千萬幸察。

近見國史濂溪傳載此圖説，乃云「自無極而爲太極」。若使濂溪本書實有「自」、「爲」兩字，則信如老兄所言，不敢辨矣。然因渠添此二字，却見得本無此字之意愈益分明，請試思之。

晦庵集卷四三答林擇之

此中見有朋友數人，講學其間，亦難得朴實頭負荷得者。因思日前講論，只是口説，不曾實體於身，故在己在人都不得力。今方欲與朋友説日用之間常切檢點氣習偏處、意欲萌處，與平日所講相似與不相似，就此痛著工夫，庶幾有益。陸子壽兄弟近日議論，却肯向講學上理會。其門人有相訪者，氣象皆好。但其間亦有舊病。此間學者却是與渠相反，初謂只如此講學漸涵，自能入德，不謂末流之弊，只成説話，至於人倫日用最切近處，亦都不得毫毛氣力，此不可不深懲而痛警也。

晦庵集卷四四與吴茂實英

近來自覺向時工夫止是講論文義，以爲積集義理，久當自有得力處，却於日用功夫全少點檢。諸朋友往往亦只如此做工夫，所以多不得力。今方深省而痛懲之，亦願與諸同志勉焉。幸老兄徧以告之也。陸子壽兄弟近日議論與前大不同，却方要理會講學。其徒有曹立之、萬正淳者來相見，氣象皆儘好，却是先於情性持守上用力，此意自好。但不合自主張太過，又要得省發覺悟，故流於恠異耳。若去其所短，集其所長，自不害爲入德之門也。然其徒亦多有主先入不肯捨棄者，萬、曹二君却無此病也。

晦庵集卷四七答吕子約

示喻縷縷具悉。但泛説尚多，皆委曲相合。恐更當放下，且玩索所讀書，依本分持養爲佳耳。陸子静之賢，聞之蓋久，然似聞有脱略文字、直趨本根之意，不知其與中庸學問思辨然後篤行之旨又如何耳。

晦庵集卷四七答吕子約節録

所示内外兩進之意，甚善。此是自古聖賢及近世諸老先生相傳進步真訣，但當篤信而力行之，不可又爲他説所摇，復爲省事欲速之計也。近聞陸子静言論風旨之一二，全是禪學，但變其名號耳。競相祖習，恐誤後生。恨不識之，不得深扣其説，因獻所疑也。然想其説方行，亦未必肯聽此老生常談，徒竊憂歎而已。下略。

晦庵集卷四七答吕子約

所論江西之弊，切中其病。然前書奉告者，非論其人也，乃論吾學自有未至，要在取彼之善以自益耳。謂彼全無本原根柢，則未知吾之所恃以爲本原根柢者果何在邪？幸更思之，復以見教。

晦庵集卷四九答王子合遇

前月末送伯恭至鵝湖，陸子壽兄弟來會。講論之間，深覺有益。此月八日，方分手而歸也。伯恭奉祠已久，亦每談志行之美也。所諭變化氣質，方可言學，此意甚善，但如鄙意，則以爲惟學爲能變化氣質耳。若不讀書窮理，主敬存心，而徒切切計較於今昨是非之間，恐其勞而無補也。不審明者以爲如何？

晦庵集卷四九答陳膚仲孔碩

上略。陸學固有似禪處，然鄙意近覺婺州朋友專事聞見，而於自己身心全無功夫，所以每勸學者兼取其善，要得身心稍稍端静，方於義理知所決擇，非欲其兀然無作，以冀於一旦豁然大悟也。吾道之衰，正坐學者各守己偏，不能兼取衆善，所以終有不明不行之弊，非是細事。

晦庵集卷四九答滕德章

吾友秋試不利，士友所歎。然淹速有時，不足深計，且當力學脩己爲急耳。陸丈教人，於收斂學者散亂身心甚有功，然講學趣向亦不可緩，要當兩進乃佳耳。熹病餘衰耗，不敢看文字，恐勞心發病耳。後生精敏，且當勉學，未可以此爲例也。

晦庵集卷五〇答程正思

答子靜書無人寫得，聞其已謄本四出久矣。此正不欲暴其短，渠乃自如此，可歎可歎。然得渠如此，亦甚省力，且得四方學者略知前賢立言本旨，不爲無益。「不必深辨」之云，似未知聖賢任道之心也。

晦庵集卷五一答曹立之

上略。録示陸兄書，意甚佳。近大冶萬正淳來訪，亦能言彼講論曲折，大概比舊有間矣。但覺得尚有兼主舊説，以爲隨時立教，不得不然之意。似此意思，却似漸有揜覆不明白處。以故包顯道輩仍主先入，尚以讀書講學爲充塞仁義之禍。此語，楊子直在南豐親聞其説。而南軒頃亦云「傅夢泉者揚眉瞬目」云云，恐不若直截剖判，便令今是昨非平白分明，使學者各洗舊習，以進於日新之功，不宜尚復疑貳祕藏，以滋其惑也。旦夕亦有人去臨川，自當作書更扣陸兄也。下略。

晦庵集卷五二答姜叔權

示喻曲折，何故全似江西學問氣象？頃見其徒自説見處，言語意氣、次第節拍正是如此，更無少異，恐是用心過當，致得如此張皇。如此不已，恐更有怪異事，甚不便也。長孺所見亦然，但賢者天資慈祥，故於惻隱上發；彼資稟粗厲，故别生一種病痛。大抵其不穩帖而輕肆動盪，則不相遠也。正恐須且盡底放下，令胸中平實，無此等奇特意想，方是正當也。

晦庵集卷五二答汪長孺

色斯之舉，細詢曲折，果未中節。然事已往，不足深念。但當謹之於後，凡事審諦乃佳耳。别紙所論，殊不可曉。既云識得八病，遂見天理流行昭著，無絲毫之隔，不知如何未及旋踵，便有氣盈矜暴之失，復生大疑，鬱結數日，首尾全不相應？似是意氣全未安帖，用心過當，致得如此，全似江西氣象。其徒有今日悟道而明日醉酒罵人者，嘗舉賈生論胡亥語戲之。今乃復見此，蓋不約而同也。此須放下，只且虚心平意玩味聖賢言語，不要希求奇特，庶幾可救。今又曰「先作云云工夫，然後觀書」，此又轉見詭怪多端，一向走作矣。更宜詳審，不可容易也。

晦庵集卷五三答劉季章

讀書只隨書文訓釋玩味，意自深長。今人却是背却經文，横生它説，所以枉費工夫，不見長進。來喻似已覺此病者，更望勉旃，千萬之望。然又當以草略苟且爲戒，所謂隨看便起是非之心，此句最説著讀書之病。蓋理無不具一，事必有兩途。今纔見彼説晝，自家便尋夜底道理反之，各説一邊，互相逃閃，更無了期。今人問難往往類此，甚可笑也。

案：明人程敏政篁墩文集卷三八書朱子答劉季章書云：「按此書乃朱陸不同之肯綮。蓋陸子方以學者口耳爲憂，欲其以尊德性爲先，以收放心爲要。朱子乃欲學者依文句玩味，意趣自深，又欲其趁此光陰排比章句，玩索文理，正與象山之教相左。然朱子晚歲乃深有取於陸説。」似即指本書而言。

晦庵集卷五三答劉季章節録

上略。來喻所云「書能益人與否，只在此心」等説，此又是病根不曾除得。以鄙見觀之，都無許多閑説，只著實依文句玩味，意趣自深長。不須如此，又只是立説取勝也。前與無疑書，亦有少講論，曾見之否？敬子諸人却甚進，此亦無他，只是渠肯聽人説話，依本分、循次序平心看文字，不敢如此走作閑説耳。大率江西人尚氣，不肯隨人後，凡事要自我出，自由自在，故不耐煩如此逐些理會，須要立箇高論籠罩將去。譬如讀書，不肯從上至下逐字讀去，只要從東至西一抹横説。乍看雖似新巧，壓得人過，然横拗粗疎，不成義理，全然不是聖賢當來本説之意，則於己分究竟成得何事？只如臨川前後一二公，巨細雖有不同，然原其所出，則同是此一種見識，可以爲戒而不可學也。因見無疑，可出此紙，大家評量。趁此光陰未至晚暮之時，做些著實基址，積累將去，只將排比章句、玩索文理底工夫换了許多杜撰計較、别尋路脈底心力，須是實有用力處，久之自然心地平夷，見理明徹，庶幾此學有傳，不至虚負平生也。如於雅意尚未有契，可更因書極論，勿遽罷休，乃所望也。

晦庵集卷五三答胡季隨

元善書説與子静相見甚款，不知其説如何？大抵欲速好徑是今日學者大病，向來所講，近覺亦未免此。以身驗之，乃知伊洛拈出「敬」字，真是學問始終日用親切之妙。近與朋友商量，不若只於此處用力，而讀書窮理以發揮之。真到聖賢究竟地位，亦不出此，坦然平白，不須妄意思想頓悟懸絶處，徒使人顛狂粗率，而於日用常行之處反不得其所安也。

不審別後所見如何？幸試以此思之，似差平易悠久也。

晦庵集卷五三答沈叔晦 節録

上略。大抵近年學者求道太迫，立論太高，往往嗜簡易而憚精詳，樂渾全而畏剖析，以此不見天理之本然，各墮一偏之私見，別立門庭，互分彼我，使道體分裂，不合不公。此今日之大患也。下略。

晦庵集卷五四答諸葛誠之

示喻競辯之端，三復惘然。愚意比來深欲勸同志者兼取兩家之長，不可輕相詆訾，就有未合，亦且置勿論，而姑勉力於吾之所急。不謂乃以曹表之故，反有所激，如來喻之云也。不敏之故，深以自咎。然吾人所學，喫緊著力處正在天理、人欲二者相去之間耳。如今所論，則彼之因激而起者，於二者之間果何處也？子静平日所以自任，正欲身率學者一於天理，而不以一毫人欲雜於其間，恐決不至如賢者之所疑也。義理，天下之公，而人之所見有未能盡同者，正當虛心平氣，相與熟講而徐究之，以歸於是，乃是吾黨之責。而向來講論之際，見諸賢往往皆有立我自是之意，厲色忿詞，如對仇敵，無復長少之節、禮遜之容。

蓋嘗竊笑，以爲正使真是仇敵，亦何至此？但觀諸賢之氣方盛，未可遽以片辭取信，因默不言，至今常不滿也。今因來喻輒復陳之，不審明者以爲如何耳？

晦庵集卷五四答諸葛誠之

所喻子静不至深諱者，不知所諱何事？又云銷融其隙者，不知隙從何生？愚意講論義理，只是大家商量，尋箇是處，初無彼此之間，不容更似世俗遮掩回護、愛惜人情，纔有異同，便成嫌隙也。如何如何？所云粗心害道，自知明審，深所歎服。然不知此心何故粗了？恐不可不究其所自來也。

晦庵集卷五四答項平父安世

示喻「此心元是聖賢，只要於未發時常常識得，已發時常常記得」，此固持守之要。但聖人指示爲學之方周遍詳密，不靠一邊，故曰「敬義立而德不孤」。若如今説，則只恃一箇「敬」字，更不做集義工夫，其德亦孤立而易窮矣。須是精粗本末隨處照管，不令工夫少有空闕不到之處，乃爲善學也。此心固是聖賢本領，然學未講、理未明，亦有錯認人欲作天理處，不可不察。識得、記得，不知所識、所記指何物而言？若指此心，則識者、記者復是何物？心有二主，自相攫拏，聖賢之教，恐無此法也。持守之要，大抵只是要得此心常自整頓，惺惺了了，即未發時不昏昧，已發時不放縱耳。愚見如此，不知子静相報如何？因風録示，或可以警所不逮也。伊川先生云：「涵養須用敬，進學則在致知。」此兩句，與從上聖賢相傳指訣如合符契，但講學更須寬平其心，深沉詳細，以究義理要歸處，乃爲有補。若只草草領略，就名數訓詁上著到，則不成次第耳。

晦庵集卷五四答項平父

所喻曲折及陸國正語，三復爽然，所警於昏惰者爲厚矣。大抵子思以來，教人之法惟以尊德性、道問學兩事爲用力之要。今子静所説，專是尊德性事，而熹平日所論，却是問學上多了。所以爲彼學者多持守可觀，而看得義理全不子細，又别説一種杜撰道理遮蓋，不肯放下。而熹自覺雖於義理上不敢亂説，却於緊要爲己、爲人上多不得力。今當反身用力，去短集長，庶幾不墮一邊耳。

晦庵集卷五四答俞壽翁

太極之書，度所見不同，論未易合，故久不報。又思理之所在，終不可以不辨，近方以書復之。其説甚詳，未知彼復以爲如何也？「極」不訓「中」，此義甚的。然自先儒失之久矣，未必今人之失也。中略。見子静曾扣之否？愚意則以爲且當捐去浮華，還就自己分上切近著實處用功，庶幾自有欲罷不能、積累貫通之效。若未得下手處，恐未免於臆度虚談之弊也。

晦庵集卷五四答周叔謹葉公謹，改姓字。

應之甚恨未得相見，其爲學規模次第如何？近來吕、陸門人互相排斥，此由各狥所見之偏，而不能公天下之心以觀天下之理，甚覺不滿人意。應之蓋嘗學於兩家，不知其於此看得果如何？因話扣之，因書喻及爲幸也。熹近日亦覺向來説話有太支離處，反身以求，正坐自己用功亦未切耳。因此減去文字功夫，覺得閑中氣象甚適。每勸學者亦且看孟子道性善、求放心兩章，著實體察收拾爲要。其餘文字且大概諷誦涵養，未須大段著力考索也。

晦庵集卷五五答李守約

上略。閎祖比會江西一士人，謂太極圖主静之説，乃出於老氏之説。

江西士人大抵皆對塔説相輪之論，未嘗以身體之，故敢如此無忌憚而易其言耳。下略。

晦庵集卷五五答包敏道

示喻已悉。求放心固是第一義，然如所謂「軌則一定而浩然獨存，使赤子之心全復於此，而明義之本先立於此，然後求聞其所未聞，求見其所未見」，則亦可謂凌躐倒置而易其言矣。聖賢示人，模範具在。近世乃有竊取禪學之近似者，轉爲此説，以誤後生。後生喜其爲説之高，爲力之易，便不肯下意讀書，以求聖賢所示之門户，而口傳此説，高自標致，亂道誤人，莫此爲甚。三復來喻，恐未免此。因便布聞，未知明者以爲如何？第深僭率之愧而已。

晦庵集卷五五答邵叔義

子静書來，殊無義理，每爲閉匿，不敢廣以示人。不謂渠乃自暴揚如此。然此事理甚明，識者自當知之。當時若更不答，却不得也。所與左右書，渠亦録來，想甚得意。大率渠有文字，多即傳播四出，唯恐人不知，此其常態，亦不足深怪。吾人所學，却且要自家識見分明，持守正當，深當以此等氣象舉止爲戒耳。太極等書四種謾附呈，恐有所疑，却望疏示。下略。

晦庵集卷五六答趙子欽節録

上略。子静後來得書，愈甚於前，大抵其學於心地工夫不爲無所見，但便欲恃此陵跨古今，更不下窮理細密功夫，卒并與其所得者而失之。人欲横流，不自知覺，而高談大論，以爲天理盡在是也，則其所謂心地工夫者又安在哉？

晦庵集卷五八答葉味道賀

所喻既祔之後，主不當復于寢，此恐不然。向見陸子静居母喪時力主此説，其兄子壽疑之，皆以書來見問，因以儀禮注中之説告之。渠初乃不曾細看，而率然立論，及聞此説，遂以爲只是注説，初非經之本文，不足據信。當時嘗痛闢之，考訂甚詳，且以爲未論古禮如何，但今只如此，卒哭之後便除靈席，則孝子之心豈能自安邪？其後子壽書來，乃伏其謬，而有「他日負荆」之語。今偶不見當時往還舊牘，因更以他書考而論之。

晦庵集卷五八答葉味道節録

上略。頃年陸子壽兄弟親喪，亦來問此。時以既祔復主告之，而子静固以爲不然，直欲於卒哭而祔之後徹其几筵。子壽疑而復問，因又告之，以爲如此則亦無復問其禮之如何，只是此卒哭之後便徹几筵，便非孝子之心，已失禮之大本矣。子静終不謂然，而子壽遂服，以書來謝，至有「負荆請罪」之語。下略。

晦庵集卷六三答孫敬甫 節録

上略。如陸氏之學，則在近年一種浮淺頗僻議論中，固自卓然，非其儔匹。其徒傳習，亦有能脩其身，能治其家，以施之政事之間者。但其宗旨本自禪學中來，不可揜諱。當時若只如晁文元、陳忠肅諸人，分明招認，著實受用，亦自有得力處，不必如此隱諱遮藏，改名換姓，欲以欺人，而人不可欺，徒以自欺，而自陷於不誠之域也。然在吾輩，須但知其如此，而勿爲所惑。若於吾學果有所見，則彼之言釘釘膠粘一切假合處，自然解拆破散，收拾不來矣。切勿與辨，以起其紛拏不遜之端，而反爲卞莊子所乘也。少時喜讀禪學文字，見杲老與張侍郎書云：「左右既得此欛柄入手，便可改頭换面，却用儒家言語説向士大夫，接引後來學者。」其大意如此，今不盡記其語矣。後見張公經解文字一用此策，但其遮藏不密索，漏露處多，故讀之者一見便知其所自來，難以純自託於儒者。若近年則其爲術益精，爲説浸巧，抛閃出没，頃刻萬變，而幾不可辨矣。然自明者觀之，亦見其徒爾自勞，而卒不足以欺人也。但杲老之書，近見藏中印本，却無此語，疑是其徒已知此陋，而陰削去之。然人家必有舊本可考，偶未暇尋訪也。近得江西一後生書，有兩語云：「瞋目扼腕而指本心，奮髯切齒而談端緒。」此亦甚中其鄉學之病。然亦已戒之姑務自明，毋輕議彼矣。信筆不覺縷縷，切勿輕以示人，又如馬伏波之譏杜季良也。所論太極之説，亦爲得之。然此意直是要得日用之間，厚自完養，方有實受用處。不然則只是空言，而反爲彼瞋目切齒者所笑矣。切宜深戒，不可忽也。下略。

晦庵集卷六四答李好古

向來見陸刪定，所聞如何？若以爲然，當用其言，專心致志，庶幾可以有得，不當復引他説，以分其志。若有所疑，亦當且就此處商量，不當遽舍所受而遠求也。東問西聽，以致惶惑，徒資口耳，空長枝葉，而無益於學問之實。不願賢者爲之，是以有問而未敢對也。

晦庵集卷八一跋金谿陸主簿白鹿洞書堂講義後

淳熙辛丑春二月，陸兄子静來自金陵，其徒朱克家、陸麟之、周清叟、熊鑑、路謙亨、胥訓實從。十日丁亥，熹率寮友諸生與俱至于白鹿書堂，請得一言以警學者。子静既不鄙而惠許之，至其所以發明敷暢，則又懇到明白，而皆有以切中學者隱微深錮之病，蓋聽者莫不竦然動心焉。熹猶懼其久而或忘之也，復請子静筆之于簡而受藏之。凡我同志，於此反身，而深察之，則庶乎其可以不迷於入德之方矣。新安朱熹識。

晦庵集卷八八祭陸子壽教授文

學匪私説，惟道是求。苟誠心而擇善，雖異序以同流。如我與兄，少不並遊。蓋一生而再見，遂傾倒以綢繆。念昔鵝湖之下，實云識面之初。兄命駕而鼎來，載季氏而與俱。出新篇以示我，意懇懇而無餘。厭世學之支離，新易簡之規模。顧予聞之淺陋，中獨疑而未安。始聽瑩於胸次，卒紛繳於談端。徐度兄之不可遽以辨屈，又知兄必將返而深觀。遂逡巡而旋返，悵猶豫而盤旋。别來幾時，兄以書來，審前説之未定，曰子言之可懷。逮予辭官而未獲，停驂道左之僧齋。兄乃枉車而來教，相與極論而無猜。自是以還，道合志同。何風流而雲散，乃一西而一東。蓋曠歲以索居，僅尺書之兩通。期杖履之肯顧，或慰滿乎予衷。屬者乃聞兄病在床，亟函書而問訊，并裹藥而攜將。曾往使之未返，何來音之不祥。驚失聲而隕涕，沾予袂以淋浪。嗚呼哀哉！今兹之歲，非龍非蛇，何獨賢人之不淑，屢興吾黨之深嗟。惟兄德之尤粹，儼中正而無邪。至其降心以從善，又豈有一毫驕吝之私耶。嗚呼哀哉！兄則已矣，此心實存。炯然參倚，可覺惰昏。孰泄予衷？一慟寢門，緘辭千里，侑此一尊。

晦庵集卷九〇曹立之墓表

淳熙乙未歲，予送吕伯恭至信之鵝湖，而江西陸子壽及弟子静與劉子澄諸人皆來，相與講其所聞，甚樂。子壽昆弟於學者少所稱許，間獨爲予道餘干曹立之之爲人，且曰：「立之多得君所爲書，甚欲一見君與張敬夫也。」後五年，予守南康，立之果來。目其貌，耳其言，知其嘗從事於爲己之學，而信子壽昆弟之不予欺也。欲留與居，而立之有宿諾，不果。及予受代以去，而所請白鹿洞書院賜額，有旨施行如章，郡守吴郡錢侯子言以予之惓惓於是也，亟以書來，問孰可爲師者。予因以立之告，子言聞之，欣然具書禮，授使者走餘干，踵立之之門以請，而立之病不能行矣。十年二月辛亥，竟不起，年方三十有七。子静以書來相弔，具道立之之將死，其言炯然在道，不少異於平日，相與深歎息之。嗚呼，吾道之衰久矣！比年以來，敬夫、子壽、伯恭皆以盛年相繼淪謝，而後進之可冀以嗣事於方來者，亦多夭没，今又失吾立之，然則子静與予之相弔也，豈徒以遊好之私情也哉！立之名建，其先自金陵來，徙家至立之八世矣。立之父諱天明，始爲儒。立之幼穎悟，日誦數千言。少長，知自刻厲，學古今文皆可觀。一日，得河南程氏書讀之，始知聖賢之學爲有在也，則慨然盡棄其所爲者，而大覃思於諸經。歷訪當世儒先有能明其道者，將就學焉。聞張敬夫講道湖湘，欲往見之，不能致。有告以沙隨程氏學古行高者，即往從之，得其指歸。既又聞陸氏兄弟獨以心之所得者爲學，其説有非文字言語之所及者，則又往受其學，久而若有得焉。子壽蓋深許之，而立之未敢以自足也，則又寓書以講於張氏。敬夫發書，亦喜曰：「是真可與共學矣。」然敬夫尋没，立之竟不得見。後至南康，乃盡得其遺文，以考其爲學始終之致，於是喟然歎曰：「吾平生於學無所聞而不究其歸者，而今而後乃有定論而不疑矣。」自是窮理益精，反躬益切，而於朋友講習之際，亦必以其所得者告之。蓋其書有曰：「學必貴於知道，而道非一聞可悟，一超可入也。循下學之則，加窮理之功，由淺而深，由近而遠，則庶乎其可矣。今必先期於一悟，而遂至於棄百事以超之，則吾恐未悟之間，狼狽已甚，又況忽下趨高，未有幸而得之者耶！」此其晚歲用力之標的程度也。今歲元日，知病之不可爲矣，猶書其牖曰：「未死之前，不可自棄。」遷善改過，自是愈篤。死之日，起正衣冠，危坐如平日，語其弟廷曰：「吾雖甚病，而學益進，此心瑩潔，無復纖翳。如是而死，庶其可以言命矣。」語訖，就枕未安而没。嗚呼！立之雖不幸蚤死，不卒其志，然所以自樹立者至此，亦豈他人所及哉！下略。

晦庵文集續集卷一答黄直卿

上略。近日朋友來者頗多，萬正淳與黄子耕、吴伯豐皆在此。諸人皆見陸子静來，甚有議論。此間近亦有與之答問論太極書，未及寫去，大率其論與林明州不相遠也。

晦庵文集續集卷一答黄直卿

伯起説去年見陸子静説游、夏之徒自是一家學問，不能盡棄其説，以從夫子之教，唯有琴張、曾晳、牧皮，乃是真有得於夫子者。其言恠僻乃至於此，更如何與商量討是處也。可歎可歎。下略。

晦庵文集續集卷一答黄直卿

長沙之行，幾日可歸？益公相見，亦何言耶？閣記不敢辭，但恐病中意思昏憒，未必能及許教未替前了得耳。向見薛象先盛稱其人，今讀其書，乃知講於陸氏之學者。近年此説流行，後生好資質者，皆爲所擔閣懷了，甚可歎也。

晦庵文集續集卷四上答劉晦伯節録

武夷精舍已成，近與諸生往留旬日，甚適，但屋宇未備耳。立之墓文已爲作矣，而爲陸學者以爲病己，頗不能平。鄙意則初無適莫，但據實直書耳。下略。

朱子語類卷六

體是這箇道理，用是他用處。如耳聽目視，自然如此，是理也；開眼看物，著耳聽聲，便是用。江西人説箇虚空底體，涉事物便唤做用。節。

朱子語類卷六

問：「先生昔曰『禮是體』，今乃曰『禮者，天理之節文，人事之儀則』。似非體而是用。」曰：「公江西有般鄉談，才見分段子，便説道是用，不是體。如説尺時，無寸底是體，有寸底不是體，便是用；如秤，無星底是體，有星底不是體，便是用。且如扇子有柄，有骨子，用紙糊，此便是體，人摇之，便是用。」楊至之問體。曰：「合當底是體。」節。

朱子語類卷八

聖人教人，大概只是説孝弟忠信日用常行底話。人能就上面做將去，則心之放者自收，性之昏者自著。如心、性等字，到子思、孟子方説得詳。因説象山之學。儒用。

朱子語類卷十三

學常要親細務，莫令心麤。江西人大抵用心麄。祖道。

朱子語類卷十六

問：「『因其已知之理推而致之，以求至乎其極』，是因定省之孝以至於色難養志，因事君之忠以至於陳善閉邪之類否？」曰：「此只説得外面底，須是表裏皆如此。若是做得大者而小者未盡，亦不可；做得小者而大者未盡，尤不可。須是無分毫欠闕，方是。且如陸子静説『良知良能，四端根心』，只是他弄這物事。其他有合理會者，渠理會不得，却禁人理會。鵝湖之會，渠作詩云：『易簡工夫終久大。』彼所謂易簡者，苟簡容易爾，全看得不子細。『乾以易知』者，乾是至健之物，至健者，要做便做，直是易；坤是至順之物，順理而爲，無所不能，故曰簡。此言造化之理。至於『可久則賢人之德』，可久者，日新而不已；『可大則賢人之業』，可大者，富有而無疆。易簡有幾多事在，豈容易苟簡之云乎！」人傑。

朱子語類卷十七

問：「明德而不能推之以新民，可謂是自私。」曰：「德既明，自然是能新民。然亦有一種人不如此，此便是釋、老之學。此箇道理，人人有之，不是自家可專獨之物。既是明得此理，須當推以及人，使各明其德，豈可說我自會了，我自樂之，不與人共！」因說曾有學佛者王天順，與陸子靜辨論云：「我這佛法，和耳目鼻口髓腦皆不愛惜。要度天下人，各成佛法，豈得是自私！」先生笑曰：「待度得天下人各成佛法，却是教得他各各自私。陸子靜從初亦學佛，嘗言：『儒佛差處是義利之間。』某應曰：『此猶是第二著，只它根本處便不是。當初釋迦爲太子時，出遊，見生老病死苦，遂厭惡之，入雪山修行。從上一念，便一切作空看，惟恐割棄之不猛，屏除之不盡。吾儒却不然。蓋見得無一物不具此理，無一理可違於物。佛說萬理俱空，吾儒說萬理俱實。從此一差，方有公私、義利之不同。』今學佛者云『識心見性』，不知是識何心，是見何性。」德明。

朱子語類卷十八

問：「陸先生不取伊川格物之説。若以爲隨事討論，則精神易弊，不若但求之心，心明則無所不照，其説亦似省力。」曰：「不去隨事討論後，聽他胡做，話便信口説，脚便信步行，冥冥地去，都不管他。」下略。

問：「『立志以定其本』，莫是言學便以道爲志，言人便以聖爲志之意否？」曰：「固是。但凡事須當立志，不可謂今日做些子，明日便休。」又問「敬行乎事物之内」。曰：「這箇便是細密處，事事要這些子在。『志立乎事物之表』，立志便要卓然在這事物之上。看是甚麽，都不能奪得他，又不恁地細細碎碎，這便是『志立乎事物之表』。所以今江西諸公多説甚大志，開口便要説聖説賢，説天説地，傲睨萬物，目視霄漢，更不肯下人。」問：「如此，則『居敬以持其志』都無了。」曰：「豈復有此！據他才説甚敬，便壞了那箇。」又曰：「五峰説得這數句甚好，但只不是正格物時工夫，却是格物已前事。而今却須恁地。」道夫。

朱子語類卷二〇

問：「學而首章，把作始、中、終之序看時，如何？」曰：「道理也是恁地，然也不消恁地說。而今且去看『學而時習之』是如何，『有朋自遠方來』是如何。若把始、中、終三箇字括了時便是了，更讀箇甚麽！公有一病，好去求奇。如適間說文子，只是他有這一長，故謚之以『文』，未見其他不好處。今公却恁地去看。這一箇字，如何解包得許多意思？大槩江西人好拗，人說臭，他須要說香。如告子不如孟子，若只恁地說時，便人與我一般，我須道，告子强似孟子。」下略。

朱子語類卷二〇

因說陸先生每對人說有子非後學急務，又云，以其說不合有節目，多不直截。某因謂，是比聖人言語較緊。且如孝弟之人豈尚解犯上，又更作亂！曰：「人之品不同，亦自有孝弟之人解犯上者，自古亦有作亂者。聖賢言語寬平，不消如此急迫看。」振。

朱子語類卷二〇

陸伯振云：「象山以有子之說爲未然。仁乃孝弟之本也。有子說：『君子務本，本立而道生。』起頭說得重，却得。『孝弟也者，其爲仁之本與』，却說得輕了。」先生曰：「上兩句汎說，下兩句却說行仁當自孝弟始。所以程子云：『謂孝弟爲行仁之本，則可；謂是仁之本，則不可。』所謂『親親而仁民』也。聖賢言仁不同。此是説『爲仁』，若『巧言令色，鮮矣仁』，却是近裏説。」因言有子説數段話，都説得反覆曲折，惟「盍徹」一段説得直截耳。想是一箇重厚和易底人，當時弟子皆服之，所以夫子没後，「欲以所事夫子者事之」也。人傑。

朱子語類卷二〇

或疑上蔡「孝弟非仁也」一句。先生曰：「孝弟滿體是仁。内自一念之微，以至萬物各得其所，皆仁也。孝弟是其和合做底事。若説孝弟非仁，不知何從得來。上蔡之意，蓋謂别有一物是仁。如此，則是性外有物也。」或曰：「『知此心，則知仁矣。』此語好。」曰：「聖門只説爲仁，不説知仁。或録云「上蔡説仁，只從知覺上説，不就爲仁處説。聖人分明説『克己復禮爲仁』，不曾説知覺底意。上蔡一變」云云。○蓋卿録云「孔門只説爲仁，上蔡却説知仁。只要見得此心，便以爲仁。上蔡一轉」云云。上蔡一變而爲張子韶。上蔡所不敢衝突者，張子韶出來，盡衝突了。蓋卿録云「子韶一轉而爲陸子静」。近年陸子静又衝突出張子韶之上。」蓋卿録云「子韶所不敢衝突者，子静盡衝突」。○方子。

朱子語類卷二七

江西學者偏要説甚自得，説甚一貫。看他意思，只是揀一箇儱侗底説話，將來籠罩，其實理會這箇道理不得。且如曾子日用間做了多少工夫，孔子亦是見他於事事物物上理會得這許多道理了，却恐未知一底道理在，遂來這裏提醒他。然曾子却是已有這本領，便能承當。今江西學者實不曾有得這本領，不知是貫箇甚麽！嘗譬之，一便如一條索，那貫底物事，便如許多散錢。須是積得這許多散錢了，却將那一條索來一串穿，這便是一貫。若陸氏之學，只是要尋這一條索，却不知道都無可得穿。且其爲説，喫緊是不肯教人讀書，只恁地摸索悟處。譬如前面有一箇關，纔跳得過這一箇關，便是了。此煞壞學者。某老矣，日月無多，方待不説破來，又恐後人錯以某之學亦與他相似。今不奈何，苦口説破。某道他斷然是異端！斷然是曲學！斷然非聖人之道！但學者稍肯低心向平實處下工夫，那病痛亦不難見。

朱子語類卷二七

「『吾道一以貫之』，譬如聚得散錢已多，將一條索來一串穿了。所謂一貫，須是聚箇散錢多，然後這索亦易得。若不積得許多錢，空有一條索，把甚麼來穿！吾儒且要去積錢。若江西學者都無一錢，只有一條索，不知把甚麼來穿。」又曰：「一，只是一箇道理貫了。」下略。

朱子語類卷二七

喻義喻利，只是這一事上。君子只見得是義，小人只見得是利。如伯夷見飴，曰：「可以養老。」盜跖見之，曰：「可以沃户樞。」蓋小人於利，他見這一物，便思量做一物事用他，計較精密，更有非君子所能知者。緣是他氣禀中自元有許多鏖糟惡濁底物，所以纔見那物事便出來應他。這一箇穿孔，便對那箇穿孔。君子之於義，亦是如此。或曰：「伊川云：『惟其深喻，是以篤好。』若作『惟其篤好，是以深喻』，也得。」曰：「陸子静説便是如此。」僩。

朱子語類卷三四

先生問正淳：「曾聞陸子壽『志於道』之説否？」正淳謂：「子壽先令人立志。」曰：「只做立志，便虚了。聖人之説不如此，直是有用力處。且如孝於親，忠於君，信於朋友之類，便是道。所謂志，只是如此知之而已，未有得於己也。及其行之盡於孝，盡於忠，盡於信，有以自得於己，則是孝之德，忠之德，信之德。如此，然後可據。然只志道據德，而有一息之不仁，便間斷了，二者皆不能有。却須『據於德』後，而又『依於仁』。」正淳謂：「這箇仁，是據發見說。」曰：「既見於德，亦是發見處。然仁之在此，却無隱顯皆貫通，不可專指爲發見。」當。

朱子語類卷四一

黄達才問：「顏子如何尚要克己？」先生厲聲曰：「公而今去何處勘驗他不用克己！既是夫子與他說時，便是他要這箇工夫，却如何硬道他不用克己！這只是公那象山先生好恁地說道，『顏子不似他人樣有偏處，要克，只是心有所思』，便不是了。嘗見他與某人一書說道：『才是要克己時，便不是了。』這正是禪家之說，如杲老說『不可說』、『不可思』之類。他說到那險處時，又却不說破，却又將那虛處說起來。如某所說克己，便是說外障，如他說，是說裏障。他所以嫌某時，只緣是某捉着他緊處。別人不曉禪，便被他謾，某却曉得禪，所以被某看破了。夫子分明說：『非禮勿視，非禮勿聽，非禮勿言，非禮勿動。』顏子分明是『請事斯語』，却如何恁地說得？」下略。

朱子語類卷四二

周貴卿問：「『克己復禮』乾道，『持敬行恕』坤道。」曰：「乾道是『見羣龍无首吉』。既變則成坤，故『先迷失道，後順得常，西南得朋，東北喪朋』。坤則都無頭，但『利牝馬之貞』而已。所以乾卦自『君子進德修業』，以至於『知至至之，可與幾也；知終終之，可與存義也』，從知處説來。如坤，則但説『敬以直内，義以方外』，只就持守處説，只説得一截。如顔子『克己復禮』工夫，却是從頭做起來，是先要見得後却做去，大要著手脚。仲弓却只是據見成本子做，只是依本畫葫蘆，都不問著那前一截了。仲弓也是和粹，但精神有欠不及。顔子是大故通曉。向時陸子静嘗説，顔子不如仲弓。而今看著，似乎是『克己復禮』底較不如那『持敬行恕』底較無事，但『克己復禮』工夫較大。顔子似創業之君，仲弓似守成之君。仲弓不解做得那前一截，只據見在底道理持守將去。」下略。

朱子語類卷四二

問：「顔子問仁與仲弓問仁處，看來仲弓才質勝似顔子。」曰：「陸子静向來也道仲弓勝似顔子，然却不是。蓋『克已復禮』，乾道也，是喫一服藥便效。主敬行恕，坤道也，是服藥調護，漸漸消磨去。公看顔子多少大力量，一『克己復禮』便了；仲弓只是循循做將去底，如何有顔子之勇！」下略。

朱子語類卷四三

問「狂狷」。中略。漢文帝謂之善人，武帝却有狂氣象。陸子静省試策：「世謂文帝過武帝，愚謂武帝勝文帝。」其論雖偏，容有此理。文帝天資雖美，然止此而已。道夫録云：「若責之以行聖人之道，則必不能，蓋他自安於此。觀其言曰：『卑之，無甚高論，令今可行也。』」武帝多有病痛，然天資高，足以有爲。使合下得真儒輔佐它，豈不大可觀！惜夫輔非其人，不能勝其多欲之私，做從那邊去了。末年天下虚耗，其去亡秦無幾。然他自追悔，亦其天資高也。如與衛青言：「若後世又爲朕所爲，是襲亡秦之迹。太子厚重好静，欲求守文之主，安有賢於太子者乎！」見得它知過處。胡氏謂：「武帝能以仲舒爲相，汲黯爲御史大夫，豈不善乎？」寓。○道夫録、淳録同。

朱子語類卷四四

原壤無禮法。淳于髠是箇天魔外道，本非學於孔孟之門者，陸子静如何將來作學者並説得！道夫。

朱子語類卷四五

上略。近見永嘉有一兩相識，只管去考制度，却都不曾理會箇根本。一旦臨利害，那箇都未有用處，却都不將事。吕伯恭向來教人亦云：「論語皆虚言，不如論實事。」便要去攷史。如陸子静又只説箇虚静，云：「全無許多事。顔子不會學，『擇乎中庸，得一善則拳拳勿失』。善則一矣，何用更擇？『子路有聞，未之能行，唯恐有聞。』一聞之外，何用再聞？」便都與禪家説話一般了。聖人道理，都不恁地，直是周徧。夔孫。

朱子語類卷五二

「不得於言，勿求於心」，是心與言不相干。「不得於心，勿求於氣」，是心與氣不相貫。此告子説也。告子只去守箇心得定，都不管外面事。外面是亦得，不是亦得。孟子之意，是心有所失，則見於言，如肝病見於目相似。陸子静説：「告子亦有好處，今人非但不識孟子，亦不識告子，只去言語上討不著。」陸子静却説告子只靠外面語言，更不去管内面。以某看，告子只是守著内面，更不管外面。泳。

朱子語類卷五二

問：「告子謂：『不得於言，勿求於心。』是自已之言耶，是他人之言耶？若要得後面知言處相貫，則是他人之言。」曰：「這一段前後都相貫，即是一樣言語。告子於此不達，則不復反求其理於心。嘗見陸子静説這一段，大段稱告子所見高。告子固是高，亦是陸子之學與告子相似，故主張他。然陸氏之學更鶻突似告子。」至云：「陸氏之學不甚教人讀書看文字，與告子相似否？」先生曰：「便是。」下略。

朱子語類卷五二

正淳問：「『非義襲而取之』，如何？」曰：「所謂『義襲而取之』者，襲，如用兵之襲，有襲奪之意，如掩人不備而攻襲之。謂如才得行一件事合義，便將來壯吾氣，以爲浩然之氣可以攫拏而來，夫是之謂襲。若集義者，自非生知，須是一一見得合義而行。若是本初清明，自然行之無非是義，此舜『由仁義行』者。其他須用學知。凡事有義，有不義，便於義行之。今日行一義，明日行一義，積累既久，行之事事合義，然後浩然之氣自然而生。如金溪之學，向來包子只管説『集義』、『襲義』。某嘗謂之曰：『如此説孟子，孟子初無「襲義」。今言「襲義」，却是包子矣！』其徒如今只是將行得一事合義，便指準將來長得多少精神，乃是告子之意。但其徒禁錮著，不説出來。」僩。

朱子語類卷五二

「非義襲而取之」，見江西人只愛説「義襲」，不知如何襲？只是説非以義掩取是氣。蓋氣自内而生，非由外而入。蓋卿。

朱子語類卷五二

問：「集注云：『告子外義，蓋外之而不求，非欲求之於外也。』」曰：「告子直是將義屏除去，只就心上理會。」因説：「陸子静云：『讀書講求義理，正是告子義外工夫。』某以爲不然。如子静不讀書，不求義理，只静坐澄心，却似告子外義。」德明。○集注非定本。

朱子語類卷五七

符舜功言：「只是『由仁義行』，好行仁義，便有善利之分。」曰：「此是江西之學。豈不見上面分明有箇『舜』字。惟舜便由仁義行，他人須窮理，知其爲仁爲義，從而行之。且如

『仁者安仁，智者利仁』，既未能安仁，亦須是利仁。利仁豈是不好底！知仁之爲利而行之。不然，則以人欲爲利矣。」德明。

朱子語類卷六二

「惟其平常，故不可易；若非常，則不得久矣。譬如飲食，如五穀是常，自不可易。若是珍羞異味不常得之物，則暫一食之可也，焉能久乎！庸，固是定理，若以爲定理，則却不見那平常底意思。今以平常言，則不易之定理自在其中矣。」廣因舉釋子偈有云：「世間萬事不如常，又不驚人又久長。」曰：「便是他那道理也有極相似處，只是說得來別。故某於中庸章句序中著語云：『至老佛之徒出，則彌近理而大亂真矣。』須是看得他那『彌近理而大亂真』處始得。」廣云：「程子『自私』二字恐得其要領，但人看得此二字淺近了。」曰：「便是向日王順伯曾有書與陸子靜辨此二字云：『佛氏割截身體，猶自不顧，如何却謂之自私得！』」味道因舉明道答橫渠書云：「大抵人患在自私而用智。」曰：「此却是說大凡人之任私意耳。」因舉下文「豁然而大公，物來而順應」曰：「此亦是對說。『豁然而大公』，便是不自私；『物來而順應』，便是不用智。後面說治怒處曰：『但於怒時遽忘其怒，反觀理之是非，則於道思過半矣。』『忘其怒』，便是大公；『反觀理之是非』，便是順應，都是對說。蓋其理自如此。」廣因云：「太極一判，便有陰陽相對。」曰：「然。」廣。

朱子語類卷六二

上略。陸子靜亦自説得是，云：「舜若以人心爲全不好，則須説不好，使人去之。今止説危者，不可據以爲安耳。言精者，欲其精察而不爲所雜也。」此言亦自是。下略。

朱子語類卷六四

「極高明」須要「道中庸」，若欲高明而不道中庸，則將流入於佛老之學。且如儒者遠庖厨，佛老則好高之過，遂至戒殺食素。儒者「不邇聲色，不殖貨利」；他是過於高明，遂至絶人倫，及欲割己惠人之屬。如陸子静天資甚麽高明，却是不道中庸後，其學便誤人。某嘗説，陸子静説道理，有箇黑腰子。其初説得瀾翻，極是好聽，少間到那緊處時，又却藏了不説，又别尋一箇頭緒瀾翻起來，所以人都捉他那緊處不著。義剛。

朱子語類卷七四

「安土敦乎仁，故能愛。」聖人説仁，是恁地説，不似江西人説知覺相似。此句説仁最密。淵。

朱子語類卷七八

道心是知覺得道理底，人心是知覺得聲色臭味底。人心不全是不好，若人心是全不好底，不應只下箇「危」字。蓋爲人心易得走從惡處去，所以下箇「危」字。若全不好，則是都倒了，何止於危？危，是危殆。「道心惟微」，是微妙，亦是微昧。若説道心天理，人心人欲，却是有兩箇心；人只有一箇心，但知覺得道理底是道心，知覺得聲色臭味底是人心，不爭得多。「人心，人欲也」，此語有病。雖上智不能無此，豈可謂全不是？陸子静亦以此語人。非有兩箇心。道心、人心，本只是一箇物事，但所知覺不同。「惟精、惟一」，是兩截工夫。精，是辨别得這箇物事；一，是辨别了，又須固守他。若不辨别得時，更固守箇甚麽？若辨别得了又不固守，則不長遠。惟能如此，所以能合於中道。又曰：「『惟精惟一』，猶『擇善而固執之』。」佐。

朱子語類卷七八

舜功問：「人多要去人欲，不若於天理上理會。理會得天理，人欲自退。」曰：「堯舜説不如此。天理人欲是交界處，不是兩箇。人心不成都流，只是占得多；道心不成十全，亦是占得多。須是在天理則存天理，在人欲則去人欲。嘗愛五峰云『天理人欲，同行而異情』，此語甚好。」舜功云：「陸子静説人心混混未别。」曰：「此説亦不妨。大抵人心、道心只是交界，不是兩箇物，觀下文『惟精惟一』可見。」德粹問：「既曰『精一』，何必云『執中』？」曰：「『允』字有道理。惟精一，則信乎其能執中也。」因舉「子静説話多反伊川。如『君子喻於義，小人喻於利』解云：『惟其深喻，是以篤好。』渠却云『好而後喻』。此語亦無害，終不如伊川」。下略。

朱子語類卷七九

問：「先生言『皇極』之『極』不訓『中』，只是標準之義。然『無偏無黨』、『無反無側』，亦有中意。」曰：「只是箇無私意。」問：「標準之義如何？」曰：「此是聖人正身以作民之準則。」問：「何以能斂五福？」曰：「當就五行五事上推究。人君修身，使貌恭，言從，視明，聽聰，思睿，即身自正。五者得其正，則五行得其序，以之稽疑，則『龜從，筮從，卿士從，庶民從』，在庶徵，則有休徵，無咎徵。和氣致祥，有仁壽而無鄙夭，便是五福。反是則福轉爲極。陸子静荆門軍曉諭乃是斂六極也。」德明。

朱子語類卷七九

符叙舜功云：「象山在荆門，上元須作醮，象山罷之。勸諭邦人以福不在外，但當求之内心。於是日入道觀，設講座，説『皇極』，令邦人聚聽之。次日，又畫爲一圖以示之。」先生曰：「人君建極，如箇標準。如東方望也如此，西方望也如此，南方望也如此，北方望也如此，莫不取則於此。如周禮『以爲民極』，詩『維民之極』，『四方之極』，都是此意。中固在其間，而極不可以訓中。漢儒注説『中』字，只説『五事之中』，猶未爲害，最是後世説『中』字不是。近日之説，只要含胡苟且，不分是非，不辨黑白，遇當做底事，只略略做些，不要做盡。此豈聖人之意！」又云：「洪範一篇，首尾都是歸從『皇極』上去。蓋人君以一身爲至極之標準，最是不易。又須『斂是五福』，所以斂聚五福，以爲建極之本。又須是敬五事，順五行，厚八政，協五紀，以結裹箇『皇極』。又須又三德，使事物之接，剛柔之辨，須區處教合宜。稽疑便是考之於神，庶徵是驗之於天，五福是體之於人。這下許多，是維持這『皇極』。『正人』，猶言中人，是平平底人，是有常産方有常心底人。」下略。

朱子語類卷八〇

横渠云：「置心平易始知詩。」然横渠解詩多不平易。程子説胡安定解九四作太子事，云：「若一爻作一事，只做得三百八十四事！」此真看易之法。然易傳中亦有偏解作一事者。林艾軒嘗云：「伊川解經，有説得未的當處。此文義間事，安能一一皆是？若大頭項則伊川底却是。」此善觀伊川者。陸子静看得二程低，此恐子静看其説未透耳。譬如一塊精金，却道不是金，非金之不好，蓋是不識金也。人傑。

朱子語類卷八九

問：「練而祔，是否？」曰：「此是殷禮，而今人都從周禮。若只此一件却行殷禮，亦無意思。若如陸子静説，祔了便除去几筵，則須練而祔。若鄭氏説，祔畢復移主出於寢，則當如周制，祔亦何害？」賀孫。

朱子語類卷九〇

「古者宗法有南宫、北宫，便是不分財，也須異爨。今若同爨，固好，只是少間人多了，又却不齊整，又不如異爨。」問：「陸子静家有百餘人喫飯。」曰：「近得他書，已自别架屋，便也是許多人無頓著處。」又曰：「見宋子蜚説，廣西賀州有一人家共一大門，門裏有兩廊，皆是子房，如學舍、僧房。每私房有人客來，則自辦飲食，引上大廳，請尊長伴五盞後，却回私房，别置酒。恁地却有宗子意，亦是異爨。見説其族甚大。」又曰：「陸子静始初理會家法，亦齊整：諸父自做一處喫飯，諸母自做一處喫飯，諸子自做一處，諸婦自做一處，諸孫自做一處，孫婦自做一處，卑幼自做一處。」或問：「父子須異食否？」曰：「須是如此。亦須待父母食畢，然後可退而食。」問：「事母亦須然否？」曰：「須如此。」問：「有飲宴，何如？」曰：「這須同處。如大饗，君臣亦同坐。」賀孫。

朱子語類卷九四

舜弼論太極云：「陰陽便是太極。」曰：「某解云：『非有離乎陰陽也；即陰陽而指其本體，不雜乎陰陽而言耳。』此句當看。今於某解説句尚未通，如何論太極！」又問：「『無極而太極』，因『而』字，故生陸氏議論。」曰：「『而』字自分明。下云『動而生陽，静而生陰』，説一『生』字，便是見其自太極來。今曰『而』，則只是一理。『無極而太極』，言無能生有也。」下略。

朱子語類卷九四

問：「『無極而太極』，極是極至無餘之謂。無極是無之至，至無之中乃至有存焉，故云『無極而太極』。」曰：「本只是箇太極，只爲這本來都無物事，故説『無極而太極』。如公説無極，恁地説却好，但太極説不去。」曰：「『有』字便是『太』字地位。」曰：「將『有』字訓『太』字不得。太極只是箇理。」曰：「至無之中乃萬物之至有也。」曰：「亦得。」問：「『動而生陽，静而生陰』，注：『太極者本然之妙，動静者所乘之機。』太極只是理，理不可以動静言，惟『動而生陽，静而生陰』，理寓於氣，不能無動静所乘之機。乘，如乘載之『乘』，其動静者，乃乘載在氣上，不覺動了静，静了又動。」曰：「然。」又問：「『動静無端，陰陽無始』，那箇動，又從上面静生下；上面静，又是上面動生來。今姑把這箇説起。」曰：「然。」又問：「『以質而語其生之序』，不是相生否？只是陽變而助陰，故生水；陰合而陽盛，故生火；木金各從其類，故在左右。」曰：「『水陰根陽，火陽根陰。』錯綜而生其端，是『天一生水，地二生火，天三生木，地四生金』；到得運行處，便水生木，木生火，火生土，土生金，金又生水，水又生木，循環相生。又如甲乙丙丁戊己庚辛壬癸，都是這箇物事。」因曰：「這箇太極，是箇大底物事。『四方上下曰宇，古往今來曰宙。』無一箇物似宇樣大；四方去無極，上下去無極，是多少大？無一箇物似宙樣長遠，亘古亘今，往來不窮！自家心下須常認得這意思。」問：「此是誰語？」曰：「此是古人語。象山常要説此語，但他説便只是這箇，又不用裏面許多節拍，却只守得箇空蕩蕩底。公更看橫渠西銘，初看有許多節拍，却似狹；充其量，是甚麽樣大！合下便有箇乾健、坤順意思。自家身已便如此，形體便是這箇物事，性便是這箇物事。『同胞』是如此，『吾與』是如此，主腦便是如此。『尊高年，所以長其長；慈孤弱，所以幼其幼』，又是做工夫處。後面節節如此。『于時保之，子之翼也。樂且不憂，純乎孝者也。』其品節次第又如此。橫渠這般説話，體用兼備，豈似他人只説得一邊！」問：「自其節目言之，便是『各正性命』；充其量而言之，便是『流行不息』。」曰：「然。」又問：「聖人定之以中正仁義而主静。」曰：「此是聖人『修道之謂教』處。」因云：「今且須涵養。如今看道理未精進，便須於尊德性上用功；於德性上有不足處，便須於講學上用功。二者須相趲逼，庶得互相振策出來。若能德性常尊，便恁地廣大，便恁地光輝，於講學上須更精密，見處須更分曉。若能常講學，於本原上又須好。覺得年來朋友於講學上却説較多，於尊德性上説較少，所以講學處不甚明了。」賀孫。

朱子語類卷九五

蜚卿云：「『智欲圓而行欲方，膽欲大而心欲小。』妄意四者缺一不可。」曰：「圓而不方則譎詐，方而不圓則執而不通。志不大則卑陋，心不小則狂妄。江西諸人便是志大而心不小者也。」道夫。

朱子語類卷九五

上略。近世所見會説話，説得響，令人感動者，無如陸子靜。可惜如伯恭都不會説話，更不可曉，只通寒暄也聽不得。自是他聲音難曉，子約尤甚。僩。

朱子語類卷九七

問：「明道行狀謂未及著書，而今有了翁所跋中庸，何如？」曰：「了翁初得此書，亦疑行狀所未嘗載，後乃謂非明道不能爲此。了翁之姪幾叟，龜山之壻也。翁移書曰：『近得一異書，吾姪不可不見。』幾叟至，次日，翁冠帶出此書。幾叟心知其書非是，未敢言。翁問曰：『何疑？』曰：『以某聞之龜山，乃與叔初年本也。』翁始覺，遂不復出。近日陸子靜力主以爲真明道之書。某云：『却不要與某爭。某所聞甚的，自有源流，非强説也。』兼了翁所舉知仁勇之類，却是道得著；至子静所舉，没意味也。」道夫。

朱子語類卷一〇〇

方賓王以書問云：「『心者，性之郛郭』，當是言存主統攝處。」可學謂：「郛郭是包括。心具此理，如郛郭中之有人。」曰：「方説句慢。」問：「以窮理爲用心於外，是誰説？」曰：「是江西説。」又問：「『發見』説話未是，如此則全賴此些時節，如何倚靠？」曰：「湖南皆如此説。」下略。

朱子語類卷一〇三

「南軒語孟子，嘗説他這文字不好看。蓋解經不必做文字，止合解釋得文字通，則理自明，意自足。今多去上做文字，少間説來説去，只説得自己一片道理，經意却蹉過了！要之，經之於理，亦猶傳之於經。傳，所以解經也，既通其經，則傳亦可無；經，所以明理也，若曉得理，則經雖無亦可。嘗見一僧云：『今人解書，如一盞酒，本自好，被這一人來添些水，那一人來又添些水，次第添來添去，都淡了。』他禪家儘見得這樣，只是他又忒無註解。」

問：「陸氏之學，恐將來亦無註解去。」曰：「他本只是禪。」下略。

朱子語類卷一〇四

上略。孟子所以云收放心，亦不是説只收放心便了。收放心，且收歛得箇根基，方可以做工夫。若但知收放心，不做工夫，則如近日江西所説，則是守箇死物事。故大學之書，須教人格物、致知以至於誠意、正心、修身、齊家、治國、平天下，節節有工夫。賀孫。

朱子語類卷一〇四

或説：「象山説『克己復禮』，不但只是欲克去那利欲忿懥之私，只是有一念要做聖賢，便不可。」曰：「此等議論，恰如小兒則劇一般，只管要高去，聖門何嘗有這般説話！人要去學聖賢，此是好底念慮，有何不可？若以爲不得，則堯舜之『兢兢業業』，周公之『思兼三王』，孔子之『好古敏求』，顏子之『有爲若是』，孟子之『願學孔子』之念，皆當克去矣。看他意思只是禪。誌公云：『不起纖毫修學心，無相光中常自在。』他只是要如此，然豈有此理？只如孔子答顏子『克己復禮爲仁』。據他説時，只這一句已多了，又況有下頭一落索？只是顏子才問仁，便與打出方是！及至恁地説他，他又却諱。某嘗謂，人要學禪時，不如分明去學他禪和一棒一喝便了。今乃以聖賢之言夾雜了説，都不成箇物事。道是龍，又無角，道是蛇，又有足。子静舊年也不如此，後來弄得直恁地差異！如今都教壞了後生，箇箇不肯去讀書，一味顛蹶没理會處，可惜！可惜！正如荀子不睹是，逞快胡罵亂罵，教得箇李斯出來，遂至焚書坑儒！若使荀卿不死，見斯所爲如此，必須自悔。使子静今猶在，見後生輩如此顛蹶，亦須自悔其前日之非。」又曰：「子静説話，常是兩頭明，中間暗。」或問：「暗是如何？」曰：「是他那不説破處。他所以不説破，便是禪。所謂『鴛鴦繡出從君看，莫把金針度與人』，他禪家自愛如此。某年十五六時，亦嘗留心于此。一日在病翁所會一僧，與之語。其僧只相應和了説，也不説是不是，却與劉説某也理會得箇昭昭靈靈底禪。劉後説與某，某遂疑此僧更有要妙處在，遂去扣問他，見他説得也煞好。及去赴試時，便用他意思去胡説。是時文字不似而今細密，由人麤説，試官爲某説動了，遂得舉。時年十九。後赴同安任，時年二十四五矣，始見李先生。與他説，李先生只説不是。某却倒疑李先生理會此未得，再三質問。李先生爲人簡重，却是不甚會説，只教看聖賢言語。某遂將那禪來權倚閣起。意中道，禪亦自在，且將聖人書來讀。讀來讀去，一日復一日，覺得聖賢言語漸漸有味。却回頭看釋氏之説，漸漸破綻，罅漏百出。」廣。

朱子語類卷一〇八

有言：「世界無人管，久將脱去。凡事未到手，則姑晦之，俟到手，然後爲。」有詰之者曰：「若不幸未及爲而死，吾志不白，則如之何？」曰：「此亦不奈何，吾輩蓋是折本做也。」先生曰：「如此，則是一部孟子無一句可用也！嘗愛孟子答淳于髡之言曰：『嫂溺援之以手，天下溺援之以道。子欲手援天下乎？』吾人所以救世者，以其有道也。既自放倒矣，天下豈一手可援哉！觀其説，緣飾得來不好。安得似陸子静堂堂自在，説成一个物事乎！」方子。

朱子語類卷一一三

再見，即曰：「吾輩此箇事，世俗理會不得。凡欲爲事，豈可信世俗之言爲去就！彼流俗何知？所以王介甫一切屏之。他做事雖是過，然吾輩自守所學，亦豈可爲流俗所梗？如今浙東學者多陸子静門人，類能卓然自立，相見之次，便毅然有不可犯之色。自家一輩朋友又覺不振，一似忘相似，彼則又似助長。」下略。

朱子語類卷一一四

嘗見陸子静説：「且恁地依傍看。」思之，此語説得好。公看文字，亦且就分明注解依傍看教熟。待自家意思與他意思相似，自通透。也自有一般人敏捷，都要看過，都會通曉。若不恁地，只是且就曉得處依傍看。如公讀論語，還當文義曉得了未？若文義未曉得，又且去看某家如此説，某家如彼説，少間都攪得一場没理會。尹和靖只是依傍伊川許多説話，只是他也没變化，然是守得定。

朱子語類卷一一四

上略。時舉因云：「釋氏有『豁然頓悟』之説，不知使得否？不知倚靠得否？」曰：「某也曾見叢林中有言『頓悟』者，後來看這人也只尋常。如陸子静門人，初見他時，常云有所悟，後來所爲，却更顛倒錯亂。看來所謂『豁然頓悟』者，乃是當時略有所見，覺得果是淨潔快活。然稍久，則却漸漸淡去了，何嘗倚靠得！」下略。

朱子語類卷一一五

問：「欲求大本以總括天下萬事。」曰：「江西便有這箇議論。須是窮得理多，然後有貫通處。今理會得一分，便得一分受用；理會得二分，便得二分受用。若『一以貫之』，儘未在。陸子静要盡掃去，從簡易。某嘗說，且如做飯，也須趁柴理會米，無道理合下便要簡易。」

朱子語類卷一一六

問：說「漆雕開章」云云，先生不應。又說「與點章」云云，先生又不應。久之，却云：「公那江西人，只管要理會那漆雕開與曾點，而今且莫要理會。所謂道者，只是君之仁，臣之敬，父之慈，子之孝便是。而今只去理會『言忠信，行篤敬』，『博學而篤志，切問而近思，仁在其中矣』。須是步步理會。『坐如尸』，便須要常常如尸；『立如齋』，便須要常常如齋。而今却只管去理會那流行底，不知是箇甚麼物事？又不是打破一桶水，隨科隨坎皆是。」

朱子語類卷一一六

慶元丁巳三月，見先生於考亭。先生曰：「甚荷遠來，而不是時節。公初從何人講學？」曰：「少時從劉衡州問學。」曰：「見衡州如何？」曰：「衡州開明大體，使人知所向慕。」曰：「如何做工夫？」曰：「却是無下手處。」曰：「向來亦見廬陵諸公有問目之類，大綱竟緩，不是斬釘截鐵，真箇可疑可問，彼此只做一場話説休了。若如此悠悠，恐虚過歲月。某已前與朋友往來，亦是如此。後來欽夫説道：『凡肯向此者，吾二人只如此放過了，不特使人汎然來行一遭，便道我曾從某人處講論，一向胡説，反爲人取笑，亦是壞了多少好氣質底。若只悠悠地去，可惜。今後須是截下，看晚年要成就得一二人，不妨是吾輩事業。』自後相過者，這裏直是不放過也。」祖道又曰：「頃年亦嘗見陸象山。」先生笑曰：「這却好商量。公且道象山如何？」曰：「象山之學，祖道曉不得，更是不敢學。」曰：「如何不敢學？」曰：「象山與祖道言：『目能視，耳能聽，鼻能知香臭，口能知味，心能思，手足能運動，如何更要甚存誠持敬，硬要將一物去治一物？須要如此做甚？詠歸舞雩，自是吾子家風。』祖道曰：『是則是有此理，恐非初學者所到地位。』象山曰：『吾子有之，而必欲外鑠以爲本，可惜也！』祖道曰：『此恐只是先生見處。今使祖道便要如此，恐成猖狂妄行，蹈乎大方者矣。』象山曰：『纏遶舊習，如落陷穽，卒除不得！』」先生曰：「陸子静所學分明是禪。」又曰：「江西人大抵秀而能文，若得人點化，是多少明快！蓋有不得不任其責者。然今黨事方起，能無所畏乎？忽然被他來理會，礙公進取時如何？」曰：「此是自家身己上，進取何足議？」曰：「可便遷入精舍。」以下訓祖道。

朱子語類卷一一七

諸友入侍，坐定，先生目淳申前説，曰：「若把這些子道理只管守定在這裏，則相似山林苦行一般，便都無事可做了，所謂『潛心大業』者何有哉？」淳曰：「已知病痛，大段欠了下學工夫。」曰：「近日陸子静門人寄得數篇詩來，只將顔淵、曾點數件事重疊説，其他詩書禮樂都不説。如吾友下學，也只是揀那尖利底説，麄鈍底都掉了。今日下學，明日便要上達。如孟子，從梁惠王以下都不讀，只揀告子盡心來説，只消此兩篇，其他五篇都删了。緊要便讀，閒慢底便不讀；精底便理會，粗底便不理會。書自是要讀，恁地揀擇不得。如論語二十篇，只揀那曾點底意思來涵泳，都要蓋了。單單説箇『風乎舞雩，詠而歸』，只做箇四時景致，論語何用説許多事？前日江西朋友來問，要尋箇樂處。某説：『只是自去尋，尋到那極苦澁處，便是好消息。人須是尋到那意思不好處，這便是樂底意思來，却無不做工夫自然樂底道理。』而今做工夫，只是平常恁地去理會，不要把做差異看了。粗底做粗底理會，細底做細底理會，不消得揀擇。論語孟子恁地揀擇了，史書及世間麄底書，如何地看得？」義剛同。

朱子語類卷一一九

上略。顯道云:「江西之學,大要也是以行己爲先。」先生曰:「如孝弟等事數件合先做底,也易曉;夫子也只略略説過。如孝弟、謹信、汎愛、親仁,也只一處恁地説。若是後面許多合理會處,須是從講學中來。不然,爲一鄉善士則可,若欲理會得爲人許多事,則難。」義剛。

朱子語類卷一一九

廷秀問:「今當讀何書?」曰:「聖賢教人,都提切己説話,不是教人向外,只就紙上讀了便了。自家今且剖判一箇義利。試自睹當自家,今是要求人知?要自爲己?孔子曰:『君子喻於義,小人喻於利。』又曰:『古之學者爲己,今之學者爲人。』孟子曰:『亦有仁義而已矣,何必曰利!』孟子雖是爲時君言,在學者亦是切身事。大凡爲學,且須分箇内外,這便是生死路頭。今人只一言一動,一步一趨,便有箇爲義爲利在裏。從這邊便是爲義,從那邊便是爲利。向内便是入聖賢之域,向外便是趨愚不肖之途。這裏只在人劄定脚做將去,無可商量。若是已認得這箇了,裏面煞有工夫,却好商量也。」顧謂道夫曰:「曾見陸子静『義利』之説否？」曰：「未也。」曰：「這是他來南康，某請他説書，他却説這義利分明，是説得好！如云：『今人只讀書便是爲利。如取解後，又要得官；得官後，又要改官。自少至老，自頂至踵，無非爲利！』説得來痛快，至有流涕者。今人初生稍有知識，此心便恁亹亹地去了，干名逐利，浸浸不已，其去聖賢日以益遠，豈不深可痛惜！」道夫。

朱子語類卷一一九

長孺向來自謂有悟，其狂怪殊不可曉，恰與金溪學徒相似。嘗見受學於金溪者，便一似嚥下箇甚物事，被他撓得來恁地。又如有一箇蟲在他肚中，嘈得他自不得由己樣。某嘗皆譬云，長孺、叔權皆是爲酒所使，一箇善底只是發酒慈，那一箇便酒顛。必大。

朱子語類卷一二〇

彦忠問：「居常苦私意紛攪，雖即覺悟而痛抑之，然竟不能得潔静不起。」先生笑曰：「此正子静『有頭』之説，却是使得。惟其此心無主宰，故爲私意所勝。若常加省察，使良心常在，見破了這私意只是從外面入。縱饒有所發動，只是以主待客，以逸待勞，自家這裏亦容他不得。此事須是平日著工夫，若待他起後方省察，殊不濟事。」道夫。

朱子語類卷一二〇

坐間有及劉淳叟事。曰：「不意其變常至此！某向往奏事時來相見，極口説陸子靜之學大謬。某因詰之云：『若子靜學術自當付之公論，公如何得如此説他？』此亦見他質薄處。然其初間深信之，畢竟自家喚做不知人。」賀孫。

朱子語類卷一二〇

戴明伯請教。曰：「且將一件書讀。聖人之言，即聖人之心；聖人之心，即天下之理。且逐段看令分曉，一段分曉，又看一段。如此至一二十段，亦未解便見箇道理，但如此心平氣定，不東馳西騖，則道理自逐旋分明。去得自家心上一病，便是一箇道理明也。道理固是自家本有，但如今隔一隔了，須逐旋揩磨呼喚得歸。然無一喚便見之理。如金溪只要自得，若自得底是，固善；若自得底非，却如何？不若且虛心讀書。讀書，切不可自謂理會得了。便理會得，且只做理會不得。某見説不會底，便有長進；不長進者，多是自謂已理會得了底。如此，則非特終身不長進；便假如釋氏三生十六劫，也終理會不得！」

下略。

朱子語類卷一二〇

括蒼徐元明，名琳。鄭子上同見。先生説：「『博學而詳説之，將以反説約也。』今江西諸人之學，只是要約，更不務博；本來雖有些好處，臨事盡是鑿空杜撰。至於吕子約，又一向務博，而不能反約。讀得書多，左牽右撰，横説直説，皆是此理；只是不潔凈，不切要，有牽合無謂處。沈叔晦不讀書，不教人，只是所守者淺狹，只有些子道理，便守定了，亦不博之弊。」璘。

朱子語類卷一二〇

陸深甫問爲學次序。曰：「公家庭尊長平日所以教公者如何？」陸云：「刪定叔祖所以見教者，謂此心本無虧欠，人須見得此心，方可爲學。」曰：「此心固是無虧欠，然須是事事做得是，方無虧欠。若只説道本無虧欠，只見得這箇便了，豈有是理！」因説：「江西學者自以爲得陸刪定之學，便高談大論，略無忌憚。忽一日自以爲悟道，明日與人飲酒，如法罵人。某謂賈誼云，秦二世今日即位而明日射人！今江西學者乃今日悟道而明日罵人，不知所悟者果何道哉！」時舉。

朱子語類卷一二一

學者講學，多是不疑其所當疑，而疑其所不當疑。不疑其所當疑，故眼前合理會處多蹉過；疑其所不當疑，故枉費了工夫。金溪之徒不事講學，只將箇心來作弄，胡撞亂撞。此間所以令學者入細觀書做工夫者，正欲其熟考聖賢言語，求箇的確所在。今却攷索得如此支離，反不濟事。如某向來作或問，蓋欲學者識取正意。觀此書者，當於其中見得此是當辨，此不足辨，刪其不足辨者，令正意愈明白可也。若更去外面生出許多議論，則正意反不明矣。今非特不見經文正意，只諸家之説，亦看他正意未著。又曰：「中庸言『慎思』，何故不言深思？又不言勤思？蓋不可枉費心去思之，須是思其所當思者，故曰『慎思』也。」必大。

朱子語類卷一二一

或問：「静時見得此心，及接物時又不見。」曰：「心如何見得？接物時只要求箇是。應得是，便是心得其正；應得不是，便是心失其正，所以要窮理。且如人唱喏，須至誠還他喏。人問何處來，須據實説某處來。即此便是應物之心，如何更要見此心？浙間有一般學問，又是得江西之緒餘，只管教人合眼端坐，要見一箇物事如日頭相似，便謂之悟，此大可笑！夫子所以不大段説心，只説實事，便自無病。至孟子始説『求放心』，然大槩只要人不馳騖於外耳，其弊便有這般底出來，以此見聖人言語不可及。」學蒙。

朱子語類卷一二二

上略。某向嘗見吕伯恭愛與學者説左傳，某嘗戒之曰：「語孟六經許多道理不説，恰限説這箇。縱那上有些零碎道理，濟得甚事？」伯恭不信，後來又説到漢書。若使其在，不知今又説到甚處，想益卑矣，固宜爲陸子静所笑也。子静底是高，只是下面空疏，無物事承當。伯恭底甚低，如何得似他？下略。

朱子語類卷一二一

方伯謨以先生教人讀集注爲不然。蔡季通丈亦有此語，且謂「四方從學之士稍自負者，皆不得其門而入，去者亦多」。某因從容侍坐，見先生舉以與學者云：「讀書須是自肯下工夫始得。某向得之甚難，故不敢輕説與人。至於不得已而爲注釋者，亦是博採諸先生及前輩之精微寫出與人看，極是簡要，省了多少工夫。學者又自輕看了，依舊不得力。」蓋是時先生方獨任斯道之責，如西銘通書易象諸書方出，四方辨結紛然。而江西一種學問，又自善鼓扇學者，其於聖賢精義皆不暇深考，學者樂於簡易，甘於詭僻，和之者亦衆，然終不可與入堯舜之道。故先生教人，專以主敬、窮理爲主，欲使學者自去窮究，見得道理如此，便自能立，不待辨説而明。此引而不發之意，其爲學者之心蓋甚切，學者可不深味此意乎！炎。

朱子語類卷一二二

伯恭説義理，太多傷巧，未免杜撰。子静使氣，好爲人師，要人悟。一云「呂太巧，杜撰。陸喜同己，使氣」。○閎祖。

朱子語類卷一二三

或問東萊、象山之學。曰：「伯恭失之多，子静失之寡。」柄。

朱子語類卷一二三

呂伯恭文集中如答項平父書，是傅夢泉子淵者；如罵曹立之書，是陸子静者。其他僞者想又多在。璘。

朱子語類卷一二三

伯恭門徒氣宇厭厭，四分五裂，各自爲説，久之必至銷歇。子静則不然，精神緊峭，其説分明，能變化人，使人旦異而晡不同，其流害未艾也。道夫。

朱子語類卷一二二

先生出示答孫自脩書，因言：「陸氏之學雖是偏，尚是要去做箇人。若永嘉、永康之説，大不成學問，不知何故如此。他日用動静間，全是這箇本子，卒乍改換不得。如吕氏言漢高祖當用夏之忠，却不合黄屋左纛。不知縱使高祖能用夏時，乘商輅，亦只是這漢高祖也，骨子不曾改變，蓋本原處不在此。」銖。

朱子語類卷一二三

陳君舉得書云：「更望以雅頌之音消鑠羣慝，章句訓詁付之諸生。」問他如何是雅頌之音？今只有雅頌之辭在，更没理會，又去那裏討雅頌之音？便都只是瞞人！又謂某前番不合與林黄中、陸子静諸人辨，以爲「相與詰難，竟無深益。蓋刻畫太精，頗傷易簡；矜持已甚，反涉吝驕」。不知更何如方是深益？若孟子之闢楊墨，也只得恁地闢。他說「刻畫太精」，便只是某不合說得太分曉，不似他只恁地含糊。他是理會不得，被衆人擁從，又不肯道我不識，又不得不說，說又不識，所以不肯索性開口道這箇是甚物事，又只恁鶻突了。子靜雖占姦不說，然他見得成箇物事，說話間便自然有箇痕跡可見。只是人理會他底不得，故見不得，然亦易見。子靜只是人未從，他便不說；及鉤致得來，便直是說，方始與你理會。至如君舉胸中有一部周禮，都撐腸拄肚，頓著不得。如遊古山詩又何消說著他？只是他稍理會得，便自要說，又說得不著。如東坡、子由見得箇道理，更不成道理，又却便開心見膽，說教人理會得。又曰：「他那得似子靜！子靜却是見得箇道理，却成一部禪，他和禪識不得。」賀孫。

朱子語類卷一二三

「金溪之學雖偏，然其初猶是自說其私路上事，不曾侵過官路來。後來於不知底亦要彊說，便說出無限亂道。前輩如歐公諸人爲文，皆善用其所長；凡所短處，更不拈出來說，所以不見疏脱。今永嘉又自說一種學問，更没頭没尾，又不及金溪。大抵只說一截話，終不說破是箇甚麽；然皆以道義先覺自處，以此傳授。君舉到湘中一收，收盡南軒門人，胡季隨亦從之問學。某向見季隨，固病其不能自立，其胸中自空空無主人，所以纔聞他人之說，便動。季隨在湖南頗自尊大，諸人亦多宗之。凡有議論，季隨便爲之判斷孰是孰非。此正猶張天師，不問長少賢否，只是世襲做大。」正淳曰：「湖南之從南軒者甚衆且久，何故都無一箇得其學？」曰：「欽夫言自有弊。諸公只去學他說話，凡說道理，先大拍下。然欽夫後面却自有說，諸公却只學得那大拍頭。」必大。

朱子語類卷一二三

陸子静分明是禪，但却成一箇行户，尚有箇據處。如葉正則說，則只是要教人都曉不得。嘗得一書來，言世間有一般魁偉底道理，自不亂於三綱五常。既說不亂三綱五常，又說別是箇魁偉底道理，却是箇甚麽物事？也是亂道！他不說破，只是籠統恁地說以謾人。及人理會得來都無效驗時，他又說你是未曉到這裏。他自也曉不得。他之說最誤人，世間獃人都被他瞞，不自知。義剛。〇葉正則。

朱子語類卷一二三

江西之學只是禪，浙學却專是功利。禪學後來學者摸索一上，無可摸索，自會轉去。

若功利，則學者習之，便可見效，此意甚可憂。

朱子語類卷一二四陸氏

性質。陸子美。精神。子静。○若海。

問陸梭山同異辨。曰：「若本有，却如何掃蕩得？若本無，却如何建立得？他以佛氏亦曉得理。如既曉得理，後却將一箇空底物事來口頭説時，佛不到今日了。他自見得一箇道理，只是空。」又曰：「佛也只是理會這箇性，吾儒也只理會這箇性，只是他不認許多帶來底。」節。

陸子壽自撫來信，訪先生於鉛山觀音寺。子壽每談事，必以論語爲證。如曰：「聖人教人『居處恭，執事敬』。」又曰：『『子所雅言，詩、書、執禮，皆雅言也。』『弟子入則孝，出則弟，謹而信，汎愛衆，而親仁。』此等皆教人就實處行，何嘗高也？」先生曰：「某舊間持論亦好高，近來漸漸移近下，漸漸覺實也。如孟子，却是將他到底已教人。如言『存心養性，知性知天』，有其説矣，是他自知得。餘人未到他田地，如何知得他滋味？卒欲行之，亦未有入頭處。若論語，却是聖人教人存心養性、知性知天實涵養處，便見得，便行得也。」大雅。

陸子壽看先生解中庸「莫顯乎微」云「幾微細事也」，因歎美其説之善，曰：「前後説者，連『莫見乎隱』一衮説了，更不見切體處。今如此分别，却是使人有點檢處。九齡自覺力弱，尋常非禮念慮，因能常常警策，不使萌於心。然志力終不免有怠時，此殆所謂幾微處須點檢也。」先生曰：「固然。」大雅。

問：「曾見陸子壽志道據德説否？」曰：「未也。其説如何？」曰：「大槩亦好。」必大。

因説陸子静，謂：「江南未有人如他八字著脚！」文蔚。

叔器問象山師承。曰：「它們天資也高，不知師誰。然也不問師傳。學者多是就氣稟上做，便解偏了。」義剛。

符舜功問陸子静君子喻於義口義。曰：「子静只是拗。伊川云：『惟其深喻，是以篤好。』子静必要云：『好後方喻。』看來人之於義利，喻而好也多。若全不曉，又安能好？然好之則喻矣。畢竟伊川説占得多。」璘。

因説：「陸先生每對人説，有子非後學急務，以其説不合有多節目，不直截。某因謂是比聖人言語較緊。且如孝弟之人，豈解犯上，又更作亂？」曰：「人之品不同，亦自有孝弟之人解犯上者，自古亦有作亂者。聖賢言語寬平，不消如此急迫看。」振。

問：「象山言：『「本立而道生」，多却「而」字。』」曰：「聖賢言語一步是一步。近來一種議論，只是跳蹰。初則兩三步做一步，甚則十數步作一步，又甚則千百步作一步，所以學之者皆顛狂。」方子。

先生問賀孫：「再看論語前面，見得意思如何？」曰：「初看有未通處，今看得通。如『孝弟爲仁之本』一章，初看未甚透，今却看得分曉。」先生曰：「如此等説話，陸象山都不看。凡是諸弟子之言，便以爲不是而不足看，其無細心看聖賢文字如此。凡説未得處，便將箇硬説闢倒了，不消看。後生纔入其門，便學得許多不好處，便悖慢無禮，便説亂道，更無禮律，只學得那許多凶暴，可畏！可畏！不知如何學他許多不好，恁地快！」賀孫又問：「『孝弟爲仁之本』，集注云：『學者務此，則仁道自此而生。』『此』字亦只指孝悌？」先生曰：「覺此句亦欠『本立』字。」賀孫云：「上文已説孝弟乃是行仁之本。」先生曰：「此段若無程先生説，終無人理會得透。看楊謝諸説，如何是理會得？謝説更乖：『孝弟非仁，乃近仁也。』不知孝弟非仁，孝弟是甚麽物事？孝弟便是仁，非孝弟外别有仁，非仁外别有孝弟。如諸公説，將體用一齊都没理會了。」賀孫。

有自象山來者。先生問：「子静多説甚話？」曰：「恰如時文相似，只連片滚將去。」曰：「所説者何？」曰：「他只説『天地之性人爲貴』，人爲萬物之靈。人所以貴與靈者，只是這心。其説雖詳多，只恁滚去。」先生曰：「信如斯言，雖聖賢復生與人説，也只得恁地。自是諸公以時文之心觀之，故見得它箇是時文也。便若時文中説得恁地，便是聖賢之言也。公也須自反，豈可放過！」道夫。

陸子靜説「良知良能」、「四端」等處，且成片舉似經語，不可謂不是。但説人便能如此，不假脩爲存養，此却不得。譬如旅寓之人，自家不能送他回鄉，但與説云：「你自有田有屋，大段快樂，何不便回去？」那人既無資送，如何便回去得？又如脾胃傷弱，不能飲食之人，却硬要將飯將肉塞入他口，不問他喫得與喫不得。若是一頓便理會得，亦豈不好？然非生知安行者，豈有此理？便是生知安行，也須用學。大抵子思説「率性」，孟子説「存心養性」，大段説破。夫子更不曾説，只説「孝弟」、「忠信篤敬」。蓋能如此，則道理更在其中矣。人傑。

至之問告子「不得於言，勿求於心」。先生云：「陸子静不著言語，其學正似告子，故常諱這些子。」至之云：「陸常云，人不惟不知孟子高處，也不知告子高處。先生語陸云，試説看。陸只鶻突説過。」先生因語諸生云：「陸子静説告子也高，也是他尚不及告子。告子將心硬制得不動，陸遇事未必皆能不動。」植。

子静常言顔子悟道後於仲弓。又曰：「易繫決非夫子作。」又曰：「孟子無奈告子何。」陳正己録以示人。先生申言曰：「正己也乖。」道夫。

江西士風好爲奇論，恥與人同，每立異以求勝。如陸子静説告子論性强孟子，又説荀子「性惡」之論甚好，使人警發，有縝密之功。昔荆公參政日，作兵論，藁壓之硯下。劉貢父謁見，值客，徑坐於書院，竊取視之。可學録云：「皆記得，又頓放元處。」既而以未相見而坐書院爲非，遂出就客次。及相見，荆公問近作，貢父遂以作兵論對，乃竊荆公之意，而易其文以誦之。可學録云：「荆公出論兵。貢父依荆公兵論説曰：『某策如此。』」荆公退，碎其硯下之藁，以爲所論同於人也。可學録作「焚之。好異惡同如此」。皆是江西之風如此。淳。○可學録略。

金溪説「充塞仁義」，其意之所指，似别有一般仁義，非若尋常他人所言者也。必大。

陸子静學者欲執喜怒哀樂未發之中，不知如何執得？那事來面前，只得應他，當喜便喜，當怒便怒，如何執得！文蔚。

陸子静説，只是一心，一邊屬人心，一邊屬道心，那時尚説得好在。節。

先生謂祖道曰：「陸子静答賢書，説箇『簡易』字，却説錯了。『乾以易知，坤以簡能』，是甚意思？如何只容易説過了！乾之體健而不息，行而不難，故易；坤則順其理而不爲，故簡。不是容易苟簡也。」祖道。

某向與子静説話，子静以爲意見。某曰：「邪意見不可有，正意見不可無。」子静説：「此是閒議論。」某曰：「閒議論不可議論，合議論則不可不議論。」先生又曰：「大學不曾説『無意』，而説『誠意』。若無意見，將何物去擇乎中庸？將何物去察邇言？論語『無意』，只是要無私意。若是正意，則不可無。」先生又曰：「他之無意見，則是不理會理，只是胡撞將去。若無意見，成甚麼人在這裏！」節。

或問：「陸子静每見學者才有説話，不曰『此只是議論』，即曰『此只是意見』。果如是，則議論、意見皆可廢乎？」曰：「既不尚議論，則是默然無言而已；既不貴意見，則是寂然無思而已。聖門問學，不應如此。若曰偏議論、私意見，則可去，不當槩以議論、意見爲可去也。」柄。

有一學者云：「學者須是除意見。陸子静説顔子『克己』之學，非如常人克去一切忿欲利害之私，蓋欲於意念所起處，將來克去。」先生痛加誚責，以爲：「此三字誤天下學者！自堯舜相傳至歷代聖賢書册上並無此三字。某謂除去不好底意見則可，若好底意見，須是存留。如飢之思食，渴之思飲，合做底事思量去做，皆意見也。聖賢之學，如一條大路，甚次第分明。緣有『除意見』横在心裏，便更不去做。如日間所行之事，想見只是不得已去做，才做，便要忘了，生怕有意見。所以目視霄漢，悠悠過日，下梢只成得箇狂妄！今只理會除意見，安知除意見之心，又非所謂意見乎？」人傑。

陸子静説「克己復禮」云，不是克去己私利欲之類，别自有箇克處，又却不肯説破。某嘗代之下語云：「不過是要『言語道斷，心行路絶』耳！」因言：「此是陷溺人之深坑，學者切不可不戒！」廣。

因看金溪與胡季隨書中説顔子克己處，曰：「看此兩行議論，其宗旨是禪，尤分曉。此乃捉著真贓正賊，惜方見之，不及與之痛辯。其説以忿欲等皆未是己私，而思索講習却是大病，乃所當先治者。如禪家『乾屎橛』等語，其上更無意義，又不得别思義理。將此心都禁遏定，久久忽自有明快處，方謂之得。『此之謂失其本心』，故下梢忿欲紛起，恣意猖獗，如劉淳叟輩所爲，皆彼自謂不妨者也。杲老在徑山，僧徒苦其使性氣，没頭腦，甚惡之，又戀著他禪。嘗有一僧云：『好捉倒剥去衣服，尋看他禪是在左脅下，是在右脅下？待尋得見了，好與奪下，却趕將出門去！』杲老所喜，皆是粗疏底人，如張子韶、唐立夫諸公是也。汪聖錫、吕居仁輩稍謹愿，痛被他薄賤。汪丈爲人淳厚，趕張子韶輩不得，又有許多記問經史典故，又自有許多鶻突學問義理，又戀著鶻突底禪。羣疑塞胸，都没分曉，不自反躬窮究，只管上求下告，問他討禪，被他恣意相薄。汪丈嘗謂某云：『杲老禪學實自有好處。』某問之曰：『侍郎曾究見其好處否？』又却云：『不曾。』今金溪學問真正是禪，欽夫、伯恭緣不曾看佛書，所以看他不破，只某便識得他。試將楞嚴圓覺之類一觀，亦可粗見大意。釋氏之學，大抵謂若識得透，應千罪惡，即都無了。然則此一種學，在世上乃亂臣賊子之三窟耳。王履道做盡無限過惡，遷謫廣中，剗地在彼説禪非細。此正謂其所爲過惡，皆不礙其禪學爾。」必大。

舜功云：「陸子静不喜人説性。」曰：「怕只是自理會不曾分曉，怕人問難。又長大了，不肯與人商量，做一截截斷了。然學而不論性，不知所學何事？」璘。

聖賢教人有定本，如「博學、審問、慎思、明辨、篤行」是也。其人資質剛柔敏鈍，不可一槩論，其教則不易。禪家教更無定，今日説有定，明日又説無定，陸子静似之。聖賢之教無内外本末上下，今子静却要理會内，不管外面，却無此理。硬要轉聖賢之説爲他説，寧若爾説，且作爾説，不可誣罔聖賢亦如此。泳。周公謹記。

陸子静云：「涵養是主人翁，省察是奴婢。」陳正己力排其説。曰：「子静之説無定常，要云今日之説自如此，明日之説自不如此。大抵他只要拗：才見人説省察，他便反而言之，謂須是涵養；若有人向他説涵養，他又言須是省察以勝之。自渠好爲訶佛駡祖之説，致令其門人『以夫子之道反害夫子』。」璘。

吾儒頭項多，思量著得人頭痺。似陸子静様不立文字，也是省事。只是那書也不是分外底物事，都是説我這道理，從頭理會過更好。僩。

汪長孺説：「江西所説『主静』，看其語是要不消主這静，只我這裏動也静，静也静。」先生曰：「若如其言，天自春了夏，夏了秋，秋了冬，自然如此，也不須要『輔相裁成』始得。」

賀孫。

江西之學，無了惻隱辭遜之心，但有羞惡之心，然不羞其所當羞，不惡其所當惡。有是非之心，然是其所非，非其所是。方子。

潘恭叔說：「象山說得如此，待應事，都應不是。」曰：「可知是他所學所說盡是杜撰，都不依見成格法。他應事也只是杜撰，如何得合道理！」賀孫。

陸氏會說，其精神亦能感發人，一時被它聳動底，亦便清明。只是虛，更無底簟。「思而不學則殆」，正謂無底簟便危殆也。「山上有木，漸，君子以居賢德善俗。」有堦梯而進，不患不到。今其徒往往進時甚銳，然其退亦速。纔到退時，便如墜千仞之淵。㽦。

頃有一朋友作書與陸子靜，言立之學蕩而無所執。陸復書言：「蕩本是好語：『君子坦蕩蕩』，堯『蕩蕩無能名』，詩云『蕩蕩上帝』，書云『王道蕩蕩』，皆以蕩爲善，豈可以爲不善邪？」其怪如此。僩。

向見陸子靜與王順伯論儒釋，某嘗竊笑之。儒釋之分，只争虛實而已。如老氏亦謂：「恍兮惚兮，其中有物；窈兮冥兮，其中有精。」所謂「物」、「精」，亦是虛。吾道雖有「寂然不動」，然其中粲然者存，事事有。節。

先生問人傑：「別後見陸象山如何？」曰：「在都下相處一月，議論間多不合。」因舉戊戌春所聞於象山者，多是分别「集義所生，非義襲而取之」兩句。曰：「彼之病處正在此，其説『集義』，却是『義襲』。彼之意，蓋謂學者須是自得於己，不爲文義牽制，方是集義。若以此爲義，從而行之，乃是求之於外，是義襲而取之也。故其弊自以爲是，自以爲高，而視先儒之説皆與己不合。至如與王順伯書論釋氏義利公私，皆説不著。蓋釋氏之言見性，只是虚見；儒者之言性，止是仁義禮智，皆是實事。今專以義利公私斷之，宜順伯不以爲然也。」人傑。畓録詳。

問正淳：「陸氏之説如何？」曰：「癸卯相見，某於其言不無疑信相半。」曰：「信是信甚處？疑是疑甚處？」曰：「信其論學，疑其訶詆古人。」曰：「須是當面與它隨其説上討箇分曉。若一時不曾分疏得，乃欲續後於書問間議論，只是説得皮外；它亦只是皮外答來，越不分曉。若是它論學處是，則其它説話皆是，便攻訶古人今人，亦無有不是處；若是它訶詆得古人不是，便是它説得學亦不是。向來見子静與王順伯論佛云，釋氏與吾儒所見亦同，只是義利公私之間不同。此説不然。如此，却是吾儒與釋氏同一箇道理。若是同時，何緣得有義利不同？只彼源頭便不同：吾儒萬理皆實，釋氏萬理皆空。」又曰：「它尋常要説『集義所生者』，其徒包敏道至説成『襲義而取』，却不説『義襲而取之』。它説如何？」正淳曰：「它説須是實得。如義襲，只是强探力取。」曰：「謂如人心知此義理，行之得宜，固自内發。人性質有不同，或有魯鈍，一時見未到；得別人説出來，反之於心，見得爲是而行之，是亦内也。人心所見不同，聖人方見得盡。今陸氏只是要自渠心裏見得底，方謂之内；若別人説底，一句也不是。才自別人説出，便指爲義外。如此，乃是告子之説。如『生而知之』，與『學而知之，困而知之』；『安而行之』，與『利而行之，勉强而行之』；及其知之行之，則一也。豈可一一須待自我心而出，方謂之内？所以指文義而求之者，皆不爲内？故自家才見得如此，便一向執著，將聖賢言語便亦不信，更不去講貫，只是我底是，其病痛只在此。只是專主『生知』、『安行』，而『學知』以下，一切皆廢。又只管理會『一貫』，理會『一』。且如一貫，只是萬理一貫，無内外本末，隱顯精粗，皆一以貫之。此政『同歸殊塗，百慮一致』，無所不備。今却不教人恁地理會，却只尋箇『一』，不知去那裏討頭處？」䇓。必大録云：「先生看正淳與金溪往復書云云，『釋氏皆空』之下有曰：『學所以貴於講書，是要入細理會。今陸氏只管説「一貫」。夫「一貫」云者，是舉萬殊而一貫之，小大、精粗、隱顯、本末，皆在其中。若都廢置不講，却一貫箇甚麼？學要大綱涵養，子細講論。嘗與金溪辨「義外」之説。某謂事之合如此者，雖是在外，然於吾心以爲合如此而行，便是内也。且如人有性質魯鈍，或一時見不到；因他人説出來，見得爲是，從而行之，亦内也。金溪以謂，此乃告子之見，直須自得於己者方是。若以他人之説爲義而行之，是求之於外也。遂於事當如此處，亦不如此。不知此乃告子之見耳。』必大因言：『金溪有云：「不是教人不要讀書，讀書自是講學中一事。纔説讀書，已是剩此一句。」曰：「此語却是。」必大又言其學在踐履之説。曰：「此言雖是，然他意只是要踐履他之説耳。」

禪學熾則佛氏之説大壞。緣他本來是大段著工夫收拾這心性，今禪説只恁地容易做去。佛法固是本不見大底道理，只就他本法中是大段細密，今禪説只一向麄暴。陸子静之學，看他千般萬般病，只在不知有氣禀之雜，把許多麄惡底氣都把做心之妙理，合當恁地自然做將去。向在鉛山得他書，云看見佛之所以與儒異者，止是他底全是利，吾儒止是全在義。某答他云，公亦只見得第二著。看他意，只説儒者絶斷得許多利欲，便是千了百當，一向任意做出都不妨。不知初自受得這氣禀不好，今才恁意發出，許多不好底，也只都做好商量了。只道這是胸中流出，自然天理；不知氣有不好底夾雜在裏，一齊衮將去，道害事不害事？看子静書，只見他許多麄暴底意思可畏。其徒都是這樣，才説得幾句，便無大無小，無父無兄，只我胸中流出底是天理，全不著得些工夫。看來這錯處，只在不知有氣稟之性。又曰：「『論性不論氣，不備。』孟子不説到氣一截，所以説萬千與告子幾箇，然終不得他分曉。告子以後，如荀揚之徒，皆是把氣做性説了。」賀孫。

迎而距之。謂陸氏不窮理。方子。

子静「應無所住以生其心」。閎祖。

子静尋常與吾人説話，會避得箇「禪」字。及與其徒，却只説禪。自脩。

吴仁父説及陸氏之學。曰：「只是禪。初間猶自以吾儒之説蓋覆，如今一向説得熾，不復遮護了。渠自説有見於理，到得做處，一向任私意做去，全不睹是。人同之則喜，異之則怒。至任喜怒，胡亂便打人罵人。後生纔登其門，便學得不遜無禮出來，極可畏。世道衰微，千變百恠如此，可畏！可畏！」木之。

陸子静之學，自是胸中無柰許多禪何。看是甚文字，不過假借以説其胸中所見者耳。據其所見，本不須聖人文字得。他却須要以聖人文字説者，此正如販鹽者，上面須得數片鮝魚遮蓋，方過得關津，不被人捉了耳。廣。

先生嘗説：「陸子静、楊敬仲自是十分好人，只似患净潔病底。又論説道理，恰似閩中販私鹽底，下面是私鹽，上面以鮝魚蓋之，使人不覺。」蓋謂其本是禪學，却以吾儒説話遮掩。過。

爲學若不靠實，便如釋老談空，又却不如他説得索性。又曰：「近來諸處學者談空浩瀚，可畏！可畏！引得一輩江西士人都顛了。」浩。

陸子静好令人讀介甫萬言書，以爲渠此時未有異説。不曉子静之意。璘。

因言讀書之法，曰：「一句有一句道理，窮得一句，便得這一句道理。讀書須是曉得文義了，便思量聖賢意指是如何？要將作何用？」因坐中有江西士人問爲學，曰：「公門都被陸子静誤，教莫要讀書，誤公一生！使公到今已老，此心倀倀然，如村愚瞽盲無知之人，撞牆撞壁，無所知識。使得這心飛揚跳躑，渺渺茫茫，都無所主，若涉大水，浩無津涯，少間便會失心去。何故？下此一等，只會失心，别無合殺也。傅子淵便是如此。子淵後以喪心死。豈有學聖人之道，臨了却反有失心者！是甚道理？吁！誤人誤人，可悲可痛！分明是被他塗其耳目，至今猶不覺悟。今教公之法，只討聖賢之書，逐日逐段，分明理會。且降伏其心，遜志以求之，理會得一句，便一句理明；理會得一段，便一段義明；積累久之，漸漸曉得。近地有朋友，便與近地朋友商量；近地無朋友，便遠求師友商量。莫要閒過日子，在此住得旬日，便做旬日工夫。公看此間諸公每日做工夫，都是逐段逐句理會。如此久之，須漸見些道理。公今只是道聽塗説，只要説得。待若聖賢之道，只是説得贏，何消做工夫？只半日便説盡了。『博學、審問、慎思、明辨』，是理會甚事？公今莫問陸删定如何，只認問取自己便了。陸删定還替得公麽？陸删定他也須讀書來。只是公那時見他不讀書，便説他不讀書。他若不讀書，如何做得許多人先生？吁，誤人！誤人！」又曰：「從陸子静者，不問如何，箇箇學得不遜，只纔從他門前過，便學得悖慢無禮，無長少之節，可畏！可畏！」僩。

象山死，先生率門人往寺中哭之。既罷，良久，曰：「可惜死了告子！」此語得之文卿。泳。

因論南軒欲曾節夫往見陸先生，作書令去看陸如何，有何説備寄來。先生曰：「只須直説。如此，則便謂教我去看如何，便不能有益了。」揚。

因問陸子静，云：「這箇只争些子，才差了便如此，他只是差過去了，更有一項，却是不及。若使過底，拗轉來却好；不及底，趲向上去却好。只緣他纔高了，便不肯下；纔不及了，便不肯向上。過底，便道只是就過裏面求箇中；不及底，也道只就不及裏面求箇中。初間只差了些子，所謂『差之毫釐，繆以千里』。」又曰：「如伯夷之清，柳下惠之和，孟子便説道『隘與不恭，君子不由』。如孔子説『逸民：伯夷、叔齊』，這已是甚好了；孔子自便道：『我則異於是，無可無不可。』」又曰：「某看近日學問，高者便説做天地之外去，卑者便只管陷溺；高者必入於佛老，卑者必入於管商。定是如此，定是如此！」賀孫。

曹叔遠問：「陸子静教人，合下便是，如何？」曰：「如何便是？公看經書中還有此樣語否？若云便是，夫子當初引帶三千弟子，日日説來説去則甚？何不云你都是了，各自去休？也須是做工夫，始得。」又問：「或有性識明底，合下便是後如何？」曰：「須是有那地位，方得。如『舜與木石俱，與鹿豕遊；及聞一善言，見一善行，沛然若決江河，莫之能禦』，須是有此地位，方得。如『堯舜之道孝悌』，不成説才孝悌，便是堯舜。須是誦堯言，行堯行，真箇能『徐行後長』，方是。」下二條詳。

問：「陸象山道，當下便是。」曰：「看聖賢教人，曾有此等語無？聖人教人，皆從平實地上做去。所謂『克己復禮，天下歸仁』，須是先克去己私方得。孟子雖云『人皆可以爲堯舜』，也須是『服堯之服，誦堯之言，行堯之行』，方得。聖人告顏子以『克己復禮』，告仲弓以『出門如見大賓，使民如承大祭』，告樊遲以『居處恭，執事敬，與人忠』，告子張以『言忠信，行篤敬』，這箇是説甚底話？又平時告弟子，也須道是『學而時習』，『行有餘力，則以學文』，又豈曾説箇當下便是底語？大抵今之爲學者有二病，一種只當下便是底，一種便是如公平日所習底。却是這中間一條路，不曾有人行得。而今人既不能知，但有聖賢之言可以引路。聖賢之言，分分曉曉，八字打開，無此子回互隱伏説話。」卓。

或問：「陸象山大要説當下便是，與聖人不同處是那裏？」曰：「聖人有這般説話否？聖人不曾恁地説。聖人只説『克己復禮』，『一日克己復禮，天下歸仁』。而今截斷『克己復禮』一段，便道只恁地便了。不知聖人當年領三千來人，積年累歲，是理會甚麼？何故不説道，才見得，便教他歸去自理會便了。子静如今也有許多人來從學，亦自長久相聚，還理會箇甚麼？何故不教他自歸去理會？只消恁地便了？且如説『堯舜之道，孝悌而已矣』，似易。須是做得堯許多工夫，方到得堯；須是做得舜許多工夫，方到得舜。」又曰：「某看來，如今説話只有兩樣。自淮以北，不可得而知。自淮以南，不出此兩者。如説高底，便如『當下便是』之説，世間事事都不管。這箇本是專要成己，而不要去成物；少間只見得上面許多道理，切身要緊去處不曾理會，而終亦不足以成己。如那一項，却去許多零零碎碎上理會，事事要曉得。這箇本是要成物，而不及於成己；少間只見得下面許多羅羅嘈嘈，自家自無箇本領，自無箇頭腦了，後去更不知得那箇直是是，那箇直是非，都恁地鶻鶻突突，終於亦不足以成物。這是兩項如此，真正一條大路，却都無人識，這箇只逐一次第行將去。那一箇只是過，那一箇只是不及。到得聖人大道，只是箇中。然如今人説那中，也都説錯了，只説道恁地含含胡胡，同流合汙，便喚做中。這箇中本無他，只是平日應事接物之間，每事理會教盡，教恰好，無一毫過不及之意。」賀孫。

陸子静之學，只管説一箇心本來是好底物事，上面著不得一箇字，只是人被私欲遮了。若識得一箇心了，萬法流出，更都無許多事。他却是實見得箇道理恁地，所以不怕天，不怕地，一向胡叫胡喊。又曰：「如東萊便是如何云云，不似他見得恁地直拔俊偉。下梢東萊學者一人自執一説，更無一人守其師説，亦不知其師緊要處是在那裏，都只恁地衰塌不起了，其害小。他學者是見得箇物事，便都恁底胡叫胡説，實是卒動他不得，一齊恁地無大無小，便是『天上天下，惟我獨尊』。若我見得，我父不見得，便是父不似我；兄不見得，便是兄不似我。更無大小，其害甚大！不待至後世，即今便是。」又曰：「南軒初年說，却有些似他。如嶽麓書院記，却只恁地說。如愛牛，如赤子入井，這箇便是真心。若理會得這箇心了，都無事。後來說却不如此。子静却雜些禪，又有術數，或說或不說。南軒却平直恁地說，却逢人便說。」又曰：「浙中之學，一種只說道理底，又不似他實見得。若不識，又不肯道我不識，便含胡鶻突遮蓋在這裏。」又因說：「人之喜怒憂懼，皆是人所不能無者，只是差些便不正。所以學者便要於此處理會，去其惡而全其善。今他只說一箇心，便都道是了，如何得！雖曾子、顏子是著多少氣力，方始庶幾其萬一！」又曰：「孟子更說甚『性善』與『浩然之氣』，孔子便全不說，便是怕人有走作，只教人『克己復禮』。到克盡己私，復還天理處，自是實見得這箇道理，便是貼實底聖賢。他只是恁地了，便是聖賢，然無這般顛狂底聖賢。聖人說『克己復禮』，便是真實下工夫。『一日克己復禮』，施之於一家，則一家歸其仁；施之一鄉，則一鄉歸其仁；施之天下，則天下歸其仁。是真實從手頭過，如飲酒必醉，食飯必飽。他們便說一日悟得『克己復禮』，想見天下歸其仁；便是想像飲酒便能醉人，恰似說『如飲醇醪』意思。」又曰：「他是會說得動人，使人都恁地快活，便會使得人都恁地發顛發狂。某也會恁地說，使人便快活，只是不敢，怕壞了人。他之說，却是使人先見得這一箇物事了，方下來做工夫，却是上達而下學，與聖人『下學上達』都不相似。然他才見了，便發顛狂，豈肯下來做？若有這箇直截道理，聖人那裏教人恁地步步做上去？」賀孫。

許行父謂：「陸子静只要頓悟，更無工夫。」曰：「如此説不得。不曾見他病處，説他不倒。大抵今人多是望風便罵將去，都不曾根究到底。見他不是，須子細推原怎生不是，始得，此便是窮理。既知他不是處，須知是處在那裏；他既錯了，自家合當如何，方始有進。子静固有病，而今人却不曾似他用功，如何便説得他！所謂『五穀不熟，不如稊稗』，恐反爲子静之笑也。且如看史傳，其間有多少不是處。見得他不是，便有箇是底在這裏，所以無往非學。」閎祖。

先生問：「曾見陸子静否？」可學對以向在臨安欲往見，或云：「吾友方學，不可見，見歸必學參禪。」先生曰：「此人言極有理。吾友不去見，亦是。然更有一説，須修身立命，自有道理，則自不走往他。若自家無所守，安知一旦立脚得牢！正如人有屋可居，見他人有屋宇，必不起健羨。若是自家自無住處，忽見人有屋欲借自家，自家雖欲不入，安得不入？切宜自作工夫。」可學。

守約問：「吾徒有往從陸子静者，多是舉得這下些小細碎文義，致得子静謂先生教人只是章句之學，都無箇脱洒道理。其實先生教人，豈曾如此？又有行不掩其言者，愈招他言語。」先生曰：「不消得如此説。是他行不掩言，自家又奈何得他？只是自點檢教行掩其言，便得。看自家平日是合當恁地，不當恁地。不是因他説自家行不掩言，方始去行掩其言。而今不欲窮理則已，若欲窮理，如何不在讀書講論？今學者有幾箇理會得章句？也只是渾淪吞棗，終不成又學他，於章句外别撰一箇物事，與他鬪。」又曰：「某也難説他，有多多少少，某都不敢説他。只是因諸公問，不得不説。他是向一邊去拗不轉了，又不信人言語，又怎奈何他？自家只是理會自家是合當做。聖人説『言忠信，行篤敬』，『居處恭，執事敬，與人忠』等語，都是實説鐵定是恁地，無一句虚説。只是教人就這上做工夫，做得到，便是道理。」賀孫。

學者須是培養。今不做培養工夫，如何窮得理？程子言：「動容貌，整思慮，則自生敬。敬只是主一也。存此，則自然天理明。」又曰：「整齊嚴肅，則心便一；一，則自是無非僻之干。此意但涵養久之，則天理自然明。」今不曾做得此工夫，胸中攪擾駁雜，如何窮得理？如它人不讀書，是不肯去窮理。今要窮理，又無持敬工夫。從陸子静學，如楊敬仲輩，持守得亦好，若肯去窮理，須窮得分明。然它不肯讀書，只任一己私見，有似箇稊稗。今若不做培養工夫，便是五穀不熟，又不如稊稗也。次日又言：「陸子静、楊敬仲有爲己工夫，若肯窮理，當甚有可觀，惜其不改也。」德明。

論子由古史言帝王以無爲宗。因言：「佛氏學，只是任它意所爲，於事無有是處。」德明云：「楊敬仲之學是如此。」先生曰：「佛者言：『但願空諸所有，謹勿實諸所無。』事必欲忘却，故曰『但願空諸所有』；心必欲其空，故曰『謹勿實諸所無』。楊敬仲學於陸氏，更不讀書，是要不『實諸所無』；已讀之書，皆欲忘却，是要『空諸所有』。」德明。

至之舉似楊敬仲詩云：「『有時父召急趨前，不覺不知造淵奧。』此意如何？」曰：「如此却二了：有箇父召急趨底心，又有箇造淵奧底心。纔二，便生出無限病痛。蓋這箇物事，知得是恁地便行將去，豈可更帖著一箇意思在那上！某舊見張子韶有箇文字論仁義之實云：『當其事親之時，有以見其温然如春之意，便是仁；當其從兄之際，有以見其肅然如秋之意，便是義。』某嘗對其説，古人固有習而不察，如今都是略略地習，却加意去察；古人固有由之而不知，如今却是略略地由，却加意去知。」因笑云：「李先生見某説，忽然曰：『公適間説得好，可更説一遍看。』」道夫。

楊敬仲己易説雷霆事，身上又安得有！且要著實。可學。

「楊敬仲説，陽爻一畫者在己，陰爻一畫者應物底是。」先生云：「正是倒説了。應物者却是陽。」泳。

「楊敬仲言，天下無掣肘底事。沈叔晦言，天下無不可教底人。」先生云：「此皆好立偏論者。」振。

楊敬仲有易論。林黄中有易解，春秋解專主左氏。或曰：「林黄中文字可毁。」先生曰：「却是楊敬仲文字可毁。」泳。

撫學有首無尾，婺學有尾無首。禪學首尾皆無，只是與人說。泳。

有說悟者，有說端倪者。若說可欲是善，不可欲是惡，而必自尋一箇道理以爲善，根脚虚矣，非鄉人皆可爲堯舜之意。說悟者指金溪，說端倪者指湖南。人傑。

因論今之言學問者，人自爲說，說出無限差異。胡文定曰：首有一二句記不詳。「諸子百家人肆其說，誑惑衆生者」是也。謝上蔡曰：「諸子百家，人人自生出一般見解，欺誑衆生。」必大。

彭世昌守象山書院，盛言山上有田可耕，有圃可蔬，池塘碓磑，色色皆備。先生曰：「既是如此，下山來則甚？」世昌曰：「陸先生既有書院，却不曾藏得書，某此來爲欲求書。」曰：「緊要書能消得幾卷？某向來亦愛如此。後來思之，這般物事聚者必散，何必後於物？」世昌臨别，贈之詩曰：「象山聞說是君開，雲木參天瀑響雷。好去山頭且堅坐，等閒莫要下山來。」文蔚。

朱子語類卷一三〇

因語荆公，陸子静云：「他當時不合於法度上理會。」語之云：「法度如何不理會？只是他所理會非三代法度耳。」下略。

朱子語類卷一三〇

問：「萬世之下，王臨川當作如何評品？」曰：「陸象山嘗記之矣，何待它人？」問：「莫只是學術錯否？」曰：「天資亦有拗强處。」曰：「若學術是底，此樣天資却更有力也。」曰：「然。」琮。

朱子語類卷一三五

文帝便是善人，武帝却有狂底氣象。陸子静省試策説武帝强文帝。其論雖偏，亦有此理。文帝資質雖美，然安於此而已。其曰「卑之無甚高論，令今可行」，題目只如此。先王之道，情願不要去做，只循循自守。武帝病痛固多，然天資高，志向大，足以有爲。使合下便得箇真儒輔佐，豈不大有可觀？惜乎無真儒輔佐，不能勝其多欲之私，做從那邊去了。下略。

朱子語類卷一三五

漢守高祖無功不侯之法甚嚴。武帝欲侯李廣利，亦作計，終破之。法制之不足恃，除得人方好。因論子静取武帝，曰「其英雄，乃其不好處，看人不可如此」。又謂：「文帝雖只此，然亦不是胸中無底。觀與賈誼夜半前席之事，則其論説甚多。誼蓋皆與帝背者，帝只是應將去。誼雖説得如『厝火薪下』之類如此之急，帝觀之亦未見如此。」又云：「彼自見得，當時之治，亦且得安静，不可撓。」揚。

朱子語類卷一三九

上略。又云：「劉季章近有書云，他近來看文字，覺得心平正。某答他，令更掉了這箇，虚心看文字。蓋他向來便是硬自執他説，而今又是將這一説來罩正身，未理會得在。大率江西人都是硬執他底横説，如王介甫、陸子静都只是横説。且如陸子静説文帝不如武帝，豈不是横説！」下略。

朱子語類卷一三九

因説伯恭所批文，曰：「文章流轉變化無窮，豈可限以如此？」某因説：「陸教授謂伯恭有箇文字腔子，才作文字時，便將來入箇腔子做，文字氣脉不長。」先生曰：「他便是眼高，見得破。」

朱子語類卷一四〇

今江西學者有兩種，有臨川來者，則漸染得陸子静之學；又一種自楊、謝來者，又不好。子静門猶有所謂「學」。不知窮年窮月做得那詩，要作何用？江西之詩，自山谷一變至楊廷秀，又再變，遂至於此。下略。

陸九淵

陸九淵（一一三九～一一九二），字子静，號象山，金谿（今屬江西）人。乾道八年（一一七二）進士。官至知荆門軍。紹熙三年卒，年五十四，謚文安。事跡見象山集卷三三象山先生行狀。宋史卷四三四有傳。

陸九淵集卷一與曾宅之節録

上略。孟子曰：「所不慮而知者，其良知也；所不學而能者，其良能也。」「此天之所與我者」，「我固有之，非由外鑠我也。」故曰：「萬物皆備於我矣，反身而誠，樂莫大焉。」此吾之本心也，所謂安宅、正路者，此也；所謂廣居、正位、大道者，此也。古人自得之，故有其實。言理則是實理，言事則是實事，德則實德，行則實行。吾與晦翁書，所謂「古人質實，不尚智巧，言論未詳，事實先著，知之爲知之，不知爲不知。所謂『先知覺後知，先覺覺後覺』者，以其事實覺其事實，故言即其事，事即其言，所謂『言顧行，行顧言』。周道之衰，文貌日勝，事實湮於意見，典訓蕪於辨説，揣量模寫之工，依倣假借之似，其條畫足以自信，其習熟足以自安。以子貢之達，又得夫子而師承之，尚不免此。『多學而識之』之見，非夫子叩之，彼固晏然而無疑。『先行』之訓，『予欲無言』之訓，所以覺之者屢矣，而終不悟。夫子既歿，其傳固在曾子，蓋可觀矣」。況其不工不似，不足以自信，不足以自安者乎？雖然，彼其工且似，足以自信，足以自安，則有終身不反之患，有不可救藥之勢。乃若未工未似，未足以自信，未足以自安，則舍其邪而歸其正，猶易爲力也。

陸九淵集卷一與胡季隨節録

辛丑之春，在南康見所與晦庵書，深服邁往。中略。來書所舉某與元晦論太極書，辭皆至理誠言，左右能撤私去蔽，當無疑於此矣。不然，今之爲欣厭者，皆其私也，豈可遽操以爲驗，稽以爲決哉？

陸九淵集卷一與趙監二節録

社倉事，自元晦建請，幾年于此矣，有司不復掛之牆壁，遠方至無知者。某在勑局時，因編寬恤詔令，得見此文，與同官咨歎者累日，遂編入廣賑恤門。今乃得執事發明之，此梭山兄所以樂就下風也。下略。

陸九淵集卷二與朱元晦

黄、易二生歸，奉正月十四日書，備承改歲動息，慰浣之劇。不得嗣問，倏又經時，日深馳鄉。聞已赴闕奏事，何日對敭？伏想大攄素藴，爲明主忠言，動悟淵衷，以幸天下。恨未得即聞緒餘，沃此傾渴。外間傳聞留中講讀，未知信否？誠得如此，豈勝慶幸！鄉人彭世昌得一山，在信之西境，距敝廬兩舍而近，實龍虎山之宗。巨陵特起，豗然如象，名曰象山。山間自爲原塢，良田清池，無異平野。山澗合爲瀑流，垂注數里。兩崖有蟠松怪石，却略偃蹇，中爲茂林。瓊瑤冰雪，傾倒激射，飛灑映帶於其間，春夏流壯，勢如奔雷。木石自爲階梯，可沿以觀。佳處與玉淵、卧龍未易優劣。往歲彭子結一廬以相延，某亦自爲精舍於其側。春間攜一姪二息，讀書其上。又得勝處爲方丈以居，前挹閩山，奇峰萬疊，後帶二溪，下赴彭蠡。學子亦稍稍結茅其傍，相從講習，此理爲之日明。舞雩詠歸，千載同樂。某昔年兩得侍教，康廬之集，加款於鵝湖，然猶鹵莽淺陋，未能成章，無以相發，甚自愧也。比日少進，甚思一侍函丈，當有啓助，以卒餘教。尚此未能，登高臨流，每用悵惘！往歲覽尊兄與梭山家兄書，嘗因南豐便人，僭易致區區，蒙復書許以卒請，不勝幸甚。古之聖賢，惟理是視，堯舜之聖，而詢於芻蕘，曾子之易簀，蓋得於執燭之童子。蒙九二曰：「納婦，吉。」苟當於理，雖婦人孺子之言所不棄也。孟子曰：「盡信書，不如無書。」「吾於武成取二三策而已矣。」或乖理致，雖出古書，不敢盡信也。智者千慮，或有一失，愚者千慮，或有一得，人言豈可忽哉？梭山兄謂：「太極圖說與通書不類，疑非周子所爲。不然，則或是其學未成時所作；不然，則或是傳他人之文，後人不辨也。蓋通書理性命章言中焉止矣。二氣五行，化生萬物，五殊二實，二本則一。曰一，曰中，即太極也，未嘗於其上加『無極』字。動靜章言五行、陰陽、太極，亦無『無極』之文。假令太極圖説是其所傳，或其少時所作，則作通書時不言『無極』，蓋已知其説之非矣。」此言殆未可忽也。兄謂梭山「急迫，看人文字未能盡彼之情，而欲遽申己意，是以輕於立論，徒爲多説，而未必果當於理」。大學曰：「無諸己而後非諸人。」人無古今、智愚、賢不肖，皆言也，皆文字也。觀兄與梭山之書，已不能酬斯言矣，尚何以責梭山哉？尊兄向與梭山書云：「不言無極，則太極同於一物，而不足爲萬化根本；不言太極，則無極淪於空寂，而不能爲萬化根本。」夫太極者，實有是理，聖人從而發明之耳，非以空言立論，使後人簸弄於頰舌紙筆之間也。其爲萬化根本固自素定，其足不足、能不能，豈以人言不言之故耶？易大傳曰：「易有太極。」聖人言有，今乃言無，何也？作大傳時不言無極，太極何嘗同於一物，而不足爲萬化根本耶？洪範五皇極，列在九疇之中，不言無極，太極亦何嘗同於一物，而不足爲萬化根本耶？太極固自若也，尊兄只管言來言去，轉加糊塗，此真所謂輕於立論，徒爲多説，而未必果當於理也。兄號句句而論、字字而議有年矣，宜益工益密，立言精確，足以悟疑辨惑，乃反疏脱如此，宜有以自反矣。後書又謂「無極即是無形，太極即是有理。周先生恐學者錯認太極别爲一物，故著『無極』二字以明之」。易之大傳曰「形而上者謂之道」，又曰「一陰一陽之謂道」，一陰一陽，已是形而上者，況太極乎？曉文義者舉知之矣。自有大傳，至今幾年，未聞有錯認太極别爲一物者。設有愚謬至此，奚啻不能以三隅反，何足上煩老先生特地於「太極」上加「無極」二字以曉之乎？且「極」字亦不可以「形」字釋之。蓋極者，中也，言無極則是猶言無中也，是奚可哉？若懼學者泥於形器而申釋之，則宜如詩言「上天之載」，而於下贊之曰「無聲無臭」可也，豈宜以「無極」字加於「太極」之上？朱子發謂濂溪得太極圖於穆伯長，伯長之傳出於陳希夷，其必有考。希夷之學，老氏之學也。「無極」二字，出於老子知其雄章，吾聖人之書所無有也。老子首章言「無名天地之始，有名萬物之母」，而卒同之，此老氏宗旨也。「無極而太極」，即是此旨。老氏學之不正，見理不明，所蔽在此。兄於此學用力之深，爲日之久，曾此之不能辨，何也？通書「中焉止矣」之言，與此昭然不類，而兄曾不之察，何也？太極圖說以「無極」二字冠首，而通書終篇未嘗一及「無極」字。二程言論文字至多，亦未嘗一及「無極」字。假令其初實有是圖，觀其後來未嘗一及「無極」字，可見其道之進，而不自以爲是也。兄今考訂注釋，表顯尊信，如此其至，恐未得爲善祖述者也。潘清逸詩文可見矣，彼豈能知濂溪者？明道、伊川親師承濂溪，當時名賢居潘右者亦復不少，濂溪之誌，卒屬於潘，可見其子孫之不能世其學也。兄何據之篤乎？梭山兄之言恐未宜忽也。孟子與墨者夷之辯，則據其「愛無等差」之言；與許行辯，則據其「與民並耕」之言；與告子辯，則據其「義外」與「人性無分於善不善」之言，未嘗泛爲料度之說。兄之論辯則異於是。如某今者所論，則皆據尊兄書中要語，不敢增損。或稍用尊兄泛辭以相繩糾者，亦差有證據，抑所謂「夫民，今而後得反之也」。兄書令梭山「寬心游意，反覆二家之言，必使於其所説如出於吾之所爲者而無纖芥之疑，然後可以發言立論，而斷其可否，則其爲辯也不煩，而理之所在無不得矣」。彼方深疑其説之非，則又安能使之如出於其所爲者而無纖芥之疑哉？若其如出於吾之所爲者而無纖芥之疑，則無不可矣，尚何論之可立、否之可斷哉？兄之此言，無乃亦少傷於急迫而未精耶？兄又謂：「一以急迫之意求之，則於察理已不能精，而於彼之情又不詳盡，則徒爲紛紛，雖欲不差，不可得矣。」殆夫子自道也。向在南康，論兄所解「告子不得於言，勿求於心」一章非是，兄令某平心觀之。某嘗答曰：「甲與乙辯，方各是其説，甲則曰願某乙平心也，乙亦曰願某甲平心也，平心之説，恐難明白，不若據事論理可也。」今此「急迫」之説，「寬心游意」之説，正相類耳。論事理，不必以此等壓之，然後可明也。梭山氣稟寬緩，觀書未嘗草草，必優游諷詠，耐久紬繹。今以急迫指之，雖他人亦未喻也。夫辨是非，別邪正，決疑似，固貴於峻潔明白，若乃料度、羅織、文致之辭，願兄無易之也。梭山兄所以不復致辯者，蓋以兄執己之意甚固，而視人之言甚忽，求勝不求益也，某則以爲不然。尊兄平日惓惓於朋友，求箴規切磨之益，蓋亦甚至。獨羣雌孤雄，人非惟不敢以忠言進於左右，亦未有能爲忠言者。言論之横出，其勢然耳。向來相聚，每以不能副兄所期爲愧。比者自謂少進，方將圖合并而承教。今兄爲時所用，進退殊路，合并未可期也。又蒙許其吐露，輒寓此少見區區，尊意不以爲然，幸不憚下教。政遠，惟爲國保愛，倚需柄用，以澤天下。

陸九淵集卷二與朱元晦二

伏自夏中拜書，尋聞得對，方深贊喜。冒疾遽興，重爲駭歎。賢者進退，綽綽有裕，所甚惜者，爲世道耳。承還里第，屢欲致書，每以冗奪，徒積傾馳。江德功人至，奉十一月八日書，備承作止之詳，慰浣良劇。比閱邸報，竊知召命不容辭免，莫須更一出否？吾人進退，自有大義，豈直避嫌畏譏而已哉。前日面對，必不止於職守所及，恨不得與聞至言，後便儻可垂教否？前書條析所見，正以疇昔負兄所期，比日少進，方圖自贖耳。來書誨之諄複，不勝幸甚。愚心有所未安，義當展盡，不容但已，亦尊兄教之之本意也。近浙間一後生貽書見規，以爲吾二人者所習各已成熟，終不能以相爲，莫若置之勿論，以俟天下後世之自擇。鄙哉言乎！此輩凡陋，沉溺俗學，悖戾如此，亦可憐也。人能弘道，非道弘人。此理在宇宙間，固不以人之明不明、行不行而加損。然人之爲人，則抑有其職矣。垂象而覆物，天之職也。成形而載物者，地之職也。裁成天地之道，輔相天地之宜，以左右民者，人君之職也。孟子曰：「幼而學之，壯而欲行之。」所謂行之者，行其所學以格君心之非，引其君於當道，與其君論道經邦，燮理陰陽，使斯道達乎天下也。所謂學之者，從師親友，讀書考古，學問思辨，以明此道也。故少而學道，壯而行道者，士君子之職也。吾人皆無常師，周旋於羣言淆亂之中，俯仰參求，雖自謂其理已明，安知非私見蔽説？若雷同相從，一唱百和，莫知其非，此所甚可懼也。何幸而有相疑不合，在同志之間，正宜各盡所懷，力相切磋，期歸於一是之地。大舜之所以爲大者，善與人同，樂取諸人以爲善，聞一善言，見一善行，若決江河，沛然莫之能禦。吾人之志，當何求哉？惟其是已矣。疇昔明言善議，拳拳服膺而勿失，樂與天下共之者，以爲是也。今一旦以切磋而知其非，則棄前日之所習，勢當如出陷穽，如避荆棘，惟新之念，若決江河，是得所欲而遂其志也。此豈小智之私，鄙陋之習，榮勝耻負者所能知哉？弗明弗措，古有明訓，敢悉布之。尊兄平日論文，甚取曾南豐之嚴健。南康爲别前一夕，讀尊兄之文，見其得意者，必簡健有力，每切敬服。嘗謂尊兄才力如此，故所取亦如此。今閲來書，但見文辭繳繞，氣象褊迫，其致辨處，類皆遷就牽合，甚費分疏，終不明白，無乃爲「無極」所累，反困其才耶？不然，以尊兄之高明，自視其説亦當如白黑之易辨矣。尊兄當曉陳同父云：「欲賢者百尺竿頭，進取一步，將來不作三代以下人物，省得氣力爲漢唐分疏，即更脱灑磊落。」今亦欲得尊兄進取一步，莫作孟子以下學術，省得氣力爲「無極」二字分疏，亦更脱灑磊落。古人質實，不尚智巧，言論未詳，事實先著，知之爲知之，不知爲不知。所謂「先知覺後知，先覺覺後覺」者，以其事實覺其事實，故言即其事，事即其言，所謂「言顧行，行顧言」。周道之衰，文貌日勝，事實湮於意見，典訓蕪於辨説，揣量模寫之工，依放假借之似，其條畫足以自信，其習熟足以自安。以子貢之達，又得夫子而師承之，尚不免此。「多學而識之」之見，非夫子叩之，彼固晏然而無疑。「先行」之訓，「予欲無言」之訓，所以覺之者屢矣，而終不悟。顔子既没，其傳固在曾子，蓋可觀已。尊兄之才，未知其與子貢如何？今日之病，則有深於子貢者。尊兄誠能深知此病，則來書七條之説，當不待條析而自解矣。然相去數百里，脱或未能自克，淹回舊習，則不能無遺恨，請卒條之。

來書本是主張「無極」二字，而以明理爲説，其要則曰：「於此有以灼然實見太極之真體。」某竊謂尊兄未曾實見太極，若實見太極，上面必不更加「無極」字，下面必不更著「真體」字。上面加「無極」字，正是疊床上之床，下面著「真體」字，正是架屋下之屋。虚見之與實見，其言固自不同也。又謂：「極者，正以其究竟至極，無名可名，故特謂之太極，猶曰舉天下之至極，無以加此云耳。」就令如此，又何必更於上面加「無極」字也？若謂欲言其無方所、無形狀，則前書固言，宜如詩言「上天之載」，而於其下贊之曰「無聲無臭」可也，豈宜以「無極」字加之太極之上？繫辭言「神無方矣」，豈可言無神？言「易無體矣」，豈可言無易？老氏以無爲天地之始，以有爲萬物之母，以常無觀妙，以常有觀竅，直將「無」字搭在上面，正是老氏之學，豈可諱也？惟其所蔽在此，故其流爲任術數，爲無忌憚。此理乃宇宙之所固有，豈可言無？若以爲無，則君不君、臣不臣、父不父、子不子矣。楊朱未遽無君，而孟子以爲無君，墨翟未遽無父，而孟子以爲無父，此其所以爲知言也。極亦此理也，中亦此理也，五居九疇之中而曰皇極，豈非以其中而命之乎？民受天地之中以生，而詩言「立我烝民，莫匪爾極」，豈非以其中命之乎？中庸曰：「中也者，天下之大本也，和也者，天下之達道也，致中和，天地位焉，萬物育焉。」此理至矣，外此豈更復有太極哉？以「極」爲「中」則爲不明理，以「極」爲「形」乃爲明理乎？字義固有一字而數義者，用字則有專一義者，有兼數義者，而字之指歸，又有虛實，虛字則但當論字義，實字則當論所指之實。論其所指之實，則有非字義所能拘者。如「元」字有「始」義，有「長」義，有「大」義。坤五之元吉，屯之元亨，則是虛字，專爲「大」義，不可復以他義參之。如乾元之「元」，則是實字。論其所指之實，則文言所謂善，所謂仁，皆元也，亦豈可以字義拘之哉？「極」字亦如此，太極、皇極，乃是實字，所指之實，豈容有二。充塞宇宙，無非此理，豈容以字義拘之乎？中即至理，何嘗不兼至義？大學、文言皆言「知至」，所謂至者，即此理也。語讀易者曰能知太極，即是知至；語讀洪範者曰能知皇極，即是知至，夫豈不可？蓋同指此理，則曰極、曰中、曰至，其實一也。「一極備凶，一極無凶」，此兩「極」字，乃是虛字，專爲至義。却使得「極者，至極而已」，於此用「而已」字，方用得當。尊兄最號爲精通詁訓文義者，何爲尚惑於此，無乃理有未明，正以太泥而反失之乎？至如直以陰陽爲形器而不得爲道，此尤不敢聞命。易之爲道，一陰一陽而已，先後、始終、動静、晦明、上下、進退、往來、闔闢、盈虚、消長、尊卑、貴賤、表裏、隱顯、向背、順逆、存亡、得喪、出入、行藏，何適而非一陰一陽哉？奇偶相尋，變化無窮，故曰：「其爲道也屢遷，變動不居，周流六虚，上下無常，剛柔相易，不可爲典要，惟變所適。」説卦曰：「觀變於陰陽而立卦，發揮於剛柔而生爻，和順於道德而理於義，窮理盡性以至於命。」又曰：「昔者，聖人之作易也，將以順性命之理。是以立天之道，曰陰與陽；立地之道，曰柔與剛；立人之道，曰仁與義。」下繫亦曰：「易之爲書也，廣大悉備，有天道焉，有人道焉，有地道焉。兼三才而兩之，故六六者非他也，三才之道也。」今顧以陰陽爲非道而直謂之形器，其孰爲昧於道器之分哉？辯難有要領，言辭有指歸。爲辯而失要領，觀言而迷指歸，皆不明也。前書之辯，其要領在「無極」二字。尊兄確意主張，曲爲飾説，既以無形釋之，又謂「周子恐學者錯認太極别爲一物，故著『無極』二字以明之」。某於此見得尊兄只是强説來由，恐無是事。故前書舉大傳「一陰一陽之謂道」、「形而上者謂之道」兩句，以見粗識文義者，亦知一陰一陽即是形而上者，必不至錯認太極别爲一物，故曰「况太極乎」？此其指歸，本自明白，而兄曾不之察，乃必見誣以道上别有一物爲太極。通書曰：「中者，和也，中節也，天下之達道也，聖人之事也。故聖人立教，俾人自易其惡，自至其中而止矣。」周子之言中如此，亦不輕矣，外此豈更别有道理，乃不得比虚字乎？所舉理性命章五句，但欲見通書言「中」言「一」而不言「無極」耳。「中焉止矣」一句，不妨自是斷章，兄必見誣以屬之下文。兄之爲辯，失其指歸，大率類此。「盡信書，不如無書」，某實深信孟子之言。前書釋此段，亦多援據古書，獨頗不信「無極」之説耳。兄遽坐以直絀古書爲不足信，兄其深文矣哉！大傳、洪範、毛詩、周禮與太極圖説孰古，以極爲「形」而謂不得爲「中」，以一陰一陽爲「器」而謂不得爲「道」，此無乃少絀古書爲不足信，而微任胸臆之所裁乎？來書謂「若論『無極』二字，乃是周子灼見道體，迥出常情，不顧傍人是非，不計自己得失，勇往直前，説出人不敢説底道理」。又謂「周子所以謂之無極，正以其無方所、無形狀」。誠令如此，不知人有甚不敢道處，但加之太極之上，則吾聖門正不肯如此道耳。夫乾確然示人易矣，夫坤隤然示人簡矣，太極亦曷嘗隱於人哉？尊兄兩下説無説有，不知漏洩得多少。如所謂「太極真體不傳之秘」，「無物之前」，「陰陽之外」，「不屬有無」，「不落方體」，「迥出常情」，「超出方外」等語，莫是曾學禪宗所得如此。平時既私其説以自高妙，及教學者，則又往往秘此而多説文義，此漏洩之説所從出也。以實論之，兩頭都無著實，彼此只是葛藤末説。氣質不美者樂寄此以神其姦，不知繫絆多少好氣質底學者。既以病己，又以病人，殆非一言一行之過，兄其毋以久習於此而重自反也。區區之忠，竭盡如此，流俗無知，必謂不遜。書曰：「有言逆於汝心，必求諸道。」諒在高明，正所樂聞，若猶有疑，願不憚下教。政遠，惟爲國自愛。

案：宋史卷四三四陸九淵傳：「初，九淵嘗與朱熹會鵝湖，論辨所學多不合。及熹守南康，九淵訪之。熹與至白鹿洞，九淵爲講君子小人喻義利一章，聽者至有泣下，熹以爲切中學者隱微深痼之病。至于『無極而太極』之辨，則貽書往來論難不置焉。」

陸九淵集卷二與朱元晦三

往歲經筵之除，士類胥慶，延跂以俟吾道之行，乃復不究起賢之禮，使人重爲慨歎！新天子即位，海内屬目，然罷行陞黜，率多人情之所未諭者，羣小騈肩而騁，氣息怫然，諒不能不重勤長者憂國之懷。某五月晦日拜荊門之命，命下之日，實三月二十八日，替黄元章闕，尚三年半，願有以教之。首春借兵之還，伏領賜報，備承改歲動息，慰沃之劇。惟其不度，稍獻愚忠，未蒙省察，反成唐突，謙抑非情，督過深矣，不勝皇恐。向蒙尊兄促其條析，且有「無若令兄遽斷來書」之戒，深以爲幸。別紙所謂：「『我日斯邁，而月斯征』，各尊所聞，各行所知，亦可矣，無復望其必同也。」不謂尊兄遽作此語，甚非所望。「君子之過也，如日月之食焉，過也，人皆見之，及其更也，人皆仰之。」通人之過，雖微箴藥，久當自悟，諒今尊兄必涣然於此矣。願依末光，以卒餘教。

陸九淵集卷六與包顯道二

得曹立之書云：「晦庵報渠云：『包顯道猶有讀書親師友是充塞仁義之説。』註云：『乃楊丞在南豐親聞其語。』」故晦庵與某書亦云：「包顯道尚持初説，深所未喻。」某答書云：「此公平時好立虚論，須相聚時稍減其性，近却不曾通書，不知今如何也？」來書云：「叩楊丞所學，只是躬行踐履，讀聖賢書，如此而已。」觀「如此而已」之辭，則立之所報殆不妄矣。不知既能躬行踐履，讀聖賢書，又有甚不得處？今顯道之學，可謂奇怪矣。

陸九淵集卷七與句熙載節録

初聞臺評相及，固已怪駭，然其餘二三人，又頗當人心，亟欲一見全文，已覈厥旨。及得而觀之，亦良可笑。如論吴洪、王恕，人亦孰以爲非。然吴洪章中，乃爲唐仲友雪屈，波及朱元晦，謂「以洪醖釀，竟成大獄，致仲友以曖昧去，議者寃之」，此尤可笑。吾人所安者義理，義理所在，雖刀鋸鼎鑊，有所不避，豈與患得患失之人同其欣戚於一陞黜之間哉？顧所深念者，道之消長，治亂攸分，羣徒比周，至理鬱塞，遏絶齊語，楚咻盈庭，聚蚊成雷，明主孤矣。雖然，他山之石，可以攻玉，今之賢者亦加少爲多，臨深爲高耳。揆之古人，豈能無愧？息肩王事，一意自省，尚友方册，勉所未至，則悠悠者蓋有負於國，有負於民，有負於公道，而獨無負是於我矣。下略。

陸九淵集卷七與朱元晦

敕局見編類隆興以來寬恤詔令，書鄉成矣。去留之間，亦可致力建請，蕪纇多所删削，詔旨則直録之。著令縱有未安，非被旨不得修。惟諸處申陳疑似，必下本所，或有不便，乃可修改。局中同官皆可人，機仲尤相向。元善以殊局，近少得相欵。謙仲屹然特立如故，若向上事，要亦難責。比一再見，以座客多，魚鱗而至，未得達尊意，俟從容當致之也。淳叟事，此中初傳，殊駭人聽，徐覈其實，乃知多小人傅會之辭。要之後生客氣如此，足見無學力也。近見剡章全用金谿三胥之詞，尤可笑。彭仲剛子復者，永嘉人，爲國子監丞，近亦遭論。此人性質不至淳美，然亦願自附於君子。往歲求言詔下，越次上封，言時事甚衆，其辨天台事尤力，自此已有睥睨之者矣。近者省場檢點試卷官以主張道學，其去取與蔣正言違異，又重得罪。此人不足計，但風旨如此，而隱憂者少，重爲朝廷惜耳。某對班或尚在冬間，未知能得此對否？亦當居易以俟命耳。立之墓表亦好，但敘履歷，亦有未得實處。某往時與立之一書，其間敍述立之平生甚詳，自謂真實録，未知尊兄曾及見否？顯道雖已到劉家，渠處必有此本，不然後便録去。近得家書，姪輩竟未能詣前，可謂不勇矣。明越諸公無在此者，敬仲夏間必來赴官，舒元賓亦當赴江西漕掾，其弟元英與諸葛誠之欲因此時過此相聚，尚未見來。吕子約與誠之，近與舒元英相欵，稍破其執己自是之意。此皆據各人自謂如此，未知果如何也？元英諸公間號爲日進，能孚於人者，向亦曾造函丈，曾記憶否？令嗣伯仲，令壻直卿，爲學日進，近更有得力者否？薄遽遺此，未究所欲言。

陸九淵集卷七與陳倅 節録

秋初供職，人事衮衮，殊無暇日。平日踈懶成性，投之應酬之中，良乖所好。通訊之書，曠弛不講，亦惟高明不以是督過之。朱元晦在浙東，大節殊偉，劾唐與正一事，尤大快衆人之心。百姓甚惜其去，雖士大夫議論中間不免紛紜，今其是非已漸明白。江東之命，出於九重特達，於羣疑之中，聖鑒昭然，此尤可喜。元晦雖有毁車殺馬之説，然勢恐不容不一出也。下略。

陸九淵集卷八與陳教授二節録

上略。向來社倉，趙丈欲行之，移文郡縣，揭示衢要，累月無應之者。趙丈往往以詢所善，或告之以此事全在得人，苟非其人，不如勿爲之愈。建寧社倉，始於朱元晦、魏元履。今誠得如陸梭山爲之，乃可久耳。趙丈就令詢家兄之意，尋即遣人致書家兄，報書許之。下略。

陸九淵集卷九與林叔虎節録

上略。與晦翁往復書，因得發明其平生學問之病，近得盡朋友之義，遠則破後學之疑，爲後世之益。若夫志卑識闇，居斯世爲斯世之徒，固不足以論此。長沙胡季隨，乃五峰之幼子，師事張南軒，又妻其女。南軒没後，又講學於晦翁之門，亦嘗至臨安相聚。此人操行甚謹慤，志學亦甚篤，但學不得其方，大困而不知反。去年亦有書來此，今録所答渠書併所復陳漕君舉書往。世固有甘心爲小人者，此無可言也。有不肯爲小人而甘爲常人者，又未足言也。有不肯爲常人，而墮於流俗中力不能自拔，又無賢師友提掖之，此可念也。又有非其力不能自拔，其所爲往往不類流俗，堅篤精勤，無須臾閒暇。又有徒黨傳習，日不暇給，又其書汗牛充棟，而迷惑浸溺，沈痼纏綿，有甚於甘心爲小人、甘心爲常人者。此豈不重可憐哉？上古聖賢先知此道，以此道覺此民。後世學絕道喪，邪説蜂起，熟爛以至今日，斯民無所歸命。士人憑私臆決，大抵可憐矣。而號稱學者，又復如此，道何由而明哉？復晦翁第二書，多是提此學之綱，非獨爲辨無極之説而已，可更熟復之。

陸九淵集卷一〇與邵叔誼 節録

上略。得元晦書，其蔽殊未解，然其辭氣窘束，或恐可療也。某復書又加明暢，併録往，幸精觀之。

陸九淵集卷一一與王順伯二 節録

上略。向來伯兄因與尊兄論及監司之職，見尊兄説「不應求事，但當因其至前而處之」，退甚不悦，以爲如此作監司，民亦何賴！某亦嘗稍辨之，然衆咸謂未免俗。元晦又謂尊兄壞人已成之功，以奉執政，此乃復書，未及與辨。以某觀之，尊兄天資極有過人處，而大志不立，未免同乎污世，合乎流俗，獨其質剛而内明，故有從善服義之長。中略。近福建一士人在此，因言其鄉人事行，某屢折之。其人始力辨之，而終屈服。今其人於吾道，雖未甚有得，而決其相從之意者，實在此也。人亦晦翁處學者。下略。

陸九淵集卷一三與郭邦逸

專介奉書，細視緘題，如揖盛德，亟發讀之，慰浣良劇，教以大對一本，尤深降歎。鑿鑿精實，非泛泛場屋之文也。君子義以爲質，得義則重，失義則輕，由義爲榮，背義爲辱。輕重榮辱，惟義與否，科甲名位，何加損於我，豈足言哉？吾人所學固如此，然世俗之所謂榮辱輕重者，則異於是。薰染其間，小有不辨，則此義爲不精矣。當使日著日察，炯然不可渾亂，則善矣。垂示晦翁問答，良所未喻。聖人與我同類，此心此理，誰能異之？孟子曰：「人皆可以爲堯舜。」又曰：「至於心，獨無所同然乎？」又曰：「人之有是四端，而自謂不能者，自賊者也；謂其君不能者，賊其君者也。」今謂人不能，非賊其人乎？居仁由義，大人之事備矣。吾身不能居仁由義，則謂之自棄。聖人於此理，不勉而中，不思而得。賢如顏子，猶未至於不思不勉，曰「三月不違」，則猶有時而違也。曰「有不善未嘗不知，知之未嘗復行」，則言其不遠而復也。然則雖未至於不思不勉，而思勉之工益微矣。氣稟益下，其工益勞，此聖人、賢人、衆人之辨也。語曰：「顏子三月不違仁，其餘則日月至焉而已矣。」日月至，三月不違，與至誠無息則有間矣。若其所至、所不違、所無息者，豈容有二理哉？古人惟見得此理，故曰：「予何人也，舜何人也，有爲者亦若是。」「道也者，不可須臾離也，可離非道也。是故君子戒慎乎其所不覩，恐懼乎其所不聞。」學者必已聞道，然後知其不可須臾離也，知其不可須臾離，然後能戒謹不覩，恐懼不聞。元晦好理會文義，「是故」二字也不曾理會得，不知指何爲聖賢地位，又如何爲留意。此等語皆是胸襟不明，故撰得如此意見，非唯自惑，亦且惑人。中略。近有復元晦書，録往一觀，及有史評一首，又有書二本，宜章學、王文公祠二記併録呈。得暇精觀之，亦可見統紀也。

陸九淵集卷一三與羅春伯

適聞晉貳奉常，鄉于柄用，深爲吾道慶。大蠹之去，四方屬目，惟新之政，藐未有所聞。鄉來相聚，不爲不久，不能有以相發，每用自愧，屬閲來示，尤爲惕然。宇宙無際，天地開闢，本只一家。往聖之生，地之相去千有餘里，世之相後千有餘歲，得志行乎中國，若合符節，蓋一家也。來書乃謂「自家屋裏人」，不亦陋乎？來書言朱、林之事，謂「自家屋裏人，自相矛盾」，不知孰爲他家？古人但問是非邪正，不問自家他家。君子之心未嘗不欲其去非而就是，捨邪而適正，至其怙終不悛，則當爲夬之上六矣。舜於四凶，孔子於少正卯，亦治其家人耳。妄分儔黨，反使玉石俱焚，此乃學不知至，自用其私者之通病，非直一人之過，一言之失也。近見臺端逐林之辭，亦重嘆其陋。群兒聚戲，雜以猥狡，尚何所望？非國之福，恐在此而不在彼也。

陸九淵集卷一三與鄭溥之節録

上略。臘月得元晦復論太極圖説書，尋以一書復之，今併往。此老才氣英特，平生志尚不役於利欲，當今誠難其輩。第其講學之差，蔽而不解，甚可念也。士論方伸，誠得此老大進此學，豈不可慶？下略。

陸九淵集卷一三與朱元晦

朝廷以旱暵之故，復屈長者以使節，儻肯俯就，江西之民，一何幸也！冬初許氏子來，始得五月八日書，且聞令小娘竟不起，諒惟傷悼。前月來又得五月二日書，開慰之劇。某不肖，禍釁之深。仲兄子儀，中夏一疾不起，前月末甫得襄事。七月末，喪一幼穉，三歲，乃擬爲先教授兄後者。比又喪一姪孫女。姪婿張輔之抱病累月，亦以先兄襄事之後長往。痛哉！禍故重仍，未有甚於此者。觸緒悲摧，殆所不堪。某舊有血疾，二三年寖劇，近又轉而成痔，良以爲苦，數日方少瘳矣。傅子淵前月到此間，聞其舉動言論，類多狂肆。渠自云：「聞某之歸，此病頓瘳。」比至此，亦不甚得切磋之。渠自謂刊落益至，友朋視之，亦謂其然。其長子自一二年來，鄉人皆稱其敦篤循理，過於子淵。子淵亦甚譽其子。比日不知何疾，一夕奄然而逝。劉定夫氣稟屈强恣睢，朋儕鮮比，比來退然，方知自訟。大抵學者病痛，須得其實，徒以臆想，稱引先訓，文致其罪，斯人必不心服。縱其不能辯白，勢力不相當，强勉誣服，亦何益之有？豈其無益，亦以害之，則有之矣。

陸九淵集卷一三與朱元晦二

外臺之除，豈所以處耆德，殆新政起賢之兆耳。當今肺石，平時亦有物望，不應徒呼唱於内庭外衢而已，豈抑自此有意推賢耶？金陵虎踞江上，中原在目。朝廷不忘春秋之義，固當自此發跡。今得大賢，暫將使旨，則軺車何啻九鼎？中外倚重，當增高衡霍，斯人瞻仰，爲之一新矣。竊料辭免之章，必未俞允。願尊兄勉致醫藥，俯慰輿情。縱筋力未强，但力疾臥護，則精神折衝者，亦不細矣。若乃江東吏民，善良有養，奸惡知畏，而行縣之餘，或能檢校山房，一顧泉石，此尤區區之私願也。王順伯在淮間，宣力甚勤，然不能無莫助之患。倘得長者一照映之，爲益又不細矣。

陸九淵集卷一五與陶贊仲節録

上略。太極圖説，乃梭山兄辨其是非，大抵言「無極而太極」是老氏之學，與周子通書不類。通書中言太極不言無極，易大傳亦只言太極不言無極。若於太極上加「無極」二字，乃是蔽於老氏之學。又其圖説本見於朱子發附録。朱子發明言陳希夷太極圖傳在周茂叔，遂以傳二程，則其來歷爲老氏之學明矣。周子通書與二程言論，絶不見「無極」二字，以此知三公蓋已皆知「無極」之説爲非矣。梭山曾與晦翁面言，繼又以書言之，晦翁大不謂然。某素是梭山之説，以梭山謂晦翁好勝，不肯與辯，某以爲人之所見偶有未通處，其説固以己爲是，以他人爲非耳，當與之辯白，未可便以好勝絶之，遂尾其説，以與晦翁辯白，有兩書甚詳，曾見之否？以晦翁之高明，猶不能無蔽，道聽塗説之人，亦何足與言此哉？下略。

陸九淵集卷一五與陶贊仲二

荆公祠堂記、與元晦三書併往，可精觀熟讀。此數文皆明道之文，非止一時辯論之文也。元晦書偶無本在此，要亦不必看，若看亦無理會處。吾文條析甚明，所舉晦翁書辭皆寫其全文，不增損一字。看晦翁書，但見糊塗，没理會。觀吾書，坦然明白。吾所明之理，乃天下之正理、實理、常理、公理，所謂「本諸身，證諸庶民，考諸三王而不謬，建諸天地而不悖，質諸鬼神而無疑，百世以俟聖人而不惑者也」。學者正要窮此理，明此理。今之言窮理者皆凡庸之人，不遇真實師友，妄以異端邪説更相欺誑，非獨欺人誑人，亦自欺自誑，謂之謬妄，謂之蒙闇，何理之明，何理之窮哉？下略。

陸九淵集卷一五與唐司法

鄙文納去數篇，第今時人偏黨甚衆，未必樂聽斯言。總卿從朱丈遊，尤不願聞者。今時師匠尚不肯受言，何況其徒苟私門户者。學者求理，當唯理之是從，豈可苟私門户！理乃天下之公理，心乃天下之同心，聖賢之所以爲聖賢者，不容私而已。顔曾傳夫子之道，不私孔子之門户，孔子亦無私門户與人爲私商也。薄遽占復，草草。

陸九淵集卷二三白鹿洞書院論語講義

某雖少服父兄師友之訓，不敢自棄，而頑鈍疏拙，學不加進，每懷愧惕，恐卒負其初心。方將求鍼砭鐫磨於四方師友，冀獲開發以免罪戾。比來得從郡侯秘書至白鹿書堂，羣賢畢集，瞻覩盛觀，竊自慶幸。秘書先生、教授先生不察其愚，令登講席，以吐所聞。顧惟庸虚，何敢當此！辭避再三，不得所請，取論語中一章，陳平生之所感，以應嘉命，亦幸有以教之。

子曰：「君子喻於義，小人喻於利。」

此章以義利判君子小人，辭旨曉白，然讀之者苟不切己觀省，亦恐未能有益也。某平日讀此，不無所感：竊謂學者於此，當辨其志。人之所喻由其所習，所習由其所志。志乎義，則所習者必在於義，所習在義，斯喻於義矣。志乎利，則所習者必在於利，所習在利，斯喻於利矣。故學者之志不可不辨也。

科舉取士久矣，名儒鉅公皆由此出。今爲士者固不能免此。然場屋之得失，顧其技與有司好惡如何耳，非所以爲君子小人之辨也。而今世以此相尚，使汩没於此而不能自拔，則終日從事者，雖曰聖賢之書，而要其志之所鄉，則有與聖賢背而馳者矣。推而上之，則又惟官資崇卑、禄廩厚薄是計，豈能悉心力於國事民隱，以無負於任使之者哉？從事其間，更歷之多，講習之熟，安得不有所喻？顧恐不在於義耳。誠能深思是身，不可使之爲小人之歸，其於利欲之習，怛焉爲之痛心疾首，專志乎義而日勉焉，博學審問，慎思明辨而篤行之。由是而進於場屋，其文必皆道其平日之學、胸中之藴，而不詭於聖人。由是而仕，必皆共其職，勤其事，心乎國，心乎民，而不爲身計。其得不謂之君子乎？

秘書先生起廢以新斯堂，其意篤矣。凡至斯堂者，必不殊志。願與諸君勉之，以毋負其志。

淳熙辛丑春二月，陸兄子静來自金谿，其徒朱克家、陸麟之、周清叟、熊鑑、路謙亨、胥訓實從。十日丁亥，熹率寮友諸生，與俱至於白鹿書院，請得一言以警學者。子静既不鄙而惠許之。至其所以發明敷暢，則又懇到明白，而皆有以切中學者隱微深痼之病，蓋聽者莫不悚然動心焉。熹猶懼其久而或忘之也，復請子静筆之於簡，受而藏之。凡我同志，於此反身而深察之，則庶乎其可不迷于入德之方矣。新安朱熹識。

陸九淵集卷二五鵝湖和教授兄韻

墟墓興哀宗廟欽，斯人千古不磨心。涓流積至滄溟水，拳石崇成泰華岑。易簡工夫終久大，支離事業竟浮沈。欲知自下升高處，真僞先須辨只今。

陸九淵集卷三四語録上

先生與晦翁辯論，或諫其不必辯者。先生曰：「汝曾知否？建安亦無朱晦翁，青田亦無陸子静。」

陸九淵集卷三四語録上

朱元晦曾作書與學者云：「陸子静專以尊德性誨人，故游其門者多踐履之士，然於道問學處欠了。某教人豈不是道問學處多了些子？故游某之門者踐履多不及之。」觀此，則是元晦欲去兩短，合兩長。然吾以爲不可，既不知尊德性，焉有所謂道問學？

陸九淵集卷三四語録上

一學者自晦翁處來，其拜跪語言頗怪。每日出齋，此學者必有陳論，應之亦無他語。至四日，此學者所言已罄，力請誨語。答曰：「吾亦未暇詳論。然此間大綱，有一箇規模説與人。今世人淺之爲聲色臭味，進之爲富貴利達，又進之爲文章技藝。又有一般人都不理會，却談學問。吾總以一言斷之，曰『勝心』。」此學者默然，後數日，其舉動言語頗復常。

陸九淵集卷三四語録上

元晦似伊川，欽夫似明道。伊川蔽固深，明道却通疏。

陸九淵集卷三四語録上

一夕步月，喟然而歎。包敏道侍，問曰：「先生何歎？」曰：「朱元晦泰山喬嶽，可惜學不見道，枉費精神，遂自擔閣，奈何？」包曰：「勢既如此，莫若各自著書，以待天下後世之自擇。」忽正色厲聲曰：「敏道！敏道！恁地没長進，乃作這般見解。且道天地間有個朱元晦、陸子静，便添得些子？無了後，便減得些子？」

陸九淵集卷三四語録上

或謂先生之學，是道德、性命，形而上者；晦翁之學，是名物、度數，形而下者。學者當兼二先生之學。先生云：「足下如此説晦翁，晦翁未伏。晦翁之學，自謂一貫，但其見道不明，終不足以一貫耳。吾嘗與晦翁書云：『揣量模寫之工，依倣假借之似，其條畫足以自信，其節目足以自安。』此言切中晦翁之膏肓。」

陸九淵集卷三四語録上

先生於門人最屬意者唯傅子淵。初子淵請教先生，有艮背、行庭、無我、無物之説。後子淵謂："某舊登南軒、晦翁之門，爲二説所礙，十年不可先生之説。及分教衡陽三年，乃始信。"先生屢稱子淵之賢，因言："比陳君舉自湖南漕臺遺書幣下問，來書云：『某老矣，不復見諸事功，但欲結果身分耳。』"先生略舉答書，因説："近得子淵與君舉書煞好，若子淵切磋不已，君舉當有可望也。但子淵書中有兩句云：『是則全掩其非，非則全掩其是。』亦爲抹出。"後聞先生臨終前數日，有自衡陽來呈子淵與周益公論道五書，先生手不釋，歎曰："子淵擒龍打鳳底手段。"

陸九淵集卷三四語録上

先生言：胡季隨從學晦翁，晦翁使讀孟子。他日問季隨如何解"至於心獨無所同然乎"一句，季隨以所見解，晦翁以爲非，且謂季隨讀書鹵莽不思。後季隨思之既苦，因以致疾。晦翁乃言之曰："然讀如『雍之言然』之『然』，對上同聽、同美、同嗜説。"先生因笑曰："只是如此，何不早説與他。"

陸九淵集卷三四語録上

先生言："重華論『莊子不及老子者三，孟子不及孔子三，其一，不合以人比禽獸』。晦翁亦有此論。」松曰：「孟子言：『人之所以異於禽獸者幾希。』惟恐人之入於禽獸。『是禽獸也』，爲其無君父也。『則其違禽獸不遠矣』，爲其夜氣不足以存也。晦翁但在氣象上理會，此其所以錙銖聖人之言，往往皆不可得而同也。」先生曰：「使堯、舜、禹、湯、文、武、周公、孔子七八聖人，合堂同席而居，其氣象豈能盡同？我這裏也説氣象，但不是就外面説，乃曰：陰陽一大氣，乾坤一大象。」因説：「孟子之言，如『孟施舍之守氣，不如曾子之守約也』，此兩句却贅了。」

陸九淵集卷三四語録上

吕伯恭爲鵝湖之集，先兄復齋謂某曰：「伯恭約元晦爲此集，正爲學術異同，某兄弟先自不同，何以望鵝湖之同？」先兄遂與某議論致辯，又令某自説，至晚罷。先兄云：「子静之説是。」次早，某請先兄説，先兄云：「某無説，夜來思之，子静之説極是。方得一詩云：『提孩知愛長知欽，古聖相傳只此心。大抵有基方築室，未聞無址忽成岑。留情傳註翻榛塞，著意精微轉陸沈。珍重友朋相切琢，須知至樂在于今。』」某云：「詩甚佳，但第二句微有未安。」先兄云：「説得恁地，又道未安，更要如何？」某云：「不妨一面起行，某沿途却和此詩。」及至鵝湖，伯恭首問先兄別後新功。先兄舉詩，纔四句，元晦顧伯恭曰：「子壽早已上子静船了也。」舉詩罷，遂致辯於先兄。某云：「途中某和得家兄此詩云：『墟墓興哀宗廟欽，斯人千古不磨心。涓流滴到滄溟水，拳石崇成泰華岑。易簡工夫終久大，支離事業竟浮沈。』」舉詩至此，元晦失色。至「欲知自下升高處，真僞先須辨只今」，元晦大不懌，於是各休息。翌日，二公商量數十折議論來，莫不悉破其説。繼日凡致辯，其説隨屈。伯恭甚有虚心相聽之意，竟爲元晦所尼。後往南康，元晦延入白鹿講説，因講「君子喻於義」一章。元晦再三云：「某在此不曾説到這裏，負愧何言。」

陸九淵集卷三五語録下

因論補試得失，先生云：「今之人易爲利害所動，只爲利害之心重。且如應舉，視得失爲分定者能幾人？往往得之則喜，失之則悲。惟曹立之、萬正淳、鄭學古庶幾可不爲利害所動。故學者須當有所立，免得臨時爲利害所動。」朱季繹云：「如敬肆義利之説，乃學者持己處事所不可無者。」先生云：「不曾行得，説這般閑言長語則甚？如此不已，恐將來客勝主，以辭爲勝。然使至此，非學者之過，乃師承之過也。」朱云：「近日異端邪説害道，使人不知本。」先生云：「如何？」朱云：「如禪家之學，人皆以爲不可無者，又以謂形而上者所以害道，使人不知本。」先生云：「吾友且道甚底是本？又害了吾友甚底來？自不知己之害,又烏知人之害?包顯道常云『人皆謂禪是人不可無者』,今吾友又云『害道』,兩箇却好縛作一束。今之所以害道者,却是這閑言語。曹立之天資甚高,因讀書用心之過成疾,其後疾與學相爲消長。初來見某時,亦是有許多閑言語,某與之蕩滌,則胸中快活明白,病亦隨減。迨一聞人言語,又復昏蔽。所以昏蔽者,緣與某相聚日淺。然其人能自知,每昏蔽則復相過,某又與之蕩滌,其心下又復明白。與講解,隨聽即解。某問:『比或有疑否?』立之云:『無疑。每常自讀書,亦見得到這般田地,只是不能無疑,往往自變其說。』某云:『讀書不可曉處,何須苦思力索?如立之天資,思之至,固有一箇安排處。但恐心下昏蔽,不得其正,不若且放下,時復涵泳,似不去理會而理會。所謂優而柔之,使自求之,厭而飫之,使自趣之,若江海之浸,膏澤之潤,涣然冰釋,怡然理順,然後爲得也。』如此相聚一兩旬而歸,其病頓減。其後因秋試,聞人閑言語,又復昏惑。又適有告之以某乃釋氏之學,渠平生惡釋老如仇讎,於是乎盡叛某之説,却凑合得元晦説話。後不相見,以至於死。」下略。

陸九淵集卷三五語録下

後生自立最難,一人力抵當流俗不去,須是高著眼看破流俗方可。要之,此豈小廉曲謹所能爲哉?必也豪傑之士。胡丈因舉晦翁語云:「豪傑而不聖人者有之,未有聖人而不豪傑者也。」先生云：「是。」

陸九淵集卷三五語録下

因説定夫舊習未易消，若一處消了，百處盡可消。予謂晦庵逐事爲他消不得。先生曰：「不可將此相比，他是添。」

陸九淵集卷三五語録下

吾有知乎哉？晦庵言謙辭，又來這裏做箇道理。

陸九淵集卷三五語録下

舉徐子宜云：「與晦庵月餘説話，都不討落着。與先生説話，一句即討落着。」

陸九淵集卷三五語録下

因舉許昌朝集朱吕學規，在金谿教學，一册，月令人一觀固好，然亦未是。某平時未嘗立學規，但常就本上理會，有本自然有末。若全去末上理會，非惟無益。今既於本上有所知，可略略地順風吹火，隨時建立，但莫去起爐作竈。

陸九淵集卷三五語録下

説晦翁云「莫教心病最難醫」。

陸九淵集卷三五語録下

大凡文字，寧得人惡、得人怒，不可得人羞、得人耻，與晦庵書不是，須是直湊。

陸九淵集卷三六年譜節録

先生諱九淵，字子静，姓陸氏。中略。［兄］九思，字子彊，舉鄉舉，封從政郎。弟梭山撰行狀。有家問，朱子爲跋，略曰：「家問所以訓飭其子孫者，不以不得科第爲病，而深以不識禮義爲憂。其慇懃懇切，反覆曉譬，説盡事理，無一毫勉强緣飾之意，而慈祥篤實之氣藹然。諷味數四，不能釋手云。」中略。次九韶，字子美，不事場屋，兄弟共講古學，與朱元晦友善。首言太極圖説非正。又因其奏立社倉之制，行於鄉，民甚德之。中略。次九齡，字子壽，中略。先生狀其行，吕成公銘其墓，朱文公書其碑。下略。

乾道八年壬辰，先生三十四歲。中略。周伯熊來學，先生問：「學何經？」對曰：「讀禮記。」「曾用工於九容乎？」曰：「未也。」「且用功於此。」後往問學于晦庵，晦庵曰：「仙里近陸先生，曾見之否？」曰：「亦嘗請教。」具述所言。晦庵曰：「公來問某，某亦不過如此説。」下略。

淳熙二年乙未，先生三十七歲。吕伯恭約先生與季兄復齋，會朱元晦諸公于信之鵝湖寺。復齋云云。見前卷三十四。元晦歸後三年，乃和前詩云：「德業流風夙所欽，别離三載更關心。偶攜藜杖出寒谷，又枉籃輿度遠岑。舊學商量加邃密，新知培養轉深沉。只愁説到無言處，不信人間有古今。」後信州守楊汝礪建四先生祠堂于鵝湖寺，勒陸子詩于石。復齋與張欽夫書云：「某春末會元晦於鉛山，語三日，然皆未能無疑。」按吕成公譜：「乙未四月，訪朱文公于信之鵝湖寺，陸子静、子壽、劉子澄及江浙諸友皆會，留止旬日。」鄒斌俊父録云：「朱、吕二公話及九卦之序，先生因亹亹言之。大略謂：『復是本心復處，如何列在第三卦，而先之以履與謙？蓋履之爲卦，上天下澤，人生斯世，須先辨得俯仰乎天地而有此一身，以達於所履。其所履有得有失，又繫於謙與不謙之分。謙則精神渾收聚於内，不謙則精神渾流散於外。惟能辨得吾一身所以在天地間舉錯動作之由，而斂藏其精神，使之在内而不在外，則此心斯可得而復矣。次之以常固，又次之以困。蓋本心既復，謹始克終，曾不少廢，以得其常，而至於堅固。私欲日以消磨而爲損，天理日以澄瑩而爲益，雖涉危陷險，而此心卓然不動。然後於道有得，左右逢其源，如鑿井取泉，處處皆足。蓋至於此則順理而行，無纖毫透漏，如巽風之散，無往不入，雖密房奥室，有一縫一罅，即能入之矣。』二公大服。」朱亨道書云：「鵝湖講道，切誠當今盛事。伯恭蓋慮朱與陸猶有異同，欲會歸於一，而定其所適從，其意甚善。伯恭蓋有志於此，語自得則未也。臨川趙守景明邀劉子澄、趙景昭。景昭在臨安，與先生相欵，亦有意於學。」又云：「鵝湖之會，論及教人。元晦之意，欲令人泛觀博覽，而後歸之約。二陸之意，欲先發明人之本心，而後使之博覽。朱以陸之教人爲太簡，陸以朱之教人爲支離，此頗不合。先生更欲與元晦辯，以爲堯舜之前何書可讀？復齋止之。趙、劉諸公拱聽而已。先發明之説，未可厚誣，元晦見二詩不平，似不能無我。」元晦書云：「某未聞道學之懿，茲幸獲奉餘論。所恨匆匆别去，彼此之懷，皆若有未既者。然警切之誨，佩服不敢忘也。還家無便，寫此少見拳拳。」下略。

淳熙七年庚子，先生四十二歲。中略。朱元晦與林擇之書云：「陸子静兄弟，其門人有相訪者，氣象皆好。此間學者，却與渠相反。初謂只在此講道漸涵，自能入德。不謂末流之弊只成説話，至於人倫日用最切近處，亦都不得毫末氣力，不可不深懲而痛警之也。」下略。

淳熙八年辛丑，先生四十三歲。春二月，訪朱元晦于南康。時元晦爲南康守，與先生泛舟樂，曰：「自有宇宙以來，已有此溪山，還有此佳客否？」乃請先生登白鹿洞書院講席，先生講「君子喻於義，小人喻於利」一章畢，乃離席言曰：「熹當與諸生共守，以無忘陸先生之訓。」再三云：「某在此不曾説到這裏，負愧何言。」乃復請先生書其説，先生書講義。見前二十三卷。尋以講義刻于石。先生云：「講義述於當時發明精神不盡。當時説得來痛快，至有流涕者，元晦深感動，天氣微冷，而汗出揮扇。」元晦又與楊道夫云：「曾見陸子静義利之説否？」曰：「未也。」曰：「這是子静來南康，熹請説書，却説得這義利分明，是説得好。如云：『今人只讀書便是利，如取解後，又要得官，得官後，又要改官。自少至老，自頂至踵，無非爲利。』説得來痛快，至有流涕者。」下略。

淳熙九年壬寅，先生四十四歲。項平甫來書，略云：「安世聞陸先生之名，言者不一。中略。一二年來，數鉅公相繼淪落，任其事者，獨先生與朱先生耳。」下略。

淳熙十年癸卯，先生四十五歲。中略。朱元晦來書，略云：「比約諸葛誠之在齋中相聚，極有益。浙中士人，賢者皆歸席下，比來所得爲多，幸甚。」再書云：「歸來臂痛，病中絶學捐書，覺得身心收管，似少有進處。向來汎濫，真是不濟事。恨未得欵曲承教，盡布此懷也。」項平甫再書，略云：「某自幼便欲爲善士，今年三十一矣，欲望尊慈，特賜指教」云云。

答書不傳。按朱元晦答平甫書云：「所語陸國正語，三復爽然，所以警於昏者爲厚矣。大抵子思以來教人之法，尊德性、道問學兩事，爲用力之要。今子静所説尊德性，而某平日所聞，却是道問學上多。所以爲彼學者，多持守可觀，而看道理全不仔細。而熹自覺於義理上不亂説，却於緊要事上多不得力。今當反身用力，去短集長，庶不墮一邊耳。」先生聞之曰：「朱元晦欲去兩短，合兩長，然吾以爲不可。既不知尊德性，焉有所謂道問學。」中略。與漕使尤延之書，略云：「朱元晦在南康，已得太嚴之聲。元晦之政，亦誠有病，然恐不能泛然以嚴病之。使罰當其罪，刑故無小，遽可以嚴而非之乎？某嘗謂不論理之是非，事之當否，而汎然爲寬嚴之論者，乃後世學術議論無根之弊。道之不明，政之不理，由此其故也。元晦浙東救旱之政，比者屢得浙中親舊書及道途所傳，頗知梗概，浙人殊賴。自劾一節，尤爲適宜。其誕慢以僥寵禄者，當少阻矣。至如其間言事處，誠如來論所言者云。」下略。

淳熙十一年甲辰，先生四十六歲。中略。朱元晦書，略云：「勅局時與諸公相見，亦有可告語者否？於律令中極有不合道理、不近人情處，隨事改正，得一二亦佳。中薦程可久於法令甚精，可以入局中。然此猶是第二義，不知輪對班在何時？果得一見明主，就緊要處下得數句爲佳，其餘屑屑不足言也。謙仲甚不易得，今日尚有此公，差强人意。元善爽快，極難得，更加磨琢沉浸之功乃佳。機仲既得同官，乃其幸會，當能得日夕親炙也。浙東諸朋友想時通問，亦有過來相聚者否？立之墓表，今作一通，顯道甚不以爲然，不知尊意以爲如何？」三月十三日，答朱元晦書。見前卷七。編朱元晦奏立社倉事。戊申歲，先生兄梭山居士欲立社倉于青田。中略。朱元晦書。時有言奏劄差異者，元晦索之，先生納去一本。元晦貽書云：「奏篇垂示，得聞至論，慰沃良深。其規模宏大，而源流深遠，豈腐儒鄙生所可窺測？然區區私憂，未免有萬牛回首之歎，然於我何病耶？語圓意活，渾浩流轉，益見所養之深，所蓄之厚。但向上一路，未曾撥着。」答朱元晦書，略云：「奏劄獨蒙長者褒揚獎譽之厚，俱無以當之。深慚疏愚，不能回互藏匿，肺肝悉以書寫，而兄尚有向上一路未曾撥着之疑，豈待之太重，望之太過，未免金注之昏耶？」下略。

淳熙十三年丙午，先生四十八歲。中略。朱元晦通書，略云：「傅子淵去冬相見，氣質剛毅，極不易得。但其偏處亦甚害事。雖嘗苦口，恐未必以爲然。近覺當時說得亦未的，疑其不以爲然也。今想到部，必已相見，亦嘗痛與砭劑否？道理極精微，然初不在耳目見聞之外。是非黑白即在面前，此而不察，乃欲别求玄妙於意慮之表，亦已誤矣。熹衰病日侵，所幸邇來日用工夫頗覺省力，無復向來支離之病，甚恨未得從容面論。未知異時相見尚復有異同否耳。」下略。

淳熙十四年丁未，先生四十九歲。中略。初冬，答朱元晦書。見前卷十三。元晦答書，略云：「所諭與令兄書，辭費而理不明。今亦不記當時作何等語，或恐實有此病。承許條析見教，何幸如之！虛心以俟，幸因早便見示。如有未安，却得細論，未可便似居士兄遽斷來章也。」辯無極、太極始此。下略。

淳熙十五年戊申，先生五十歲。中略。毛剛伯必彊云：「先生之講學也，先欲復本心以爲主宰，既得其本心，從此涵養，使日充月明。讀書考古，不過欲明此理，盡此心耳。其教人爲學，端緒在此，故聞者感動。當時先生與晦庵門徒俱盛，亦各往來問學。晦庵門人乍見先生，教門不同，不與解説無益之文義，無定本可説，卒然莫知所適從。無何辭去，歸語師友，往往又失其本旨，遂起晦翁之疑，良可慨歎。或問：『先生之學自何處入？』先生曰：『不過切己自反，改過遷善。』又曰：『吾之學問與諸處異者，只是在我全無杜撰，雖千言萬語，只是覺得他底，在我不曾添一些。』且又曰：『吾之與人言，多就血脈上感動他，故人之聽之者易。』」中略。朱元晦語録云：「今浙東學者多子靜門人，類能卓然自立，相見之次，使毅然有不可犯之色。自家一輩朋友，又覺不振。」又云：「子靜之門，如楊簡輩，躬行皆有可觀。」又與詹侍郎書云：「高教授能留意學校甚善。渠嘗從子靜學，有意爲己，必能開導其人也。」又與劉仲復書云：「陸丈回書，其言明當，且就此持守，自見功効，不須多疑多問，却轉迷惑。」

論解書。南豐劉敬夫學周禮，見晦庵，晦庵令其精細考索。後見先生，問：「見朱先生何得？」敬夫述所教。先生曰：「不可作聰明，亂舊章。如鄭康成注書，枘鑿最多。讀經只如此讀去，便自心解。注不可信，或是諱語，或是莽制。傅季魯保社中議此甚明，可一往見之。」於是往問于季魯。又嘗曰：「解書只是明他大義，不入己見於其間，傷其本旨，乃爲善解書。後人多以己意，其言每有意味，而失其真實，以此徒支離蔓衍，而轉爲藻繪也。」下略。

論傳道。與姪孫濬書，見前首卷。先生有云：「學者至本朝而始盛，自周茂叔發之。」又云：「韓退之言，軻氏之死不得其傳，故不敢誣後世無賢者，然直是至伊洛諸公，得千載不傳之學，但草創未爲光明。今日若不大段光明，更幹當甚事。」又云：「二程見茂叔後，吟風弄月而歸，有『吾與點也』之意。後來明道此意却存，伊川已失此意。」又云：「元晦似伊川，欽夫似明道。伊川蔽固深，明道却通疏。」下略。

夏四月望日，與朱元晦書，辯太極圖說。見前卷二。下略。

十二月十四日，答元晦書。見前卷二。又別幅云：「大傳曰：『在天成象，在地成形。』又曰：『見乃謂之象，形乃謂之器。』見乎上者，可得而見矣，猶不謂之形，而謂之成象。必形乎下，可得而用者，乃始謂之器。易之言器，本於聖人備物致用，立成器以爲天下利。如網罟、耒耜、車輿、門柝、杵臼、弧矢、棟宇、棺椁之類，乃所謂器也。昔者聖人之制斯器也，蓋取諸易之象。易有聖人之道四，而制器尚象與居一焉。道者，天下之所由，而聖人則能知之。器者，天下之所利，而聖人則能制之。由其道而利其器，在一身則爲有道之人，在天下則爲有道之世。不由其道而利其器，則爲無道矣。誰能足不出戶？何莫由斯道也。然中人以下，則由而不知，蓋其知識卑近，所見淺末，形而下者所能由，形而上者所不能知。故曰：『民可使由之，不可使知之。』非有知道者，以長治之，左右之，則趨於下，唯利之見，而不由其道矣。上必有下，下必有上。上而無下，何以爲上？下而無上，何以爲下？道之與器，未始相無。不由其道而利其器，器者非其有矣。『負且乘，致寇至』，此之謂也。故惟聖人爲能制器。精義入神，所以致用，利用安身，所以崇德，百慮一致，道固然也。化而裁之謂之變，推而行之謂之通，舉而措之天下之民謂之事業。非知道者孰能與於此？故道者，形而上者也。器者，形而下者也。器由道者也。一陰一陽之謂道，繼之者善也。而謂其屬於形器，不得爲道，其爲昧於道器之分也甚矣。」

聞元晦喜晴詩云：「川源紅綠一時新，暮雨朝晴更可人。書册埋頭何日了，不如抛却去尋春。」先生聞之色喜曰：「元晦至此有覺矣，是可喜也。」

淳熙十六年己酉，先生五十一歲。祠秩滿，在山間方丈。春正月，朱元晦來書略云：「老氏之言有無，以有無爲二，周子之言有無，以有無爲一。更請子細著眼，未可容易譏評也。無極而太極，如曰無爲之爲，非謂别有一物也。非如皇極、民極之有方所，有形象，而但有此理之至極耳。」又别紙末云：「如曰未然，則我日斯邁而月斯征，各尊所聞，各行所知，亦可矣，無復可望其必同也。」下略。

秋七月四日，與朱元晦書。見前卷二。中略。八月六日，元晦答書云：「荆門之命，少慰人意。今日之計，惟僻且遠，猶或可以行志，想不以是爲厭。三年有半之間，消長之勢，又未可以預料，流行坎止，亦非人力所能爲也。聞象山墾闢架鑿之功益有緒，來學者亦益甚，恨不得一至其間，觀奇覽勝。某春首之書，詞氣粗率，既發即知悔之，然已不及矣。」

論無極太極，與陶贊仲書，再書。俱見前卷十五。論私立門户之非，與唐司法書。見前卷十五。

朱元晦論學徒競辯之非，答諸葛誠之書云：「示諭競辯之端，三復惘然。愚深欲勸同志者兼取兩家之長，不輕相詆毁。就有未合，亦且置勿論，而力勉於吾之所急。吾人所學喫緊著力處，正在天理人欲相去之間，如今之論，則彼之因而起者，於二者之間果何處乎？子静平日自任，正欲身率學者於天理，不以一毫人欲雜於其間，恐決不至如賢者之所疑也。」包顯道侍晦庵，有學者因無極之辨貽書詆先生者，晦庵復其書云：「南渡以來，八字著脚，理會著實工夫者，惟熹與子静二人而已。某實敬其爲人，老兄未可以輕議之也。」下略。

紹熙三年壬子，先生五十四歲，在荆門。中略。夏四月十九日，朱元晦來書云：「去歲辱惠書慰問，尋即附狀致謝。其後聞千騎西去，相望益遠，無從致問。近辛幼安經由，及得湖南朋友書，乃知政教並流，士民化服，甚慰。某憂苦之餘，疾病益侵，形神俱瘁，非復昔時。歸來建陽，失於計度，作一小屋，朞年不成，勞苦百端，欲罷不可。李大來此，備見本末，必能具言也。渠欲爲從戎之計，因走門下，撥冗附此，未暇他及。政遠，切祈爲道自重，以幸學者。彼中頗有好學者否？峽州郭丈著書頗多，悉見之否？其論易數頗詳，不知尊意以爲如何也？近著幸示一二，有委併及。」下略。

七月丙午，先生疾。中略。十四日癸丑日中，先生卒。中略。朱元晦聞訃，帥門人往寺中，爲位哭。下略。

寧宗慶元二年丙辰，貴溪宰劉啓晦建翁立先生祠于象山方丈之址，自立祠後，春秋致祭惟謹。臨江章茂獻爲記。宰，朱文公門人也。於是先生門人，約以歲正月九日，登山會祭。下略。

張栻

張栻（一一三三～一一八〇），字敬夫，一字欽夫，號南軒，綿竹（今屬四川）人。從胡宏學，與朱熹、呂祖謙爲友。乾道初，主講岳麓書院。歷官吏部員外郎兼權起居郎，尋兼侍講。淳熙元年（一一七四）知静江府、廣南西路安撫經略使，改知江陵府、荆湖北路安撫使。七年卒，年四十八，謚曰宣。事跡見晦庵集卷八九右文殿修撰張公神道碑。宋史卷四二九有傳。

南軒集卷二四答朱元晦 節録

上略。近有澧州教授傅夢泉來相見，乃是陸子静上足。其人亦剛介有立，但所談學多類揚眉瞬目之機。子静此病曾磨切之否？亦殊可懼。

南軒集卷二四答朱元晦 節録

上略。有澧州教授傅夢泉者，資稟剛介，亦殊有志，但久從陸子静，守其師説甚力。此人若肯聽人平章，它日恐有可望也。

南軒集卷二六答陸子壽節録

上略。元晦卓然特立，真金石之友也。然作別十餘年矣，書問往來，終豈若會面之得盡其底裏哉。下略。

舒璘

舒璘（一一三六～一一九九），字元質，一字元賓，號廣平，明州奉化（今屬浙江）人。從張栻、陸九淵、朱熹、吕祖謙遊。舉乾道八年（一一七二）進士，歷江西轉運司幹辦公事、知平陽縣、宜州通判等。卒，年六十四，謚文靖。宋史卷四一〇有傳。

舒文靖集卷上答楊國博敬仲節録

上略。象山行狀洞見表裏，其間載有子伊川事甚當。然鄙意謂此等處未易輕以告人，人情蔽欺，道心不著，不知者徒生矛盾。既知之，彼自能辨。此間尊晦翁學甚篤，某不暇與議。暨良心既明，往往不告而知，用是益知自反，不敢尤人，敬仲以爲何如？

吕祖謙

吕祖謙（一一三七～一一八一），字伯恭，開封（今屬河南）人，居金華（今屬浙江）。登隆興元年（一一六三）進士，復中博學宏詞科，累除直秘閣、著作郎、國史院編修。淳熙八年七月卒，年四十五，東萊集附録卷一年譜。謚曰成。撰有東萊集等。宋史卷四三四有傳。

東萊集別集卷八與朱侍講 元晦 節録

上略。撫州士人陸九齡子壽篤實孝友，兄弟皆有立，舊所學稍偏，近過此相聚累日，亦甚有問道四方之意。每思學者所以徇於偏見，安於小成，皆是用工有不實。若實用工，則動静語默日用間，自有去不得處，必悚然不敢安也。

東萊集別集卷八與朱侍講 元晦 節録

上略。陸子静近日聞其稍回。大抵人若不自欺，入細着實，點檢室礙做不行處，自應見得。渠兄弟在今士子中不易得，若整頓得周正，非細事也。下略。

東萊集別集卷八與朱侍講 元晦 節録

上略。陸子壽前日經過，留此二十餘日，幡然以鵝湖所見爲非，甚欲著實看書講論，心平氣下，相識中甚難得也。近因荆州之赴，深思渠學識分曉周正如此，而從游之士往往不得力。記得往年相聚時，雖未能盡領解渠説話，然覺得大段有益，不知其它從游者何故迺如此？蓋吾丈不能察人情虚實，必如某之專愚無它，其教誨迺有所施耳。若胸中多端者，雖朝夕相處，未必能有益也。下略。

東萊集別集卷八與朱侍講 元晦 節録

上略。陸子静留得幾日，講論必甚可樂，不知鵝湖意思已全轉否。若只就一節一目上受人琢磨，其益終不大也。大抵子静病在看人而不看理，只如吾丈所學十分是當，無可議者，所議者只是工夫未到爾，在吾丈分上却是急先務，豈可見人工夫未到，遂并與此理而疑之乎？某十年前初得五峰知言，見其間滲漏張皇處多，遂不細看。病中間取緡閲，所知終是端的，向來見其短而遂忽其長，政是識其小者爾。子静許相訪，終當語之也。下略。

東萊集别集卷一〇與陳同甫節録

上略。某留建寧凡兩月餘，復同朱元晦至鵝湖，與二陸及劉子澄諸公相聚切磋，甚覺有益。元晦英邁剛明，而工夫就實入細，殊未可量。子静亦堅實有力，但欠開闊耳。下略。

東萊集别集卷一〇與邢邦用節録

某自春末爲建寧之行，與朱元晦相聚四十餘日，復同出至鵝湖，二陸及子澄諸兄皆集，甚有講論之益。自此却無出入，可閉户讀書也。前書所論甚當，近已嘗爲子静詳言之。講貫誦繹，乃百代爲學通法。學者緣此支離泛濫，自是人病，非是法病。見此而欲盡廢之，正是因噎廢食。然學者苟徒能言其非，而未能反己就實，悠悠汨汨，無所底止，是又適所以堅彼之自信也。下略。

楊簡

楊簡（一一四一～一二二六），字敬仲，慈溪（今浙江寧波西北）人。學者稱慈湖先生。乾道五年（一一六九）進士。師事陸九淵。歷將作少監兼國史院編修、寶謨閣直學士。寶慶二年卒，年八十六。著有慈湖遺書等。宋史卷四〇七有傳。

慈湖遺書卷六偶作

道心非動静，學者何難易。癡雲欲掃除，迅霆無異擬。無妄而微疾，勿藥斯有喜。一輪秋月明，云爲豈思慮。太極奚可圖，可圖非太極。矧復贅無極，哀哉可太息。何不觀古聖，一一已默識。胡爲復作圖，交擾而曲屈。是孰知五行，五行皆妙質。不可離合論，渾渾體自一。安得孔子生，邪説俱蕩滌。哀哉復哀哉，太息復太息。

葉適

葉適（一一五〇～一二二三），字正則，號水心，宋温州永嘉（今屬浙江）人。擢淳熙五年（一一七八）進士第二人。歷除寶謨閣待制、知建康府兼沿江制置使等。嘉定十六年卒，年七十四，謚忠定。著有水心集、習學記言等。宋史卷四三四有傳。

習學記言卷八禮記

按書稱：「克明俊德，以親九族。九族既睦，平章百姓。百姓昭明，協和萬邦。黎民於變時雍。」「濬哲文明，温恭允塞，玄德升聞，乃命以位。」「后克艱厥后，臣克艱厥臣。政乃乂，黎民敏德。」皆先自身始，而施之於民，然後其民以和報之。周豐乃言「墟墓之間，未施哀於民而民哀，社稷宗廟之中，未施敬於民而民敬」。夫墟墓則因己施哀，而社稷宗廟則因己施敬，不啻諄諄然矣，豈爲末哉！書又稱「克寬克仁，彰信兆民」，而諸誥言文王之德爲尤詳。然則豐謂無忠信誠慤之心以涖之可乎？聖人之道一也，謂虞夏有餘而殷周不足，俗儒之淺説也。余記陸氏兄弟從朱吕氏於鵝湖寺，爭此甚切。其詩云：「墟墓生哀宗廟欽，斯人千古最明心。大抵有基方作室，未聞無址可成岑。」噫！徇末以病本，而自謂知本，不明乎德，而欲議德，誤後生深矣。

水心文集卷一七胡崇禮墓誌銘節録

崇禮胡氏，名樽，會稽餘姚人。中略。初，朱元晦、吕伯恭以道學教閩浙士，有陸子靜後出，號稱徑要簡捷，諸生或立語已感動悟入矣，以故越人爲其學尤衆，雨併笠，夜續燈，聚崇禮之家，皆澄坐内觀。下略。

黄榦

黄榦（一一五二～一二二一），字直卿，號勉齋，福州閩縣（今屬福建）人。寧宗即位，補將仕郎，歷授知新淦縣、安豐軍通判、知漢陽軍等。卒，謚文肅。著有勉齋集等。宋史卷四三〇有傳。

勉齋集卷六復江西漕楊通老 捐節録

上略。州縣有學，最關風教，今皆以爲文具。江西素號人物淵藪，比年蕭索尤甚，雖時文亦無傑然者，而況有學術乎！二陸唱爲不讀書而可以得道之説，士風愈陋，不過相與大言以自欺耳。下略。

孫應時

孫應時（一一五四～一二〇六），字季和，餘姚（今屬浙江）人。乾道壬辰（一一七二）入太學，弱冠從象山陸九淵，悟存心養性之學。登淳熙乙未（一一七五）進士第，爲黄巖尉。「朱文公熹爲常平使者，一見即與定交。」紹熙壬子（一一九二）入蜀帥丘崈制幕，改知平江府常熟縣，授通判邵武軍，將赴而卒，年五十三。自號燭湖居士。有文集十卷。會稽續志卷五。

燭湖集卷五上晦翁朱先生書節録

上略。荆門陸先生遂止此，可痛。聞其啓手足告學子，惟先生之教是從，惜其前此自任之稍過也。下略。

陳文蔚

陳文蔚（一一五四～一二三九），字才卿，號克齋，信州上饒（今屬江西）人。朱子門人。「著書立説，深得旨趣。朱子與手書往復，互相論正。」江西通志卷八五。嘗舉進士，端平二年（一二三五），以著尚書解，補迪功郎。宋史卷四二理宗紀二。嘉熙三年卒，年八十六。朱子門人。

克齋集卷三又答吴伯豐書節録

上略。文蔚記去年侍先生於精舍，一夕坐間，舉一學者問象山先生以爲學之道，象山曰「某只是先立其大者」，因曰：「看此説，他之學亦自得其要。」遂稱贊孟子之説曰：「此語最有力。且看他下一箇『立』字，卓然竪起此心，便是立，所謂『敬以直内』也。」下略。

克齋集卷四答李守約書節録

上略。蒙諭太極、無極之理有的實見否？竊謂只就此一句論之，則先生之與陸氏辨之悉矣。以周子一圖統體論之，則精粗本末一貫而已。蓋即陰陽二氣之流行，而此理無不具於其中。此理雖無聲臭，而未始不具於形氣之内，固非先有此而旋有彼，亦非因有彼而後有此，蓋合下如此。是以自其理而言之，則無極而太極；自其氣而言之，則一動一静而陰陽分，陰陽變合而五行具。合而言之，則氣理不相離；析而言之，則氣理不相雜。自其得周子之言而不得其所以言，則知其合者，不知其離，精粗遂至於無分；知其離者不知其合，本末遂有於先後。是二者皆謂之不知太極圖可也。故程子曰：「形而上爲道，形而下爲器。」須着如此説：「器亦道，道亦器。但得道在，不係今與後，已與人。」又曰：「沖漠無朕，萬象森然已具。未應不是先，已應不是後，如百尋之木，自本根至枝葉皆是一貫。」斯言最有功於周子。下略。

克齋集卷七師訓拾遺節録

彭世昌守象山書院，盛言山上有田可耕，有圃可蔬，池塘碓磑，色色皆備。先生曰：「既是如此，下山來則甚？」彭曰：「陸先生曰有書院，却不曾藏得書。某此來，爲欲求書。」先生曰：「緊要書寧消幾卷？某向來亦愛如此，後思之這般物事聚久必散，何必役於物也？」世昌臨别，贈之詩曰：「象山聞説是君開，雲木參天瀑響雷。好去山頭且堅坐，等閑莫要下山來。」下略。

因謂陸子静，謂「江南未有人如他八字着脚」。

陳淳

陳淳（一一五九～一二二三），字安卿，號北溪，漳州龍溪（今屬福建）人。少習舉子業，得近思録讀之，盡棄其業。朱熹知漳州，即往從學。嘉定十六年（一二二三），以特奏恩授迪功郎、泉州安溪主簿，未上而没，年六十五。著有語孟大學中庸口義、字義詳講、北溪大全集等。宋史卷四三〇有傳。

北溪大全集卷一五師友淵源

粤自羲皇作易，首闢渾淪；神農、皇帝相與繼天立極，而宗統之傳有自來矣。堯、舜、禹、湯、文、武更相授受，中天地爲三綱五常之主；皋陶、伊、傅、周、召又相與輔相，躋天下文明之治。孔子不得行道之位，乃集羣聖之法作六經，爲萬世師；而回、參、伋、軻實得之。上下數千年，無二説也。軻之後失其傳，荀與揚既不識大本，董子又見道不分明；間有文中子粗知明德新民之爲務矣，而又不知至善之所出；韓子知道之大用流行於天下矣，而又不知全體具於吾身。蓋千四百餘年，昏昏冥冥，醉生夢死。直至我宋之興，明聖相承，太平日久，天地真元之氣復會，於是濂溪先生與河南二程先生卓然以先知先覺之資，相繼而出。濂溪不由師傳，獨得於天，妙建圖書，抽關啓鑰，上與羲皇之易相表裏，而下以振孔孟不傳之墜緒，所謂再闢渾淪。二程親受其旨，又從而光大之，故天理之微，人倫之著，事物之衆，鬼神之幽，與凡造道入德之方，脩己治人之術，莫不粲有條理。使斯世之英才志士，得以探討服行而不失攸歸。河洛之間，斯文洋洋，與洙泗並聞而知者。有朱文公，又即其微言遺旨，益精明而瑩白之，上以達羣聖之心，下以統百家而會于一，蓋所謂集諸儒之大成，嗣周程之嫡統。而粹乎洙泗、濂洛之淵源者也。有如求道過高者，宗師佛學，凌蔑經典，以爲明心見性不必讀書，而蕩學者於空無之境。立論過卑者，又崇奬漢唐，比附三代，以爲經世濟物不必脩德，而陷學者于功利之域。至是一觝排辨正之，皆表裏暴白，無得以亂吾道，惑人心。學者欲學聖人而攷論師友淵源，必當以是爲迷塗之指南，庶乎有所取正而不差矣。苟或舍是而他求，則茫無定準，終不可得其門而入。既不由是門而入，而曰吾能真有得乎聖人心傳之正，萬萬無是理也。

北溪大全集卷二三與李公晦一 節録

某在都下，爲林自知及趙計院諸士友留講貫，至七月末始出都門。八月初經嚴陵，又爲使君鄭寺丞留學中講説，不覺度兩月日。自都下時，頗聞浙間年來象山之學甚旺，以楊慈湖、袁祭酒爲陸門上足，顯立要津，鼓簧其説，而士夫頗爲之風動。及來嚴陵山峽間，覺士風尤陋，全無向理義者。纔有資質美，志於理義，便落在象山圈檻中。緣土人前輩有趙復齋、詹郎中者爲此學，已種下種子，趙、詹雖已爲古人，而中輩行有喻、顧二人者又繼之，護衛其教，下而少年新進，遂多爲薰染。其學大抵全用禪家意旨，使人終日默坐以求本心，更不讀書窮理。而其所以爲心者，又却錯認人心，指爲道心之妙，與孔孟殊宗，與周程立敵。平時亦頗苦行，亦以道學之名自標榜。鄉間時官，多推重之，殊無一人看得破者。自某到學，亦都來相訪，議論不合，遂各屏跡。其少年後生有可教者，未欲絶之，屢邀來説話，而陷溺固蔽之深，更説不入，竟亦希行踈立，不復相親。日間所與講貫者，只是繫籍習舉業諸生，志趣雖凡，而意向未雜，聖賢要義與之明白剖析，旬日後却多有感動警發，嘉歎歆慕，以爲平生所未聞。多有議論播在人間，得以正人心、闢邪説。邦人至是始曉然識破邪正二路之由分，知聖賢實學淵源之所自來，而覺渠諸輩都是沙門黨類，非吾徒者。其間亦接得三四後進，專心一志，有可造道成德之望。十月初九始離嚴陵。下略。

北溪大全集卷二三答李郎中貫之 節録

上略。諸老先生平日教人最喫緊處，尊德性、道問學二件工夫固不偏廢，而所大段著力處却多在道問學上。其所以爲綱條節目，見於大學或問所叙程子格物諸説處，須實下手做，便見得滋味，斷不我欺。至于融會貫通，則卓爾躍如，並在前矣。江西一派，却只是厭煩就簡，偏在尊德性上去。先生蓋深病之，力爲之挽，乃確然自立一家門户而不肯回。今世後進中學質美者，亦多有流入此病，可歎。下略。

北溪大全集卷二三與陳寺丞師復一 節録

某去載在都城，爲朝士輩相留講貫。區區在都城之久，頗覺兩浙間年來象山之學甚旺，由其門人有楊、袁貴顯，據要津唱之，不讀書，不窮理，專做打坐工夫，求形體之運動知覺者以爲妙訣。大抵全用禪家宗旨，而外面却又假託聖人之言牽就釋意以文蓋之，實與孔孟殊宗，與周程立敵。慈湖纔見伊川語，便怒形於色，朋徒至私相尊號其祖師，以爲真有得堯、舜、孔子千載不傳之正統，每昌言之不少怍。士夫晚學見不破，多爲風靡。而嚴陵有詹、喻輩護法，此法尤熾，後生有志者多落在其中。其或讀書，却讀語孟精義而不肯讀文公集註，讀中庸集解而不肯讀文公章句或問，讀河南遺書而不肯讀近思録，讀周子通書而不肯讀太極圖，而通書只讀白本而不肯讀文公解本。平時類亦以道學自標榜，時官里俗多所推重，前後無一人看得破。自某到，都來相訪，議論絶不相入。凡朝夕所與講磨，只是在學習業諸生，雖識趣凡陋，而志向未雜，聖門要義，每極口爲之明白剖析。旬日後，大小生徒多所感發歆慕，以爲平生所未聞。邦人至是始釋然知邪正二路之由分，而異端曲學贓證暴露，使儒容墨行盜名於一方者不復得以遁其情。亦接得後進三四輩專心一志爲可望，有以慰鄭侯拳拳囑望之意，亦自愜以不枉。如南康乃濂溪、晦翁二儒宗宦游之邦，流風遺躅，儼然如在，而豪雋遊紫陽之門者亦多。然其地鄰江西，則象山之風聲氣習，亦無不熏染於簪紳韋布之間。爲吾徒者，時或有出入焉，真是真非無復能辨，而天理人欲恐或混爲一區，則發揚先儒道德之化，主盟斯文，使邦人風動響應，粹然一於聖門實學之趨，而絶無復有詖淫邪遁之流者，非吾賢使君，其誰歸？想下車先務，深所加意，而英才美質有依賴焉。不審白鹿洞中人物竟如何，有真篤志不雜可取者否？下略。

北溪大全集卷二四與趙司直季仁一

某八月初三日抵此，即見寺丞，蒙出劄子相留在學講説，而士人新第余尉者力贊之。次日，陳宰權教又以學中衆人之狀來請，勢不能却，遂爲之留。因慨念江西禪學一派苗脈頗張旺，于此山峽之間，指人心爲道心，使人終日默坐，以想像形氣之虚靈知覺者以爲大本，而不復致道問學一段工夫，以求理氣之實，於是舉其宏綱大旨，作講義四篇：一曰道學體統，二曰師友淵源，三曰用功節目，四曰讀書次序，明爲之剖析，以爲後學一定之準，庶有以正人心而息邪説、距詖行。講義既成，請使車初八下學，不期寺丞又值私忌并祭社，遷延到十三開講。置酒百位，與諸官及諸生均洽，蓋重其事，欲諸生留意。不期忽值補試不行，令諸生四散，又空兩旬閒坐。此月十一，方再集講起。大抵今世士習顛迷於舉業一段骨董，殊不知聖門有大壇場、大境界，而此間尤陋，無一人置得晦翁大學解，間或一有焉，亦只是久年未定之本。如喻、顧二人資質粹美，却落在江西窠臼中，亦極口爲之剖析，而其受病已深，立意已堅，無可轉回者。有一二後生可喜，又却平日與相往來，陶染薰習，正兹朝夕爲之解釋，未必其果能改聽易慮。外此却有一二後生，志向未雜，儘可與語，頗樂聽受。其他則在學習舉業諸生，朝夕且拘令聽講，多於背後更相告語，以爲説得明白，皆平生耳所未聞。更俟其積累通曉看如何。

北溪大全集卷二四與趙司直季仁二

某在此不覺兩月日，象山之學因以得知其情狀來歷。前與寅仲書已詳之矣。大抵全是禪學。象先本自光老得之，今楊門下多是引接僧道等人來往，以爲覺者甚多。此間九峰僧覺惠者，詹、喻、顧皆以其得道之故，與之爲朋。詹悟道時，嘗謂他證印法門，傳度從來如此。然則此一家學問分明是空門宗派，曉然張無垢之徒，何暇更説吾儒道統？何暇更甚争衡堯、舜、孔、孟之傳？縱待説得精微玄妙，不過只是彌近理而大亂真，甚相似而絶不同也。然非物格知至、理明義精者，不足以識破此。平時數輩洋洋於閭里間，以道理自高，後進無知，多爲熏染，落在圈檻中。闔郡又無一人看得破，皆以爲頂上一格人。胡伯量到此講説，亦看之不破。自某到後，對當人分上，既各逐一與之明白剖析，有後生染其學而來見者，又極與詳細分别路頭。及開講後，又時或與大小諸生説破其是非邪正根源來歷，已自曉然分明，無復遁情。邦人始知其判然爲二路之分，後進中亦有省覺象山，而願學周程，喜來扣擊者雖只數輩，傳法妙門，陷溺至深，痛護祖印如護命，不能割舍轉回，然其心腸肝肺中正贓證病根已被拏攫出來，暴白于衆，有不可得而掩者。是雖無風動響應之效，而其所以正人心、闢邪説、距詖行，以遏方來已説之衝，而開後來無窮之新進者，其爲補亦不淺矣。

北溪大全集卷二四與趙司直季仁三 節録

上略。載伯又説袁侍郎欲著書尊其師，豈可强著書，亦豈可强尊所學。大抵全是禪家宗旨，無一字與孔孟合。假如推尊之極，亦不過傳燈録上添一位爾。若説去聖五百年得其傳者推象山，但越見其魍魎無忌憚之甚，爲後世一大笑也。前日寅仲書中，有謂口頭儘説得，筆下儘寫得，恐亦只是看他不破而云耳。孟子知言地位，自非物格知至、理明義精者不能，非可容易及也。如看他不破，初亦何害，只恐被他引去，則爲害之大者。然與之周旋浹洽，亦安能保其決不爲之引去耶？此又在諸賢所當深自戒也。

北溪大全集卷二四與鄭寺丞二 節録

上略。十一日經過壽昌航頭，鄭生聞者已伺候于道左，扣其所學來歷，平日惟在婺女吕氏家塾，從王深源爲學。却好觀周程朱吕之書，不曾交惹象山。但於書詞不識郡中諸人學問之是非，而偶及之爾。及得某書，大有警省，特爲留一日半并兩夜，與之欸洽，曾用工夫，頗有扣擊。年方二十六，趨向甚正，且言諸人之病，謂其平時以道自尊，無一人看得破，被長者説破情狀，不直一錢，聲價頓減，所以魂消魄沮，不復來相親。斯言亦不易見得到此也。大抵此一種學問，不止是竊禪家一二，乃全用禪家意旨，與孔孟殊宗。但孔孟爲歷代宗崇已極，立之廟學已定，不可貶剥，遂託其言以文。蓋其學欲以儒名家，其實乃牽聖言以就釋意，實爲釋家者流，于儒家事業初無絲髮之補。雖或做入細工夫，與儒家内省處相近，而亦大故疎闊簡率，於儒家淵源趣味實迥然不同，特不過只是山林一苦行僧道輩氣相。所謂聖門切己存養省察精微嚴密之旨，彼烏足以知之？而況含糊不明理之蔽，其流弊必至于錯認人欲作天理，如亟戰殺母以爲忠，忘君事讐以爲義，導學者于綱淪法斁之域而不自知，乃囂然欲以是而争衡孔孟千載不傳之緒，亦可謂無知之甚。奈近日兩浙間，此學頗旺，緣有貴顯者倡之，後進見不破，樂於徑捷，隨而風靡，識者蓋深憂焉。兹者幸獲憑藉威尊發揚德音，極爲之剖析，是是非非，界分已瞭然明白，雖彼數輩陷溺之深，已不可轉移，而在學大小諸生及邦人在外之有志者頗多有感動警發，已識邪正二路之由分，而知聖賢實學，不迷其所向，有以正人心、闢邪説、距詖行。於其間又接得四人，若張應霆、朱右、李登、鄭聞者，專心篤志，爲理義之歸。而四人之中，鄭與張又已識路脈不差，有可造道成德之望，且因以種聖學于一方，尤非細事。是雖區區勞費唇吻之劇，而不自以爲悔也。

北溪大全集卷二四答黄先之

某八月初經嚴陵，不意爲史君及邦人挽留，在人情事理有不容峻拒而走者，遂將大學、論語及孟子、中庸大節目難曉處都講了。喻丈者舊雖造師門，而後却爲象山之學。象山學全用禪家宗旨，本自佛照傳來，教人惟終日静坐以求本心，而其所以爲心者，却錯認形體之靈者以爲天理之妙，謂此物光輝燦爛，萬善皆吾固有，都只是此一物，只名號不同，但静坐求得之，便爲悟道，便安然行將去，更不復作格物一段工夫，去窮究其理，恐辨説愈紛而愈惑。此正告子「生之謂性」，佛氏「作用是性」、「蠢動含靈皆有佛性」之説，乃即舜之所謂人心者，而非道心之謂也，是乃指氣爲理，指人心爲道心，都混雜無别了。既源頭本領差錯，其于聖賢經書言語，只是謾將來文。蓋名家多牽合己意，不究本旨端的，與孔孟實相背馳，分明是吾道之賊。只向日張無垢之徒楊慈湖爲陸門上足，專佩服孔叢子「心之精神是謂聖」一句，作己易四千餘言，只發揮此意，無一句是。此間詹郎中亦號陸門上足，趙復齋舊雖來往師門，後亦從此學。今都下士夫多溺此學者，皆緣以其學簡易徑捷，見之不破，誤陷其中而不自覺。此邦緣有人唱此苗脈，士之有志者多爲薰染，長者有顧平甫，少者有邵生甲、王生震，既落此圈檻，意趣論議全别，更無一字相入，又却偏執自是，無可救正轉移者。

學中所與講貫，只是係籍大小諸生，每日會聚講説，必詳悉爲之剖析，聽者無不歎羨其明白，皆以爲平生所未聞，多有感動警發者。邦人至是始曉然知邪正二路之由分，下縣傳講義去，亦多有興起者。其間亦接得三數人，專心篤志爲理義之歸，無雜念，爲可望爾。是雖無風動響應之效，而其所以正人心、闢邪説、距詖行，于此邦所補亦不淺矣。

北溪大全集卷二五答郭子從一 節録

上略。丁丑歲，因特試久留中都，同門未曾相識者多得會面，四方英雋寓輦下及朝行志向之美者亦多得相聚講貫。此番參注，朝士稍稍聞知，又多遣子弟聽講，至相挽留依戀，幾不得脱身歸者。頗覺中都士夫，却多有尊德樂道之風，但年來象山之學，亦頗旺于江浙間。其爲説全用禪家「作用是性」，一意爲宗主，而牽聖言皮膚枝葉以文之，不窮理，不讀書，專静坐澄心，自以爲涵養本源，真有得堯、舜、周、孔千載不傳之秘旨，其實詖淫邪遁，與周孔背馳，無一相合，蓋真吾道之賊。後生晚學看不破，多先入其説。朝之貴顯者，亦多墮其圈穽而不自知。兩年在彼，頗極爲之剖析是非邪正，其偏執固陋不肯回者，置之不足恤。或所染未深，因有警發而知所歸向者亦衆。如仙鄉姚安道，亦象山之學，此後生妙齡美質，志向甚佳，頗勁勁自立，但學無師友淵源，只壁角鑿空杜撰，不知從何傳授得此一門宗旨，先蠱其心。初榮歸經過，一見之頃，亦未詳其爲如此。次年，過温陵結親，直造家講論，意旨殊扞格不相入。繼而自温陵貽一書，頗自張皇説道理，自是自專，而其矜驕褊迫、狠憤不平之氣甚盛，溢于豪楮間，已知其非遠器矣。自後相見，其聲臭不同之故，更不復與講論。如祠堂記，亦只是後生時文之見，捉摸所謂物格知至、意誠心正身脩、家齊國治天下平者，無日不講之，乃揀極至之語爲形容，以此爲一篇關紐處而主意焉，其實乃大病所在。蓋聖賢正誼不謀利，明道不計功，平時拳拳教人篤于下學，只是做格物致知以誠意正心而脩其身底工夫，何嘗躐等使遽造于物格知至意誠心正身脩之地，而安享其效？至所謂齊家治國平天下，則又在于身已脩而充之爾，非素無本領，可以雜然妄進其極也。繼又以「敬」之一説强牽挽附麗于其後，意義殊不相屬。外日温陵會次，亦説破此病，與之知，未必當其意也。使其享年，學老而成，亦不過只成就得一箇拗爾，無足多道。每嘗竊歎世之學者，最難得美質；質既美，又難得有志焉；幸而質與志俱美，而所學又不得門路，無以成其質而達其志，竟亦何美之有焉！因是益覺伊川所謂三不幸之説，誠爲不易至論，可敬可服。林賢良草範之書，極荷承教。此亦英才美質、度越流俗者，恨不遇明師，學無本源，用心良苦，與子雲太玄、温公潛虚、後周衛元嵩之元包同一律，皆無加損于易。後世聖道不明，而英才美質無所成就，枉入偏曲者，何可勝計耶！仙鄉多同門老成，想時有切磨之樂。前年道間遇潮人，説及謝教有書解，自刻(往)[行]，未委是自著，是編集？因一書求之，未蒙回答，更仗吾友求本示及爲幸。蓋書之爲經，最爲切于人事日用之常，惜先師只解得三篇，不及全解，竟爲千古之恨。自先師去後，學者又多專門，蔡仲默、林子武皆有書解，聞皆各自爲一家。昨過建陽，亦見子武中庸解，以書相參爲説，中間分章有改易文公舊處。過温陵，又見知契傳得蔡伯静易解，大槩訓詁依本義，而逐字分析，又太細碎，及大義則與本義不同，多涉玄妙，終不能脱莊、列之習，豈真知易之所以爲易？良可歎矣。直卿去年過南康，太守陳寺丞邀到白鹿洞講乾九三、坤六二傳，得本相似舉子時文牽挽之態，發二爻大義本旨殊不出，中間詞語又多病，復不見所以爲乾、坤之變處。今録去，漫一觀。直卿在師門最久，傳得本末極爲精備，而其爲説如此，則真見之粹然者最爲難也。行狀後段必是渠筆，此篇形容得文理俱到，却穩善，所欠温和一節，誠如來喻。舊某叙述之文，亦曰「望之儼然而可畏，即之温然而可親。其接人也，終日怡悦，熏然春風之和而可挹。事有所不可，則其斷之也雷霆之威，又然而不可犯」。乃其實也。然其間亦有小小造語立字未穩處，而後面近末説「天文地理、樂律兵機等，皆吾道中之事，自己本分著實工夫，所以明明德、體用之全，止至善精微之極所係，不可得而精粗者」。今乃結上文以道德，却分析此出在道德之外，離爲二截，似不相管屬，説開了。及碑記等文，多亦只是發明此理，不可與騷賦又別作一等看。此段更當脩刮純粹無病爲善。直卿前日在安慶，有小不合當路者之意，不欲顯然罷之，姑以大理丞召起，既在道，則使臺章彈去，而畀以祠禄，非誠有召對之命，得以從容于辭受進退之義也。

北溪大全集卷二六答陳伯澡六

姚省元過温陵，便道見訪，得欸曲兩時辰講論。奈少年方入門庭，遽攫大名，於路脈未有定準，且復不能虚心敬信，循序致力，尚有疑乎格物工夫之爲外而且煩，又有眷乎陸氏學問之爲得而非偏。彼時隨證爲之救藥，未知其果能釋然與否？若其歸也，必再胥會，當極與之痛切剖析，使之邪正大分明白。不然，則恐亦不能保其一於聖途之適而無差也。大抵吾儒工夫有節目次第，非如釋氏妄以一超直入相誑眩，須從下學，方可上達，須從格物致知，然後融會貫通，而知與行又不是兩截事。譬如行路，目視足履，動即相關，觸即相應，豈能相離，偏一廢一。若瞽者不用目視，而專靠足履，則寸步決不能行；若跛者不用足履，而專靠目視，則有空勞望想，亦決無可至之處。陸學從來只有尊德性底意思，而無道問學底工夫。蓋厭煩就簡、忽下趨高者，其所精微要歸，乃不過陰竊釋氏之説以爲聖人之藴，確然自立一家，牢執不可轉移，最爲害事。初學見識未定，看之不破，只當以此爲警，而何可惹著？學者大患，最是不可先立意見，横在肚裹，執之不化。若然，則中已梗塞，後來之善更不能容,是自入頭門路便已差却,更何復望其有睹于堂奧。須是虚心平玩,優柔饜飫,然後聖人之意可以有得,而步步踏實,工夫不枉矣。吾友却無此等失,然亦不可不知也。吾友攷索路脈已自不差,更望亹亹加功,早畢了論語,即又從大學看起;大學既畢,復温論語,意味又别;温論語又畢,則基址已自稍稍立定,然後從而開廓之以孟子,自不復難而亦時有洒然之意矣。續後方以中庸會其歸,則聖賢藴蓄事理、本末精粗深淺,皆可瞭然在目,而胸中權衡尺度無星毫分寸之紊矣。至是然後可以讀天下之書,論天下之事,而皐、益、伊、傅、周、召大業,亦自不離乎其中矣。此文公先生所示學者次序,決不可移易,決非欺世誤人者。而姚學諭却不循此,兩年來先專從事於詩,李探花持書折之,謂其何不先從大學看起?姚却引聖言「興於詩」爲據,而固執其説。時併舉以講訂,某復語以文公四子之序,須著如此用工,渠有難詞。似此等意見,便與聖賢天地懸隔,若久而不改,雖曰篤志,恐散漫而不淪,無乃空自苦,是猶却行而望及前人,萬萬無是理。吾友其亦戒之哉!其亦勉之哉!

北溪大全集卷二六答陳伯澡九

姚省元初間經過日,議論煞不合,後來因便寄一書,只詳日前所論意旨,大抵皆平心講貫之辭。不意渠甚尅不得,答書來,悻悻不平之氣盈溢楮幅間,甚作怪,殊可笑。原其病,在於一魁容不得，不知此乃世俗軒輊事，何足道，而横肚裏不化，只欲伸於人之上，而不肯屈於人之下。在吾儒真講貫義理，一點俗氣使不得，便昏了義理，不見得是非之真及裏面無窮之趣。看來乃江西流派，確然欲自植立一門户，無可挽回者。議論殊不識深淺，輕剥儒宗，妄自尊大，欲獨步斯世，亦緣是未曾深用工夫，未見得滋味之故。若用工深，真得滋味之人，自終身竭鑽仰之力，俛焉日有孜孜，斃而後已。惟恐做不徹，何敢肆輕無畏？何敢率易妄措一辭？可歎此學甚難，亦見真用力之難，其人謾知之以爲警戒矣。

北溪大全集卷三一　與姚安道 潮人，名宏中。節録

上略。所謂格物之説，今見得果如何？此最進學之要處，所當大致其功，不得以爲煩勞而狀之也。蓋不如是，則理無由明，義無由精，其於行也，必左動而右礙，前通而後窒，欲保其駸駸一於聖門之入，而無路脉之差，亦且難矣，何復望其有從容洒落處乎？程子諸説示人精微曲折，已爲詳盡，而文公發明考證，又爲明瑩親切，確乎不可易。學者但當按之循序加功，便自見得趣味，而知聖賢之決不我欺。大抵聖門工夫自有次序，非如釋氏妄以一超直入之説欺愚惑衆，須從下學，方可上達，須從格物致知，然後融會貫通，而動容周旋可以無阻。譬如行者之適都城，未曾識得路脉從南從北，幾程幾里，如何舉得步，出門便差。却

如陸學從來只有尊德性底意思，而無道問學底工夫，蓋厭繁就簡，忽下趨高者。其所精要處，乃陰竊釋氏之旨，而陽托諸聖人之傳，確然自立一家。文公向日最欲挽而歸之正，而偏執牢不可破，非如南軒之資純粹坦易，一變便可至道也。下略。

北溪大全集卷三一 與黄寅仲

外日書院相聚，極荷愛篤。遷出江下，又蒙連日綢繆，何感如之！別去區區，第有銘佩而已。某到嚴陵，不意以人情事勢所不容峻却而去，又留滯在此許久。寺丞端人正士，慈祥愷悌，誠心愛民。今年水旱大歉，無日不憂形於色。子和亦多能之士，曆醫、山水皆精，由其資稟聰俊，故無所不通爾。可中資質極是純粹，惜乎學問差向一偏去，已纏肌入骨之深，無可轉回者。初間到旅邸相訪，亦開懷説其學問來歷，及詹郎中悟道一段，殊無隱情，以爲堯、舜至孔子相傳都是如此。是時與他詳細剖析，從原頭梳理下來，忽爾日暮，各且散去。後再相見，更不扣竟前説，又多是匆匆不暇。大抵先入者爲主，確然固執，自以爲是了，外言更如何入得？其祭詹文道「孟子後千五百年，得其傳者惟象山，象山之傳惟默信」，其意向偏暗如此。末結説默信未嘗死，又全用佛、莊死而不亡底意，更何暇責？顧平甫資質亦莊静，扣其所學，及與詹、楊來往有何傳授，欲因其所偏而爲之救正，絶口不出一言，屢扣屢寂，但叉手聲諾而已。又不如可中之無隱，爲其堅意隱默如此。後因來訪，只直剖析儒、釋之所以分，及陸、楊之所以偏處與之。自後或相見，坐未煖則别去，不暇講論。必是意旨不相契，兼未能知味，故以爲緩而不在急也。自到嚴陵，益知得象山之學情狀端的處。大抵其教人，只令終日静坐，以存本心，無用許多辯説勞攘。此説近本，又簡易徑捷，後進未見得破，便爲竦動。今按其説，若果是能存本心，亦未爲失。但其所以爲本心者，認得錯了，只是認形氣之虚靈知覺者，以此一物甚光輝爍爛，爲天理之妙，不知形氣之虚靈知覺者，人與物皆同，如牛羊鳥獸蟲魚，凡有血氣之屬，皆能知覺，趨利避害，不足爲貴。此心乃即舜之所謂人心者，而非道心之謂也。人之所以貴於物者，以其有道心，若仁義禮智之粹然者是也。人心，血氣之私也。道心，性命之正也。仁者雖不相離，而本自不相混。今指人心爲道心，便是向來告子「指生爲性」之説，及佛家所謂「作用是性」之説，「蠢動含靈，皆有佛性」之説，「運水搬柴，無非妙用」之説。故慈湖傳之，專認心之精神爲性，則是全指氣爲理矣。惟其全指氣爲理，故安然以陰陽爲形而上之道言之，不惟論天、論易、論乾坤，都做此一物，論道、論德、論仁、論義、論禮、論智、論誠敬、論忠信，諸等固有萬善，皆只是此一箇渾淪底物，只名號不同爾。夫道德仁義乃專以理言，而指氣以當之，已爲不是。而諸等名義各有所主，頭面體段自是不同，甲件自有甲件用，乙件自有乙件用，都來混作一物，尤含糊鶻突用處，豈得不差錯？讀書窮理，正要講究此令分明，於一本渾然之中，須知得界分不相侵奪處，又於萬殊粲然之中，須知得脉絡相爲流通處，然後見得圓，工夫匝體無不備，而用無不周。今都掃去格物一段工夫，不復辨别，如無星之秤，無寸之尺，只默坐存想，在此稍得髣髴，便云悟道，既悟得後，却又將聖賢言語來手頭作弄，到死後又依古禮行喪，如此者何故？蓋須是如此方爲儒名家，不然則爲佛名家矣。其實於聖賢言語，只是略略依他見成條貫，不要甚通解，多牽來拗就己意，未嘗講究聖賢本旨端的之爲如何。既不辨别衆理，又不見得端的之爲如何，則臨利害之衝，如何應變？又如何守得牢固？因知輔漢卿所録，譬如販私鹽人擔頭將鮝魚粧面之説，爲發得情狀出，甚端的也。以晦翁手段，親與象山説不下，況今日其如此等人何！近思量渠門既偏溺於此矣，又直攻其所偏溺，則愈畏縮而不入。今喻丈得瘧，俟兩日平和，更見之，將此話頭置放一邊，絶口不及，只以孔孟工夫精密切要處開誘之，令且子細師法孔孟，不可恁疏闊，恐滲漏處多。但誘得入窮理路來，可漸有見，自能覺其是非爾。

北溪大全集卷三一　與邵生甲嚴陵人。

數日甚企想，而佩音悄然，何邪？始者承賢者來訪，謂賢者資質志向之美，亦易通曉者，便極爲剖析其是非邪正之分，庶幾曉然不迷其所趨。再蒙見訪，又道及濂洛諸老先生之書都曾看來，親手編寫成帙，又知其亦素用功者。繼而講論鬼神之事，乃至偏執異端，死而不忘之説，滯而不能化，亦未曉其受病之由。續到賢者之居，獲奉從容，仍出江西至言，示其意所主者，始讀一篇，不見其有一句入正腔窠，再讀二篇，又不見其有一句入正腔窠，遂掩卷不讀。而賢者又示以小詩與行狀，乃知自孩幼時已□異矣。而賢者嗜之不釋口，且曰從濂洛諸老先生書來。某方得此，是其爲好并談易談心，悉踵已見之誤，而安之不怍，至是乃知賢者平生學問，知賢者胸中底藴，知賢者病根所在，從原頭本領差錯來，纏心腸、蝕肝肺者已深矣。因覺始相見極爲剖析之言，殊不入賢者之耳，枉爲虚説，而賢者於諸老先生之書，亦枉用許多工夫，全未有一字之得此。其故何也？由諸老先生見此道理素熟，所謂至精至好處，只作家常茶飯底事，平平説去，淡若無味，而其中發明孔孟不傳之秘旨，實爲格言至論，千古擷撲不破。以時文淺識，泛泛讀過，莫能曉解。忽見此人説得奇奇怪怪，又簡易徑捷，便爲竦動，而陷墮其間，所向於諸先生書上稍得一字之義而知味焉，則決不至有此陷墮處。非惟於諸老先生書未有一字之得，在孔孟之門亦未得寸步之入。并覺昨所論鬼神一節，乃至幽至玄，無形影事，非物格知至、理明義精者不足與語，而遽於賢者之前言之，乃强人以所未到之理，講其所不當講，答其所不當答，不能逃躁瞽之愆。然此心終不能恝然於賢者，以賢者方二十六，正孔子所謂後生可畏之時，前程地步闊，日子長，儘可闊步著工夫，做聖賢大業，不可但爲山林苦行，偏滯在一隅，枉了可惜。今固不敢勸賢者絶濂洛而師象山，亦不敢勸賢者舍象山而從濂洛，此事未易決，姑置之勿論。且賢者讀書爲儒，豈非祖孔孟者乎？今只以孔孟門庭精要工夫，與賢者共切磨之，如何？某在此不久，只月末便歸，不得與賢者久處，若不説及此，恐失此等工夫，則疎闊走漏處多。且孔孟門庭精要工夫如何，在書則「惟精」與「惟一」不偏廢，在易則「知至」與「知終」不偏廢，在大學則「知止」與「静安慮得」不偏廢，「格物致知」與「誠意正心脩身」不偏廢，在中庸則「明善」與「誠身」不偏廢，「道問學」與「尊德性」不偏廢，「博學審問慎思明辨」與「篤行」不偏廢，在孔子則「始條理」與「終條理」不偏廢，在顔子則「博文」與「約禮」不偏廢，在孟子則「盡心知性」與「存心養性事天」不偏廢。蓋察之不精，則若何而能一？知之不至，則若何而能終？不知所止之地，則將於何而静，於何而安，於何而慮，於何而得？物不格，知不致，則意將如何而誠，心將如何而正，身將如何而修？善不明，則身將如何而誠？問學之不道，則將如何而爲德性，又如何而尊學問？思辨之不博審慎明，則將如何而行，又如何而篤？始不知條理，則終如何而爲條理？文不博，則禮將如何而約？心不盡性與天俱不知，則又將如何而存，如何而養，如何而事？萬物固皆備於我，然物物各有頭面，事親當如何而爲孝，事君當如何而爲忠，事長當如何而爲弟，夫婦當如何而爲别，朋友當如何而爲信？曰仁如何而爲仁，曰義如何而爲義，曰禮如何而爲禮，曰智如何而爲智？合當用義時，可只以仁應否？合當用智時，可只以禮應否？曰誠如何而爲誠，曰敬如何而爲敬？合當用敬時，可只以誠應否？曰忠恕如何而爲忠恕，曰中庸如何而爲中庸？曰義利，如何而爲義，如何而爲利？又有義之似利，利之似義，則將如何而辨？曰天理人欲，如何而爲天理，如何而爲人欲？又有天理之似人欲，人欲之似天理，則將如何而分？凡此等類，只可坐想都了否，還亦須著工夫理會？如合著工夫，如何而著？不審賢者於此已生知安行將去，抑尚在學知勉行邪？抑未能知，未能行，而合求知求行邪？此等工夫，甚欲與喻、顧二丈及王生相切磨，不然則空爲世情契，不爲道義交。今喻丈瘧未愈，顧丈又拘書會自講説，諸執事並在坐相陪，獨渠不曾一來，將意旨不相契而禪進耶，抑某説之不足聽邪？抑未能知味，以爲緩而不在急邪？王生又屢邀而屢不至，昨適幸其至，方回頭欲與語，而忽又不見，或謂徑去矣。殊不曉其意之如何也？此理十説無窮，七説無盡，雖終日不食、終夜不寢以求之，猶恐不及，而悠悠若是，豈所謂志學者？竊歎黄堂篤意於開明，後學每見每必問，是何闔郡亦無一人稍體黄堂之意，以自篤其意爲開明之歸，可以爲黄堂説，幸而得賢者一人可語，又唱焉而不和，何邪？此天下公理，是曰是，非曰非，一行乎大公，非可拂理狥情，拗非爲是，而相取謏。若拗非爲是而相取訣，則是陷人於非道，而賊夫人之子，樂人之取訣，而忌人之救正，則是又護過以匿於己，而吾道之賊也。此皆私意之尤，非君子豁然大公之心，而豈所謂切磋之道也？所學爲何事，而私意如此，何時得胸中洒落如光風霽月，何時得本體輝光潔白如江漢以濯之，秋陽以暴之邪？野人前所講義四段，想必已見，又不敢奉呈，恐不相契，反爲覆瓿。舊亦有心説二篇，皆未敢唐突出授。深念賢者更遺此忠告，能併達此意於王生諸人，幸甚。

北溪大全集卷三一 與王生震

某始到學，吾子不外，首先來訪，見其資質志向之美，可與適道，豈勝欣幸。續於九峰聞尊丈説吾子聰俊之發甚早，自九歲已能文，十二三已志道，今年方二十，又不勝欽慕，屢使人邀屈，欲細扣所學來歷，庶知其是非深淺，可以置切磋之功。而屢邀屢不至，屢唱屢不和，今幾匝兩月矣，竟未得與吾子有一日之欵，劇談而痛論。昨忽承吾子之至，方回頭欲與語，而忽徑去，又不見此，其故何謂邪？是固不難曉矣。子學淵源祖象山，曲護祖印如護命，懼拙者有以攻之，故稀行疎立，而不欲相親。吾何私冤於象山哉？爲其佐異端、鼓淫詞爲人心害。吾對越上天，講明公理，爲人剖析是非，深有愛於人，而存忠恕之心，懼其或至誤陷焉，而枉害了一生也。今吾子既深忌而痛護之矣，吾亦何苦强聒於子哉？姑置之勿論，待他日識見長而自定焉。只如洙泗之上，大聖羣哲，端拱肅列，相與講道，下學而上達，是多少精微廣大之旨，是多少縝密要切之功，殊不得與吾子浹洽講貫。後生失此不及知，豈不大欠缺，爲可惜。又深念吾子妙齡美質，正孔子所謂可畏之時，氣力正强，志意正鋭，正可闊著步，做聖賢大業工夫，爲天下大儒，無但隘守隅角，小道細行，姑長雄於山峽間，枉度了一生。又可惜學中講説，大小諸生皆環坐樂聽，是開闡多少宏綱大義，是發揮多少微言秘旨，而吾子獨不得一聞，以發高明之見。又可惜此月末欲便歸矣，與吾子只成結世情知識，而不成結道義交契者，何邪？九峰又聞尊丈説吾子旦夕爲四明之行，此豈小兒志識未定者之事邪？彼持敬苦行一節爲可美，而學術議論，只是一老禪伯見之，何爲看之不破，稚嫩之質，寧無轉移潰亂邪？聞之極爲良資美質痛惜，夜睫爲之不交，早作不覺肝肺流而爲一篇。今未知吾子此行之果如何？將别矣，亦録爲贈言，在别紙。

北溪大全集卷三二與鄭行之 嚴州人，名聞。

某外日都門一接見，深爲吾子喜。何喜也？二五流行，參錯不齊，而人生所值，駁者多而純者少，故賦質之粹美者最難。其人或既有是美質矣，而又安常習故，不能志於學以成之。其有是美質，又能立志於聖賢之學者，豈不爲難中之尤難者乎！今吾子俱有是二難之美，是安得不爲吾子喜？自奉嚴陵郡侯命入學，與諸生講貫，深念吾子有此密邇，實爲不可逢之良便，是以專人奉書，冀其一來，相聚旬日，少效愚見，以發高明。而吾子辭焉，回武只奉空書而至，又大爲吾子愕。何愕也？聖人垂世立教，是多少精微廣大之旨，欲與吾子講而不得講。學者師慕聖人，是多少縝密要切之功，欲與吾子究而不得究。日間與諸生誦大學、論、孟、中庸之書，是開闡多少宏綱大義，是發揮多少微詞奥藴，而吾子皆不及與一聽焉，於學問誠大欠缺者，而安得不爲吾子愕？既而開緘讀之，心病隱隱於聲畫間，又極爲吾子憂也。聖人不作，專門名家以亂吾道者甚衆。學者立志之初，最當明别邪正二路之所由分，適乎正路，則爲賢爲聖，差之邪徑，則爲狂爲愚。今子之所志者何學歟？書詞主象山，其根原差錯矣。道學師友淵源，自孟子没千四百年，得濂洛諸君子更相發明，而後孔孟之心始白，斯道之傳始有繼；其微言秘旨，又得朱文公精明而光瑩之，實後學之指南，而百世之師範一定而不可復易者也。彼象山者，不師孔，不師孟，而師道光號佛照，竊其宗旨，而文以聖人之言，屹然自植一家，與孔孟背馳，與周程立敵，導學者於詖淫邪遁之歸，誠異端之雄，而吾道之賊也。子平日在吕氏家塾相講磨，東萊蓋友朱張、師周程而宗孔孟者也，其子弟決不肯背其先學，爲異端之趨，不知子從何而得之歟？大抵其教人終日默坐以求本心，以萬善皆吾心所固有，無事乎辨説之勞，屏去格物一段工夫。而其所以爲心者，乃錯認形氣之虚靈知覺以爲天理之妙，不知形氣之虚靈知覺一也，而有人心、道心之不同焉。由形氣而發者，以形氣爲主，而謂之人心，如耳、目、鼻、口、四肢之運用者是也。而人與物同，不甚遠也。由理義而發者，以理義爲主，而謂之道心，若仁、義、禮、智之屬是也。而人與物異，獨爲最貴者也。二者在方寸間，本自不相紊亂，如饑而食，渴而飲，此由形氣而發，人心也。此心最危鵕而易陷，若窮口腹之欲則陷矣。嘑爾蹴爾，嗟來等食則不食，此由理義而發，道心也。此心甚隱微而難見，如其嗟也可去，其謝也可食，自非聖人莫能見之。聖人精察二者不容於雜，而一體道心，常爲之主，使人心每聽命焉。故聲爲律，身爲度，從心所欲不踰矩，則日用動静云爲，無非純是道心之流行矣。自古羣聖所授受、相講明者，其要訣正在於此。今却指人心爲道心，乃告子「生之謂性」、佛氏「作用是性」之説，是指氣爲理矣。則其所謂道德仁義等萬善皆不説著本體端的，而萬善本一而分殊，名義又各有所主，一物自有一物之用，隨感而應，脉絡粲然，各不相奪。今都混爲一物，無用致窮格之功以明析之，則用處豈能各止其分？不過直行己意之私，而天理人欲雜無辨矣。雖萬善本皆我固有，然人自有生以來，氣稟、習俗、物欲、私意是幾重湮蔽，豈可但坐想即得之，便安然行去，有如此之徑捷乎？此根原來歷與聖人殊宗，蓋昭昭矣。吾子晚進，見之不破，而遽有嗜焉，又安得不爲吾子憂？然人之稟性也有偏圓，而其受病也有淺深。圓者易轉，偏者難回，淺者易醫，深者難救。吾子之性若圓而病若淺也，願因愚言，凝然思，惕然動，釋然悟，幡然改，悉濯去江西舊見，一新更窠易模，循濂洛淵源，以達洙泗。其用功也，必依某所謂致知力行之節目，而主敬以爲之本；其讀書也，必依某所謂四書之次序而復熟焉。果能致知力行之功到而四書之義徹，至於一旦豁然，真有卓爾躍如目前，然後知今日之言的不爲吾子欺矣。吾子之性若偏而病若深也，則濂洛、江西二派未容易決。願將二家之書且束之高閣，俱勿論，惟清心專讀大學、論語，專以孔聖爲師，顏、曾二子爲友，而孟子亦以爲體驗充廣之助。是三書者既融會貫通，則邪正之分自定，而取舍之幾自決，所謂濂洛、江西二派不待較而判矣。如或皆不以爲然，而偏執舊見，牢不可解，則是不師孔孟而師異端，不由公平正大之道而趨詖淫邪遁之域，其歸宿成就不過一老、佛、莊、列之徒爾，反不若常人之未能立志者之爲愈也。何者？以彼之心未病，猶在人理之常，而此爲心恙已甚，乃出乎人理之外也。至是則更不能爲吾子救，而但爲吾子哀矣。況子之妙齡甚富，正孔子所謂後生可畏之時，前程地步闊，日子長，正可著聖賢大業工夫，爲天下真儒，而拘拘於一隅之小道細行，枉了一生，抑甚爲吾子惜也。此間詹、喻、顧皆江西之流。詹不及識，如已易全用空門宗旨，無一句是，而跋爲清明，則其胸中可見矣。喻旨不相契，顧自是自足，議論不離流俗之見。後進有邵生甲、王生震者，妙齡可教，而亦墮圈檻中，不惟自是自足，而又自高自傲，無可救藥。

而甲者又不能閉户自靖，牢守祖印，乃自矜自衒，自哲自聖，爲祖師解析鼓淫詞而張之，既奉墨以附於儒，而又去而歸之墨，殊無知可笑。假如有莊周口吻，説得至玄至妙，亦不過彌近理而大亂真，絶相似而極不同也，而況於無莊周之玄妙乎？其殆客氣忿懥，欲角勝負，貌態癲狂，亂爲叫呼，乃自絶於長者，非長者絶之也。外此惟接得張生應霆一人，志趣未雜，而一心樂聽講論，爲可望爾。近又得李生發，有志舍舊從新，爲可嘉，亦未知其終之如何也。今恐南去，與吾子益遠，又未敢絶人向善之路，輒叙此曲折，託壽昌縣前董四省元轉達，併録講義四篇，乃立後學一定之準，決無相誤。及舊嘗解「食無求飽」一章，恐可以爲進學之警，別紙録去，幸詳之。區區詞不盡意。諸客來年九月參選過此，吾子有定見，無惜披露一幅，預於九月初寄董家見示，當觀新得，爲吾徒賀焉。

北溪大全集卷三二與鄭節夫

自都城獲奉從容，知賢者資質志趣之美，實惟欣幸。別來山川日阻，愈見差池，而此心則未嘗忘也。載伯來，得知賢者已有館地，便即就赴，不勝慰懌。報別次，又道及賢者已覓書爲四明之行，其意久矣甚鋭，而不可遏者何邪？驟聞此舉，甚爲賢者傷惜，彌夜達旦，耿耿於中，不能以自平也。且彼持敬苦行一節，誠亦可欽羡，然所持者亦只是一箇死敬，所苦者亦只是一箇死行而已，有何運用活樂處，有何裨補濟益處？其學術議論，不過只是一老禪伯祖師傳授，根原本領差錯來，本只是禪家宗派，非可以吾儒論。己易數千言，無一句是。察言以求其心，即此便見他所以爲心處。永嘉之政殊可笑，攷迹以觀其用，即此便見他所以爲用處。其門下多是引接僧道輩來往，以法門兄弟氣類相同之故。嚴陵之詹，乃其朋儕，跋己易爲清明，則其胸中亦可見矣。喻、顧及後進輩有邵、王，皆其黨，議論乖繆處甚乖繆，凡鄙處甚凡鄙，無一字合正腔窠，無一語相入。嚴陵有九峰寺僧惠覺者，詹悟道時嘗造請證印，得「朝聞夕死」一言而歸，不勝其欣榮。喻、顧即日與他爲至朋，無時不造談論。其平日從游趣向只是如此，彼識吾儒門户是如何，識聖人壇場境界是如何，而欲以儒家事業、聖門淵源與之講訂，則大誤矣。某嚴陵講義四篇，曾見否？此喫緊爲天下來世學者立一定準程，非止爲山峽間一州之設，的無相誤處，幸勿以厭平淡、喜新奇之心而易忽之。及所與寅仲初書，并嚴陵學者鄭生聞書、邵生甲書、王生震書及詩、所辨論象山異端之學，及學者要切工夫處甚詳明，幸一復熟之。此等輩不師孔、不師孟，而師佛照，其爲學規式、用功節目，別杜撰創一種徑捷門户，與孔孟殊宗，與周程立敵，只當以非吾徒斷之，何暇更求見之？云求見，不徒是空來往，勞費無益，而又不覺能轉移人眼睛喎斜向一邊去，不成本來面目，受害反有甚，亦凜乎可畏。而賢者冒行之殊，不曉所謂吾儒門户，修身行己，自有正法，造道入德，自有正路，等級次序，一定不可復易，而聖人壇場境界，公平廣大，載在語、孟、大學、中庸、六經之書，又萬世通行，昭昭可覆也。能循循而進，日有日之功，月有月之益，歲有歲之效。賢者與槎溪相聚許久，所謂格言至論，誦之亦云多矣，所謂宏綱大旨，講之亦云熟矣，想其志必亦欲爲君子儒，而不爲小人之歸，必亦識聖賢趣向而知所用力之方矣，今忽舍儒而歸墨，叛聖賢而入異端，不師孔孟大中至正之教，而宗慈湖、祖象山爲奇惟之習，出人理之常，是亦甚可哀也已。豈槎溪有以誤之邪，抑賢者之無常而負槎溪也？謂其急於求道而不暇擇歟？然饑者之欲食，亦須是食五穀然後可以充饑，豈有不暇擇五穀而但急於走江以漁魚、走山以獵獸，而僥倖其或可以有濟也？謂其旁搜博覽以備參考，而中自有主歟？然此則大賢物格知至、理明義精、學有餘者之事，而非新進晚學志稚而未定、識嫩而未確者之所宜也。志稚而識嫩，則是非茫然，莫得其真而遽欲爲泛泛之舉，殆猶乘一葉之舟於風濤洶湧之衝，其不覆而沉者希矣。因覺前日都門相聚，雖賢者之意亦甚拳拳，而退後之語每以守舊爲足，亦殊無一言扣擊，是以精切之論無因而發，不得到賢者之前，以廣高明之見，致使賢者有今日之流，則拙者亦不能逃其罪也。今白沙舟中，念及賢者，恐南去益遠，與賢者愈不相及，而賢者之病日深，纏肌蝕骨，不可救藥，因急發此，託計院轉達。願平心定氣，而三思三省焉，無爲是支離駁雜，且取四書循序而熟讀之，俛焉孜孜，須到混融貫通處，自當卓然有見，而知天下真是真非，邪正之分自定，從違之幾自決，而且以知今日之言的不爲賢者誑也。若不以爲然，則是欲果於自暴自棄，爲狂妄之歸，愚亦不能强聒於子矣。

北溪大全集卷三三答西蜀史杜諸友序文

某外日別次，甚感諸友各勤贈言，途中匆匆，未及披覽。至家，人事稍暇後，方得一觀，類皆志趣高明，不肯埋没流俗，俱卓卓有景慕賢德之意，竊深爲之敬歎。其間有義未安處，敢一切磨之。史兄全篇，以濂洛之學乃洙泗萬世之正學爲主意，而謂文公集厥大成，粹乎真洙泗、濂洛之淵源，可謂已認著聖賢門路，而得其一定準程矣。但當即此爲終身鑽仰之計，且須平心玩味，切己體察，孜孜循序，毋支毋離，毋過毋鑿，則異日自有登堂入室處。所論乾道變化，各正性命，無非生生不息之誠，鳶飛魚躍，上下皆察，無非成性存存之妙。此等陳義似高，然不免舉子時文牽挽之態。看道理正不可如此含糊，須各隨本文子細紬繹，乃能明曉瑩徹，有切己得力處。如乾彖傳所謂「變者化之始，以所賦之命言；化者變之成，以所受之性言」二句，乃謂乾道變化，無所不利，而萬物各受其所賦之正，以爲一身之主，所以釋乾「利」之義。蓋就陰静一邊言之，生生不息之誠，乃一元生理之流行，貫徹乎四德動静之間，循環而無端也。中庸引「鳶飛魚躍」以證天理自然流行之妙，昭昭乎天地上下，無所不在，若成性存存，乃言智禮本成之性存存於我，則道從此而出。其存之又存，乃工夫純熟，無間斷之意。此等語脉自各不同，强爲牽合，則渾雜無别，有害於窮理之實。至所謂「清濁混雜，有待澄治，則爲庸人」者，又欠委曲。據人生氣稟，除了聖人一等，自賢人而下，便已皆然。但其中多寡分數煞不齊，而人品隨之亦煞不一，未可都以庸人一例斷之，失權衡之平矣。餘所講明，則皆平正穩帖，路脉不差，爲可喜。千萬勉之。杜兄深有警策，於爲學當在「自己下工夫實體之」一言，全篇反復推證，以是意爲主而服膺之，可謂得切問近思之要矣。大抵古聖賢邈在數千百載之上，影響絶不相接，只有遺言在簡册間。今若不實體於己，則何由識言中滋味，而得古人心腸肝肺，於己分亦何相干？須把聖人之言，如親承謦欬於羣弟子，如親與同堂合席相講磨，其所論事如自己親做底，一一就己上實體之，則其是非當否、輕重緩急，一如痒疴疾痛之切於身，皆瞭然可得而知矣。由是而之，則聖賢千言萬語，皆爲切己之盤盂几杖，箇箇有受用處。及其久而熟也，雖或閒言漫語，亦無非吾切己之益，而用功之實也。然於實體之中，亦須致知力行工夫並進，蓋實體察之則知益精，實體而合之則行益切，又不可徒守彼一言，恐復糊塗無活法也。子安所叙雖嫩，而旨意已平正。其論閩、浙、湖湘、江西之學爲門各異，而獨有取於閩學，得正傳之粹，亦所主之不差矣。但諸家之深淺邪正，亦當灼知其本末表裏，無纖悉遁情，方能決不爲吾惑，而所主者益堅以定。若未能然，則全未可惹著，只一意堅吾所主，以待他時識見長而自明。且如湖湘之學，亦自濂洛而來，只初間論性無善惡，有專門之固，及文公爲之反覆辨論，南軒幡然從之，徙義之果，克己之嚴，雖其早世，不及大成，而所歸亦已就平實，有功於吾道之羽翼。浙中之學，有陳、吕之别。如吕以少年豪氣雄大，俯視斯世，一旦聞周、程、朱、張之説，乃盡棄其學而學焉，孜孜俛首，爲聖門鑽仰之歸，未論所至之何如，只此勇於去邪就正一節，深足爲至道者之觀，亦吾名教中人。如諸陳輩，乃鄙薄先儒理義爲虚拙，專馳騖諸史，攟摭舊聞爲新奇，崇獎漢唐，比附三代，以便其計功謀利之私，曰此吾所以爲道之實者，兹又管晏之輿皂，而導學者於卑陋之歸也。若江西之學，則内專據禪家宗旨爲主，而外復牽聖言皮膚枝葉以文之，别自創立一家，曰此吾所獨悟於孔孟未發之秘旨，而妙契乎堯舜千載不傳之正統者，其實詖淫邪遁，與孔、孟、周、程大相背馳，甚爲吾道賊害尤甚。後進看邪正不破，樂其徑便，多靡然從之。此種自江沿浙，已滋蔓矣。兹其取舍從違之機，非理明義精未易決。在初學有志斯道，而爲聖賢之歸者，誠不可不謹其所習也。其名約之，則汎濫駁雜之甚矣。所列道學四條之義，安得許多分裂？所謂道學者，其所學以道爲主，而所謂道者，又非有他，只不過人事當然之理，天下古今所共由者而已，初非有幽玄高妙懸空在萬物之表、與人事不相干者也。但推其根原所自來，則出於天命之自然，而語其全體所會，則實具於吾心。惟是氣稟物欲之交累，而致知力行等工夫少得人勇猛去做。如果有能做得此工夫，淨辦至到，則是理可復全於我，由中而見於四體，則目視耳聽有常度，手舉足履有常節，至於動容周旋無不中禮者，皆仁義禮智睟面盎背之餘，而爲道德之容。見於應事接物，則爲父子有親，爲君臣有義，爲夫婦有別，爲長幼有序，爲朋友有信，無不各盡其道者，皆此理之大目，而爲人倫之至。其與朋友切磋琢磨者，亦不過講明乎此理，而相勉以進之也。如大學所謂如切如磋者，道學也。蓋以切磋骨角有脉理之可尋，乃是言講學之事，非指此目爲道學也。其發明聖經蘊奧，著書以導後學者，亦不過寫其平日躬行心得之餘，而寓於修道之教也。雖至於治國平天下，彌綸天地，裁成萬物，亦莫非其中大本之所流行，而明德新民之極功，非度外也。是雖曰萬殊，而皆一本也。此堯、舜、禹、湯、文、武、皐陶、伊、傅、周、召達之所行，孔、顔、曾、孟、周、程諸儒窮之所明，無二致也。若所學不由此，則無其本，而所固有者不能有，凡百所爲，皆不免於外面計較之私。是雖言動有禮，容止可觀，未必合理義之當然，而爲先王之法言德行也。是雖忠於君，孝於親，弟於兄，信於友，未必得古人之成法，而爲中庸之至德也。雖於朋友講磨極其博洽，殆亦不過俗尚意見之偏，而非聖賢之精義也。雖訓釋諸經，窮深極微，號爲名儒，殆亦不過曲學專門之鑿，而非道德之格言也。雖至於治國平天下，亦不過才智功利之陋，而非此道之大用流行也。是特漢唐諸儒及管晏儔輩等事，烏識所謂聖門之學，而烏可以道學名之？至所謂終日兀坐，與坐禪無異，而前輩又喜人静坐之説，此正異端與吾儒極相似而絶不同處，不可不講其所以爲邪正之辨。道、佛二家皆於坐中做工夫，而小不同。道家以人之睡卧則精神莽董，行動則勞形摇精，故終日夜專以打坐爲功，只是欲醒定其精神魂魄，游心於沖漠，以通仙靈，而爲長生計爾。佛家以睡卧則心靈顛倒，行動則心靈走失，故終日夜專以坐禪爲功，只是欲空百念、絶萬想，以常存其千萬億刼不死不滅底心靈神識，使不至於迷錯箇輪回超生路頭爾。此其所主，皆未免意欲爲利之私，且違陰陽之經，咈人理之常，非所謂大中至正之道也。若聖賢之所謂静坐者，蓋持敬之道，所以斂容體，息思慮，收放心，涵養本原，而爲酧酢之地爾，固不終日役役與事物相追逐。前輩所以喜人静坐，必歎其爲善學者以此。然亦未嘗終日偏靠於此，無事則静坐，事至則應接，故禮經於合當坐時則坐如尸，合當立時則立如齊。明道亦終日端坐如泥塑人，及至接人，則渾是一團和氣，是皆天理之公，而學行當然不容廢者。若江西之學，不讀書，不窮理，只終日默坐澄心，正用佛家坐禪之説，非吾儒所宜言。在初學者未能有得，則其志道精思未始須臾息，亦未可須臾忘也，安得終日兀坐而無爲？如理未明，識未精，徒然終日兀坐而無爲，是乃槁木死灰，其將何用？來説乃謂心最難制，默然端坐，舉日紛然，不火而熱，不冰而寒，欲其無所思而不可得，則差之遠矣。心不能無思，所思出於正，乃天理之形，非以無所思爲貴。坐當思亦思，思其所不當思，則爲坐馳，非以無所思爲奇特。他門欲終日默坐無所思，便自忽然有箇覺悟處，寧有是理哉？道必講而後明，物必格而後知，大學首重在格物致知者，非謂格物致知都要周至全盡，方始可做誠意正心修身等工夫，凡一切工夫合下須齊頭並做，但語其功效次第，必物已格而後知乃可得其至，知已至而後意乃可得其誠，以至心正身修，各隨次第得力爾。天下事物無一非理之所寓，而格之自有次序。先其近者小者，而後其遠者大者；先其易者著者，而後其難者幽者。論其極則天地萬物皆不可遺，語其要則日用人事最不容緩。如事親當孝者，非是空守一箇孝字，必須窮格所以爲孝之理當如何，如何而爲奉養之宜，如何而爲温凊之節，凡古人事親條目皆無一不講，然後可以實能盡孝。如事長當弟，非是空守一箇弟字，必須窮格所以爲弟之理當如何，如何而爲侍坐侍食之禮，如何而爲應對進退之儀，凡禮經事長條目皆無一不究，然後可以實能盡弟。況此身在目當如何視而爲明，在耳當如何聽而爲聰，在手當如何執而爲恭，在足當如何履而爲正；内而曰心當如何而存，曰性當如何而盡，曰情當如何而檢，曰意當如何而誠，曰仁、曰義當如何而居、如何而由，曰道、曰德當如何而志、如何而據，善如何遷、過如何改而爲吾益，忿如何懲、慾如何窒而爲吾損；利與義雜，如何而能舍利、如何而能取義，己與禮並，如何而能克己、如何而能復禮？言當如何言爲法言，行當如何行爲德行，居家當如何爲齊，居鄉當如何爲睦，居官當如何爲理，事君當如何爲忠，待人當如何其節文，接物當如何其品制。似此等類，是多少底事，皆爲人至切要處。若不講究得一一分明，如何忽然自能之，亦如何做得人？今舍此等不務，却疑身外別更有深奥處，而欲博窮六合，知其非所得知，果何以彼爲，無乃太失之支離，向莊列圏穽去，豈聖門實學之謂哉？程子曰：「致知之要，當知至善之所在，如父止於慈、子止於孝之類。若舍此不務，而欲泛然觀萬物之理，吾恐其如大軍之遊騎，出太遠而無所歸。」正爲此爾。若果能低心遜志，於人事處下學既到，則根本體統一定，至是雖或窮高極深，莫非吾度内，亦自可以通天地之大全矣。若讀書次序，則嚴陵講義第四篇已明，須循此而進，方可入道。讀晦庵之書，則第二篇已言其略矣，須以此爲定準，方可路脉無差。果於是焉真有實得，則胸中權衡尺度明明整整，以之讀他書，真僞邪正自判然迎刃而解，雖汗牛充棟，不能爲吾惑。不然，則將有泣歧望洋之憂，亦難保其不迷而覆矣。近思録之讀，則已見答林司户書，大抵首尾陰陽性命之説，姑示學者以理義根原大端有在於此，而不在乎他，蓋亦不離日用人事之實，特欲使志道者起向慕之心，而知所底止，非遽躐等俾之强通也。自第二至第五卷，皆用工夫之切；十三、十四卷，又辨異端、明道統，尤不可不熟於究竟。此數卷果通，則首卷將不言而喻矣。

陳沂

陳沂，字伯澡，號貫齋，宋仙遊（今屬福建）人。篤志文公之學，受業陳淳之門。以父蔭補官，調新州推官。事跡見閩中理學淵源考卷二八。

北溪大全集外集敘述節録

上略。歲在丁丑，待試中都，同志之士遠及川蜀，争投贄謁，朝紳之彦，聞風加禮。歸過嚴陵，郡守鄭公之悌率僚屬人士，延講郡庠。先生歎陸學張王，學問無源，全用禪家宗旨，認形氣之虚靈知覺爲天理之妙，使人終日默坐澄心，以求大本，屏去道問學、窮格工夫，欲一超徑造上達之境，反託聖門以自標榜，牽聖言以就老釋，意其爲吾道之賊，極口辨論，辭不少遜，遂發明吾道之體統，師友之淵源，用功之節目，讀書之次序，析爲四章，以示學者大公至正之標的。於是儒名墨行盜名於一方者斂縮不敢肆，而志學向道者始釋然知邪正之所由分。然則先生之息邪説、詎詖行、正人心，其有功於斯道也大矣。注簿安溪，未上而殁。下略。

釋居簡

釋居簡（一一六四～一二四六），字敬叟，號北礀，潼川（今四川三台）人。俗姓王。歷住台州般若報恩寺，後居杭州飛來峰北礀十年，晚居天台。淳祐六年卒，年八十三，僧臘六十二。著有北礀集等。補續高僧傳卷二四、浄慈寺志卷八等有傳。

北礀集卷五無極序

或謂太極、無極之辯起於無極圖，豈濂溪務爲後世爭端耶？昔游康山臥龍庵，見劉淳叟擘窠大書亭柱曰：「是日與朱南康論太極無極。」吾謂太極無極非古人意，裴回四顧，恨不見劉子而畢其説。有以「無極」自號，余使之坐而問焉，曰：「若知無極之極乎，盍以我告？有以我告，則知有極也。如其不知，則知爾將北面質若之不暇，何暇爲若説？若歸而得之，得則忘之，則太極無極是古人意，非古人意，不俟問人，而判然胸中矣。」

度正

度正（一一六六～一二三五），字周卿，合州（今重慶合川）人。紹熙元年（一一九〇）進士。歷官國子監丞、太常少卿，權禮部侍郎兼侍右郎官，遷禮部侍郎，守禮部侍郎致仕。著有性善堂文集。宋史卷四二二有傳。

書太極圖解後

正始讀先生所釋太極圖説，莫得其義，然時時覽而思之不敢廢。其後十有餘年，讀之既久，然後始知所謂上之一圈者，太極本然之妙也。及其動静既分，陰陽既形，而其所謂上之一圈者常在乎其中，蓋本然之妙未始相離也。至於陰陽變合而生五行，水火木金土各具一圈者，所謂分而言之，一物一太極也。水而木，木而火，火而土，土而金，復會於一圈者，所謂合而言之，五行一太極也。然其指五行之合也，總水火木金而不及土者，蓋土行四氣，舉是四者以該之，兩儀生四象之義也。其下之一圈爲乾男坤女者，所謂男女一太極也。又其下之一圈爲萬物化生者，所謂萬物一太極也。以見太極之妙，流行於天地之間者，無乎不在，而無物不然也。然太極本然之妙，初無方所之可名，無聲臭之可議。學者之求之，其將何以求之哉？亦求之此心而已矣。學者誠能自識其心，反而求之日用之間，則將有可得而言者。夫寂然不動，喜怒哀樂之未發者，此心之體，而太極本然之妙於是乎在也。感而遂通，喜怒哀樂之既發者，此心之用，而太極本然之妙於是而流行也。然已發者可見，而未發者不可見；已發者可聞，而未發者不可聞。學者於此深體而默識之，因其可見以推其不可見，因其可聞以推其不可聞，庶乎融會貫通，太極本然之妙可求，而心極亦庶乎可立矣。或者不知致察乎此，而於所謂無極云者，真以爲無，而以爲周子立言之病，失之遠矣。先生嘗語正曰：「萬物生於五行，五行生於陰陽，陰陽生於太極，其理至此而極。」正當時聞之，心中釋然，若有以見夫理之所以然、名之所以立者。先生又曰：「乾道成男，坤道成女，何也？此程子所謂海上無人之境而人忽生乎其問者，此天地生物之始，禮家所謂感生之道也。」又曰：「生天生地，成鬼成帝，即太極動靜生陰陽之義。」蓋先生晚年表裏洞然，事理俱融，凡諸子百家一言一行之合於道者亦無不察，況聖門之要旨哉！遂寧傅耆伯成未第時，嘗從周子遊，而接其議論。先生聞之，嘗令正訪其子孫而求其遺文焉。在吾鄉時，傳嘗有書謝其所寄遇說。其後在永州，又有書謝其所寄改定同人說。但傳之書稿無恙，而周子之易說則不可復見耳。聞之先生，今之通書本名易通，則六十四卦疑皆有其說。今考其書獨有乾、損、益、家人、睽、復、无妄、蒙、艮等説，而亦無所謂遇説、同人説者，則其書之散逸亦多矣，可不惜哉！夫太極者所以發明此心之妙用也，通書者又所以發明太極之妙用也。然其言辭之高深，義理之微密，有非後學可以驟而窺者。今先生既已反復論辯，究極其説，章通句解，無復可疑者，其所以望於後之學者至矣。正也輒不自量，併以其聞之先生者附之於此，學者其亦熟復而深味之哉。周元公集卷一。

丁端祖

丁端祖，字夢開，湖州烏程（今浙江湖州）人。紹熙四年（一一九三）進士出身。嘉定三年（一二一〇）九月除秘書丞，四年三月爲著作郎，十月知蘄州。南宋館閣録續録卷七、卷八。

文安謚議 嘉定十年三月二十八日聖旨時賜謚。覆議

議者：儒者之盛，自三代以來未有如我本朝者也。夫六經厄於秦，而士以權謀相傾。漢尚申韓，晉尚莊老，唐惟辭章是誇，先王之道陵遲甚矣。至我本朝，伊洛諸公未出之時，

易之一書猶晦蝕於虛無之談，書之「皇極」，詩之二南，禮記中庸、大學之旨，春秋尊王之義，皆未有能發明其指歸者也。自濂溪、明道、伊川義理之學爲諸儒倡，而窮理盡性之説，致知格物之要，凡堯、舜、禹、湯、文、武、周公、孔子相傳之大原，始暴白於天下。其後又得南軒張氏、晦庵朱氏、東萊吕氏，續濂溪、明道、伊川幾絶之緒而振起之，六經之道晦而復明。是三君子，奉常既已命謚矣。又有象山陸氏者，自丱角時聞誦伊川語，嘗曰：「伊川之言奚爲與孔子、孟子之言不類。」初讀論語，即疑有子之言支離。及長，而與朋友講學，因論及太極圖，斷然以「太極」之上不復更有「無極」。其他特立之見、超絶之論，不一而足，要皆本於自得。天分既高，學力亦到。蓋自三四歲時請問於親庭，其立論已不凡，真所謂少成若天性者。惜乎不能盡以所學見之事業，立朝僅丞、匠、監，旋即奉祠以歸。惠政所加，止荆門小壘而已。世固有能言而不能行，内若明瞭而外實迂闊不中事情者。公言行相符，表裏一致。其吐辭發論，既卓立乎古今之見，至於臨政處事，實平易而不迂，詳審而不躁，當乎人情而循乎至理，無一毫蹈常襲故之跡。若公者，在吾儒中真千百人一人而已。奉常謚以文安，誠未爲過。博士議是。謹議。周元公集卷三三。

袁甫

袁甫（一一七四～一二四〇），字廣微，鄞縣（今浙江寧波）人。袁燮子。從楊簡學。嘉定七年（一二一四）進士。歷官中書舍人，權兵部尚書，兼吏部尚書。嘉熙四年卒，年六十七，謚正肅。著有孟子解、江東荒政録及蒙齋集行世。宋史卷四〇五有傳。

蒙齋集卷一一 送潛子言趨朝序

陸先生金谿人也，而書堂實在貴溪之象山。同官安仁宰潛君子言家溪上，余興崇象山書院，子言大喜。蓋先生之學，大要以辨志爲主。舉世沈酣於利欲之中，而不知本心之大義，此固先生之所哀也。晦庵朱先生延先生講書於白鹿，特取論語喻義、喻利一章指示迷途，厥旨蓋可見矣。子言所以喜余興崇書院，得非喜斯道之久鬱復明乎？今子言入朝仕胄監，風化之所自出，子言以其心之所喜者，上告明天子，下淑諸生，平居果有徇義忘利之志，則臨難必有盡忠致命之節。將見先生之道復光明于時，而國家元氣綿綿長存矣。或曰：「時方多事，而以興學爲急，毋乃迂乎？」曰：「不然。無禮則賊民將興，無學則上陵下僭，載在經傳，昭昭乎不可誣也，奚其迂！」子言知余心者，于其行也，遂書此以贈之。

蒙齋集卷一三重修白鹿書院記

我國家祈天永命，涵育羣生，與三代同其長久，是無他故焉，正誼明道，不計功利而已。斯道也亘古如一日，而所賴以植立不壞、修明無斁者，則必由講學始。蓋道不通行于萬世，不足爲道；學者無益于人之家國，不足以爲學。熙豐用事之臣，專務功利，排斥正論，斯道晦蝕甚矣。而所以修明植立者，則元祐諸儒正誼明道之力也。紹符政宣間，羣邪得志，流毒生靈，極而至于中原板蕩，斯道掃地矣。而所以修明植立者，則中興諸儒正誼明道之力也。權臣力持和議，擯棄忠良，宴安江沱，不念讐恥，斯道又幾鬱矣。而所以修明植立者，則乾淳諸儒正誼明道之力也。開禧權奸竊弄威福，誣正人爲僞學，借恢復以開邊，斯道又幾墜矣。而所以修明植立者，則嘉定更化諸儒正誼明道之力也。皇上嗣臨大寶，正斯道興廢明晦之機，而中外臣僚，下至韋布之士，皆當精白承休，共扶斯道。甫無狀，將指江東且五年，建象山書院于貴溪，興白鹿書院于廬阜，豈徒然哉，正欲力辨道誼功利，使士心不昧所趨，以庶幾實有益于國家耳。雖然，甫心有大懼焉。風俗之壞，積漸以成；君子之澤，積久乃見。伊洛諸先生講道之功，當時未見也，而見于中興；南軒、晦庵、象山諸先生講道之功，當時未見也，而見于更化。見者枝葉，未見者本實。本實弗撥，遇春思榮。乾淳培養之澤，至更化始見，以其本實之無恙也。更化以後，培養能如乾淳乎？夫培養有加于前，而後可以跂望乾淳之盛。不然，本實撥而枝葉枯，利欲熾而道誼微，吾爲之懼矣。然則南軒、晦庵、象山諸先生講明問辨之學，可無紹而修之者乎？天理、人欲之分，南軒、晦庵二先生剖析既甚章明，而喻義、喻利之論，象山先生敷闡尤爲精至，所以續洙泗之正傳者，日星炳炳。諸先生立身立朝大節，追配昔賢，而所以淑諸人者，大要忠君孝親、誠身信友，用則澤及天下，不用則無愧俯仰，如是而已。言論辨說，特其土苴耳。執言論辨說，以妄窺諸先生之門牆，而于其實德實行、植立修身有益于人之家國者，乃不能取爲師法，則不足爲善學矣。顏子之鑽仰、曾子之戰兢，其苦切至到如此，曷嘗以口耳之學爭夸競勝哉？甫與元德張君同官于池，又與仲能湯君有同年好。二君從事晦庵先生之學，功深力久，遂延爲洞長。元德以年高先歸，仲能悉力振起，多士聞風來集。又以暇日，大葺堂宇，整整翼翼，增廣于舊日。是麗澤之習，日益光明，善相告，過相規，毋事苟同，勤勤磨切，使後來者推致源流所自，以不忘今日培養之澤。回視更化以來，被乾淳之遺化者欝然相望于先後，其爲有益于國家，不亦大乎！甫既記象山書院，以與四方之士共之矣。則斯記也，互相發揮，亦足以助學子之警策云。

蒙齋集卷一四番江書堂記

或問余曰：「子創象山書院于貴溪，興白鹿書院于廬阜，而又建番江書堂，何也？」余曰：「子豈知余心哉？余自爲童子，拱立侍旁，每見師友過從攷德問業熟矣，曾未十數年，次第凋零。及余兄弟游宦四方，同志者亦往往間見，未十數年，又皆寥落如晨星之相望，每爲之慨然。將指江東，兩書院蓋士友所宗之地，振而起之，責實在余。故凡士願處象山若白鹿者，各隨其行輩，與其望實，或畀領袖之職，或在賓講之選，衿佩咸集，彬彬可觀矣。而余之所深慮者，已成之材雖易于振拔，而後來之秀未保其嗣續，況士友之紛至，非接其話言，參諸履行，則未可得其爲士之實。于是選通經學古士，率生徒而課之。余暇日亦數加攷察，俟其有立也。乃分兩書院而肄業焉。此番江書堂之所以建也。諸老先生遠矣。師友道喪，士習日駁，慕超詣者無深實詳縝之功，鶩辨博者乏通貫融明之趣，轉相依倣，諸老先生之本旨愈晦不明。方且徇偏見，立異同，幾有專門名家之弊，其原皆起于論説多而事實寡。然則羣居書院，相與切磨，亦求其所以爲人者如何耳。在家庭則孝友，處鄉黨則信睦，莅官則堅公廉之操，立朝則崇正直之風，果若是，奚必問其自白鹿乎，自象山乎？不然，飽讀舊書，熟習遺訓，孝友信睦、公廉正直，一有愧怍，自白鹿則白鹿之羞也，自象山則象山之玷也，可不懼哉！」書堂凡四齋，曰達源、止善、存誠、養正，而講道之（道）［堂］則名曰自得。得者何？井卦曰：「无喪无得，往來井井。」井之義大矣哉！雖汲而未嘗汲也，故愈汲愈新；雖養而未嘗養也，故愈用愈有。尚無有得，寧復有喪？本無可喪，于何求得？孝友也，信睦也，公廉正直也，行所當行，止所當止，至平至常，萬古一日，何喪焉，何得焉？然則得云者，得其無喪無得者而已。放勳之所謂使自得之者，得乎此；中庸之所謂無入不自得者，得乎此；孟子之所謂深造自得者，得乎此。以此而學爲人，尚何論説之勝而事實之微乎？尚何徇偏見、立異同而有專門名家之弊乎？嗚呼！番江書堂之學子而果不失諸老先生之本旨也，即所以教白鹿、象山之學子皆不失諸老先生之本旨也。伐木之詩曰：「神之聽之，終和且平。」學子服膺斯言，吾見道德一而氣脈長矣。勉之勉之。

蒙齋集卷一四鄞縣學乾淳四先生祠記

鄞縣立學舊矣，中廢不振。嘉定間，主簿呂君康年聿新規制，垂成而去。嘉熙改元，趙君希聖來居是官，首白宰，上之府，請益廣教養，益宏斯道，且謂：「近代師表如南軒張宣公、晦庵朱文公、東萊呂成公、象山陸文安公四先生未祀于學，寧非大闕？」遂併力舉兹事，屬某爲之記。固辭弗獲，乃言曰：夫道一而已矣。學者各植門庭，將以自尊其師，師道不如是也。三代既遠，漢儒專門名家，破碎大道。自時厥後，紛紛籍籍，不能會于一。我皇朝大儒繼作，始克合百川而宗于海。中興以來，四先生身任道統之責，悉力主盟，凡修之身，行之家，用之國，推以淑諸後進，皆天理人彝，如桑麻穀粟，鑿鑿真實，不可誣已。四先生無二道，而學者師承多異，于是藩牆立，畛域分，所謂切己之實學，忠君孝親之實心，經國濟世之實用，暌離乖隔，不能會歸有極，反甚于漢儒，可悲也夫！殊不思乾淳以來，四先生相爲後先，所以明義利，别正邪，羽翼吾道，果爲何事？弟子之尊其師，當先識其師之道，大本必正，大旨必明，則道在是矣，奚必于一話言之間，一去取之際，屑屑焉較短量長，以是爲能事哉？迹類而心殊，名同而實異，乃後學之大病，又豈可以累四先生耶？若夫四先生之自相切磋，則固有不苟同者矣。正以道無終窮，學無止法，更相問辨，以求歸于一是之地，是乃從善服義之公心，尤非後學之所可輕議也。今趙君合祠四先生于學，超然出于各立門庭之表，其于大道之統，必有得焉者矣。「上天之載，無聲無臭」，愚又奚言？惟願同志者勿自欺其心，殆庶幾矣乎！

案：延祐四明志卷五袁甫載：袁甫因「朱、陸之説分，各立黨與，遂爲之言曰：道一而已，和而不同，乃所以和也。道無終窮，先賢之切磋有不同者，將歸于一，則未始不同也」。

蒙齋集卷一 六四賢堂贊

即心是道，勿助勿忘。愛親敬長，易簡平常。煌煌昭揭，神用無方。再拜象山，萬古芬芳。

道若大路，曲折萬端。辨析毫釐，用力甚難。上續伊洛，昭哉可觀。考亭遺規，世世不刊。

偉歟東萊，氣象春融。相門事業，元祐申公。益闊以大，問學磨礱。其學伊何？萬折必東。

復齋之德，碩大以寬。其儀如鳳，其臭如蘭。弟兄琢磨，惟義所安。此意寂寥，令我心酸。

某既贊四先生之盛德矣，復有謏聞，願畢其説，以與同志共之。世謂鵝湖之集，諸老先生論議未能悉同，以是妄加揣摩，其失遠矣。夫子嘗云：「君子和而不同。」不同乃所以爲和。不斬于合，乃所以爲一致也。天生英賢，扶植斯道，忠君愛親敬長，一性靈明，與天地並，亘萬古不可磨滅者，或入之也漸，或爲之也勇。勇非無漸，而漸非不勇也，顧其所由之門然耳。鵝湖之集，誰得而議其異哉！君子講學，既切之，又磋之；既琢之，又磨之。反覆辨明，惟求一是。若慮其不相合，心非而口然之，此乃淺丈夫之所爲耳，何足以窺諸老先生之門牆耶？

詹初

詹初，字以元，休寧（今屬安徽）人。「淳熙間薦爲太學録。韓侂胄用事，上辨邪正一疏，不報，解官歸。著寒松閣集。」乾隆江南通志卷一六四。爲朱熹門人詹體仁族侄。詹體仁有送族姪以元還家序。寒松閣集卷三附。

寒松閣集卷二日録上

或問：「尊德性、道問學，朱子本來自是全底，陸子前面分明祇是尊德性一邊，後來因朱子方去道問學。」曰：「此非學者可輕議。」

寒松閣集卷二日録下

朱子是箇有工夫底人，陸子是箇天資極高底人。陸子惟他天資高，所以一覺便見道，再不待到事物上去尋，他心上本來底已明，則萬物萬事之理皆在其中，其於事事物物，不過以吾心之理應之耳。朱子却似曾子，是隨事精察力行到一旦豁然貫通時候，乃悟一貫之妙。是朱子見道，自工夫上寸寸銖銖積來得底，陸子自他本然知覺上一合下便得底。此可見二公之論不同者，乃是二公之資質不同，各就其所得者而言也。就各人資質用功，所以有敏鈍之異。然至其俱能入道處，則又是一般。陸子自知覺上盡見得底固此道，朱子自事物上窮究至貫通處，亦是此道。所謂及其成功，則一也。然學者用功若是，資質至高底固應學陸子，若是尋常學者，祗當傍朱子作工夫爲是。

真德秀

真德秀（一一七八～一二三五），字景元，一字希元，號西山，浦城（今屬福建）人。慶元五年（一一九九）進士。端平元年（一二三四）召爲户部尚書，改翰林學士。二年，拜參知政事，尋致仕。卒，年五十八，謚文忠。著有西山先生真文忠公文集等。宋史卷四三七有傳。

西山先生真文忠公文集卷三一問太極中庸之義節録

下問「太極」、「中庸」二條，自顧淺陋，何足以辱，姑即平時所讀朱文公先生之書，及嘗見所窺者略陳一二。夫所謂「無極而太極」者，豈太極之上别有所謂無極哉？特不過謂無形無象而至理存焉耳。蓋極者，至極之理也。窮天下之物可尊可貴，孰有加於此者，故曰太極也。世之人以北辰爲天極，以屋脊爲屋極，此皆有形而可見者。周子恐人亦以太極爲一物，故以「無極」二字加於其上，猶言本無一物，只有此理也。自陰陽以下，則麗乎形氣矣。陰陽未動之前，只是此理，豈有物之可名耶？即吾一心而觀之，方喜怒哀樂之未發也，渾然一性而已。無形無象之中，萬理畢具，豈非所謂「無極而太極」乎？以是而言，則思過半矣。下略。

西山先生真文忠公文集卷三六跋包敏道講義節録

紹定己丑之孟夏，盱江包君敏道過予粤山之麓。縣尹宋侯聞其名，延致庠校，發揮孟氏要指，予亦陪末坐焉。是日，邑官洎學子會于堂上者凡百數十人，聞君講説，莫不聳動，歎未嘗有。越翼日，予復屈致家塾。君首以夫子之志學、孟子之尚志爲兒輩言之，次論人性之善所以可爲堯舜者，明白切至，聽者訢然忘倦。蓋君蚤從朱、陸二先生游，得諸傳授者既甚的，而家庭伯仲自相師友，切劘講貫，壯老如一，故其所造益以超詣。今年七十有八矣，浩然之氣略不少衰，稠人廣坐，音吐清暢，徐問響答，往往破的。昔晦庵先生嘗講于玉山縣學，發明四端之旨，幸惠學者至深。象山先生亦嘗講于廬山白鹿之書堂，分別義利，聞者或至流涕。某生晚，不及拜二先生，而獲聞君之名論，亦足以識其師傳之所自矣。下略。

西山先生真文忠公文集卷四二湯武康墓誌銘 節録

上略。予年二十六，始識升伯於都城。中略。又五六年，再見於延平。旋過予西山精舍，相與論洙泗、伊洛之源流與朱、陸氏之所以同異者，旁及方外之學，融會貫通，卓然自有見處，殆非前日升伯矣。下略。

魏了翁

魏了翁（一一七八～一二三七），字華父，號鶴山，邛州蒲江（今屬四川）人。慶元五年（一一九九）進士。理宗時以端明殿學士、同簽書樞密院督視京湖軍馬，未幾罷。嘉熙元年，知福州、福建安撫使。是年卒於官，年六十，謚文靖。著述甚豐，有周易要義、尚書要義、經外雜抄、鶴山先生大全文集等。宋史卷四三七有傳。

鶴山先生大全文集卷七六隆州教授通直郎致仕譙君墓誌銘節録

上略。仲甫嘗抵余書,論今士習之敝,不本之履踐,不求之經史,徒勦取伊洛間方言以用之科舉之文,問之,則曰先儒語録也。語録,一時門弟子所傳抄,非文也,徒欲以乘有司之闇而給取之爾。且陸氏之學尤爲乖僻,宜速止之。下略。

岳珂

岳珂(一一八三~?),字肅之,號倦翁,湯陰(今屬河南)人。岳飛孫。歷户部侍郎、總領淮東、寶謨閣直學士、提舉太平興國宫。著有玉楮詩稿、金陀粹編等。兩宋名賢小集卷三五七玉楮詩稿。

寶真齋法書贊卷二七陸文安書稿泛舟二帖節録

八月廿四日,九淵拜覆六九哥居士座前:即日秋氣澄肅,伏惟尊候動履萬福。望之輩來，得尊翰，見所與元晦書稿，甚平正。同官沈正卿見之，不能去手，嘉歎至于再三。其辭望之知之。下略。

右淳熙知荊門軍象山先生陸文安公九淵字子静書稿泛舟二帖真蹟一卷。二帖皆與其兄梭山先生者。陸氏之淵源，派于梭山，家庭切磋，有自來矣。是時三儒宗講道閩、湘湖、浙之間，朱文公之于先生，尤相往來，而無極一語，終身不能以相合。今首帖于梭山書稿有平正之論，豈又他有發明者耶。下略。

陳振孫

陳振孫，字伯玉，號直齋，安吉（今浙江湖州）人。端平中爲浙西提舉，改知嘉興府，終侍郎。藏書甚多，仿晁公武讀書志作書録解題，極其精詳。四庫全書總目卷八五。

直齋書録解題卷九

慈湖遺書三卷，楊簡撰。前二卷雜説，末一卷遺文。慈湖之學，專主乎「心之精神是謂聖」一語，其誨人惟欲發明本心而有所覺。然其稱學者之覺，亦頗輕於印可。蓋其用功偏於上達，受人之欺而不疑。竊嘗謂「誠明一理，焉有誠而不明者乎」？當淳熙中，象山陸九淵之學盛行於江西，朱侍講不然之。朱公於前輩不肯張無垢，於同流不肯陸象山，爲其本原未純故也。象山之後，一傳而慈湖遂如此。甚矣，道之不明，賢知者過之也！

吴泳

吴泳，字叔永，潼川（今四川三台）人。嘉定二年（一二〇九）進士。歷祕書少監兼權中書舍人，尋遷起居舍人兼權吏部侍郎、兼直學士院，權刑部尚書，以寶章閣直學士知寧國府，進寶章閣學士、知温州，改知泉州，以言罷。卒。著有鶴林集。宋史卷四二三有傳。

鶴林集卷三〇答嚴子韶書節録

上略。道喪千載，聖遠言湮，濂溪周子、河南二程子、横渠張子倡絶學於衰世之中，相與發揮孟氏以來不傳之秘，然其講道也，言質素而不華，理平淡而無奇，微開其端而不盡發以告人，蓋使學者怡然自得之也。至武夷朱晦翁、紫巖張南軒，則句句而釋，字字而解，精微妙密之蘊，蓋已抉露無餘矣。茲承下問，猶以無極爲疑，致知、力行爲二，豈其於朱、張諸書猶未究極其説，必欲問而辯、辯而知耶？太極之理亦妙矣，涵動静，生陰陽二氣，五行、四象、八卦皆於此乎演出。方其未生也，猶人之懷子，子在母中。及其既生也，猶人之生子，子在母外。流行發育之妙，化化生生之機，於是乎無窮矣。然是理也，無聲之可求，無臭之可接，無有方所形狀之可見，是以周子必曰「無極而太極」，蓋明太極乃無形之理，非有形之物也。晦翁披剥圖象義理極是章明，而南軒釋之曰：「莫之爲而爲。」文勢亦順。説者猶謂「無極」二字不可搭在「太極」上。大傳言「易有太極」，而不曾言「無」。吁！此不惟不見太極，且不知易矣。易者，無方無體者也。而云有太極，則「無極而太極」之理明矣。聖人著「易」字於「太極」之上，亦何嘗以屋上架屋、床上疊床爲嫌哉？下略。

史繩祖

史繩祖，字慶長，眉山（今屬四川）人。「受業於魏了翁之門。了翁鶴山集中有題史繩祖孝經一篇，即其人也。其仕履始末不甚可考。惟陽昉字溪集末有其挽詩，結銜稱朝請大夫、直焕章閣、主管成都府玉局觀齊郡史繩祖，蓋奉祠時作。所謂齊郡，其郡望也。」

學齋佔畢卷一無極而太極即易有太極

周元公「無極而太極」一句，朱文公之義詳矣。而象山陸子静獨以爲「無」字分明只是老氏之言，與朱文公强辨，往反十餘書，凡數千言，竟不以「無」字爲經言。余因作太極圖演義，舉易繫辭本注謂「夫有必始於無」，太極者，無稱之稱，不可得而名，取其有之所極，況之太極者也。又云：太極，無也。此即周子所云太極本無極也。是周子本諸經旨「易有太極」一句而言，非自立無極之説也。一時諸儒皆服余之舉經注爲證，則陸象山數千言不辯而自明。然尚有以「易」字非「無」爲疑者，余因舉蔡節齋淵得文公晚年之説以證之，云：「易有太極。」易者，變易也，夫子所謂「易無體」也；太極，至極也，言變易無體而有至極之理。此自無而有之確論也。又曰：夫子言有者，主易而爲言，主易則易無體，故曰有；主極則極有形，故曰無。曰有曰無，由所主不同。此有無互根而有必始於無之證也。或者又以陸氏言易書不曾以「無」字加「有」字及「有」字不與「無」字作對爲疑，余應之曰：易書以「無」加「有」，不是一處，如「地道无成而代有終」，是以「無」加「有」而爲對也。又有「无妄然後可蓄」，伊川又謂「无妄則爲有實」，則又以「無」與「有」爲對體，未嘗以老氏之説闢之也。至如繫辭云「易之爲道」、「上下无常」，而終以「既有典常」，則龜山解以「始雖無施而可，終亦有時而用」，是又以「無」加「有」，而「有」、「無」爲對也。豈老氏無名有名之説哉？疑者咸喻矣。

葉紹翁

葉紹翁，字嗣宗，號靖逸，建安（今屬福建）人。「博學工詩，嘗居錢唐，卜隱於西湖之濱，與葛天民往來酬倡，有靖逸小藁一卷，辭澹意遠，頗耐人咀味。」著有四朝見聞録，「摭羅遺佚，足補正史之闕，不徒屑屑以聲韻見長者」。兩宋名賢小集卷二六〇。

四朝聞見録甲集考亭解中庸

考亭解中庸「天命之謂性，率性之謂道，修道之謂教」曰：「命猶令也，性即理也。天以陰陽五行化生萬物，氣以成形，而理亦賦焉，猶命令也。於是人物之生，因各得其所賦之理，以爲健順五常之德，所謂性也。率，循也。道，猶路也。人物各循其性之自然，則其日用事物之間莫不各有當行之路，是則所謂道也。修，品節之也。性道雖同而氣稟或異，故不能無過不及之差。聖人因人物之當行者而品節之，以爲法於天下，則謂之教，若禮樂刑政之屬是也。蓋人之所以爲人，道之所以爲道，聖人之所以爲教，原其所自，無一不本於天而備載於我矣。」真文忠公德秀。觀考亭之解，以爲：「生我者太極也，成我者先生也。謂考亭。吾其敢忘先生乎！」考亭之門人劉黻，字季文，號靜春，與文忠爲友而輩行過之，乃大不取其師之説。其自爲論，則曰：「維天之命，於穆不已，惟人受天地之中以生，故謂之性，而貴於物焉。湯誥曰：『維皇上帝，降衷於下民，若有常性。』吾夫子曰：『天地之性人爲貴。』是則人之性，豈物之所得而儗哉？或疑萬物通謂之性，奚獨人？愚曰：是固然矣。然此既曰性，則有氣質矣。又安可合人物而言，以自汨亂其本原也？凡混人物而爲一者，必非識性者也。今皆不取。至如孟子道性善，亦只謂人而已。」文忠公與靜春辨，各主其説。或當燕飲旅酬之頃，靜春必與公辨極而爭起，公引觴命靜春曰：「某竊笑漢儒聚訟，吾儕豈可又爲後世所笑？姑各行所學而已。」劉猶力持其説不已，著爲就正録云：「昔子思作中庸，篇端有曰：『天命之謂性，率性之謂道。』是專言乎人而不雜乎物也，其發明性命，開悟天下後世至矣。而或者必曰此兩句兼人物而言，嗟夫，言似也而差也。嘗考古先聖賢，凡言性命，有兼人物而言者，有專以人言而不雜乎物者。易之乾象曰『各正性命』，樂記亦曰『則性不同矣』，是乃兼人物而言。然既曰各有不同，則人物之分亦自昭昭。假如『天命之謂性，率性之謂道』或兼人物而言，則犬之性猶牛之性，牛之性猶人之性，當如告子之見。

告子，孟子之高弟。彼其杞柳、湍水之喻，食色、無不善無善之説，縱横繆戾，固無足取。至於生之謂性，孟子辨焉而未詳，得無近是而猶有可取者耶？」善乎朱文公闢之曰：「告子徒知知覺運動之蠢然者，人與物同；而不知仁義禮智之粹然者，人與物異。」此其一言破千古之惑，我文公真有大功於性善如此。文忠已不及登文公之門，聞而知之者也，其讀中庸，默與文公合。静春見而知者，乃終不以先生之説中庸爲是，何歟？予嘗聞陸象山門人彭不記名。謂予曰：「告子不是孟子弟子，弟子俱姓名之。告子獨稱子者，亦是與孟子同時著書之人。」象山于告子之説，亦未嘗深非之，而或有省處。象山之學雜乎禪，考亭謂「陸子静滿腔子都是禪」，蓋以此。然告子決非孟子門人，嘗風静春去「高弟」二字。

四朝聞見録甲集慈湖疑大學

考亭先生解大學「誠意」章曰：「意者，心之所發也。實其心之所發，欲一於善而毋自欺也。一有私欲實乎其中，而爲善去惡或有未實，則心爲所累，雖欲勉强以正之，亦不可得。故正心者必誠其意。」慈湖楊氏讀論語有「毋意」之説，以爲夫子本欲毋意，而大學乃欲誠意，深疑大學出於子思子之自爲，非夫子之本旨。此朱、陸之學所以分也。然夫子之傳，子思之論，考亭先生之解，是已于「意」上添一「誠」字，是正慮意之爲心累也。楊氏應接門人，著撰碑誌，俱欲去「意」，其慮意之爲心累者，無異於夫子、子思、考亭先生，而欲盡去「意」則不可。心不可無，則意不容去。故考亭先生謂：「意者，心之所發。實其心之所發，欲一于善而已。」既曰誠意矣，則與論語之毋意者相爲發明，又何疑於大學之書也？故考亭先生以陸學都是禪，頭領既差；而陸氏則謂考亭先生失之支離。鵝湖之會，考亭有詩，其略云：「舊學商量加邃密，新知培養轉深沈。」陸復齋云：「留情傳註翻荆棘，著意精微轉陸沈。」象山云：「易簡工夫終久大，支離事業轉浮沈。」蓋二氏之學可見矣。慈湖第進士，主富陽簿，象山陸氏猶以舉子上南宮，舟泊富陽。楊宿聞其名，至舟次迎之，留廳舍。晨起，揖象山而出，攝治邑事。象山於□□其有自信處否？學者曰：「只是信幾個『子曰』。」象山徐語之曰：「漢儒幾個杜撰『子曰』，足下信得過否？」學者不能對，却問象山曰：「先生所信者，信個什麽？」象山曰：「九淵只是信此心。」驪塘謂予曰：「那學子應得也自好，只是象山又高一著。此老極是機辨，然亦禪也。」慈湖又改周子太極圖爲畫，以爲周子之說。詳簡之說易，其意蓋不取無極之說，以爲道始於太極而已，亦源流於象山云。

四朝聞見録乙集光拙庵

孝宗晚慕達摩學，嘗召問住静慈僧光曰：「佛入山修道六年，所成何事？」光奏云：

「臣將謂陛下忘却。」頗稱旨。光意蓋以孝宗即佛，又焉用問。禪門葛藤亦有可笑者。東坡嘗謂「其徒善設坑穽以陷人，當其欲設，即先與他塞了」。此語最得其要。陸象山兄弟早亦與光老遊，故考亭先生謂象山滿肚皮是禪。陸將以删定面對，爲王信所格而去，使遇孝宗，必起見晚之歎。

羅大經

羅大經，字景綸，廬陵（今江西吉安）人。寶慶二年（一二二六）登進士第，歷任容州法曹、撫州推官，遭劾罷歸。約卒於理宗後期。著有鶴林玉露。

鶴林玉露甲編卷二無極太極 節録

游誠之，南軒高弟，常言：「易有太極，而周子加以『無極』，何也？試即吾心驗之，方其寂然無思，萬善未發，是無極也。雖云未發，而此心昭然，靈源不昧，是太極也。」聞者服其簡明。下略。

鶴林玉露乙編卷三祝壽

陸象山在荆門，上元不設醮，但合士民於公廳前，聽講洪範「皇極斂時五福」一段，謂此即爲民祈福也。今世聖節，令僧陞法座祝聖壽，而郡守以下環坐而聽之，殊無義理。程大昌、鄭丙在建寧，並不許僧陞堂説法。朱文公在臨漳，且令隨例祝香，不許人問話。余謂若祖象山之法，但請教官陞郡庠講席，講詩天保一篇，以見歸美報上之意，亦自雅馴。

鶴林玉露丙編卷一象山棋

陸象山少年時，常坐臨安市肆觀棊，如是者累日。棋工曰：「官人日日來看，必是高手，願求教一局。」象山曰：「未也。三日後却來。」乃買棊局一副，歸而懸之室中，卧而仰視之者兩日，忽悟曰：「此河圖數也。」遂往與棋工對，棋工連負二局，乃起謝曰：「某是臨安第一手棋，凡來著者，皆饒一先。今官人之棊，反饒得某一先，天下無敵手矣。」象山笑而去。其聰明過人如此。其子弟每喜令其著棊。嘗與包敏道書云：「制子初時與春弟［棊，春弟］頗不能及，今年反出春弟之下，近旬日棊又甚進，春弟又少不逮矣。凡此，皆在其精神之盛衰耳。」

鶴林玉露丙編卷二邵蔡數學

濂溪、明道、伊川、横渠之講道盛矣，因數明理，復有一邵康節出焉。晦庵、南軒、東萊、象山講道盛矣，因數明理，復有一蔡西山出焉。昔孔、孟教人，言理不言數。然天地之間，有理必有數，二者未嘗相離。河圖、洛書，與「危微精一」之語並傳。邵、蔡二子，蓋將發諸子之所未言，而使理與數燦然於天地之間，其功亦不細矣。近年以來，八君子之學，固人傳其訓，家有其書，而邵、蔡之學，則幾於無傳矣。

鶴林玉露丙編卷三聖賢豪傑 節録

朱文公云：「豪傑而不聖賢者有矣，未有聖賢而不豪傑者也。」陸象山深以其言爲確論。如周公兼夷狄，驅猛獸，滅國者五十；孔子却萊人，墮三都，誅少正卯，是甚手段，非大豪傑乎！其次如諸葛孔明，議論見識，力量規模，亦真豪傑。下略。

趙汝騰

趙汝騰（？～一二六一），字茂實，宋宗室，居福州（今屬福建）。寶慶二年（一二二六）進士。累遷禮部尚書兼給事中，拜翰林學士，兼侍讀，以龍圖閣學士知紹興府、浙東安撫使，以端明殿學士提舉佑神觀，兼翰林學士承旨等。景定二年卒。著有庸齋集。宋史卷四二四有傳。

庸齋集卷一答徐直方問無極歌

謂無極不可狀兮造化之樞，謂無極可狀兮聲臭俱無。至哉濂翁兮是刱是圖，後來諸老兮交辨鵝湖。彼是此非兮畦畛何殊？究其指歸兮風乎舞雩。吾默會於心兮徵以通書，陰陽動靜兮何始何初？人人有是兮奚問乎呂陸張朱？

徐元杰

徐元杰（一一九六～一二四六），字仁伯，號楳埜，上饒（今屬江西）人。早從朱熹門人陳文蔚學，後師事真德秀。紹定五年（一二三二）進士。淳祐元年（一二四一）知南劍州，累遷兼給事中、國子祭酒、權中書舍人。五年，暴卒，賜謚忠愍。宋史卷四二四有傳。

楳埜集卷一一復齋陸先生贊

先生名九齡，字子壽，臨川人。舉進士第。講明斯道，以授學者，詳縝和緩，俾之有優游自得之功。與弟象山先生同稱於時。嘗會晦庵、東萊于鵝湖蘭若，相與辨論指歸，迄今祠像在焉。謚文達。贊曰：德積于中，一襟和氣。學雖精深，論不乖異。於道有功，韡韡常棣。區區機雲，徒文而已。

李幼武

李幼武，字士英，廬陵（今江西吉安）人。撰有宋名臣言行録續集八卷、别集二十六卷、外集十七卷。「據其續集序文，蓋理宗時所作，其始末則未詳。觀其外集所録皆道學宗派，則亦講學家矣。」四庫全書總目卷五七。

宋名臣言行録外集卷一五陸九齡復齋先生

晦庵餞東萊至鵝湖，先生兄弟來會講論。先生作詩云：「孩提知愛長知欽，古聖相傳只此心。大抵有基方築室，未聞無址忽成岑。留情傳註翻榛塞，著意精微轉陸沉。珍重友朋勤琢切，須知至樂在如今。」象山和云：「墟墓興衰宗廟欽，斯人千古最靈心。涓流積至滄浪水，拳石崇成泰華岑。易簡工夫終久大，支離事業竟浮沉。欲知自下升高處，真僞須先辨只今。」晦庵和云：「德業風流夙所欽，别離三載更關心。偶扶藜杖出寒谷，又枉籃輿度遠岑。舊學商量加邃密，新知培養轉深沉。却愁説到無言處，不信人間有古今。」

東萊柬晦庵曰：「子壽前日經過，留此二十餘日，幡然以鵝湖前見爲非，甚欲著實看書講論，心平氣下，相識中甚難得也。」晦庵答曰：「子静似猶有舊來意思，子壽言其雖已轉步，而未曾移身，回思鵝湖講論時氣勢，今何止十去七八耶？」下略。

先生没，東萊又與晦翁帖曰：「陸子壽不起，可痛！篤學力行，深知舊學之偏，求益不已，乃止於此，於後學極有所係也。」

晦庵祭之曰：「學匪私説，惟道是求。苟誠心而擇善，雖異序以同流。如我與兄，少不並遊，蓋一生而再見，遂傾倒以綢繆。念昔鵝湖之下，實云識面之初。兄命駕而鼎來，載季氏而與俱，出新篇以示我，意懇懇而無餘。厭世學之支離，新易簡之規模。顧予聞之淺陋，中獨疑而未安。始聽瑩於胸次，卒紛繳乎談端。徐度兄之不可遽以辯屈，又知兄必將反而深觀，遂逡巡而旋返，悵猶豫而盤旋。別來幾時，兄以書來，審前説之未定，曰予言之可懷。逮予辭官而未獲，停驂道左之僧齋，兄乃枉車而來教，相與極論而無猜。自是以還，道合志同。何風流而雲散，乃一西而一東？」云云。烏乎！今兹之歲，非龍非蛇，何獨賢人之不淑，屢興吾黨之深嗟。惟兄德之尤粹，儼中正而無邪，至其降心以從善，又豈有一豪驕吝之私耶？」

宋名臣言行録外集卷一五陸九淵象山先生文安公

淳熙辛丑二月，寓白鹿洞書院，講「君子喻於義小人喻於利」曰：「學者於此當辨其志。

人之所喻，由其所習，所習由其所志。志乎義，則所習者必在乎義。所習在義，斯喻於義矣。志乎利，則所習者必在乎利。所習在利，斯喻於利矣。故學者之志，不可不辨也。科舉取士久矣，名儒鉅公皆由此出。今爲士者，固不能免此。然場屋之得失，顧其拔與有司好惡如何耳，非所以爲君子小人之辨也。而今世以此相尚，使汩没於此而不能以自拔，則終日從事者雖曰聖賢之書，而要其志之所鄉，則有與聖賢背而馳者矣。推而上之，則又惟官資崇卑、禄廩厚薄是計，豈能悉心力於國事民隱以無負於任使之者哉？從事其間，更歷之多，講習之熟，安得不有所喻？顧恐不在於義耳。誠能深思是身不可使之爲小人之歸，其於利欲之習恒焉爲之痛心，專志乎義而日勉焉，博學審問慎思明辨而篤行之，由是而進於場屋，其文必皆道其平日之學，胸中之藴，而不詭於聖人。由是而仕，必皆共其職，勤其事，心乎國，心乎民，而不爲身計，其得不謂之君子乎！」朱子跋曰：「熹率僚友與俱至于白鹿書院，請得一言以警學者。子静既不鄙而惠許之。至其所以發明敷暢，則又懇到明白，而皆有以切中其隱微深痼之病，聽者莫不竦然動心焉。於此反身而深察之，則庶乎其可以不迷入德之方矣。」下略。

東萊柬晦庵曰：「子静留得幾日，鵝湖氣象已全轉否？若只就一節一目上受人琢磨，其益終不大也。」晦庵答曰：「子静舊日規模，終在其論爲學之病，如此即只是意見，如此即只是議論，如此即只是定本。某因與説，既是思索，即不容無意見；既是講學，即不容無議論。統論爲學規模，亦豈容無定本？但隨人材質病痛而救藥之，即不可有定本耳。渠却云：『正爲多是邪意見，閒議論，故爲學者之病。』某云：『如此即是自家呵叱亦過分了，須著邪字閒字方始分明，不教人作禪會耳。又教人恐須先立定本，却説上面整頓，方始説得無定本底道理。今如此一槩揮斥，其不爲禪學者幾希。』其病恐未必是看人不看理，自是渠合下有些禪底意思，又自主張太過，須説我不是禪，而諸生錯會了，故其流遂至此。」

初，先生之兄子美九韶嘗有書與晦庵，言太極圖説非正，曲加扶掖，終爲病根，意謂不當於「太極」上更加「無極」二字。晦庵答云：「不言無極，則太極同於一物，而不足以爲萬化根本。不言太極，則無極淪於空寂，而不能爲萬化根本。」又曰：「無極只是無形，太極只是有理。」子美不以爲然，而詆濂溪不已。先生因爲之辨，以詆濂溪。

第一書曰：「易之大傳曰：『形而上者謂之道。』又曰：『一陰一陽之謂道。』一陰一陽已是形而上者，況太極乎？極者，中也。言無極，則是言無中也，豈宜以『無極』字加於『太極』之上？『無極』二字出於老子，聖人之書無有也。」晦庵答曰：「大傳既曰『形而上者謂之道』矣，而又曰『一陰一陽之謂道』，此豈真以陰陽爲形而上者哉？正所以見一陰一陽雖屬形器，然其所以一陰而一陽者，是乃道體之所爲也，故謂道體之至極，則謂之太極；謂太極之流行，則謂之道。雖名二物，實無兩體。周子所以謂之無極者，正以其無方所、無形狀，以爲在無物之前，而未嘗不立於有物之後；以爲在陰陽之外，而未嘗不行乎陰陽之中；以爲通貫全體無乎不在，則又初無聲臭影響之可言也。今乃深詆無極之不然，則是直以太極爲有形狀有方所矣；直以陰陽爲形而上者，則又昧於道器之分矣；又於形而上者之上復有箇太極乎之語，則是又以道上別有一物爲太極矣。如老子復歸於無極，乃無窮之義，非若周子所言之意也。」

第二書曰：「兄若實見『太極』上面必不更加『無極』字，下面必不更著『真體』字。上面加『無極』字，正是疊床上之床；下面著『真體』字，正是架屋上之屋。老氏以無爲天地之始，以有爲萬物之母，以常無觀妙，以常有觀徼。直將『無』字搭在上面，正是老氏之學，豈可諱也？」晦庵答曰：「詳老氏之言有無，以有無爲二。周子之言有無，以有無爲一。正如南北、水火之相反。更請仔細著眼，未可容易譏評也。」

先生再書，辭加憤厲。晦庵答之，以爲：「凡辨論亦須平心和氣，仔細精詳，反覆商量，務求實是，乃有歸著。如不能然，但於匆遽急迫之中肆支蔓躁率之詞，以逞其忿懟不平之氣，則豈有君子長者之意乎？如曰未然，則我日斯邁而月斯征，各尊所聞，各行所知，無復可望於必同也。」

晦庵曰：「熹見延平，因論象山之學。子静説話，常是兩頭明，中間暗。」或問：「暗是如何？」曰：「是他那不説破處。他所以不説破處，便是禪。『鴛鴦綉出從君看，莫把金針度與人。』他禪家自愛如此。」

問象山師承。曰：「他們天資也高，不知師誰。然也不問師傳人學，多是就氣稟上做偏了。」

子壽兄弟氣象甚好，其病却是盡廢講學，而專務踐履，却於踐履之中，要人提撕省察，悟得本心，此爲病之大者。要其操持謹質，表裏不二，實有以過人者。惜乎其自信太過，規模窄狹，不復取人之善，將流於異學而不自知耳。

子静平日所以自任，正欲身率學者，一於天理，而不以一毫人欲雜乎其間。

子静之學，於心地工夫不爲無所見，但便欲持此陵跨古今，更不下窮理細密工夫，卒并與其所得者而失之。

如陸氏之學，則在近年一種浮淺頗僻議論中，固自卓然，非其儔匹。其徒傳習，亦有能修其身，能治其家，以施之政事之間者。但其宗旨本自禪學中來，不可揜諱。

子静使氣，好爲人師，要人悟。

子静分明是禪，但却成一个門户，尚有所據。

曾祖道曰：「頃年亦嘗見象山。」晦庵笑曰：「這好商量。公且道象山如何？」對曰：「象山之學，某曉不得，更是不敢學。」曰：「如何不敢學？」對曰：「象山與某言：『目能視，耳能聽，鼻能知香臭，口能知味，心能思，手足能運動，如何更要甚存誠持敬，硬要將一物去治一物，須要如此做甚？詠歸舞雩，自是吾夫子家風。』某對他曰：『是則是有此理，恐非初學所到地位。』象山曰：『吾子有之，而必欲外鑠以爲本，可惜。』某曰：『此恐只是先生見處，今要他便如此，却恐成猖狂妄行，蹈乎大方者矣。』象山曰：『纏繞舊習，如落陷穽，卒除不得。』」晦庵曰：「子靜所學分明是禪。」又曰：「江西大抵秀而能文，若得人點化，是多少明快。蓋有不得不任其責者。」

呂伯恭門徒氣宇厭厭，四分五裂，各自爲說，久之必至銷歇。子靜則不然，精神緊峭，其說分明能變化人，使人旦異而晡不同，其流害未艾也。並朱子說。

王柏

王柏（一一九七～一二七四），字會之，金華（今屬浙江）人。少慕諸葛亮爲人，自號長嘯，三十歲後以爲「長嘯非聖門持敬之道」，遂改號魯齋。從何基學，以教授爲業，曾受聘主麗澤、上蔡等書院。咸淳十年卒，年七十八，謚文憲。著述繁富，有魯齋集等傳世。宋史卷四三八有傳。

魯齋集卷八通趙星渚節録

上略。某平生於「無極而太極」一句，見得未透。朱子謂無形而有理，非不明白，但於周子命詞之意嚼咀未破，故象山未能釋然。某不揆淺陋，妄揣先儒之心，謂此是周子太極圖説，只當就圖上説此一句，不可懸虚説理。若又有所謂無極之理，蓋周子欲爲此圖以示人也，而太極無形無象，本不可以成圖，然非圖，則造化之淵微又難於模寫，不得已畫爲圓象擬天之形，指爲太極，又若有形有象，故於圖説首發此一語，不過先釋太極之本無此圓象也。後人殽亂疑惑，故朱子曰：「此只是無形而有理。」言簡而盡，然必于圖上指此一語，方爲親切無疑。未審高見以爲然否？下略。

魯齋集卷八回趙星渚書節録

上略。「無極而太極」一句，某非敢妄疑先哲，但疑其既是無形而有理，則圖中圓象非形而何？此周子於圖説之首不可無此一句也。然其精密微妙之旨，拓前聖之所未發，自在其中，初無牴牾也。某妄謂當時朱子若説入圖上來，則此句有著拍，未必起象山議耳。下略。

趙希弁

趙希弁，袁州（今江西宜春）人。宋太祖九世孫。自題稱江西漕貢進士、祕書省校勘。淳祐己酉（一二四九），袁州刊晁公武郡齋讀書志，希弁因其家所藏書目參校，刪其重複，爲附志一卷。時衢州亦刊讀書志二十卷，增加書目甚多。希弁以袁、衢二本異同別爲考異一卷。四庫全書總目卷八五。

郡齋讀書附志卷下

無極太極辨一卷，右朱文公、陸梭山象山往復論難之書也。

俞文豹

俞文豹，字文蔚，號堪隱，括蒼（今浙江麗水）人。千頃堂書目卷一二。餘不詳。

吹劍録外集

楊慈湖夫子言性與天道論：「聞之固所以不聞，不聞乃所以真聞。」又云：「可以知則可以聞，不可以知則不可以聞。」又云：「有所聞焉，必有動焉；有所聞焉，必有實焉；有所聞焉，必有彼焉。」此全是禪家葛藤語。又云：「鑑之虛明，本無一物。塵或汩之，則鑑非其鑑；性天之真，本無一物，又有聞焉，是加一物也。」此即六祖云「本來無一物，何處惹塵埃」。蓋慈湖之學出於象山，象山於禪學固嘗經意，於内典固嘗貫穿。觀其答王順伯第二書可見。近太學私試，再出此題，魁者謂「道之妙者，不容言也」。此亦慈湖意爾。不知慈湖論中自有一語，云：「舉夫子一身，皆性與天道。」只此語自可包盡此一段意。蓋聖人一身舉措云爲，無非性與天道之發見，何待於言？

謝方叔

謝方叔（？～一二七二），字德方，威州（今四川理縣東北）人。嘉定十六年（一二二三）進士。歷拜端明殿學士、簽書樞密院事、參知政事、知樞密院事，尋拜左丞相兼樞密使，進封惠國公。景定二年（一二六一）致仕，咸淳八年卒。宋史卷四一七有傳。

太極圖説

道之大原出於天而具於心，其大無外，其小無内，蓋渾然一太極也。自伏羲繼天立極，因河圖以畫八卦，天地定位而乾坤列，山澤通氣而艮兑列，雷風相薄而震巽列，水火不相射而坎離列。自震而乾爲數往，自巽而坤爲知來，八倍爲十六，十六倍爲三十二，三十二倍爲六十四。天地鬼神之奥，萬事萬物之理，森然畢備，此伏羲先天之易所以爲萬古斯文之鼻祖也。神農氏之取於益、取於噬嗑者以是，黄帝、堯、舜之取乾、坤至夬者以是，夏連山、商歸藏亦以是，雖其作用不同，其實同一太極也。降及中古，文王繫卦，周公繫爻，易於是乎有辭。孔子生於周末，晚年十翼先天後天互相發明，其紀載於詩、書，其發揮於禮、樂，其筆削於春秋，大本大原，曾不外此。去聖寖遠，世之諸儒汩於訓詁詞章之末，或溺於權謀功利之習，甚至薄蝕於虚無寂滅之教，其斲喪天理滋甚。更千百年至我國朝，天啓斯道，始有濂溪周先生獨傳千古不傳之秘，上祖先天之易，著太極一圖。所謂太極云者，蓋本於易有太極，而陰陽五行人物由此而生，即太極生兩儀，兩儀生四象，四象生八卦之謂也。自太極分陰陽，陰陽分四時，皆指太極之在造化者，自無極二五之妙合而推萬物之化生，自人物之並生而別人生之最靈，自五性之感動而明聖人之立極，此皆指太極之在品勸者。自其在造化者言之，則即天地可以推太極動静之妙，故曰：立天之道曰陰與陽，立地之義曰柔與剛。自其在品勸者言之，惟聖人會太極動静之全，故曰：立人之道曰仁與義。始終不窮，流行今古，此所謂六爻之動，三極之道也。六爻之中，五上爲天，三四爲人，初二爲地。統而言之，三極同一太極；析而言之，三極合一太極。故周子圖説之終，斷之曰「大哉易也，斯其至矣」。此周子作圖之本意也。至於易造之書，則又與此圖相爲表裏。伊洛道喪，揚者多失其真。中興以來，復有考亭朱先生上接聖賢相傳之道統，著書立言，私淑後學，其本義、啓蒙諸書，皆可以闡揚乎太極之理。言造化之樞紐，所以明陰陽五行一太極；言品勸之根柢，所以明男女萬物一太極。其曰「上天之載，無聲無臭」，則周子「無極而太極」之意非駕空穿鑿之説也。又曰「非太極之外復有無極」，則周子「太極本無極」之意，非疊床架屋之説也。太極得朱子表彰而益明，可謂大有造於萬世學者矣。全宋文卷七九六〇。

歐陽守道

歐陽守道（一二〇八～一二七二），字公權，一字迂父，初名巽，晚號巽齋，吉州（今江西吉安)人。淳祐元年(一二四一)舉進士。江萬里作白鷺洲書院,「首致守道爲諸生講説。湖南轉運副使吴子良聘守道爲嶽麓書院副山長」。召授祕書省正字,遷校書郎兼景憲府教授,爲著作佐郎兼崇政殿説書,遷著作郎,卒。宋史卷四一一有傳。

巽齋文集卷三復劉士立書 又字成季。

上略。然兄至詆朱文公爲不識字義,則恐過矣。格物之云,前書固嘗深言之,以爲心中無一物而備萬物之理,理聚於心而散於物。於其散者格之,積之既多,自有豁然貫通融會處。此一貫也,此下學上達也。物之爲言,何嫌於指外物哉?兄必曰不然,以此物乃有此混成之物,其爲物不二之物,引數「物」字以證物之非外物。夫物何莫不自無極太極中來。今未嘗從原頭格此一物,則是謂即事即物者,皆可外也。夫無極而太極,以生陰陽,萬物萬事由之而出者,隱而顯也。萬事萬物推而皆可以知太極之本然,顯而隱也。兄以此物只原頭一物,則萬物萬事之理皆可外,萬事萬物皆可外,則隱顯歧爲二矣。程子所謂今日格一件,明日又格一件,久之脱然有貫通者,彼何謂也?自此而往,讀書窮理,即事是學之教,恐皆可廢矣。夫當其未爲兩儀四象,則太極尚不可得而名,而何物之云哉?兄之下學記曰:「天也,命「也」,性也,道也,是形而上者也。身也,心也,意也,耳目口鼻四肢也,是形而下者也。脩身正心誠意，皆是下學，而身之本曰心，心之本曰意，意之本曰知，知即性也，性即有物矣。人苟能格其本心固有之物，則知天，而至於命，此下學上達一貫之旨也。」夫聖人所謂下學，直先於日用常行事所接處學之，盡心知性則知天，則反本窮源之極處，豈初學可驟語之哉？今以格其本心固有之物爲知天至命之本，而指脩身正心誠意之下學爲格其本心固有之物之本。信如此説，則是大學之本文當曰「欲格物者先致知，欲致知者先誠意，欲誠意者先正心，欲正心者先脩身」，句句節節當倒看，不當曰「欲脩身先正心，欲正心先誠意，欲誠意先致知，致知在格物也」。兄至高明，何以一旦盡去行遠自邇、登高自卑之見，而爲是不可曉之語耶？兄之始學，本亦自邇而遠，自卑而高。今學之幾年，得所謂高者遠者，則撤其梯級，斷其塗軌，告人曰合下便遠，合下便高，不從彼處節次也，而可乎哉？兄之學，大概象山、慈湖之意居多。兄不謂學乎象山、慈湖也，將以象山、慈湖爲己合也。晦翁之學，兄往往以爲不然，當時講詰之紛紛，猶彼此不能心服。今某不自度其荒陋，而持井蛙之見以對海若，知其不可而不敢已者，兄以愛我教我之心至，則某不得以倘然受之也。兄非他人汎名學者之比，觀理如此其富，用工如此其至，著書滿家，直以開曉後學爲己任。竊料兄所屑教者甚少，如某之愚，兄辱收之，以爲氣味之同，愚心有所未安，如兄之學，若又隱默不言，苟焉阿和，則是兄固厚我，而我則薄兄也。且自某之外，肯以所未安者復之，兄知猶有何人哉？是以盡寫所見，以求一是之歸，如曰不然，更乞賜教。別紙所教尤感。

翁酉

翁酉，别號思齋，崇安（今屬福建武夷山市）人。紹定五年（一二三二）進士。師從節齋先生蔡淵（蔡元定長子）。閩中理學淵源考卷二五。餘不詳。

太極圖解序

道學之失傳也久矣，人心之昏晦也甚矣。如太極圖之説，世之疑者何其多乎！或以繼善成性不當分陰陽，或以太極陰陽不當分道器，或以仁義中正不當分體用。有謂一物不可言各具一太極者，有謂體用一原、不可言體立而後用行者，有謂仁爲體統、不可偏指爲陽動者，有謂仁義中正之分、不當反其類者。諸説紛紛不一，殊不知皆取於易之大意，而學者不深考也。至文公朱先生屢爲之辨明，尚見劾於林栗之章，而陳賈僞學禁之請，亦由是而階也。則夫道之不明不行也，姦邪之説阻之也。然是理微妙而難明，人心昏迷而妄作。先師節齋先生乃能深究精妙，著書兩卷。酉因侍立，得而讀之，見其言約而道大，文質而義精，意淡而味遠，且比次整齊，條理詳密，真有得於聖賢之心者。孔子謂「易有太極」，於變易之中而有不易之妙。周子云「無極而太極」，於體之間而有至中之理。用之精，本無極也；無極之真，即太極也。世之言一物各具一太極者，固非所以盡其本；而謂太極之上別爲無極者，是有二本也。學者不觀太極，無以知氣之所由始；不觀無極，無以知理之所由充。非先生窮深探微，得其旨趣之大，則周、朱之言何由取信於人哉？況時之人察理未精，講論未明，徒務新奇，泥於名數，而不思無極者，乃至極之得名，不知太極者，即不可加之至理。老師宿儒紛紛附和，以誤天下後世者多矣，未見若先生此書之明且盡者也。然則聖賢之心法，得周、朱而傳授；周、朱之太極，得先生而益顯。其光紹前緒，揭示後學也，厥功蓋不細矣。酉不敏，不足以表暴先生著述之盛，而使學者有日就月將之功，是亦不失作書之本意也。經義考卷七一蔡氏淵太極圖解。

黄震

黄震（一二一三～一二八〇），字東發，慶元府慈溪（今屬浙江）人。寶祐四年（一二五六）進士。累擢史館檢閲，與修寧宗、理宗兩朝國史、實録。因直言出判廣德軍，知撫州，改提點刑獄，皆有惠政。宋亡不仕。元至元十七年卒，年六十八，宋人傳記資料索引頁二八七〇。門人私謚曰文潔先生。著有黄氏日抄一百卷。宋史卷四三八有傳。

黄氏日抄卷二讀論語

「學而時習」章。

近世有石䃙，學於晦庵門人李閎祖，作四書疑義，謂晦庵注此章，學之爲言效也，人性皆善，而覺有先後，爲有病，必言氣稟有清濁，故質有昏明，而覺有先後。愚謂此於文字上生枝節，實則覺有先後，則清濁昏明者已在其中矣。晦庵折衷諸家，而歸之簡淨，讀集注者，何必更以求多爲哉？若陸象山嘗謂論語有無頭柄底説話，如「學而時習之」，不知時習者何事？及其門人楊慈湖，又改「時習」爲「不習」，其説不知何如？要之，學者且當尊信吾聖人之訓。

「有子孝弟」章。

按論語首章言學，次章即言孝弟。聖門之教人，莫切於孝弟矣。此章象山斥其爲支離，固不可知。程子言爲仁以孝弟爲本，論性則以仁爲孝弟之本，性中只有仁義禮智，曷嘗有孝弟來。其説性尤精，而性中曷嘗有孝弟之語，後覺乍見，亦或以爲疑。蓋實則父子之道天性，而其説微覺求多於本文之外也。晦庵或問中云：「孝弟則固仁之發而最親者。」此語爲婉而切，似當收置集註，使學者知孝即仁之事，而仁即性之有可也。下略。

「曾子三省」章。

集註首載尹氏曰：「曾子守約，故動必求諸身。」語意已足矣。次載謝氏曰：「諸子之學，皆出於聖人，其後愈遠而愈失其真，獨曾子之學，專用心於内，惜其嘉言善行不盡傳。」竊意用心於内者無形動，求諸身躬行也，其所指之一虚一實已不同。蓋心所以具萬理而應萬事，正其心者，正欲施之治國平天下。孔門未有專用心於内之説也。用心於内，近世禪學之説耳。後有象山，因謂曾子之學是裏面出來，其學不傳，諸子是外面入去，今傳於世，皆外入之學，非孔子之真。遂於論語之外，自稱得不傳之學。凡皆源於謝氏之説。此説今視晦庵殊不侔，使晦庵集註於今日，謝氏之説不知亦收載否。二説雖集註所並收，然不可不考其異。

黄氏日抄卷三讀孟子　滕文公上

「有若似聖人」一章。

門人以有若言行氣象類孔子，而欲以所事孔子事之。有若之所學何如也？曾子以孔子非有若可繼而止之。孔子自生民以來未之有，宜非有若之所可繼，而非故貶有若也。有若雖不足以比孔子，而孔門之所推尚，一時皆無有若比可知。咸淳三年升從祀，以補十哲，衆議必有若也。祭酒爲書力詆有若不當升，而升子張。不知論語一書，孔子未嘗深許子張。據此章，則子張正欲事有若者也。子張之未能爲有若昭昭也。陸象山天資高明，指心頓悟，不欲人從事學問，故嘗斥有子孝弟之説爲支離。奈何習其説者不察，因剏攻之於千載之下耶？子張有靈，回顧有子，恐不自安其位。次可江漢、秋陽之喻，曾子蓋甚言夫子道德盛大，彰著灼然，非他人可擬之狀。而講象山之學者。又往往襲取以證精神之説，恐本旨亦不如此，在學者詳之。

黄氏日抄卷三三周子太極通書

太極圖説：「無極而太極」以下，詳太極之理，此圖之訓釋也。「惟人也得其秀」以下，言人極之所以立，此所以書圖之本意也。蓋周子之圖太極，本以推人極之原。而周子之言無極，又以指太極之理，辨析其精微，正將以歸宿於其人，而豈談空之謂哉！象山陸氏嘗以「無極」之字大易所未有，而老莊嘗有之，遂疑其非周子之真。今觀圖之第二圈陰陽互根之中，有圈而虚者，即易有太極之體也。其上之一圈，即挈取第二圈中之圖而虚者表而出之，以明太極之不雜乎陰陽，單言太極之本體也。單出本體於其上，初無形質，故曰「無極而太極」。所謂無極者，實即陰陽互根中之太極，未嘗於太極之上別爲一圖名無極也，恐不必以他書偶有「無極」二字而疑之。惟洞見太極之理，以自求無愧於人極之立，此則周子所望於學者耳。

晦庵講明無極，此二字雖老子之所有，而人皆知非老子之學。象山辯駁無極，雖斥其爲莊老，而人反譏其穎悟類禪學，而禪學即源流於老莊。此固非晚學敢議。其寔老子之言無極，指茫無際極而言。周子之言無極，指理無形體而言。象山高明，豈不曉此，一時氣不相下，始爲此言。異時(蔡)[祭]東萊，自悔鵝湖之會，輒復妄發。則象山之本心偏可知。太極之理至精，而太極之圖難狀，得晦翁剖析分明，今三尺童子皆可曉，遂獲聞性命之源，以爲脱去凡近之基本，即盍反而實修，其在我者矣。或乃因其餘説，或演或辯，漫成風俗，不事躬行，惟言太極。嗚呼！周子亦不得已言之，孔子惟教人躬行耳。

黄氏日抄卷三四晦庵先生文集一書節録

答張南軒。中略。又云：「子壽兄弟氣象甚好，盡廢講學而專務踐履，於踐履中要人悟得本心，此爲病之大者。」下略。

答東萊書，謂：中略。「子静近却説人須讀書講論，但不肯翻然説破今是昨非之意。」「子静約秋凉來遊廬阜，渠兄弟豈易得，但子静似猶有些舊來意思，回思鵝湖講論時是甚氣勢，今何止十去八耶？」中略。「子静到此，數日講論，比舊亦不同。」又云：「子静舊日規模終在，熹因與説，渠雖唯唯，終未窮竟。」

答陸子壽諸書，反覆論喪祭之禮。答陸子美書，辨詰太極、西銘，至再而止。答陸子静書，辨詰尤切，條其理有未明而不能盡人言者凡七，終又隨條注釋，斥其空踈杜譔，謂「如曰未然，各尊所聞，各行所知，亦可矣」，書亦於此而止。愚按先生平生拳拳諸陸之意不少衰，相約來游廬阜，幸其議論稍回。子壽之死，子静亦求銘於東萊，而求書於晦庵，道誼之交自若也。

答王子合云：「送伯恭至鵝湖，陸子壽兄弟來會，講論之間，深覺有益。」先生與一時諸儒切磋者如此，近世乃誤以爲朱、陸會争之地，甚者至立學以主陸，可歎也已。今聞改曰宗文。下略。

答沈叔晦書，謂刻東萊文真僞相半，惟大事記有益。答所問兩塗之疑，謂聞道讀書，須告以所謂道何道，所謂書何書，聞之讀之，又如何用其力，更願審叩以決其是非。愚謂先生以其受象山之學，故其説如此，所謂引而不發者耶。再答讀書數條，先令虚心熟讀本文，若便雜諸説下稍，只得周全人情，恐亦闢其先入爲主者。

答諸葛誠之書，皆言與子静辨，只是尋箇是處。

答項平父，亦以其習子静議論，而告以講學工夫。

答葉味道：既祔後主復於寢。陸子静不能行，而子壽敬伏。

答許生：近年有假佛釋之似以亂孔孟之實者。其法首以讀書窮理爲大禁，常欲學者注其心於茫昧不可知之地，以儌倖一旦恍然獨見。

答潘子善：欲專務静坐，又恐墮落那一邉去。只隨動隨静、無時無處不自省覺。又云：楊敬仲其人簡淡誠慤，自可愛敬，而其議論見識自是一般，又自信已篤，不可復與辨論，正不必徒爲嘵嘵也。

黄氏日抄卷三五晦庵先生文集二雜著

記濂溪，謂借得洪景盧所作國史濂溪傳，載太極圖説，乃云「自無極而爲太極」。

黄氏日抄卷三六晦庵先生文集三跋

跋白鹿洞講義：陸子静來自金谿，先生率僚友諸生請爲之講，而跋之云：「切中學者隱微深錮之病。」愚按象山此時講「君子喻於義，小人喻於利」，分別明白，至今讀之，令人竦動，宜晦翁之歎賞也。象山之來游，晦翁之請講，友誼藹然，豈復有前日鵝湖之氣象哉！使象山更加之壽，則極高明而道中庸，未必不與晦翁一也。

黄氏日抄卷三六晦庵先生續集　書節録

答黄直卿書：中略。陸子静謂游、夏不能盡棄其學以從夫子，惟琴張、曾晳、牧皮真有得於夫子。

黄氏日抄卷三七晦庵語類一大學

陸子静從初亦學佛。佛説萬理俱空，吾儒説萬理俱實。今學佛者云識心見性，不知識是何心，見是何性？

黄氏日抄卷三七晦庵語類一訓門人八

陸子静正是不要許多王道，夫乞朝廷以一監書賜象山，此正恐其所忌。伯恭却以語孟爲虚，教人看史。君舉要理會經世之學。某不是要人步步相循，只要教人分別是非，較明白。

黄氏日抄卷三七晦庵語類一訓門人九

浙間一般學問，又是得江西之緒餘，只教人合眼端坐，要見一箇物事如日頭，便謂之悟，才説一悟字，便不可窮詰，不可研究，不可與論是非，一味説入虚談，最爲惑人。夫子所以不大敢説心，只説實事，便自無病。

黄氏日抄卷三八晦庵先生語類二陸象山

象山言「本立而道生」多却「而」字；言顔子克己於意念起處克去；言顔子悟道後於仲弓；言易辭決非夫子作；言孟子無奈告子何；言人不惟不知孟子高處，也不知告子高處；言告子論性强孟子；言荀子性惡之論甚好，使人警發，有縝密之功；言自得於己，不爲文義牽制，是集義，若以此義從而行之，乃求之於外，是義襲而取。如孝弟爲仁之本一章，都不看他，只説一箇心上面便着不得一箇字，是實見得箇道理，恁地所以不怕天，不怕地，一向叫喊，教人合下便是，教莫要讀書，以爲此意見，以爲此閒議論。只是不知有氣禀之雜，把許多麄惡底氣，都做心之妙理，合當恁地自然做將去。

黄氏日抄卷三八晦庵先生語類續集　訓門人

禪學只是於自己精神魂魄上認取一箇有知覺之物把持玩弄，至死不肯放。

黄氏日抄卷三八晦庵先生語類續集　陳君舉葉正則

永嘉之學又不及金谿，戴少望尚有些實説，葉正則都是門説。

黄氏日抄卷三八晦庵先生語類續集　陸子静

金谿與胡季隨書，説顔子克己處，以忿欲等皆未是己私，而思索講貫却是大病，乃所當克治者。釋氏之學，大抵謂若識得透，應干罪過即都無了。然則此一種學在世上，乃亂臣賊子之三窟耳。

黄氏日抄卷三九南軒先生文集　書節録

與朱元晦：中略。陸子壽兄弟如何，肯相聽否？澧州教授傅夢泉乃是陸子静一流，其人亦剛介有立，但所談學多類揚眉瞬目之機。子静此病，曾磨切人物。下略。

答陸子壽：講學不可以不精也。元晦卓然特立，真金石之友也。

黄氏日抄卷三九南軒先生語録　本朝諸子

陸子静謂不當編程氏遺書。晦叔曰：「若如其言，六經可燒。」先生曰：「是。」

黄氏日抄卷四〇東萊先生文集　尺牘

與陳同甫書云：「留建寧凡兩月餘，復同朱元晦往鵝湖，與二陸及劉子澄諸公相聚切磋，甚覺有益。元晦英邁剛明，而工夫就實入細，殊未易量。子静亦堅實有力，但欠開闊耳。」又嘗與邢邦用書云：「與朱元晦相聚四十餘日，復同出至鵝湖，二陸及子澄諸兄皆集，甚有講論之益。近嘗與子静詳言之，講貫誦繹乃百代爲學通法，學者緣此支離泛濫，自是人病，非是法病。見此而欲盡廢之，正是因噎廢食。」

黄氏日抄卷四〇東萊先生文集　附録祭文節録

上略。晦翁發明盡之，一時諸儒或各主所見。辛稼軒本以吏能稱，其言獨曰：「厥今上承伊洛，遠泝洙泗，朱張東萊，屹鼎立於一世。」陸象山則曰：「鵝湖之集，適後一歲，輒復妄發，宛爾故態。公雖未言，意已獨至。」又曰：「更嘗頗多觀省，加細追惟，曩昔麄心浮氣，徒致參辰，豈足酬議。」於此亦足以占象山所與鵝湖會議時不同，而世之承襲者尚祖初說，自外正論亦弗思矣。善乎！陳謙之祭有曰：「諸老異同，兼包并容。」於是知當時東萊平心調護之功居多，而後之學者所當遐想云。

黄氏日抄卷四〇東萊先生文集　雜説 節録

先生以理學朱張鼎立爲世師，其精辭奥義，豈後學所能窺其萬分一。然嘗觀之，晦翁與先生同心者，先生辨詰之不少恕。象山與晦翁異論者，先生容下之不少忤。鵝湖之會，先生謂元晦英邁剛明而工夫就實入細，殊未易量。謂子静亦堅實有力，但欠開闊。其後象山祭先生文，亦自悔鵝湖之會集麄心浮氣。然則先生忠厚之至，一時調娱其間，有功於斯道何如耶？下略。

黄氏日抄卷四二陸象山文集

與邵叔誼書，謂君子之道，夫婦之愚不肖，可以與知。能行唐周之時，康衢擊壤之民，中林施罝之夫，亦帝堯、文王所不能强。今謂之學思問辨者，依憑空言，傅着意見，增疣益贅，助勝崇私，重其狷忿，長其負恃，蒙蔽至理，扞格至言，自以爲是，没世不復，此其爲罪，浮於自暴自棄之人。

與曾宅之書，謂古之所謂小人儒者，亦不過依據末節細行以自律，未至如今人浮論虚説，繆悠無根之甚，終日簸弄經語，以自傅益，真所謂侮聖言。

與劉淳叟書：向時繆妄工夫，其勇往如彼。今乃未肯遽捨繆妄之習，遷延苟免，如寇盜已在囹圄，不肯伏罪。

與胡達材書：承示所進，深見嗜學，但達材所進，乃害心之大者。所謂若有神明在上，在左右，乃是妄見。

與戴少望書：戕賊陷溺之未免，則亦安得不課其進？

與徐子宜書，謂端卿、蕃叟、成之、淳叟諸人自相切磋，皆自謂有益。某觀之，甚不謂然。其説均爲邪説，其行均爲詖行，最大害事，名爲講學，實乃物欲之大者。近來講學，大率病此。

與傅子淵書：來書集義之説，已似有少眩惑。集義乃積善耳。近來腐儒所謂集義者，乃是邪説誣民充塞仁義者也。又書云：建昌問學者雖多，亦多繆妄。嘗謂一等無知庸人，難於鐫鑿，此等固不足道。

與傳聖謨書：大抵學者且當論志，不必遽論所到。近來學者多有謬見虚説，凡所傳習，衹成惑亂。

與包詳道書：一溺於流俗，再眩於怪説，狼狽可憐之狀，遂至於此。狂妄迷惑之人多，則其相與推激，而至於風波荆棘之地者必衆。今但能退而論於智愚清濁之間，是惑庶幾乎解。道術之是非邪正，徐而論之未晚也。

與包敏道書，謂吾力之所不能及，而强進焉，徒取折傷困吝而已。

與林叔虎書，謂胡季隨乃五峰之幼子，師事張南軒，又學於晦翁之門，學不得其方，大困而不知反。世固有徒黨傳習，日不暇給，又其書汗牛充棟，而迷惑浸溺，沉痼纏綿，有甚於甘心爲小人者，豈不重可憐哉。

與陳君舉書：世習靡敝，固無可言。以學自命者，又復封於私見，蔽於私説，却鍼拒砭，厚自黨與，假先訓形似以自附益。

與胡無相書：惠書憂憫俗學，傷悼邪見，深中時病。

與董元錫書：今流俗不學之人，方憑其私意，自以爲善，此則是俗人，不得謂之士，不得謂之儒。平日所惜於元錫者，爲其氣質偶不得其重厚者，故不能自拔於市井之習。元錫誠欲求知己，當今之世，捨我其誰哉！

與邵叔誼書：後世學者之病，多好事無益之言，以重其繆妄之意。兹得頗示，方知窒塞如初，類皆虚見空言，徒增繆妄。某得元晦書，其蔽殊未解，然其辭氣窘束，或恐可療也。

與趙然道書：當今之世，所謂講學者，遂爲空言，以滋僞習。

與趙詠道書：兄謂諸公傷於著書，彼惟不自知其學不至道，不自以爲蔽，故敢於著書耳。又書云：拘儒瞽生，又安可以硜硜之爲而傲知學之士哉！

與倪九成書，謂其俗見膠固，習俗深重，雖聞正言，未肯頓捨。譬如小兒懶讀書，多説懶，方未肯，便入書院耳。

與張季悦書：承諭新工，第流俗凡鄙之習，繆妄之説，正可哀憐傷悼。

與郭邦逸書：垂示晦翁問答，良所未諭。道也者不可須臾離也，可離非道也，是故君子戒慎乎其所不覩，恐懼乎其所不聞。學者必已聞道，然後知其不可須臾離，知其不可須臾離，然後能戒慎不睹、恐懼不聞。元晦好理會文義，是故二字也不曾理會得，皆是胸襟不明，撰得如此意見。

與鄭溥之書：元晦講學之差蔽而不解，甚可念也。

與嚴泰伯書：平日議論，平日行業，皆同兒戲，不足復置胸臆。

與胥必先書：往往乾没於文義，間爲蛆蟲識見以自喜而已。

與姪孫濬書：學者之不能知至久矣，非其志其識能度越千有五百年間名世之士，則詩、書、易、春秋、論、孟、中庸、大學之篇正爲陸沉。

與陶贊仲書：今之言窮理者，皆凡庸之人，妄以異端邪説更相欺誑。古人所謂異端者，不專指佛老。近世言窮理者，亦不到佛老地位。其言闢佛老者，亦是妄説。今時即無窮理之人。

與孫季和書：學不至道，而日以規規小智，穿鑿傅會，如蛆蠹如蟊賊以自飽適，由君子觀之，正可憐悼耳。石應之迷於異端，至今茅塞，季和尚未能及應之，言論行事皆不能滿人意，謂之茅塞，不爲過也。苟以其私偷譽來世，固不難也，但非先哲所望於後學，其所賞不足以當所惜之萬一耳。

與傅克明書：去世俗之習，如弃穢惡，如避寇讎。

與致政兄書：以銖稱寸量之法，繩古聖賢，則皆有不可勝誅之罪，況今人乎。

右皆象山排本朝道學之言也。愚按孔子指凡非所當習者爲異端，孟子獨指楊墨爲異端。自唐韓昌黎至本朝濂溪伊洛及乾淳諸儒，皆指佛老爲異端。象山則力辨異端不專指佛老，而自孟子殁後，以至當世千五百餘年間，凡講學者皆爲異端。且謂心本自虚,理本自明,凡言講學窮理,皆是異端邪説。未知然否?然講學本孔子之事,而窮理又大易之言也。謹録如右,以俟明者請焉。

黄氏日抄卷四二陸象山文集　輪對劄子 節録

上略。象山之門人傅琴山與陳習庵書云:「朱晦庵得象山奏篇,極其賞音,而其終則有曰『但向上一路未曾撥著』。象山復書云:『某自以爲所學所藴竭盡於此,而尊兄乃有向上一路不曾撥着之疑,何耶?』文公却别無説。」愚按晦庵、象山集中皆無此書,而琴山言之,要非虚語。但平心而觀,未見所謂竭盡之説,而象山自言亦云粗陳梗槩,又與竭盡之説不同,當諗知者。

黄氏日抄卷四二陸象山文集　程文 節録

上略。象山之學,雖謂此心自靈,此理自明,不必他求,空爲言議,然亦未嘗不讀書,未嘗不講授,未嘗不援經析理,凡其所業,未嘗不與諸儒同,至其於諸儒之讀書、之講授、之援經析理,則指爲戕賊、爲陷溺、爲繆妄、爲欺誑、爲異端邪説,甚至襲取閭閻賤婦人穢駡語斥之爲蛆蟲,得非恃才之高,信己之篤,疾人之已甚,必欲以明道自任而然耶?吾夫子生於春秋大亂之世，斯道之不明亦甚矣，而循循然善誘人，未嘗有忿嫉之心，甚至宰我欲行朞月之喪，不過曰「汝安則爲之」；闕黨童子將命，亦必明言其與先生並行，與先生並坐，爲欲速成，未聞不言其所以然，徒望而斥之也。孟子生於戰國，斯道之不明尤甚。孟子之與楊、墨辨，與告子、許行、墨者夷之辨，皆一一引之而盡其情，然後徐而折其非。至今去之千載之下，人人昭然如見此斯道之所以復明，亦未嘗望而斥之，不究其所言之爲是爲非也。我朝聖世也，亦異於春秋戰國之世矣，諸儒之所講者理學也，亦異於春秋戰國處士橫議之紛紛矣，所讀皆孔孟之書，所講皆孔孟之學，前後諸儒彬彬輩出，豈無一言之幾乎道者？其所趣尚雖正，而講明有差，則宜明言其所差者果何說？講明雖是，而躬行或背，則宜明指其所背者果何事？庶乎孔子之所以教人，孟子之所以明道者矣。今略不一言其故，而槩以讀書講學者，自孟子既没千五百餘年間，凡名世之士皆爲戕賊、爲陷溺、爲繆妄、爲欺誑、爲異端邪説，則後學其將安考？此象山之言雖甚憤激，今未百年，其説已泯然無聞，而諸儒之説，家藏而人誦者皆自若，終無以易之也。此亦無以議爲矣。獨惜其身自講學，而乃以當世之凡講學者爲僞習，未幾韓侂冑、何澹諸人竟就爲「僞學」之目以禍諸儒，一時之善類幾殲焉。嗚呼！家必自毁，而後人毁之，悲夫！

黄氏日抄卷四二陸象山語録

次章云：「看經書須看注疏及先儒解釋，不然執己見議論恐自是。」愚按此象山平心之言，與諸儒未嘗不同。然象山平日以此等爲陷溺，而今日之言乃如此，乃知天下常理終不可逃。如釋氏謂不當生産作業，而釋氏未嘗不着衣喫飯也。

「學者不長進，只是好己勝，出一言，做一事，便道全是。」愚按此説善矣。聖如孔子，亦未嘗敢以爲是。然象山雖賢，乃謂千五百年間講學者皆異端邪説，到吾方一清。此則孔子所不敢也。

朱季繹云：近日異端邪説，如禪家之學，人皆以爲不可無。象山云：「今之所以害道者，却是這閒言語。曹立之因讀書用心成疾，亦是有許多閒言語。某與之滌蕩，病亦隨減，迨不聞人言語，又復昏蔽。適有告之以某乃釋氏之學，渠平生惡釋老如仇讎，於是盡叛某之説，却凑合得朱元晦説話。後不相見，以至於死。」然則曹立之若終聽象山之説，尚可活也。

「某讀書，只是看古註聖人之言，自明白。」愚按亦自有當講明者，如明白者却不必衍文，熟讀自見。象山此言，不可不察。

一人力抵當流俗不去，必也豪傑之士。因舉晦翁語云：「豪傑而不聖人者有之，未有聖人而不豪傑者也。」先生云：「是。」愚恐豪傑非斥衆人爲流俗之謂也。

「謂伯敏被異端壞了。異端非佛老之謂。異乎此理，如季繹之徒，便是異端。孔門惟顏曾傳道，他未有聞。蓋顏曾從裏面出來，他人外面入去。今所傳者，乃子夏、子張之徒外入之學。曾子所傳，至孟子不復傳矣。」愚按古無傳道之説。孔子之學，惟曾子弘毅足以任道，子思、孟子皆然。至今所講明者，皆其説也。子夏、子張未見其有傳於今也。韓文公闢佛老，故言中國之所以治者，自堯、舜、禹、湯、文、武、周公、孔、孟次第相承，具有自來，故以傳言以闢佛氏之説自夷狄晚入中國，於中國之治並無相干，皆平空杜撰，故他日又曰：「果孰爲而孰傳之耶？」韓文公之言傳道者，意蓋如此。不幸釋氏以衣鉢爲傳，其説浸淫，遂使吾儒亦謂若有一物親相授受者謂之傳道，此積習之誤，聖門初無是事。今日所講，正曾子、子思、孟子之學，其於子張、子夏初何預耶？

「今之學者讀書，只是解字，更不求血脉。且情性心材，只是一般物事，言偶不同耳。」愚按天下讀書，未有不求血脉之人，而象山讀書，亦未嘗不解字，如云「看經書須着看注疏及先儒解釋」，斯言何爲耶？

初教董元息自立，不得閒説話，漸漸好。後被教授教解論語，却又壞了。

「某從來勤理會，長兄每四更一點起時，只見某在看書，或檢或點，常説與子姪以爲勤。」愚按象山常以讀書爲陷溺，而其勤讀書乃如此。

論語中多有無頭柄底説話，如「知及之」、「仁不能守之」之類，不知所守所及者何事？如「學而時習之」，不知時習者何事？學苟知所本，六經皆我注脚。

天理人欲之言亦自不是至論。若天是理，人是欲，則是天人不同矣。

「一夕步月，歎『朱元晦泰山喬岳，可惜學未見道，枉費精神，遂自擔閣』。包敏道曰：『勢既如此，莫若各自著書，以待天下後世之自擇。』忽正色厲聲曰：『敏道，敏道，恁地没長進，乃作這般見解！且道天地間有個朱元晦、陸子静，便添得些子，無了後，便減得些子。』」愚謂若於天地間無關損益，又何必歎，又何必厲聲？

黄氏日抄卷四二陸復齋文集　書節録

與張敬夫，謂聲氣容色、應對進退，乃致知力行之原，不若是而從事於箋注訓詁之間，言語議論之末，無乃與古之講學者異歟。

答傅子淵：近來學者多自私欲速之病，又惑於釋氏一超直入之談，往往弃日用而論心，遺倫理而語道。適見聖謨與舍弟書，又有「即身是道，不假擬度」之説，此又將墮於無底之壑矣。

與沈叔晦：有終日談虛空、語性命而不知踐履之實，欣然自以爲有得，而卒歸於無所用。此惑於異端者也。

與汪德占：某日與兄弟講習，往往及於不傳之旨，天下所未嘗講者。

與趙景明：朱元晦論語集解已脱藁，此言必傳於世。若詩集傳、中庸大學章句則殊有未安，恐終不能傳遠矣。

答王漢臣：身體心驗，使吾身心與聖賢之言相應，擇其最切己者勤而行之。

與王順伯：「治人必先治己，自治莫大治氣。氣之不平，其病不一，而忿懥之害爲尤大。」又云：「竊不自揆，使天欲平治天下，當今之世，捨我其誰？苟不用於今，則成就人才，傳之學者。」又云：「釋氏之門，亦有散律禪之異，禪門一宗，亦有五家宗派，何況儒、釋二教，安得强比而同之乎？」又云：「釋氏大抵以理爲障，與吾儒之學天地懸絶。」

復齋陸氏名九齡，字子壽，蓋名九淵字子静號象山之兄也。其學大抵與象山相上下。象山之學，務以自己之精神爲主宰；復齋之學，就於天賦之形色爲躬行，皆以講不傳之學爲己任，皆謂當今之世捨我其誰，掀動一時，聽者多靡。所不同者，象山多怒罵，復齋覺和平爾。下略。

象山於門人最稱許傅子淵，而言論風旨無所攷。有傅琴山者名子雲，字季魯，亦金谿人，以屢舉推恩，嘗爲西甌縣主簿。其徒貴溪葉夢得知撫州日，嘗刻其文於郡齋，然世未有傳其書者也。琴山稱象山赴荆門軍，付以講席，又嘗作易詩論語解、孟子指義、中庸大學解、河圖洛書釋義、離騷經解、揲蓍説，自謂其學益明，見於文字，大抵昭著，且欲剖判象山及朱晦翁之説。其自説亦果矣。嘗觀其文，戒楊慈湖闢清心正心之説，及力勸其勿著書排大學，似無已甚之偏。而乃謂論語成於曾子門人之手，未必接聞於夫子；「學而時習之」，不知所學、所時習者何事？時習而悦朋來，而樂不知所悦，所樂者何由？「人不知而不愠」，不知所以能不愠者何説？既茫然於指歸之所存，則是失珠玩櫝，講究雖勤，而真實益遠。又謂近世學失其傳，勞心役智，於道問學之間顛本末之序，而終至於本末俱失，若程門附會下學而上達之説，而不明其旨。此其於聖賢之學，入室操戈，一至於此，亦可謂無忌憚者矣。若其斥張子房辭三萬户之封爲工於私，而昧於理；譏董仲舒「正誼不謀利」之言爲未足以表覈孟氏之旨；駮龔遂「使民賣劍買牛非臣力」之對爲竊美名美行，以欺君媚世；詆韓文公原人之作，爲未究三才之終始而分裂以論。彼於論語尚加呵詆，則凡皆所不足怪者矣。其人雖博學多聞，好爲議論，而辭繁理寡，終無發明，雖呶呶數萬言攻排佛學，以解外人謂其師談禪之譏，亦不過襲不耕不蠶等陳言，以雜置汎濫浮辭中爾。惟斷其師人心、道心之辨，謂「『人心惟危，道心惟微』，猶言『槃水惟危，清水惟微，勿撓勿濁，乃燭鬚眉』」。其説頗異，姑録存之，以俟知者。然「乃燭鬚眉」之意，與「允執厥中」之誼又殊矣。傅琴山之外，學象山而名世者，是爲慈湖楊先生。

黄氏日抄卷六八葉水心文集　記

敬亭後記，謂程氏誨學者先以敬爲非，當先復禮。蓋水心之學然也。愚按乾淳間，正國家一昌明之會，諸儒彬彬輩出，而説各不同。晦翁本大學致知格物以極於治國平天下，工夫細密，而象山斥其支離，直謂即心是道。陳同甫修皇帝王霸之學，欲前承後續，力拄乾坤成事業，而不問純駁。至陳傅良，則又精史學，欲專修漢唐制度吏治之功。其餘亦各紛紛，而大要不出此四者。不歸朱，則歸陸；不陸，則又二陳之歸。雖精粗高下難一律齊，而皆能自白其説，皆足以使人易知。獨水心混然於四者之間，總言統緒，病學者之言。

黄氏日抄卷六八葉水心文集　墓誌銘節録

胡崇禮名樽，餘姚人。尚書名沂之子。下略。又云：初，朱元晦、吕伯恭以道學教閩、浙士。有陸子静後出，號稱徑要簡捷。諸生或立語，已感動悟入，以故越人爲其學尤衆，雨併笠，夜續燈，聚崇禮之家，皆澄坐内觀。蓋譏之尤深也，然亦工矣。

黄氏日抄卷八五回董瑞州

伏蒙寵致春秋集註集傳等書，拜賜甚侈。凡尊年丈在郡云爲舉措，皆是正路上用實工夫，令人敬服不已。講義發明精當，尤見所學。孔夫子只是平正道理，漢唐溺於卑陋，濂洛發其精微。後來遂有因精微而遁入空虚者，如張横浦，如陸象山，如楊慈湖，一節透過一節，適又其人皆有踐履，後學皆翕然而歸之。若夫子平正道理，萬世常行，安有此等過高出奇之説？蓋嘗深究三人之説，無一不出於上蔡。不欲以愛爲仁，而欲以覺爲仁，至欲掃除乍見孺子惻隱之心，則横浦借儒談禪，一則曰覺，一則曰覺者，皆不過敷衍上蔡之言也。上蔡謂王介甫勝流俗兩字極好，若用此以講學，爲補不細，則象山借儒談禪，斥千五百年儒學皆爲流俗，更不可與辨論是非者，皆不過受用上蔡之説也。上蔡稱釋氏以性爲日，以念爲雲，去念見性，猶披雲見日，則慈湖借儒談禪，謂意起如雲霧之興，人心不可有意，因而改論語「毋意」之「毋」爲「無」字，又因大學有誠意一章，而詆斥爲非聖之書，亦皆襲取上蔡之説也。上蔡於程門才最高，而不幸與總老交，故其弊如此。東坡謂其父殺人報仇，其子因以行劫。原上蔡本心，不過欲不用其心，禪學遂得而入之。吾儒之禍，莫烈於此矣。明與台一家慈湖之説盛行，獨君家昆季講究精切。某雖愚陋，生長慈溪，幸而先讀論語，凡慈湖之改論語而就己説者，皆不敢信。昨覩邸報，台州守申乞令兄右司充上蔡山長，嘗恃其平昔知愛，稟問此事爲何如。繼得回報，令兄未免有怒意。蓋某不善申稟之過也。今讀講義，乃知君家之學，其精切如此。某近在臨川，曾於晦翁書院有議義一篇，辯慈湖一貫之説，謹用拜納。郡獄將空，蒙感何幸。伏乞台照。

黄氏日抄卷八七江堂賓得齋記

盱江江仁甫嘗求陽山吴君名其所居曰得齋，已幾年矣。求大参包公宏齋爲得齋銘，又幾年矣。今既老，尚求余爲記，亦足見好學之不厭矣。然余何人，而敢僭？且仁甫本宗象山之學，領袖臨汝書堂餘二十年，又日講晦翁之學。朱、陸之學皆世所宗，而其説不同，或非排觝，仁甫能兼取而參酌之，此其所得，又豈晚末敢輕贊一辭？辭不獲命，姑誦所聞。下略。

黄氏日抄卷九一題李縣尉所作

石門尉李君，其先蓋世登晦庵先生之門，以儒科顯，固名家子也。一日袖詩一編，屬余爲之辭。詩非余所習，其何敢僭，然晦庵亦少攻於詩，顧晦庵之所以爲晦庵者，不在詩耳，姑舍是而言其要者可乎？孔子之道，中行而已。漢唐溺於訓詁，於斯爲下，故伊洛始以性理之説拯其溺。時不幸，異端談空，謂見性成佛，即心是道，與性理之説大相反，而適相亂。於是學於伊洛者，往往反陰爲其所移而不自知。天生晦庵，又出而救其過高之偏，極辯力詆，使學者用工平實，以合乎孔子之中行。余自幼至老，所學者此而已。雖生慈湖先生之里，而慈湖以覺爲超悟，與孟子言「先覺覺後覺」，主於開曉後進之覺不同；以道心爲道即在心，與帝典「人心惟危，道心惟微」，理欲對言之道心不同，故惟敬其人，而未嘗究其學。今李君來書，謂余道本慈湖，未知君所得家庭之學本於晦庵者果何如，而援取及此，豈以慈湖之學出象山，余居慈湖之里，而君居象山之里，姑爲是附豫者乎？義理之公，不得以鄉曲而私；精微之辯，不得以依違而混。君誠反而求之，則詩有不待言者矣。

黄氏日抄卷九一　跋臨川王氏繫辭解之佐，字國材。

易示吉凶，所以吉，所以凶，則有理存焉。自晉人以老易並言，遂矯誣聖經，以證虛無之學。至吾伊川始言理以究其精微，晦庵始言吉凶以復其本義。繼此言易者紛紛，匪贅則鑿，否則淪於虛無者。有以臨川鄒氏解六十四卦，其有王氏繼之解繫辭，始明白守正，不襲用二先生之説，而理自然相符，其學識之正何如哉！然其書猶未顯於世，雖其後人出以見示，猶自謙謙謂不過平説爾。余嘗考二氏與陸象山同以明經薦于鄉，名聲實相上下。象山以解經爲非，至今名聲振天下。二氏帖帖正理於自解經，没世而名不稱。出奇者爭傳，守正者無聞，天下事每如此。既録其副，因三太息，書元本而還之。

吴子良

吴子良，字明輔，號荆溪，臨海（今屬浙江）人。學宗水心。寶慶二年（一二二六）進士，官至湖南運使、太府少卿。著有荆溪集，已佚。四庫全書總目卷一九五。

三先生祠

聖天子臨雍，進周、程、張、朱五君子於從祀，薄海内知鄉方矣。顧朱子所與反覆論辨，若南軒張氏、東萊吕氏、象山陸氏各以其道鳴東南，士不敢没也，則所在學多祠之，而豫章獨闕焉。子良以提學攝府事，念莫先此，於是始祠三先生在從祀後。或謂朱子於南軒論最合，東萊已小異，象山則大異矣，合祠之何哉？嗟夫！此説起道術之所以裂，心學之所以悖也。書曰：「無偏無黨，王道蕩蕩。無黨無偏，王道平平。」此言道本無黨偏也。道本無黨偏，心其可有黨偏乎？近世學子互立標榜，曰某自朱氏，某自張氏，某自吕氏、陸氏，隘矣哉！夫當諸君子在時，祇見其心之同，豈必其論之異？縱其異也，同者固自若也。何謂同？同於扶綱常，同於别義利，同於修己治人，同於愛君憂國而已。且夫道有體有用，渾然天性之中，而無物不具者，其體也；森然事物之際，而無理不形者，其用也。學有知有行，不徒揣度以爲知，而必著於行者，是知也；不徒茫昧以爲行，而必循於知者，是行也。世固有博考古今，遠稽文獻，而要領則迷，淵微則隔者矣。若夫實明於要領，實洞於淵微，則所謂古今文獻者不可廢也。此孔子所爲删詩定書、討禮正樂而脩春秋者也，此朱、吕之道所以本無小異也，體用未始有異故也。世固有直指本心，自謂見性，而等級則躐，工程則疎者矣。若夫實進於等級，實究於工程，則所謂指心見性者不可廢也。此孔子所稱先覺爲賢、心之精神爲聖，知二知十爲回賜優劣者也，此朱、陸之學所以本無大異也，知行未始有異故也。嗟夫！聖道公溥，不可以專門私；聖學深遠，不可以方册既。貫羣聖賢之旨，則可以會一身心之妙；充一身心之妙，則可以補羣聖賢之遺，孰爲異同哉？爾後學之士，其必合朱、張、吕、陸之説，泝而約之於周、張、二程，合周、張、二程之説，泝而約之於顔、曾、思、孟，合顔、曾、思、孟之説，泝而約之於孔子，則孔子之道即堯、舜、禹、湯、文、武之道也，孔子之學即臯、益、伊仲、傅、箕、周、召之學也，百聖而一人，萬世而一時，尚何彼此户庭之别哉！

然則今之合祠三先生也宜也，非爲三先生設也。江西通志卷一二六。

姚勉

姚勉（一二一七～一二六二），字成一，一字述之，瑞州高安（今屬江西）人。寶祐元年（一二五三）進士第一。景定元年（一二六〇）正月除正字，六月除校書郎，兼太子舍人。南宋館閣續録卷九。「後上過東宫，勉講否卦，因指斥權姦，無所顧避，忤賈似道，遂諷孫附鳳劾勉爲吴潛黨，免歸。有雪坡集。」江西通志卷七一。方逢辰於景定四年秋撰雪坡集序，稱其當時與姚勉「咸以罪去，越三年，予起家承乏於瑞，則成一已下世矣」，推知其卒於景定三年，年四十六。雪坡集卷首文及翁序。

雪坡集卷九講義二 節録

上略。謹獨即是持敬，聖賢立言雖異，爲旨則同。敬者入道之門，躋聖之級，端正徑直，更無他歧。自古至今，由聖及賢，莫不於此用力。彼有謂敬非聖門先務者，是不知所用力也。敬非所務，不知心何從而存，性何從而養？陸氏之學所以大異於我文公者以此。陸氏動曰「只信此心」，而乃不以敬爲存心之要，直不可曉。慈湖楊氏，陸門高弟，每疑夫子「毋意」，而大學乃欲誠意，以爲大學非孔門之書，殊不知毋意是絶意之私，誠意是存意之公。意之私固不可有，意之公又豈可無？以意之公者爲可無，是惡非禮而併與勿者去之矣，可乎哉？一超頓悟，不用工夫，決無是理。學者循序漸進，但當學顔子之學。顔子何學？不過自謹獨持敬始而已。此某聞於蔡先生者，願與同舍之同志者共學以求仁焉。判府寺丞既新夫子燕居之堂，而於諸老先生從祀之中徹舊來陸氏之像，厥有深意。故某既敷述謹獨之説，而末因及陸氏之所以異於程、朱二先生者，而與同志正其指歸，是審進學之路頭也。同志諸君，其然之否？

雪坡集卷一六謝久軒蔡先生惠墨九首之一

孔鐸經百年，誣世有楊墨。天生子輿氏，邪説一以息。紫陽曾未遠，人復詆無極。先生嚴衛道，功比異端闢。

雪坡集卷一七贈宗人簡齋

博文約以禮，夫子誨子淵。詳説將反約，斯語在七篇。由繁乃入簡，此學本聖賢。卓哉紫陽公，道統得正傳。剖析到精微，而後會大全。譏以爲支離，此説恐未然。閑邪至敬義，簡易斯坤乾。後學懶用功，疎略取自便。藉口鵝湖詩，一蹴登青天。浪云即心是，所學竟類禪。不知格物學，蓋在誠意先。如斯謂之簡，毋乃墮一偏。此風近頗張，門户欲自專。君既學雙峰，趨向尚慎旃。路頭且要正，莫踏船兩舷。

方逢辰

方逢辰（一二二一～一二九一），原名夢魁，淳安（今屬浙江）人。學者稱蛟峰先生。淳祐十年（一二五〇）進士第一，理宗爲改今名，因字君錫。歷司封郎官兼直舍人院、秘書少監、起居舍人，出爲江東提刑，徙江西轉運副使，權兵部侍郎，遷吏部侍郎。丁母憂去國，從此絶意仕途。元至元二十八年卒，年七十一。著有蛟峰集等。文及翁故侍讀尚書方公墓誌銘。

蛟峰文集卷五贛州興國先賢祠堂記節録

上略。咸淳十年，吾友臨川何君時了翁試邑於斯，考往牒，知爲大賢過化之邦，二程子始學之地。景行先哲，迺創書堂於安湖，於講堂東奉大中公父子祠，以元公侑之。二千里走書介入嚴陵山中，語予曰：「江西爲周、程授業傳道之所，實自興國開先焉。子爲我一言以發濂洛授受之微旨，以開斯人。」某竊惟聖賢之學，自孟氏後無傳，距慶曆凡一千三百五十年，而周、程出焉。非元公無以傳絶學於千載之不傳，非大中無以識元公於衆人之未識，故祠以大中主之，元公配之，二程子侍焉。若元公之面命以授，而二程子之捧手以受者，此爲何物？太極一圖不以語他人，而獨以語二程子。及二程子之教人，則專以語、孟、中庸、大學爲主，而未嘗一語及太極，或遂疑其非元公之書，而爭辯紛紜，至今學者猶相枘鑿。嗚呼！夫所謂太極者，其盡在圖也。不窮理之所自來，則滯於形氣之粗下，而不足以爲造化之樞紐，品彙之根柢；不體理之所實在，則淪於空寂之高虛，而不足以貫本末而立大中，該全體而達妙用，天之所以高，地之所以下，陰陽之所以動静。此何物哉？必有爲之主宰者。未有天地、未有民物以前，又何物哉？必先有是理而後有是物也。周子將教人以窮理之所自來，不得不探天地之根、極萬化之源以爲言，故名曰「太極」。又以其形形而實無形也，故曰「無極而太極」。二程子將教人以體理之所實在，則不得不就日月事物切近者爲言，故曰「道不離器，器不離道」。二程子之不言太極，乃所以詳言太極之無在無不在也。何也？入孝出悌，徐行後長，即太極也。桑麻穀粟，日用飲食，即太極也。出門如賓，承事如祭，即太極也。爲堯、舜則揖遜，爲湯、武則弔伐，爲禹則胼胝，爲回則簞瓢，即太極也。去齊則接淅，去魯則遲行，爲乘田則牛羊茁，爲委吏則會計當，即太極也。語其隱則上天之載無聲無臭，語其費則即事在事、即物在物。程子之言道器，其得於周子太極之説歟？某不敏，姑以是復何君之命。

王應麟

王應麟（一二二三～一二九六），字伯厚，號深寧居士，慶元府鄞縣（今浙江寧波）人。從王埜受學。淳祐元年（一二四一）舉進士，寶祐四年（一二五六）中博學宏辭科。累遷祕書監、權中書舍人兼侍講、翰林學士、禮部尚書。宋亡不仕，「後二十年卒」，年七十四。延祐四明志卷四。著有四明文獻集、困學紀聞、玉海等。宋史卷四三八有傳。

困學紀聞卷五

朱文公答項平父書云：「子思以來教人之法，惟以尊德性、道問學兩事爲用力之要。今子靜所説，專是尊德性事，而某平日所論，問學上多。所以爲彼學者，多持守可觀，而看義理不細。而某自覺於爲己爲人多不得力。今當反身用力，去短集長，庶幾不墮一邊。」即此書觀之，文公未嘗不取陸氏之所長也。太極之書，豈好辯哉？

四明文獻集卷一　慈湖書院記節録

上略。先生之學，文安先生之學也。文安講論語於白鹿，先辨其志，聽者竦然動心，收其放而存其良者在此。朱文公亦云：「陸子所言專於尊德性，學者多持守可觀。」又謂先生之學有爲己之功。合而觀之，知入德之門矣。有能約之以省察克治，深之以薰陶涵濡，問津於辨志，尋源於尊德性，以達聖人之海，春融冰釋，默契道體，去先生之世若此其未遠也，得心學之傳必有人焉。濟濟多士，克廣德心，凡我同志懋敬哉。

四明文獻集卷一　先賢祠堂記節録

上略。明自唐爲州，文風寥寥。宋慶曆中，始詔州縣立學，山林特起之士，卓然爲一鄉師表，或授業鄉校，或講道閭塾，本之以孝弟忠信，維之以禮義廉恥，守古訓而不鑿，脩天爵而無競，養成英才，純明篤厚，父兄師友，詔教琢磨，百年文獻，益盛以大，三先生之功也。淳熙大儒疏瀏瀍之源而達之洙泗，是邦諸老之學始得江西之傳，而考德問業於朱、吕、張子之門，以尊德、求放心爲根本，以顔、曾「四勿」、「三省」爲準的，闡繹經訓，躬行踐履，致嚴於進退行藏之際，致察於善利理欲之幾，明誠篤恭，俯仰無所愧怍。學者知操存持養以入聖賢之域，四先生之功也。下略。

四明文獻集卷一跋袁潔齋答舒和仲書

右潔齋袁先生答廣平舒先生和仲書，擬其要切者，如昔子朱子有言子思教人之法，以尊德性、道問學兩事爲用力之要。陸子静所言耑是尊德性。潔齋先生之學，陸子之學也。觀其尺牘，皆勉學之要言。蓋尊德性實根本於學問，未嘗失於一偏，是亦朱子之意也。所謂但慕高遠，不覽古今，務爲高論，不在書策者，箴末俗之膏肓，至深至切。所謂古人多識前言往行，日課一經一史，斯言也。學者當書紳銘几，晝誦夜思，尊所聞，行所知，可不勉歟！下略。

汪夢斗

汪夢斗，字以南，號杏山，績溪（今屬安徽）人。景定辛酉（一二六一）魁江東漕試，授江東制司幹官。咸淳間轉承務郎、史館編校。入元不仕。萬姓統譜卷四六。

杏山摭稿　華亭縣九峰書院開講　心

心何物也？雖人人有之，而難言也，亦不必言可也，而又不容不言也。世固有指血肉之包以爲心，又有誤以知覺作用處爲心。夫以血肉之包爲心，此是一等愚蒙冥頑之人，本不足責。吾心方不運寸，函宇宙，貫古今，悠然千萬里之遠，無所不至，寥乎千萬世之上，無所不照，若止一血肉之包，則心亦一死物耳，豈能如此？孟子以後，惟漢董仲舒、唐韓愈略識此心，餘則以血肉之包爲心耳，猶未爲心學病。至於指知覺作用處爲心，特知心之發露處，而心之本體元來未識也。此佛氏言心之病，而近世象山之學宗之。愚謂心也者，人之神明，具衆理而應萬變，本虛靈不昧，却是一个活物，或時而哀樂生焉，或時而喜怒生焉。神者有時而不神，明者有時而不明，遂至於失其心。蓋心本静，有時不能不動，人惟有以制其動。其動也以天，而不以人，則虛靈不昧，全體可以無失。夢斗蚤聞先康範家庭之訓有云：「洙泗設教，只從實事上用工夫。論語言『居處恭，執事敬，與人忠』，『言忠信，行篤敬』，『出門如見大賓，使民如承大祭』，非禮勿視聽言動。何嘗先言心？」夫子非不言心也，特不言心之本體爲何物耳。至孟子始言惻隱、羞惡、辭讓、是非之心及性善之説、「仁，人心」之説。要先識心之本體，而後加防範涵養之功，有所謂存心，有所謂養心，有所謂盡心，有所謂求放心，亦非故與夫子異也。夫子之時，道學未爲不明，如劉康公「民受天地之中以生」等語，見得此時人猶未至於不識本心。故洙泗設教，止是語人以防範涵養之功。時至戰國，道學不明，又甚於夫子之時，人皆不識其本心，孟子不得不如此説。先康範謂象山之學止是得於佛之所謂心，而文之以孟子之説，我文公攻之是矣。本朝濂洛諸先儒輩出，更相發揮，增光潤色孔孟之旨，道學大明，言心學非如漢、唐之陋，亦已無異端之偏，正慮防範涵養之功有所未盡耳。今日當如夫子從實事上加工夫，不可如陸氏只以本心藉口，漸言漸差。近因漕使以真西山心經遍示本道諸學邑，某作策舉一爲問，諸賢輩譁然一辭，無非掇拾緒餘，以應故事，往往未得西山所以著書之意，吾用惕然。夢斗不才，俾正臯比之席，殊無所發明，願諸賢於本心上加防範涵養之功，使虚靈不昧，存之而勿失，則藴之爲德行，發之爲事業，當必有可觀者。幸相與勉之。北遊集卷下附録。

方回

方回（一二二七～一三〇七），字萬里，號虚谷，歙縣（今屬安徽）人。景定壬戌（一二六二）登第，累遷知建德府。宋亡降元，爲建德路總管，尋亦廢棄。徜徉錢塘湖山間二十餘年，學宗朱文公，有壁流集、桐江集行於世。年八十一卒。新安文獻志卷九五上洪焱祖方總管回傳。

桐江集卷三讀陳君舉答晦翁書跋

朱、陸諸公各有得失，不可專是其一也。

晦翁徵詩説於陳君舉，答謂「時時諷誦，偶有感發，或與士友言，未嘗落筆」。又謂「企慕三十年，聞見異同，無從就正，間欲以書扣之，念長者前有長樂之爭，後有臨川之辨，它如永康往還，動數千言。更相切磋，未見其益。學者轉務誇毗，浸失本指，蓋刻畫太精，頗傷易簡，矜持已甚，反涉吝驕。以此益覺書不能宣」。今按長樂之爭，謂淳熙十五年戊申六月晦翁以新除江西提刑入奏，除兵部郎官，兵部侍郎林栗以論易、西銘非是，有慚於公，而遣吏抱印迫令供職，輒劾公也；臨川之辨，謂淳熙二年乙未鵝湖之會，陸子壽、子静執己見，議不合，當時言語論難，學者不傳，其後於林栗辨易之年冬十一月復陸子静書，始深明無極太極之旨，而力攻子静之失也；永康王伯義利之辨，往復諸書在癸卯、甲辰、乙巳間。蓋東萊死於淳熙辛丑，鵝湖不合，東萊與聞；陸、林、陳三人忿對喧呶，不知自反，東萊不及見矣。陳君舉非不知三人之曲，顧惟恐己之所聞爲公所培，故斂退而託之辭，然含糊鶻突，無所是否，反以矜持、刻畫病晦翁，其亦浙學護短之態歟？

桐江集卷三讀篔窻荆溪集跋節録

上略。水心多以詼辭險語詆朱文公，尤不取象山。二人無此膽此弊。而荆溪於隆興張、吕、陸之祠，强爲融會之説，祠之者，尊敬之也，爲記文以示學者入門，則朱、張、吕爲是而陸爲未然，不可以無别也。近世諸人，往往畏江西之黨。如包恢無知，爲三陸祠記，公然記九韶語，謂「無極」乃老子之學，非周子之言。夫論學且爾，則爲政而行公田，宜其無忌憚也。四明、江西合爲一，排文公之學，或者屈而調護之，過矣。下略。

桐江集卷三讀包宏翁弊帚集跋

包恢字宏父，一字道夫，號宏齋，建昌軍人。父揚，字顯道，號克齋。朱文公有答顯道二書，謂其忽略細微，徑趨高妙，人謂向見前程文，從頭罵去，如人醉酒發狂，當街打人，不可救勸。其二□詳道、敏道，亦有書答之，皆救正其爲學之偏。三昆仲以陸象山「頓悟」爲宗，以讀書窮理爲障蔽者也。恢淳熙九年壬寅生，慶元六年庚申年十九，嘗見文公於武夷，嘉定十三年庚辰劉渭榜三甲進士，初任光澤簿，次任建寧教，袁甫廣微爲漕守，因相與崇象山之學。爲浙西憲時，俗以「包屠」呼之，於「包龍圖」中去一字，謂其酷也。景定四年癸亥，年八十二矣，知平江府兼發運使。賈似道行公田法，時諸人皆知不便，而不敢言，惟給事尚書徐經孫嘗以書諫，惟知臨安府、浙西帥魏克愚不肯奉行，苦言勸止。似道初患恢屢更民事，或不見從，馳書論意，恢以爲不可則止矣。乃披襟任責不辭，且贊以爲是。似道大喜，語朝士謂包道夫答書肯承當矣。於是先行之平江，而克愚重得罪，經孫遷翰苑而逐。恢老繆貪進，失人心，戕國脈，自此舉始。移紹興帥，召除刑部尚書，咸淳二年丙寅五月除端明殿學士、僉書樞密院事。明年丁卯正月郊祀，恢老病不能拜，似道尋遺人紿曰：「臺諫有疏。」恢踉蹡出關遁，依舊予祠，其月四日也，年八十六矣。尋以資政殿學士致仕。又明年戊辰十一月十二日遺表聞，贈少保，年八十七。前輩謂保晚節難，恢豈不知公田之非，得一端明、僉樞而遺無窮之穢，可鄙也。今讀其集，文晦冗而敢於誕，所爲三陸祠堂記，梭山曰九韶字子美，復齋曰九齡字子壽，象山曰九淵字子靜，梭山疑太極圖說，以「無極」爲老氏之學，周子通書與二程俱未嘗言及無極。文公集有答陸子美書，回嘗摘抄二語以示學者：「無極即是無形，太極即是有理。」政不待恢阿黨私門也。恢所著開闢洪荒說，有云：「昆侖圓通，無形象，無窮極，即所謂無極而太極也。」自言之而自違之，可乎？力辨象山非釋氏禪學，口費氣餒，他日乃曰「象山嘗聞鼓聲而悟」，然則非禪而何？少年初見文公，乃父亦出文公之門，而爲左袒。學之所入不正，强爲説而心不明，則臨富貴而失其守也。至爲太極圖策問，謂「太極未有形，今以一圓形而爲圖，則是有形矣」。回謂恢所疑如此，則是聖人以一奇一耦畫卦亦非也。又誣詆通書似道德經，則肆無忌憚矣。或謂恢本教村學，兼善談命，健啖嗜犬肉，世道衰而怪物作，悲夫！邵子曰：「太極既分，兩儀立矣。」其於太極，片言而盡。朱、陸二公，何其紛紛也？

桐江集卷七周子無極辨 周氏太極圖説無一句可解，舉世尊之，虛闊不務實如此。

「無極而太極」，聖賢嘗有是言乎？曰：有之。易繫曰「形而上者謂之道」是也。周子以「無極而太極」一句，畫此一句是也。「太極本無極」，聖賢嘗有是言乎？曰：有之。「上天之載，無聲無臭」是也。周子以「太極本無極」，畫此二句是也。「無極而太極」，即是「形而上者謂之道」；「太極本無極」，即是「上天之載，無聲無臭」。且無形者理也，而理必先于事物之有，有與無相爲用，而無與有不相離，此儒者之實學也。謂之「無形而有理」，故曰「無極而太極」；謂之「有理而無形」，故曰「太極本無極」。太極者，萬事萬物之根柢，而所謂太極者不可以形求也。道爲太極，道不可以形求；心爲太極，心不可以形求。邵子、周子之言一也。周子之言，渾全無罅，明白無疵，以私意偏見觀之者妄爲詆訐，非也，非也。

謂徑畈徐霖景説，後同。

桐江集卷七老子無極辨

老子曰：「常德不忒，復歸于無極。」道德經惟有此「無極」二字。然是章三更端而一意：「知其雄，守其雌，爲天下谿」；「知其白，守其黑，爲天下式」；「知其榮，守其辱，爲天下谷」。此不過自下者人高之耳。堯「允恭允讓，光被四表，格于上下」，舜「謙受益」，禹「不矜」「不伐」，「天下莫與爭能」，「莫與爭功」。苟有一毫加於人上之心，此匹夫之所以不能爲堯、舜、禹也。雄也，白也，榮也，非不知之而不居；雌也，黑也，辱也，而居以守之。人皆如丈夫而剛，我獨如婦人而柔。人皆尚潔白則可污，我獨尚暗黑則能晦。人皆好尊榮如王侯，我獨喜卑辱如僕隸。爲天下谿、爲式、爲谷，言衆人皆屈而下于我也。谿谷，地之最下，可容衆流。式非法也，如式負販者，升車必式之。式天下，無不俯而敬我也。三者一意，隨韻换字，如詩麟趾一篇三章，而三致其意，無輕重也。爲天下谿，常德不離，復歸於嬰兒；爲天下式，常德不忒，復歸於無極；爲天下谷，常德乃足，復歸於朴，亦三言一意也。嬰兒者，人之初；無極者，天之初；朴者，地之初，皆返本還原，復歸於初，而不累于末之意，使智巧無所施其力于我，以全其真。此老子之旨也。周子之所謂無極不如此，以爲無此形而有此理，以爲有此理而無此形耳。蓋周子專言理也。老子以「無極」、「嬰兒」並言，則已涉於人物氣質，此所以不同也。且老子嘗謂先道而後德，今乃詫然以常德自銘，何也？意謂吾能守雌、守黑、守辱，即吾之躬脩身踐，無乖離，無爽忒，無虧欠，所謂恍恍惚惚，其中有物，杳杳冥冥，其中有精者，吾皆收視返聽而歸於此境矣。處衰亂之世，以求全軀命之計，「無極」二字，周子偶然與之同，而其義不同。柯山之人，以此指周子爲希夷之人，則非惟讀周子之言未徹，其讀老子亦未徹也。

桐江集卷七莊子無極辨

「無極」二字，見於老子者一，見於莊子者四。莊子所謂「天之蒼蒼，其正色耶，其遠而無所至極邪」，此語此義，迥與老子不同，故其一曰「大而無當，往而不返，吾驚怖其言，猶河漢而無極也」；其二曰「孰能登天游霧，撓挑無極」。此皆大空之上無所終窮之義。老子之所謂無極，前曰「嬰兒」，而後曰「朴」，舉三者而並言。吾常析其說，以爲嬰兒者，人之初雖生矣，猶混沌也，未智也；無極者，天之初雖形矣，猶混沌也，未散也。朴者，地之初雖塊然矣，猶混沌也，未雕也。老子欲夫人謙沖退託以下人，復返於未智、未散、未雕之初。三言一義，莊子淺而老子深，皆非吾周子之所謂無極也。「無極」二字偶與之同，而旨義大不同。

大抵老氏之學貴無而賤有,「無名天地之始,有名萬物之母」,「常無欲以觀其妙,常有欲以觀其徼」,判有無而爲二。以無爲始而有爲母,以無爲妙而有爲徼,二之也。當其無,謂天地既生而道始凝也。人生於天地之間而有不善之人,物生於天地之間而有不善之物,則皆惡之,而欲絕滅澌盡之,甚至謂有大患者爲吾有身生之累,不如死之爲樂。以制器爲不然,故槌符破璽、剖斗折衡而廢棄乎舟輿甲兵;謂堯舜治天下、行仁義、立法度爲不然,故欲返乎結繩之俗而不知茹毛飲血之不可以久常。至于莊子得老子之意而肆爲怪誕,其論道曰:「神鬼神帝,生天生地,在太極之先而不爲高,在六極之下而不爲深,先天地生而不爲久,長於上古而不爲老。」將以廣乎老子「有物混成」之言,而迂闊支離如此,則道也者自爲一物,而天地又自爲一物,而不貫於天地之中耶?天地之爲天地,氣與形而已。而氣與形之中,無復此道以爲之根耶?故釋氏傳燈之徒作爲「有物先天地,無形本寂寥」之言,又別指識心見性爲一閃爍光明恍惚之物,有無判而爲二,爲天下後世之禍久矣。莊子者,以道爲一物,以太極爲一物,以神鬼天地又爲一物,尤於老子而兩言「無極」;謂太空之上無所終窮,亦與老子意異。吾周子所謂無極者,乃無形而有理,有理而無形,與莊子、老子之旨迥乎其不相侔。而崛强虛驕之晚生,誣吾周子爲希夷氏之人,故不得已也而辨之云。

曹宏齋先生批云:右方先生無極辨三,乃因近年徐省元霖有梅岩講議,闢周子「無極」

之說而作。徐講舊嘗有齊文熙移書闢之矣。

莊子言「無極」者四，方先生遺其一，想偶不記耳。在宥篇有曰「故予將去汝入無窮之門，以遊無極之野」是也。此所謂無極，不過只是無窮之義，如所謂廣莫之野云耳，與周子所云無極絕不相類。

桐江續集卷二二送繆鳴陽六言

陸象山文集二十八卷，袁燮爲序。外集四卷，楊慈湖所爲行狀、孔熔所爲謚議附。與人書凡十七卷，可議極多。第十九卷記八篇，王荆公祠堂記疵病爲甚。葉靖逸四朝聞見録記象山三事：一爲僧光拙庵所喝，一謂危逢吉氣粗，三學子焚香欲下拜，持其手曰「未可」。此皆朱文公所謂陸子静分明是禪學者也。鳴陽重刊象山集，流布北方，所至作詩，盛稱其學。紫陽晚學方回未敢以爲然，賦六言八句送之：象山之學超詣，水心之學刻畫。後村之詩卑陋，樗寮之字怪癖。舉世隨聲雷同，衆啞啞我憝憝。此四者皆不可，尤不可第一癖。

桐江續集卷三一送柯山山長黄正之序

柯山書院山長武林黄子正之辭將行，愚愕然驚問：始以雲臺祠官領袖此山諸生者非歟？吁！愚讀其葵園集久矣，生於嘉定乙亥，年三十，當淳祐甲辰，爲南宮第一人者乎？是爲晦静先生湯公之高弟乎？授沅州教授，告未下，而上書擊史嵩之者乎？右曹郎吴子良用陳傅良例，泰州教授未上，除太學録，以薦之者乎？擢第之明年乙巳七月，未赴教授，而召試除正字者乎？丙午冬，遷校書郎而後去國者乎？丁未之秋，特旨改官者乎？用朱文公之説，擢第之六年己酉，背文公之學而併詆周元公者乎？壬子，年三十八矣，吴潛、謝方叔相，元日除著作郎，都人有「再來不直一文錢」之謡者乎？夏四月面對，秋七月再對言事，私有左右而遭特筆以斥者乎？畏威省愆可也，臨川之行，不當往而往，至郡不一月而罷者乎？惡籛若晦可也，攻蔡抗可乎？善吴潛可也，舉殺人之陳韡可相，任迷國之賈似道可入，無乃不知人乎？辛酉臨汀之除，似道相兩年矣，何以不位之朝乎？豈嘗屢受似道闒䦆而爲其所忽乎？迓者至而遽卒，天爲之乎？子三人，伯達、仲忽、叔夏，長實名心，亨祝也，嘗爲吾州户掾。聵聵三人，皆卒無孫，天爲之乎？嘗賜官田三百畝，今籍入有司，無有爲立後者，天爲之乎？善降祥，惡降殃，是必有得罪於天者矣。嘗試論之：周元公所謂「無極」，與老子所謂「無名，萬物之始；有名，萬物之母」、「常無欲以觀其妙，常有欲以觀其徼」者不同，「常德不忒，復歸於無極」，二字偶同，而旨意異。老子所謂「無極」，配「嬰兒」與「樸」而言，欲自有而返於無，周元公指理之無形者而言。王弼引以注易之復，謂天地雖大，寂然至無，是其本矣。周元公之説不如此。朱文公所謂「無方所、無形狀」，又謂「無形而有理」，張宣公所謂「莫之爲而爲」，老子何嘗識此？周元公始曰「無極而太極」，次曰「太極本無極」，又次曰「無極之真，二五之精，妙合而凝」，當合此三言而觀之，無瑕無病，真屬理，精屬氣，無極之真，無形之理也。無形之理，行乎二氣五行之中，而真精妙合，然後爲人，即太極無形之理生而爲有形之儀，象卦以至於萬物也。彼老子烏足以知之？老子截有無爲二，而此貫有無爲一也。庚戌之講，自首至尾，無一句近道，公肆詆毁，以周元公爲希夷氏之人，以朱文公爲傳註氏之學，以莊、列、尹、亢之誕誣濂溪，以王、鄭、賈、馬之陋誣晦庵，豈非病風喪心之言！至其自爲繆論，則謂「一畫所以紀太極」，亂道莫甚焉。一畫者，兩儀之一陽也，謂太極在一陽之中則可，以爲太極則不可。又謂「太極之體爲乾，太極之工爲復」，「體」字、「工」字略無義理，爲蛇畫足，愈畔愈支。合乾、復兩全卦觀之，復之一畫與乾之一畫異。乾自一畫而至六畫，其象爲天，而一畫非太極也。復之一畫，剥之盡而坤之下，生一陽可以見天地生生之心，此一畫亦非太極也。卦之初九，三十有二，獨乾、復初畫爲太極，謬矣。太極者，未畫之前先具此理，邵子所謂「畫前之易」，所謂「道爲太極，心爲太極」是也。蓋斯人也，始以涉獵朱文公書爲時文，後乃脅於湯漢，而改從陸學。湯漢未第，爲象山長，乃後江西諸人。以江西人之爲臺諫侍從而至執政者推爲山主，以尊其學。包恢自謂象山之徒，而贊行公田，流禍至今。其徒以勢要脅四方學者從陸學，而漢亦由此私擢省闈，嘗著書以闢朱文公之書。趙忠清公獎予斯人太過。近世人物，狷者多，狂者少，斯人狂者也，故敢爲而無疑、敢言而無忌憚。鄒道鄉諫元符后南遷涕泣，田承君謂大丈夫所爲，不止此。攻史一疏，終其身取名享利，已非中道，又況因都堂背誦程文而有所激，不足爲高。嘗謂朱文公平生所爲，率多於古人，而動累於後來，何累之有！「孟程張後嘆空川」詩突兀險怪，二程子師周元公，豈可剗滅其師而遠引孟子？又爲詩侮鄒訢而憶陸九淵，敢謂斯人學問未仰見周、朱二先生脚板也。其學徒惟徐直方一人，徐琦、曾子良皆不學狂生。斯人既不能窮理盡性，以希前哲，又不能著書立言，以貽後人，死無年，祀無後，天之所以殃之，亦可見矣。正之晚出，恐未知前輩源流本末，詳以語子，直書不文，持至書堂，拜其祠，膝可屈，心不可屈也。此文亦不必數數示人，顧子不可不知耳。如有問者，則曰紫陽山下老書生，小畈年一紀，今年七十有一。

桐江續集卷三一　送家自昭晋孫自庵慈湖山長序　性存子。

眉山子家子名晋孫，字自昭，讀書之室曰自庵。年甫三十，授四明慈湖書院山長，將行，求言爲規。愚請先言子名、字、庵之義，而後及慈湖楊氏之學。易大象言「自」者二：

「天行健，君子以自强不息」；「明出地上，晋，君子以自昭明德」。天行日進，凡皆自不可已。今夫天三百六十五度四分度之一，窮晝夜而一周，然天之行也，常超日一度，日之進也，常不及天一度。天本無晝夜，人間晝夜，地實爲之。人居地上，日居地下，故有夜。夜短則不過亥、子、丑三時昏暗，而日復出矣。地不能終蔽日之明，猶物慾不能終蔽人心之明也。故孔子以天健、日明象君子之學。與天同健而自强，其惟聖人乎？與日並明而自昭，賢者亦可及也。子家子有取於晋之自，而未敢任夫乾之自，其謙乎！凡言自者，由於己而不由於人。鶴山魏文靖公爲姑蘇高德文記朱文公所名强齋，發此二自之義至矣。而文靖公又嘗號自庵，乃書之自靖自獻，與子家子之自微不同。要其實，則同也。人之身善惡，無不自己爲之，自悔自艾，自暴自棄，反掌間耳。「爲仁由己，而由人乎哉」是也。若乃慈湖楊文元公之學，偶與象山陸文安公之學合。慈湖爲富陽簿，攝縣。象山以舉子上南宫，過之，值其視事，適有扇訟，既訟退，焚香相對默坐。象山問曰：「敬仲此道，平時如何下手？」慈湖對曰：「敢問足下：如何是良心？」象山即離席大呼曰：「主簿適來聽上剖決是非者便是。」慈湖長象山二歲，言下大悟，拜象山爲師。愚謂此乃孟子所謂見牛過堂下、見孺子將入井，已發之心也。孔門之學，此心未發，有存養，此心既發，有省察，具見子思中庸首章。孟子多言已發之心，然曰「我善養吾浩然之氣」，「存其心，養其性」，皆未發以前事。陸、楊二老所學，有下一截，無上一截。象山之失，朱文公文集、語録及年譜李公方子辨之詳矣。慈湖之失，嘗與傅道夫書，謂濂溪、明道、康節所覺未全，伊川未覺，道夫昆弟皆覺。傅正夫以此書求魏文靖公跋，文靖公憮然大不滿。正夫又録慈湖訓語，求西山真文忠公跋，文忠公謂慈湖泯心思，廢持守，談空妙，略事爲。而慈湖又嘗謂子思「忠恕違道不遠」此語害道，何由一貫？又嘗謂程氏倡窮理之説格物，不可以窮理言。又嘗謂濂溪通書於天道至一之中，忽起通復之説，穿鑿爲甚。愚則謂周子論通復，貫之以誠；程子論體用，貫之以敬。魏文靖公、真文忠公、吕成公、張宣公、朱文公皆從之，顯微無間，本末具舉，吾道之正宗也。四明陸、楊所見，乃佛家「作用是性」之説，謂作用乃心之屬乎情者，以心爲性，體認未真。

志謂慈湖師象山，自爲一家之學，施之政事，人笑其迂，而自信益篤。此兩「自」字，乃慈湖以自爲是，以自爲高，不顧訕笑云者。王尚書應麟伯厚嘗語予曰：「朱文公之學行於天下，而不行於四明；陸象山之學行於四明，而不行於天下。」此言亦復有味。蓋四明四先生沈端憲公早師事陸文達公、宜倅舒公，南軒開端，象山洗滌，而融會於東萊，不專一家爲前輩。袁正獻公後出，始專尚象山，而慈湖又嘗爲史彌遠師，故一時崇長昌熾，其説大行。袁廣微爲江東憲，創信州象山書院，而吾州未有紫陽書院。後江西人凡爲執政者，必請爲象山山主，以張其勢。雖誤國殘民如包恢，亦與焉。自湯漢伯紀、徐霖景説死，而象山之學無聞，慈湖之學亦無傳。子家子乃愚友性存先生冢子，故於其行，傾臆盡言之。彼亦一自也，我亦一自也，孰非孰是，其然其否，不妨如老僧住寺，呵佛罵祖一巡云。

桐江續集卷三一應子翱經傳蒙求序

王伯厚尚書學極天下之博，長予四歲，予昔嘗敬事之。戴帥初博士文極天下之粹，少予十七歲，今予畏友也。此四明二先生，俱以其里中應君子翱翔孫所著經傳蒙求爲然，予無復容喙矣。竊嘗謂道一而已，而物有萬古聖賢之學，不專在言語文字，而亦不離言語文字。日月星辰，與天爲體，運而不已；山川草木，與地爲體，生而不窮。言語文字，與聖賢爲體，傳而不朽。體物也，所以用之者道也。道不離物，易究咎休，書紀治亂，詩美刺，春秋褒貶，三禮辨上下，論專言仁，孟兼言義，皆以言語文字與道爲體，其妙用所在，一而已。一者何？道是也。然則何道也？天地之心耳。此之謂道，而以其道用乎日月星辰、山川草木之物，故曰道不離物。聖賢之心，欲使千萬世之人爲善不爲惡，以復其有善無惡之性，則不容不著之書。此言語文字所以爲斯道有形之體，而無形之道所以用乎有形之體而寓於言語文字之中也，顧可忽諸？子翱所謂蒙求，自易至論孟，皆括爲韻語，以訓後進。傍及諸子百家，而揚雄方州部家之書亦與焉。予曩亦嘗摘其奇語難字，以供刀筆。艱深之中韜平易，亦不過一陰一陽、一晝一夜、一寒一暑、消息往來、幽明死生之故，易之註疏也；獨所用六日七分曆，法一歲，則易之一端耳。康節經世書出於此。或誚予好太玄，又出雲覆瓿下。回曰：不然。凡言語文字之不畔於理者，皆與道爲體，片雲起於天，而澤四海，粒粟根於地，而飽萬民，一畫肇於聖人，而開百聖天地，聖人之道，皆託於物。近世有欲絶滅言語文字以爲學者，敢痛詆朱文公著述，謂率多於古人，動累於後來，黨陸也。其人臨汀使君，不滿五十而死，天棄之矣。讀子翱之書者，亦曰與道爲體，能於有形中求無形，則將於無味中得有味矣。子翱早中童子科，伯父衙嘗參大政云。

桐江續集卷三四汪虞卿鳴求小集序節録

造道以知道爲先。大學曰：「致知在格物，物格而後知至，知至而後意誠。」世儒或於此乎疑之，謂爲扞格外物，如止遏情欲云者，中人所能，而於知道乎何關？格者窮而至之之謂，物者事中有理之謂也。物格則知至，非有上下截之分也。格物而能窮其理，則知道矣。知是道也，而意始可誠。道之不知，而曰吾意已誠，可以造道者，妄也。東西之不知，而欲趍都邑，雖以誠趍之，不至也。酸鹹之不知，而欲調滋味，雖以誠調之，不和也。藥有良有毒，不知而以誠服之者，舟有完有漏，不知而以誠乘之者，皆將有不測之憂。是故必先知而後誠。知謂知道，誠則所以行是知而造道也。顔子有不善，未嘗不知，知道也。孟子「知言」、「知性」、「知天」，皆知道也夫，然後服膺允蹈，有所施其力。近世陸子静專指乎心精神情之發見者以爲學，則近乎從事於氣而不根於性，本源竇養，似有虧欠，一超直入，流爲釋氏。其於道，知之而未至者歟！陳同父高談漢、唐，取其一二近似偶合者，以爲帝王事業，雜霸之念横乎胸中，其於道，知其偏，不知其全者歟！葉正則不以荀子性惡爲非，以曾子嘗有籩豆司存之言，謂終不悟一貫之旨，識見舛剌。雖其雕章刻句，足以自異一時，而於知道蔑如也。又有下於斯者。劉潛夫以晚唐詩自鳴，誘壞江湖小生，絺繪浮靡，曾不少涉乎濂洛之涘，趨向邪僻，以禪之南北宗方朱陸氏，欲併爇其書，則於斯道，謂全無所知可也。踵弊承訛，至於今斯極矣。異端雜流，謏聞小技，固有平生竭口耳之用，殫筆墨之精，卒於聖賢分劑無絲髮所得，豈不甚可痛哉！下略。

王申之

王申子，字巽卿，别號秋山，臨卭（今四川邛崍）人。嘗舉進士，入元寓居慈利州天門山垂三十年，始成大易緝説及春秋類傳。皇慶二年（一三一三），「行省劄付充武昌路南陽書院山長」。延祐丙辰（一三一六），「常德路推官田澤奏進其書」，「令本處儒學印造」。千頃堂書目卷一、四庫全書總目卷四。

大易緝説卷二問邵康節經世書節録

上略。无極而太極。

无極者，厥初未有太極兩儀之先，已具個生生不窮之理，雖无象可象，无名可名，然其理則至極而无以加也，故曰无極。太極者，理氣象數所以爲萬化之根本者，全體已具，渾然而未分也。雖渾然未分，然舉天地萬物，生生化化，盡无以出於此，亦无以加於此，故曰太極。无極而太極者，謂有是理而後有是氣也。然太極之名何所始乎？其始於夫子大傳「易有太極」之言乎？夫子之言本於伏羲之易，伏羲之易本於河圖。河圖中宫，天五地十，太極也。蓋中宫之五，其一其三其五，總之則成九，天數也；其二其四，總之則成六，地數也。合九與六，已具太極十五之全數矣。故天地真元之數，止此五者。其六則五上加一，其七則五上加二，其八則五上加三，其九則五上加四，其十則五上加五，是各因五而得數，以配上一、二、三、四、五而已。十與五爲太極者，謂五爲陽，十爲陰，陰陽，氣也。五爲奇，十爲耦，奇耦，象也。其五其十則數也，析而言之，三二之合則天地也，三個五則三才各一極也。

九與六則老陽老陰也，七與八則少陽少陰也，十與五則五行生成之數也。以五乘十，以十乘五，則又大衍之數也。是天地間，曰理，曰氣，曰象，曰數，渾然爲一而未分，故爲太極。此伏羲因之以畫易，夫子取之以立言，周子得之以爲圖也。愚觀周子之圖，其上止有一圈，圖之名止曰「太極」，而圖之説則曰「无極而太極」。是周子分明於太極上説出无極以示人，謂凡物之有，不生於有，必生於无，況既曰无，又曰極，與下太極字，並言是雖无一物，而有個至極底道理在也。晦庵乃曰「此所謂无極而太極」。混无極太極於一圈，已非周子圖意。而象山則曰：「易言有，今乃言无。」是指「易」字只作一本書，所以皆不能見周子之无極。愚謂周子所謂无極，即夫子所謂易也。夫子曰「易有太極，是生兩儀」，是未有太極、兩儀之先，已有個易。易者，生生化化不窮之理，非一本書也。今欲求周子之説，當以夫子之言爲本，以河圖之象爲證，則无極太極之義瞭然矣。下略。

大易緝説卷二先賢論无極太極

晦庵之説曰：「上天之載，无聲无臭，而實造化之樞紐，品彙之根柢也，故曰无極而太極，非太極之外復有无極也。」又曰：「不言无極，則太極同於一物，而不足以爲萬化之根本。不言太極，則无極淪於空寂，而不能爲萬化之根本。」又曰：「濂溪恐人錯認太極别爲一物，故着『无極』二字以明之。」又曰：「无極只是説這道理，當初元无一物，只是有此理而已。此個道理便會動而生陽，静而生陰。」又曰：「濂溪恐人道太極有形，故曰无極。而太極是无之中有個至極之理。」又曰：「太極只是極至，更无去處了，至言至高至妙至精至神，更没去處。」又曰：「太極只是極好至善底道理。」又曰：「太極非是别爲一物，即陰陽而在陰陽，即五行而在五行，即萬物而在萬物，只是一個理而已。」又曰：「人人有一太極，物物有一太極。」象山曰：「易言有，今乃言无。」又曰：「通書言中焉止矣，未嘗一及『无極』字。」又曰：「『太極』二字，聖人發明道之本原，微妙中正。今於其上又加『无極』二字，是頭上安頭，過爲虚无好高之論也。」

大易緝説卷二太極圖或問

或問曰：玉井難子之説，云：周子太極圖自上而下第一圈，无極而太極也。朱子曰：「无極者理之極至，而无以復加，非太極之上别有无極也。」其次左陽動而中根陰，右陰静而中根陽。其中又有一小圈，則陰陽一太極也。其次五行，而水火之交系乎陰陽，謂火陽根陰、水陰根陽也。又系以相生之序，次以水火金木，各系于一小圈，言五行各具一太極也，亦猶陽動陰静之中又有一小圈也。其次一大圈，傍註「乾道成男，坤道成女」，則男女各一太極也。王氏説既與先賢異矣，又於「乾道成男，坤道成女」下乃曰：「此言乾坤之六子，非人道之男女也。」其下即曰「化生萬物」，若以爲人道之男女而化生萬物，豈理也哉？愚謂天地始判之初，未有人也，忽然而人生其間，則凡爲男者豈非乾道之所成，爲女者豈非坤道之所成邪？此氣化也，亦猶人着新衣裳，忽然而生蟣虱也。及至生生化化之後，始有人道之感，而生生不窮，此形生也。凡爲男者亦乾道之成，爲女者亦坤道之成也。故周子特作一圈，以明男女各具一太極也。若止以乾坤生六子言之，則拘矣。况周子立言自爲兩節，既曰「乾道成男，坤道成女」以結上文，又更端曰「二氣交感，化生萬物」，其文意亦不謂男女生萬物也。若周子之意止以乾坤生六子言之，則其上已有陰陽五行，亦不應重作一圈以象乾坤之六子也。王氏又曰：「猶恨周子多陰陽内太極一小圈。」愚謂此圖先賢説者已多，朱子又有詳註，反復辨論，无以復加。其曰中圈者，有其本體也，謂一陰一陽各具一太極也。既恨其多此一圈，曷不删而去之？爲辭甚厲，子聞過而不知改，其可乎？

曰：玉井賜教，誠非後學淺見所及。然竊自守其固陋，未敢輕捨其故步者，蓋詳周子名圖，止曰「太極」。其上止有一圈，而其説則曰：「无極而太極。」於圖名太極，字上着「无極」二字，又着個「而」字，是所謂太極者，畢竟先无而後有。况易大傳有曰「生生之謂易」，而後言「成象之謂乾，效法之謂坤」。又曰：「易有太極，是生兩儀。」是未有太極、兩儀之先，已有個生生之理在，是即周子之所謂无極也。陸象山乃曰：「易言有，今乃言无。」指「易」字只作一本書。果如象山所云，今易書中指何者爲太極邪？以夫子之言，觀周子之圖，是不可以第一圈合无極而太極也。若謂第一圈爲无極而太極，是无極太極共此一圈，則周子不着個「而」字矣。蓋无極止是有其理，无象可象，无名可名，初无形影可狀，然天地萬化至極之理具焉，故曰无極。太極則所以爲萬化之根本者，全體已具。所謂萬化之根本者，即愚於先天太極下所論理氣象數之全體渾然未分者是也。雖渾然未分，然舉天地萬物之至極，盡无以出於此，亦无以加於此，故曰太極。周子无極而太極云者，謂厥初有其理，而无可象、无可名者。今其體已具也。其體既具，則不能不動，纔動便是陽，纔静便是陰，故圖陽動陰静於第二圈，而爲之説曰：「太極動而生陽，静而生陰。」一動一静，互爲其根。分陰分陽，兩儀立焉。動静互根，則必有陽中之陽，陽中之陰，陰中之陽，陰中之陰，故圖水火木金老少四象，土居其中，而爲之説曰：「陽變陰合而生水火木金土。」五氣順布，四時行焉。其曰：「五行一陰陽，陰陽一太極。」太極本无極者，則又沿流而溯其源以示人，非謂陰陽内又具一太極也。况周子止説「五行一陰陽，陰陽一太極」，即不曾説「五行一太極」。且必曰太極本无極，則是太極與无極亦有間矣。蓋太極本於理，正所謂有理而後有氣，亦非謂第一圈爲无極而太極也。若謂陰陽内合有陰陽各具一太極底圈，則合有陰一圈，陽一圈；五行各具一太極，既有五圈；則男女各具一太極，合有兩圈。至於物物各具一太極，又合有幾圈邪？則各具一太極之説，豈周子圖意哉？其曰「五行之生，各一其性」者，於此方言氣以成形之後，物物各具一太極之理，以結上文，而起下文「乾坤六子，化生萬物」之序也，故下圖一小圈，而説曰：「无極之真，二五之精，妙合而凝。」是再從无極上説起，即不在二氣交感上更端謂太極既判，兩儀既分，惟理與氣之真精者妙合而凝於天地間爲六子，以化生萬物，故周子於此不説太極，而止説无極、二氣、五行也。此下一大圈，傍註「乾道成男，坤道成女」。朱子本圖註水火木金下各系一畫於小圈上□，而曰此无極，二五所以妙合而无間也。果如是，其畫不三則八，今止四畫，是著四象之生八卦也。然則乾道成男，坤道成女，非人道之男女也明矣。況此下方説「二氣交感，化生萬物」，是乾坤六子，陰陽老少，相交相感，而化生萬物也。萬物之中，人爲最靈，蓋人亦物中之一耳。豈有忽然而人生其間，如新衣生蟣虱之理？況下文始曰「萬物生生而變化无窮」。惟人也得其秀而最靈，方從人道上説去。愚見如此，故敢以河圖五與十爲太極，敢謂无極爲无、太極爲有，敢謂圖之五行即易之四象，敢謂乾道成男、坤道成女非人道之男女，敢謂周子多陰陽内太極一小圈也。

玉井又曰：「若周子之意止以乾坤生六子言之，則其上已有陰陽五行，亦不應重作一圈以象乾坤之生六子也。」不思其上陰陽自是兩儀，其上五行自是四象，於乾坤六子之八卦何與焉？昔先子龍溪常舉魏鶴山答友人書訓申子曰：「須從諸經字字看過，思所以自得，不可只從前賢言語上做工夫。」又曰：「近時講性理者，幾於捨六經而觀語録，甚者將程朱語録而編之若策括策套，此其於吾身心不知果何益乎？」又曰：「要做窮理格物工夫，須將三代以前規模在胸次，若只在漢晋諸儒脚跡下盤旋，終不濟事。」又曰：「向來多看先儒解説，近思之，不如一一自聖經看來。蓋不到地頭親自涉歷一番，終是見得不真，又非一一精體實踐，則徒爲談辨文采之資耳。」又曰：「學者不求之周、程、張、朱固不可，徒求之周、程、張、朱，而不本之六經，是捨禰而宗兄也。不求之六經固不可，徒求之六經而不反之吾心，是買櫝而棄珠也。」又曰：「來書乃謂只須祖述朱文公諸書。文公諸書讀之久矣，政緣不欲於賣花擔上看桃李，須樹頭枝底方見活精神。」愚之淺識陋聞，病多坐此。兹承玉井不鄙，極口垂教，故亦不敢不盡其愚，以俟夫學者之自擇。

劉壎

劉壎（一二四〇～一三一九），字起潛，南豐（今屬江西）人。「薦本州儒學教授。性聰敏，好讀書，博覽古今。宋末，與同里諶祐自求以詩文鳴。年三十七而宋亡。又十八年，當路薦署郡學正。年七十，受朝命教授延平。」江西通志卷八三。延祐六年（一三一九）卒，年八十。「所著隱居通議，頗淹博可取。」四庫全書水雲村稿提要。

隱居通議卷一理學一

儒者職分

儒者職分不在於作文，而在於講學；講學不在於章句，而在於窮理；窮理不在於外求，而在於存心。

道統遺論

自孟子推明道統，見於七篇之末章。其後韓文公作原道，伊川公序明道，皆承其意推明之，而皆不能無遺論。孟子說見知聞知，而武王、周公不得與於太公望、散宜生之列。昌黎論傳道，而曾子、子思不得續孔子之脈。伊川則又謂孟子之後一人而已，千四百年間，漢董生、唐韓子以至宋周子俱不與焉，非遺論歟？當考。

古人自少力學

一日几間見南豐先生文，閱視其上歐陽公書，乃慶曆元年也，時年二十三耳。其書有曰：「明聖人之心於百世之上，明聖人之心於百世之下。」又曰：「嘗自謂於聖人之道有絲髮之見焉，周游當世，斐然有扶衰救缺之心，非徒嗜皮膚、隨波流、搴枝葉而已。」又曰：「苟得望執事之門而入，則聖人之堂奥室家，自知可以少分萬一於其間也。執事將推仁義之道，横天地，貫古今，則宜取奇偉閎通之士，使趨理不避榮辱利害，以共争先王之教於衰滅之中。謂執事無意焉，某不信也。」觀先生之志如此，是其少年所學超卓不凡，非若新學小生惟務詞章而已。且是時濂洛未興，而先生之學專向聖域，何可得哉？同日又閱延平李先生師友問答集，有摯見羅仲素先生書，其年亦纔二十四耳。其書有曰：「道可以治心，猶食之充饑，衣之禦寒也。人有迫於饑寒之患，爲衣食之謀，造次顛沛，未嘗忘也。至於心之不治，有没世不知慮者。豈愛心不若口體哉？弗思甚矣。」又曰：「燭理不明，而是非無以辨；宅心不廣，而喜怒易以摇。操履不完而悔吝多，精神不完而智巧襲。擇焉而不詳，守焉而不博，朝夕恐懼，不啻饑寒切身者求充饑禦寒之具也。」又曰：「聖學中未有見處在。佛子中有絶嗜欲、捐念想，即無往以生心者，時相與游，亦足以澄汰滓薉，洗滌垢坌，妄情乾慧，得所休歇，言蹤義路，有依倚處，日用之中，不無益也。然謂儒者之道可會爲一，所以窮理盡性、治國平天下者，舉積諸此，非愚則欺。衆皆坐某以此，而不知某暫引此以爲入道之門爾。」二先生生世不同，人品不同，然皆以甫踰弱冠之年，便已有志於作聖，乃知古人力學，自少時已下工夫。回思吾儕小人，當此年紀，不過刻意舉業，志求榮達，日夕汲汲，惟黄册之文是務，舉世陷溺，相習成風，曷嘗有一之志於道哉？亦由所師不過如此，繆種相承，卒誤後學。斯時也，儻有名師能舉二先生之説開發提警，安知不於道有進邪？虚老一生，晚悔何及！熟復二書，仰天浩歎，要知舍内學而從外務，誠不足道。

朱陸

乾道、淳熙間，晦庵先生以義理之學闡於閩，象山先生以義理之學行於江西，嶽峻杓明，珠輝玉潤，一時學士大夫雷動風從，如在洙泗，天下並稱之曰「朱陸」。朱氏之學，則主於下學上達，必由灑掃應對而馴至於精義入神，以爲如登山然，由山麓而後能造絶頂也。故晦庵多著書，以開悟學者。然象山每不然之，譏其爲支離。其鵝湖之詩曰：「易簡工夫終久大，支離事業竟浮沉。」又曰：「六經注我者也。」陸氏之學，則主於見性明心，不涉箋注訓詁，而直超於高明光大。然晦庵每不然之，以爲江西之學近於禪。晦庵歿，其徒大盛，其學大明，士大夫皆宗其説，片言隻字，苟合時好，則可以掇科取士；而象山之學反鬱而不彰。然當是時，雖好尚一致，而英偉魁特之士未嘗不私相語曰：「時好雖若此。要之，陸學終非朱所及也。」蓋二先生之學不同，亦由其資稟之異。晦庵則宏毅篤實，象山則穎悟超卓。是以象山之文，亦皆勁健斬截，不爲纏繞。至其游戲翰墨，狀物寫景，信筆成文，往往亦光晶華麗，有文人才士所不能工者，誠一世之天才也。

論子在川上章

朱文公與門人論「子在川上」一章，曰：「此是形容道體。伊川謂與道爲體，此一句最妙。某嘗爲人作觀瀾詞，有兩句云：『觀川流之不息兮，悟有本之無窮。』」門人問曰：「明道謂其要只在謹獨，如何？」先生曰：「能謹獨則無間斷，而其理不窮。若不謹獨，便有欲來，參入裏面，便間斷了，豈能如川流之意？」門人又問曰：「明道云：『自漢以來諸儒，皆不識此。』如何？」曰：「此事除了孔孟，猶是佛老見得些形象。譬如畫人一般，佛老畫得些模樣，後來儒者於此全無相著，如何不放佗兩箇做大？」門人曰：「只爲佛老從心起工夫，其學雖不是，然却有本。儒者只從言語文字上做，間有知此事是合理會者，亦只做一場話説過了，所以輸與佛老。」先生曰：「彼所謂心上工夫，本末是，然却勝似儒者多矣。」朱門師弟子講明此論，可謂極至。大綱爲學，必合從天命性上理會起，此之謂原頭。識得原頭，從此下工，則如川流之晝夜不息矣。禮記論祭河海曰：「或原也，或委也。」此謂務本。亦是見得此意。佛老俱是略識原頭，然亦未可爲真識也。

工夫熟中出

文公曰：「書所以維持此心。若一時放下，則一時德性有懈。」此語甚當。又曰：「工夫自熟中出。」又曰：「只是熟便自會。」先生於「熟」之一字屢言之，不一言之。

水心論朱陸

水心文集中稱朱文公，或曰新安先生朱公，或曰朱公元晦，又嘗騰章爲文公力辨林黄中之劾。其於陳止齋、吕東萊亦屢稱之，獨不及於象山。心嘗疑焉，以爲此時號爲儒宗者有四，曰朱張吕陸，何獨見遺？惟於胡崇禮墓誌中一寓其辭曰：「朱元晦、吕伯恭以道學教閩浙士，有陸子靜後出，號稱徑要簡捷，諸生或立語，已感動悟入矣。以故越人爲其學尤衆，雨併笠，夜續燈，聚崇禮之家，皆澂坐内觀。」以上皆水心語，然無靳詞，似亦有取於陸者，特謂之後出則非。嘗觀象山與晦庵往來書，俱各稱兄。及勉東萊勿於喪服中聚徒講授，書中言詞峻切，止如平交。陳止齋專書致幣於象山勤矣，而回書亦惟稱止齋曰兄。止齋之於水心，蓋前輩也，象山視如平交，則不得謂之後出矣。水心輕視，竊所未喻。

朱張呂陸

性學之肇興也，以周張二程爲宗；其繼盛也，以朱張呂陸爲宗。然當時水心文字，實未嘗合而言之。荆谿吴公子良師事水心，持節江右日，爲隆興府學作三賢堂記，有曰：「道公溥不可以專門私，學深遠不可以方册既。貫羣聖賢之旨，可以會一身心之妙；充一身心之妙，可以補羣聖賢之遺。孰爲異、孰爲同哉？合朱、張、吕、陸之説，泝而約之於周、張、二程；合周、張、二程之説，泝而約之於顔、曾、思、孟；合顔、曾、思、孟之説，泝而約之於孔子。則孔子之道即堯、舜、禹、湯、文、武之道，孔子之學即臯、益、伊尹、傅、箕、周、召之學，百聖而一人，萬世而一時，尚何彼此户庭之别哉！」以上皆荆谿公記中語。予初疑水心或有不滿於象山，今其高第弟子一筆貫通，即平日師友授受必有確論。其爲此決定語而刻之金石者，殆出於師説也，亦可見其心矣。

魏益之悟入

水心公志陳叔向之墓，有曰：「君既與魏益之游，每恨志慮昏而無所明，記憶煩而不足賴。益之因教以盡棄所懷，獨立於物之初。未久，忽大悟，洪纖小大，高下曲直，皆彷彿若有見焉。自是以斯道歸益之，且疑吕伯恭讀書徒多，朱元晦修方不療。時吕公已下世矣，朱公雖論未合，然重其讜直無隱。士有比君所者，必使往從之，曰：『可以寡過也。』昔孔子稱憤悱啓發、舉一反三，而孟子亦言充其四端，至於能保四海，往往近於今之所謂悟者。然仁必有方，道必有等，未有一造而盡獲也。一造而盡獲，莊、佛氏之妄也。叔向揞包蒙之梏，游於廣大，而常自言用功益難，進道逾遠，古人今人皆未可輕議。其厲志勇猛，蓋不以悟自足也。而益之不然，獨守其悟，而百聖之户庭虛矣。然則叔向之所以異於其師者，益之未暇詳也。」以上皆志中語。予嘗記乾淳間，有魏掞之者，嘗以直諫膺主眷，而未知益之名諱爵里，與夫所學傳承也。夫以悟爲則，固未足以盡道。然誠妙悟，則亦幾於見道矣。朗徹澂瑩，纖翳不留，高出萬象之表，與太初鄰。其視薶頭故紙、迷溺訓詁，而卒無益于自得者，不差勝乎！水心之論，雖有抑揚，顧窺其微旨，則亦有取。豈非泥於時好、艱於顯露，亦正言似反者歟？不然，則「讀書徒多」、「修方不療」二語，正當斥絶，豈宜表而出之邪？或謂此語蓋有激而云，然亦至論。

論悟

前段所載陳叔向受教於魏益之，未久大悟，而洪纖高下，皆若彷佛有見者。此事甚奇，不知所謂彷佛有見者何也？佛家謂阿那佛具天眼一通，能觀大千世界如掌中果，舍利佛智慧第一，觀人根器至八千大劫。仙家亦嘗曰「我向大羅觀世界，世界猶如指掌大」。雖二教之説誕幻無實，然參究互考，亦惟一悟耳。儒家所以諱言悟者，惡其近禪，且謂學有等級，不容一蹴而到聖處也。故必敬義夾持，必知行並進，必由知止而進於能得，必由下學而造於上達，必由善信美大而入於聖神，雖高明而本乎中庸，此其序也，故不以悟爲主。然前輩又有謂「人患不入悟境耳，果能妙悟，則一理徹、萬理融，所謂等級，固在其間，蓋一通而萬畢也」。此論未知當否？昔嘗聞老儒李伯焕與予言金谿有傅先生，號琴山，親承象山先生，學問甚高，生徒日衆，日夕講論不倦。鄰有一染匠，常往聽講，久之忽大悟，曰：「元來世間道理如此。」自是聰明開豁，遂能詩文，不復爲匠，琴山從而作成之。觀此豈亦魏益之之學歟？惜予生晚，不及見諸賢而參請也。近於九月間客洪城，遇北人曰東門老於宋庭賓家，蓋學道之士也，衣履如道人，談論娓娓，自言出家從師，久而無獲，一日師令往某處，正雪中，既寒且饑，因結屨，忽有悟，則見天地萬物洪纖曲直如清浄琉璃，無不洞徹，自此了無滯礙。其亦魏益之之學歟？予甚欲究詰之，顧初見未能驟説，欲再叩，明日乃聞飄然往臨江矣。洪人謂東門老乃大徹大悟者，惜不及竟其藴也，話間極取程邵二先生之學，又曰：「聖人之道本是渾全，朱晦庵先生説得破碎。今人不信孔子之説，却信朱説，安能見道？」又曰：「吾道一以貫之，只一便了。曾子添箇忠信已多，後來千言萬語，脚下注脚，去道逾遠。至謂有天之忠恕，聖人之忠恕，學者之忠恕，尤大穿鑿。」其論如此。又謂人當理會心學，如作詩作文，多是説謊。

論悟二

兒童初學，蒙昧未開，故懵然無知。及既得師啓蒙，便能讀書認字，馴至長而能文，端由此始，即悟之謂也。然此却止是一重粗皮，特悟之小者耳。學道之士剥去幾重，然後逗徹精深，謂之妙悟。釋氏所謂慧覺，所謂六通，儒家所諱言也。世之未悟者，正如身坐窗内，爲紙所隔，故不睹窗外之竟，及其點破一竅，眼力穿逗，便見得窗外山川之高遠、風月之清明、天地之廣大、人物之錯雜，萬象横成，舉無遁形。所争惟一膜之隔，是之謂悟，而儒家不言者，懼其淪於虚寂，不合於帝王之大經大法，而無以成天下之務也。惟禪學以悟爲則，於是有曰頓宗，有曰教門別傳，不立文字，有曰一超直入如來地，有曰一棒一喝，有曰聞鶯悟道，有曰放下屠刀，立地成佛。既入妙悟，謂之本地風光，謂之到家，謂之敵生死。而老莊氏亦有所謂致虛極、守靜篤，虛室生白，宇定光發，皆悟之義。儒家之學亦有近之者，顔之如愚獨樂，曾之浴沂詠歸，孟子之自得，大學之自明，以至如濂溪之庭草不除，明道之前川花柳，橫渠所謂聞悟，亦悟之義。水心又提出憤悱、舉隅，與夫四端、四海諸說，以爲近悟。是邪非與？

論悟三

前段嘗疑陳叔向因悟有見之爲異，今觀晦翁作存齋記，有曰：「人所以位天地之中、爲萬物之靈者，心而已矣。然心之爲體，不可以聞見得，不可以思慮求，謂之有物則不得於言，謂之無物，則日用之間無適而非是也。君子於此，將何所用其力哉？必有事焉而勿正，心勿忘，勿助長，則存之道也。如是而存，存而久，久而熟，心爲之體，必將瞭然有見於參倚之間，而無一息之不存矣。」詳此記，則大意與釋氏之説合，而所謂瞭然有見者，非悟也夫！

朱陸二先生同出一時，俱天地之間氣、名世之鉅儒也。然陸氏不喜著書，惟從原頭理會，嘗曰「六經注我者也」，故罕有傳世，而道不顯，顧有識則服其高明。若朱氏於書極下工夫，如四書集注，如詩易傳，如綱目，如家禮，如小學書，如楚辭注，如言行録之類，非文公疲精竭力，更千百年，終至漏晦。今使學者蒙賴啓迪，洗凡破陋，則此數書者，誠足以補前古之缺也。至晚年，則亦悔注釋，有詩曰：「書册薶頭無了日，不如抛却去尋春。」其意可見矣。公於象山殊加敬，嘗曰：「安得似陸子静堂堂自在。」又曰：「子静底是高，只是下面空疏，無物事承當。伯恭甚低，如何似得佗。」又曰：「江南未有人如子静八字著脚。」又曰：「吾儒頭緒多，思量著令人頭痺。似陸子静樣不立文字，也是省事。」又曰：「陸子静、楊敬仲自是十分好人。」文公之言如此，可見不分同異。鵝湖之集，「易簡」「支離」之詩，文公不以爲忤。後來一等抑揚過當，殆不可信。蓋亦門人弟子有分朋植黨、挾私取勝者，其實二先生未嘗立異也。善乎！象山之言曰：「建安也無朱元晦，青田也無陸子静。」偉哉言乎！大公至正，可以一洗蟲鼠之陋見矣。又曰：「四方上下曰宇，往古來今曰宙。宇宙便是吾心，吾心即是宇宙。千萬世之前有聖人出焉，同此心，同此理也。千萬世之後有聖人出焉，同此心，同此理也。東海有聖人出焉，同此心，同此理也。南、西、北海有聖人出焉，同此心，同此理也。」其言恢廓高明如此。或者猶校江、閩學術異同，豈不大可鄙笑哉！

朱陸二

予又見文公答南軒書，有曰：「子壽兄弟氣象甚好，其病只是廢講學而務踐履，却於踐履中要人提撕省察，悟得本心，此爲病者。要其操持謹質，表裏不二，則實有以過人。」答東萊有曰：「子静約秋涼來游廬阜，但恐此時已换却主人耳。渠兄弟今日豈易得？」與劉子澂書有曰：「子静一味是禪，却無許多功利術數，目下收斂得學者身心，不爲無力。」答陳膚仲有曰：「陸學雖有似禪處，然婺州朋友却專事聞見，而於自己身心全無工夫。」答滕德章有曰：「陸丈教人，於收斂學者散亂身心甚有功，然講學趨向亦不可緩。要當兩進乃佳。」答林擇之有曰：「陸子壽兄弟近却肯向講學上理會。其門人有相訪者，皆好氣象。但其間亦有舊病。此間學者却是與渠相反，初謂如此講學漸涵，自能入德，不謂末流之弊只成説話。」與吴茂實有曰：「陸學却是先於情性持守上用力，此意自好。」答項平父有曰：「子思以來教人之法，以尊德性、道問學兩事爲用力之要。今子静所説，專是尊德性事。而某平生所論，却是問學上多了。所以爲陸學者多持守可觀，而看得義理不細。某自覺義理上不敢亂說，却於緊要爲人上多不得力，今當反身用力，去短集長。」答孫敬父有曰：「陸學於近年一種浮淺頗僻議論中固自卓然，非其儔匹，而其徒傳習多有能修其身、能治其家、以施之政事間者。」觀文公之言，平心服善如此，何嘗如後來學者抑揚毁譽之過實哉！當其議論紛紜，本非真有定見，往往挾私護局而已。文公答諸葛成之有曰：「來諭有疑於子静，然子静平日正欲身率學者，一於天理，而不以一毫人欲雜其間，恐決不至如賢者之所疑。義理天下之公，而人之所見有未盡同，正當虚心平氣，相與熟講徐究，以歸於是。而向來講論之際，往往皆有立我自是之意，厲色忿詞，如對仇敵，無復長幼之節、禮遜之容。蓋嘗竊笑以爲正使真是仇敵，亦何至此？然觀諸賢之氣方盛，未可遽以片詞取信，故默不言。」是文公無恙時，一等狂生已敢如此，至煩老先生之諄諄，況於世無大宗師，則此輩何憚而不縱其狂誕邪！予近在閩中聞泉州有一士獨宗陸，恨不獲識。後識三山張尚友，心甚向陸，且愛荆公祠堂記，謂不可及。因言文公筆下泥滯，亦可謂不私其鄉者。又説潭經界事。

朱陸三

文公嘗謂陸學近禪，然其答黄子耕有曰：「格物致知，只是窮理，聖賢欲爲學者説盡曲折，故立此名字。今人反爲名字所惑，生出重重障礙，添枝接葉，無有了期。若能認取本意，而於其中看得許多曲折分明，便依此實下工夫，方見得許多名字虛假，並皆脱離，而其工夫却無欠缺矣。」此即釋氏名相之説。又答李叔文有曰：「求放心不須注解，只日用十二時中常切照管，不令放出，即久久自見功效。」此亦釋氏之説，恐不可專指陸學爲禪也。大槩性命之學，不能不與禪相近，故伊川謂儒釋深處只争杪忽，晦翁承其説，亦謂大亂真而彌近理也，其闢之者則大儒衛道，職當然耳。晦翁又議陸不講學。象山云：「人謂某不令人讀書，何嘗不教人讀？只是讀得别耳。」異時晦翁答吕子約則曰：「程子言心要常在腔子裏，今一向耽著文字，令此心全體都奔在書册上，更不知有己，便是箇無知覺、不識痛癢之人，雖讀書何益？」答石子餘又曰：「學者只就册子上鑽，却不就本原理會，只成議論文字，與自家身心全無交涉。」詳味此言，又似與議陸者相矛盾也。

隱居通議卷一九朱陸敗揚雄

揚雄作太玄經以準易，作法言以擬論語，前代名賢皆謂其學貫天人，諸子莫及。至其美新、投閣之羞，則略而不責焉。逮象山先生陸文安公，始確然爲之言曰：「子雲之太玄，錯亂蓍卦，乖逆陰陽，所謂君不君、臣不臣、父不父、子不子。由漢以來，楊墨强盛，以至於今，尚未反正，而世之儒者猶依玄以言易，重可歎也。」朱文公作通鑑綱目，又特書曰：「莽大夫揚雄死。」自二先生決此論，而後雄之所以爲雄者，始昭白於天下後世。然南豐先生之嚴，司馬温公之正，皆於雄有取，其見不同如此。而南豐先生以揚雄處王莽之際，合於箕子之明夷，詳哉其言之也。朱子極推南豐之文原本六經，未嘗訾議其論，則朱子亦存其説矣。

水雲村稾卷三陸文安公祠堂記

延祐某年六月甲子，泉南偉特士李君肇建陸文安公祠堂成，使友來告於文學掾劉壎曰：「不肖志聖賢之學勤矣。初宗建無所得，宗江西灑然若有得也，因闢家塾，揭繪像，日與諸生嚴事之。未有記也，敢請。」予竦立曰：「言何易邪？事關道統，予安得而易言之也！」友重請弗置，則舉昔所聞於師以復曰：鴻濛未分，道涵太極；太極既判，道屬於羣。聖賢自堯舜累傳，而達乎孔孟，自孟氏失傳，而竢夫宋儒。故有周、張、二程濬其原，而周則成始者也；有朱、張、吕、陸承其流，而陸則成終者也。脈理貫通，心境融徹，殆天地重開，而河洛復泄也。道之統緒，略見是矣。中原遠，難具言，言其近，則朱文公起於閩，張宣公振於湘，吕成公奮於浙，莫不昭回峻極，砰轟動盪。時則文安公拔起西江，而與之齊。其志氣神，其識趣卓，其學宗孟而直指本心，其稟天得而匪繇師授。劈析義利則疾雷破山，剖别儒釋則明鏡照日，抉人情之矯僞則飛矢中的，破俗學之偏蔽則剛風掃雲，以至該體用之全，壹天人之正,探象數之奥,究政化之原,專涵養之功,尚務内之學,超箋傳之錮,戒躐等之非。誨人讀書,必指樞要,而示以入聖之户庭。勉人立志,必如鐫鑿,而聽者至爲之感泣。告君必以唐虞三代爲準則,治郡必以正俗慎罰爲先務。凡平昔提警學者,懇惻英發,無非鞭辟近裏,復其性初,救末俗之支離,還太極之全體,非蓋代英豪,千齡間氣也夫!象峰中天,百世稽首。朱文公嘗曰:「江南未有人如子静八字著脚。」曰:「安得如子静堂堂自在?」曰:「子静實高,伯恭安得似?」曰:「子静平日自任,正欲身率學者一於天理,不以一豪人欲雜其間。」至閲公奏篇,則曰:「規模廣大,原流深遠,所造深,所養厚。」文公斯言,蓋天下之公言。而私詬病者類曰「惟務超悟也」,曰「惟尚徑捷報也」。分門護黨之風熾,隨聲接響之弊滋,而卒之盲瞽有不睹天外之光霽者矣。嗟夫!終日如愚而曰似禪,浴沂詠歸而曰似僊。彼親承元聖單傳正宗,議者猶斷斷,他奚怪焉。抑文安公之訓曰:「宇宙即是吾心,吾心即是宇宙。千百世之前有聖人出焉,同此心,同此理也。千百世之後有聖人出焉,同此心,同此理也。東海有聖人出焉,同此心,同此理也。南、北、西海有聖人出焉,同此心,同此理也。」此其寥廓高朗,會萬歸一,彼此尚同異者,不媿死哉!李君之灑然有得,獨異于是,吾故書曰「泉南偉特士」,蓋褒筆也。宏齋包先生嘗言:「文安之學深造自得,本之孟氏。孟氏之後,至是而始一明。」荆谿吴先生曰:「貫羣聖賢之旨,可以合一身心之妙；充一身心之妙，可以補羣聖賢之遺。合朱、張、吕、陸之説，溯而約之周、張、二程；合周、張、二程之説，溯而約之顔、曾、思、孟；合顔、曾、思、孟之説，溯而約之孔子。則孔子之道，即堯、舜、禹、湯、文、武之道；孔子之學，即臯、益、伊尹、傅、箕、周、召之學。百聖而一人，萬世而一時，孰爲異、孰爲同哉？味斯言也，事既久而論宜定矣。若猶未也，則又有正心胡氏之説在，曰：「江西之學如取日虞淵，洗光咸池，太白殘月，何敢争燿？」愚不佞，敢誦此以成李君之志。謹記。

水雲村稾卷五朱陸合轍序

有宋乾道、淳熙間，金世宗仁厚，不用兵，復修舊好。故大定二十九年，東南賴以休息，國家閒暇，文事聿興，儒先森聚，理學炳明，衿佩雲從，接關洛而通洙泗，則東萊吕成公興於浙，南軒張宣公起於湘，建安朱子、金谿陸子則角立傑出，號大宗師者也。朱陸之學，本領實同，門户小異，故陸學主於超卓，直指本心，而晦翁以近禪爲疑；朱學主於著書，由下學以造上達，而象山翁又以支離少之。門分户别，伐異黨同，末流乃至交排互詆，譁競如仇敵，遂令千古聖學之意，滋鬱弗彰矣。當是時，克堂包公崛起盱江，出入二宗師門下。其子樞密宏齋先生，親侍講貫，每謂二家宗旨券契籥合，流俗自相矛盾。至哉言乎！顧踵襲成俗，趨附貶駁，或者高朱而抑陸，私心迷繆，寖失和平。同里雲卧吴先生汝一病之，考朱子書，凡言論旨趣與陸子同者爲一編，題曰筦天，銷磨黨偏，掀抉瞽瞶。學者各宗其説，門户雖小異，本領無不同也。夫人惟一心，心惟一理，羣聖相授，繼天立極，開物成務，何莫由斯？孔子曰「性相近也」，孟子曰「先聖後聖，若合符節」。豈至於學，能獨異乎？追懷景定辛酉歲親炙雲卧先生，得聞梗槩。咸淳丙寅歲，宏翁以尚書造朝，約予與諸老往辭。先生進予坐側，謦誨娓娓，亦及兹事，抉去籓籬，少正卑滯。當時馳心科舉文字之間，弗克叩擊。及今科舉文字念絶，思見鴻碩，考德問業，諸老亦既棄濁世而游太虚，先哲弗作，晚節無聞，爲之惆悵，自悼不聰。乃取象翁文集手鈔焉，且復取晦翁語録，摘其推尊文安者著於篇端，以詔來世。會而通之，水中之月即天上之月也，蜀日越雪何爲者？故更名其集曰朱陸合轍云。

水雲村稾卷七象山語類題辭

象山先生陸文安公語録一册、遺訓一册，門弟子各爲編次，語多複出。幼兒爲倣晦翁語類，分門鈔纂，然後複出者乃盡見而删之，始稍可觀。壎三肅而歎曰：先生真天人也，單辭片語，洗凡破陋，其英悟超卓，足與孟配。顧其學不如朱學之盛行者，蓋先生不壽，文公則高年；先生簡易不著書，文公則多述作；先生門人不大顯，朱門則多達官，羽翼其教。

是以若不逮，而究其實，則天高日精，千古獨步。文公有言「江南未有人如陸子静，八字著脚」，誠哉是言。今世道更，時好泯公論且定矣，陸氏之學將大明於世。彼蘊頭書册，尋行數墨，尚襲故説，以詆先哲，則蚍蜉撼樹、井蛙觀天者爾。嗚呼悲夫！

戴表元

戴表元（一二四四～一三一〇），字帥初，一字曾伯，奉化（今屬浙江）人。宋咸淳中登進士乙科，除建康府教授、國子監主簿等，皆以兵亂不就。元大德中，以薦授信州教授，調婺州，移疾歸。至大三年卒，年六十七。有剡源集行於世。元史卷一九〇有傳。

剡源文集卷一八題新刻袁氏孝經説後

右袁正肅公廣微孝經説三卷，前一卷已刊在宣州學官，有知州王侍郎附註行於世，餘二卷引論語、孟子而發者，余未之見也。正肅於余爲鄉先生，先伯大父雲臺府君託同甲戌進士第，爲通家尊行，餘言緒論，講問爲多。蓋正肅公之父正獻公叔和學於象山陸文安公。正肅公雖不逮事象山，而家庭承襲，深有源委。豈惟正肅公？自洛學東行，諸大儒各以所聞分門授徒，晦庵朱文公在閩，東萊吕成公在浙，南軒張宣公在湘，象山文安公在江西，其徒又皆各有所授，往往散布遠近，殊途同歸。而象山之傳獨盛於四明，正獻、正肅父子若文元楊公敬仲、文靖舒公元質、端獻沈公晦叔其尤著者也。正肅公既貴，嘗持江東憲節，數爲士大夫講象山之説。行部之貴溪，乃爲象山改創祠塾，故江東之人自正肅公而尊象山之道益嚴。貴溪姜翔仲之先世，故當時講下士大夫一人之數，翔仲今又爲侍祠諸生，能取家藏是書併刊之塾中，可謂鶴鳴而子和之矣。余實不敏，區區家世亦有與翔仲同者，遂不得讓而繫名其編末云。大德十年丙午歲後正月既望識。

吴澄

吴澄（一二四七～一三三一），字幼清，撫州崇仁（今屬江西）人。元皇慶元年（一三一二）爲國子司業，「用程純公學校奏疏、胡文定公六學教法、朱文公學校貢舉私議約之爲教法四條：一曰經學，二曰行實，三曰文藝，四曰治事。未及行。又嘗爲學者言：朱子于道問學之功居多，而陸子静以尊德性爲主。問學不本于德性，則其敝必偏于言語訓釋之末。故學必以德性爲本，庶幾得之。議者遂以澄爲陸氏之學，非許氏尊信朱子本意，然亦莫知朱陸之爲何如也。澄一夕謝去，諸生有不謁告而從之南者」。至順二年卒，年八十五。元史卷一七一有傳。

吴文正集卷三答海南海北道廉訪副使田君澤問節録

上略。垂省覽承問及無極、太極説，非面難致其詳，姑言其略。大槩古今言太極者有二，當分别而言，混同爲一則不可也。莊子云：「在太極之先。」漢志云：「太極函三爲一。」唐詩云：「太極生天地。」凡此數言，皆是指鴻濛渾沌天地未分之時而言也。夫子言「易有太極」，則是指道而言也，與莊子、漢唐諸儒所言「太極」字絶不相同。今儒往往合二者爲一，所以不明。如邵子言「道爲太極」，則與夫子所言同。又言：「太極既分，兩儀立矣。」則與諸家所言同。蓋夫子所言之太極，指道而言，則不可言分。言分者，是指陰陽未判之時。故朱子易贊曰：「太一肇判，陰降陽升。」不言太極，而言太一，是朱子之有特見也。朱子本義解「易有太極」云：「易者陰陽之變，太極者其理也。」朱子只以陰陽之變解「易」字，太極者是易之本原。節齋蔡氏以爲「易乃太極之所自出」，朱門學者皆疵其説。來諭與蔡説相符，而非朱子意也。朱子語録云：「易之有太極，如木之有根，浮圖之有頂。然木之根，浮圖之頂，是有形之極，太極却是無形之極，無方所頓放。故周子曰：『無極而太極。』」世儒讀太極圖，分無極、太極爲二，則周子之言有病。故朱子合無極、太極爲一，而曰「非太極之外別有無極也」，又曰「無極即是太極」。澄之説是發明朱子此義。蓋老、莊、列之意，皆以爲先有理，而後有氣。至宋朝二程、横渠出，力闢老氏自無而有之説爲非，而曰：「理氣不可分先後。理是無形之物，若未有氣，理在那處頓放？」又曰：「理與氣有則俱有，未嘗相離。」非知道者，孰能識之？程、張之所以爲知道，正以其能識得此與老氏之説不同故也。今生於程、張之後，而又循襲有理而後有氣之説，則是本原處差了。可子細取近思録、程氏遺書外書、張子正蒙及朱子語類觀之，四先生説得洞然明白，即與愚説無異，其他不能多及。下略。

吴文正集卷三答田副使第二書節録

上略。澄按：莊子及漢唐諸儒，皆是以天地未分之前混元之氣爲太極，故孔穎達疏易亦用此説。夫子所謂太極，是指形而上之道而言，孔疏之説非也。自宋伊洛以後諸儒，方説得「太極」字是。邵子云「道爲太極」，朱子易本義云：「太極者，理也。」蔡氏易解云：「太極者，至極之理也。」蔡氏雖於「易」字説得未是，解「太極」字則不差。澄之無極太極説曰：「太極者，道也。」與夫子、邵子、朱子、蔡氏所説一同，而高見不以爲然，蓋是依孔穎達及莊子諸人之説，以太極爲混元之氣故也。然混元未判之氣，名爲太一，而不名爲太極，故禮記曰：「夫禮本於太一，分而爲陰陽。」朱子易贊曰：「太一肇判，陰降陽升。」若知混元未判之氣，不名爲太極，而所謂太極者，是指道理而言，則不待辨而明矣。

先次來教言太極是理氣象數，渾而未分之名，則又與漢唐諸儒所謂混元之氣者小異。蓋混元太一者，言此氣混而爲一，未有輕清重濁之分，及其久，則陽之輕清者升而爲天，陰之重濁者降而爲地，是爲混元太一之氣，分而爲二也。今曰理氣象數，渾而未分。夫理與氣之相合，亘古今永無分離之時，故周子謂之妙合，而先儒謂推之於前而不見其始之合，引之於後而不見其終之離也，言太極理氣渾是矣。又言未分則不可。蓋未分，則是終有分之時也。其實則理氣，豈有時而分也哉？又以象數並理氣而言，則象數果别爲一物乎？以其氣之著見而可狀者謂之象，以其氣之有次第而可數者謂之數。象數兩字，不過言氣之可狀可數者爾，非氣之外别有象數也。若以太極爲至極之理，則其上不容更着「無極」兩字。故朱子爲周子忠臣，而曰：「無極二字，只是稱贊太極之無可名狀，非太極之外，復有無極也。」若以太極爲一氣未分之名，上頭却可着無極兩字，然自無而有，非聖賢吾儒知道者之言，乃老莊之言道也。今録老莊言道自無而有之旨，及朱、陸辨無極太極問答大略於後，細觀當自了悟。

老子曰：「天下萬物生於有，有生於無。」又曰：「道生一，一生二。」莊子曰：「太初有無，無有無名，一之所起。」

澄按：老子所謂道，莊子所謂太初，即來教所言之無極也。所謂一者，即來教所言之太極也。若如來教之解無極太極，即是老莊此二章之旨，説得周子本文固甚分曉。但是押入周子在老莊隊裏行，而不可謂之得吾聖道之傳者矣。朱子費盡氣力爲之分疏，而解此二句不與世儒同者，正欲明周子之所言，與吾聖人之言道不異故也。故澄以爲周子之忠臣。程子親受學於周子，周子手授此圖於二程，二程藏而秘之，終身未嘗言及。蓋爲其辭不別白，恐人誤認以爲老莊之言故也。其後學者索之，只將出通書，終不出太極圖。程子没後，於他處搜求，方得此圖。能知程子不輕出此圖之意，則言之必不敢容易，且知朱子之大有功於周子也。

梭山陸子美與晦庵書云：「太極圖説與通書不類，疑非周子所爲，不然，則是其學未成時所作，不然則或是傳他人之文，後人不辨也。蓋通書言五行陰陽，陰陽太極，未嘗加『無極』字。假令太極圖説是其所傳，或其少時所作，則作通書時不言無極，蓋已知其説之非也。」

象山陸子静與晦庵書云：「『無極』二字出於老子知其雄章，吾聖人之書所無有也。老子首章言『無名天地之始，有名萬物之母』。此老氏宗旨也。『無極而太極』，即是此旨，老氏見理不明，所蔽在此。太極圖説以『無極』冠首，而通書終篇未嘗一及『無極』字。二程言論至多，亦未嘗一及『無極』字。假令其初實有是圖，觀其後來未嘗一及『無極』字，可見其學之進，而不自以爲是也。兄今考訂注釋，表顯尊信如此其至，恐未得爲善祖述者也。」晦庵答書云：「老氏之言有無，以有無爲二。周子之言有無，以有無爲一。正如南北、水火之反，未可容易譏評也。近見國史濂溪傳載此圖説，乃云『自無極而爲太極』。若使濂溪本書實有『自』、『爲』兩字，則信如老兄所言，不敢辨矣。然因渠添此二字，却見得本無兩字之意愈益分明。請試思之。」

澄按：來教所言，正是以有無爲二，「自無極而爲太極」也。今録程子、張子所言有無不分先後之旨於後，蓋宋儒之言道，周子微發其端而已。其説之詳而明，直待張子、二程子出，而後人知二子所言之道，與老莊所言自無而有者不同，故論程、張二子有功於吾道者，以其能辨異端似是之非也。

程子曰：「道者一陰一陽也。動静無端，陰陽無始，非知道者，孰能知之？」

澄按：此程子解繫辭傳「一陰一陽之謂道」一句也。蓋陰陽氣也，所以一陰一陽者道也。道只在陰陽之中，雖未分天地以前，而陽動陰静固已然矣。非陽動即陰静，非陰静即陽動，無更有在陰静陽動之前而爲之發端肇始者。程子既言此，而又以「非知道者，孰能知之」綴於其後，蓋亦自負而料世人不悟，必有以爲道在陰陽之外而動靜有端、陰陽有始者。惟朱子曉此，故其太極圖解曰：「此無極太極也。所以動而陽、靜而陰之本體也。然非有以離乎陰陽也。」即陰陽而指其本體，不雜乎陰陽而爲言爾。言一初便是陰陽，而太極在其中，非是先有太極而後有陰陽動靜也。下略。

蔡氏謂周子於「太極」之上加「無極」，正是解夫子「易有太極」之「易」字，而其解「易」字亦曰：「易，變易也。」澄謂變易屬乎陰陽，豈可以言無極？蔡氏自知其説之病，乃引易無體之説以救之，而曰變易無體之中有至極之理也。朱子以易爲陰陽之變易有太極者，言陰陽變易之中有至理以爲主宰也。蔡氏既以變易無體爲理矣，而又曰「中有至極之理」，然則理中復有一理乎？變易無體已是言理，而又曰有至極之理，可乎？粗曉文義者，亦知其説之不通矣。又曰：「流行乎乾坤中之易，非『易有太極』之『易』也。」果有二等易乎？又曰：「陰陽動靜之間，是流行中之太極，與夫子所言太極降一等」。果有降一等之太極乎？蔡氏所解卦爻彖象，多有發明朱子未到處，澄纂言中亦取其説。但易解後别有大傳易説一卷，主於破其師太極在陰陽中之説，於道之大本大原差了，故有此兩般易、兩般太極之謬談。

朱門惟勉齋黄直卿識道理本原，其次北溪陳安卿，於細碎字義亦不差。下略。

吴文正集卷三答田副使第三書節録

上略。一，愚見以太極爲道理，而高見必以爲混元渾沌未判之氣，此其不合者一也。愚見以爲理在氣中，同時俱有，而高見必以爲先有理而後有氣，此其不合者二也。愚見以爲易者陰陽之變，易有太極者，言陰陽變易之中有理以爲之主宰，夫子「易有太極」之言，其立言猶曰「臣有君，子有父」云爾。故朱子以爲易之有太極，如木之有根，浮圖之有頂，可謂明白；而高見以爲其説顛倒錯亂，斷不可以訓後學，此其不合者三也。蔡節齋解「易」字作「無極」二字，此是背其師説，無識之言也。而高見取之解「太極」字爲至極之理，此言却是，而高見不取愚所非者，而以爲是愚所是者而以爲非，此其不合者四也。已上愚説，並與周程張朱之説同，皆非不肖自出己見。而來書引王巽卿之言，以爲舍禰而宗兄。澄識見凡陋，竊謂禰之道，更秦漢以來，晦蝕千有餘年，若非天於盛宋之時生此數兄發明吾禰之道，則幾於隊地矣。澄視吾兄有大功於吾禰者也。凡吾兄所言五經之梯階也，敢問此數兄有何言語背了五經，乃曰不可徒求之先儒而不本之五經乎？若曰徒求之五經而不反之吾心，是買櫝而棄珠，此則至論，不肖一生切切然惟恐墮此窩臼。學者來此講問，每先令其主一持敬以尊德性，然後令其讀書窮理以道問學，有數條自警省之語，又揀擇數件書以開學者格致之端，學徒錣之於木，今謾納去一帙。是蓋欲如巽卿之說，先反之吾心，而後求之五經也。僕雖老矣，學之久而未得，願與足下共勉之。

一，易是形而下者，太極是形而上者，先儒已言，澄不復贅。先儒云「道亦器，器亦道」，非是道、器雖有形而上、形而下之分，然合一無間，未始相離也。今乃曰：「陰陽變易之易，非本原形而上者之易，則伏羲合當如周子畫一圈作太極，何緣但畫一奇爲陽，畫一偶爲陰而已。至夫子方推其本原，而有陽奇陰偶之中，有太極存焉。」夫太極者，不在陽奇陰偶之外也。今以陰陽爲不是本原，則是伏羲之易無了本原矣。伏羲但有卦畫，別無他文。若欲求「易」字、「太極」字於陽奇陰偶之外，竊望就伏羲卦中指出見教，何者是易，何者是太極？如此論易，何萬古大聖人之不幸也噫！

一，老子云：「天下萬物生於有，有生於無。」萬物者，指動植之類而言。「有」字指陰陽之氣而言。「無」字指無形之道體而言。此老子本旨也。理在氣中，元不相離。老子以爲先有理而後有氣，橫渠張子詆其有生於無之非，晦庵先生詆其有無爲二之非。其「無」字是說理字，「有」字是說氣字。若澄之以精氣爲物，爲自無而有；遊魂爲變，爲自有而無。以先天圖左邊爲自無而有，右邊爲自有而無，乃是言萬物形體之無有。有無如春夏所生之物，皆去冬之所無，而今忽有；秋冬所殺之物，皆今夏之所有，而今忽無。人之生也，漸至於長大，是自無而有；人之死也，遂至於朽腐，是自有而無。又如平地本是荆榛，乃翦除草茅而蓋造宫室，則此宫室自無而有；其後宫室銷毁敗壞，又成瓦礫之場、禾黍之墟，則此宫室自有而無。又如一虚室，忽然排辨酒器，鋪設筵席，聚賓客於其中，歌舞歡笑，是此宴會自無而有；及其酒罷客散，徹去筵席，收去酒器，依舊一虚室，是此宴會自有而無。凡物凡事皆然。來書謂「世間人物之生，百姓日用之常，那件不是自無而有」，是矣。此之無而有，有而無，是言鬼神之屈伸往來，人物之生死始終，人事之興廢聚散，即與指理爲無、指氣爲有之「無」「有」不同，但「有」「無」二字相同爾。老子謂有氣之陰陽自無形之理而生，以有無爲二，而不知理氣之不可分先後，與予言萬物形體自無而有、自有而無者旨意迥别。今以愚言爲自相抵牾，何其不通文理之甚也？如孟子不言利，前則曰「何必曰利」，後則曰「以利爲本」。前之「利」，强兵富財便利其國之謂也。後之「利」，順其自然之理之謂也。「利」字雖同，而文義則異。若不通文義，必謂孟子之言自相抵牾矣。來書取南軒先生張氏太極圖解首章之説甚當，然請博觀南軒太極圖全解及今文集、語録諸書，還曾解「太極」二字爲渾元、渾沌否？還曾謂理在先、氣在後否？南軒圖解之下文云：「非太極之上復有所謂無極也。太極本無極，言其無聲臭之可名也。」又云：「無極之真，二五之精，妙合而凝。」非無極之真爲一物，與二五之精相合也。言未嘗不存於其中也。南軒此言，即與朱子所言及老拙所言一同。賣花擔上前後兩籃，不曾遍看，但見前籃一朵之花，便自買取，而不復顧其後籃之花爲何如，况望能於洛陽諸處名園中萬紫千紅而一一識之乎？朱子初焉説太極與南軒不同，後過長沙謁南軒，南軒極言其説之未是，初亦未甚契，既而盡從南軒之説。有詩謝南軒曰：「我昔抱冰炭，從君識乾坤。始知太極蘊，要妙難名論。」及南軒死，有文祭之曰：「始參差以畢序，卒爛熳而同流。」是晦庵太極之説，盡得之於南軒，其言若合符節。明公取南軒而不取晦庵，何也？

一，「有生於無」，是老氏異端之説。周子「無極而太極」，即非言自無而有。晦庵、南軒二先生之説燦然明白。高意必欲解此一句云「自無極而爲太極」，是押周子入老莊隊也。朱張二先生皆云「非太極之上復有無極」，極力分解，惟恐人錯認此一句與老氏同。衛道之力如此，可謂忠於周子也。明公必欲屈抑周子以同於老氏，老拙極力唤醒而不見從，是辱吾周子者，明公也。已自爲之，又自稱冤，何耶？下略。

一，邵子所謂無極，即非周子所謂無極。足下所取之南軒先生亦如此説，非愚之私言也。今必欲以爲與周所言之無極同。愚意陰陽、太極同時而有，不可言「之前」二字。姑如明公之意，則可言陰陽之前先有太極，太極之前先有無極，無極則不可再有所加於其頭上矣。言無極之前是無極頭上又加一層也，不知無極之前是何物，當作何名稱？以見教如此，則周子圖說又欠一層，當言云云而無極，無極而太極也。以無極爲周子所言之無極，而陰含陽，乃在無極之前，是先有陰陽，後有無極也。可謂顛倒錯亂之甚矣。何乃以此四字而誣朱子，又以此四字而罪老拙邪？下略。

吴文正集卷四無極太極説

太極者何？曰道也。道而稱之曰太極何也？曰假借之辭也。道不可名也，故假借可名之器以名之也。以其天地萬物之所共由也，則名之曰道。道者，大路也。以其條派縷脉之微密也，則名之曰理。理者，五膚也。皆假借而爲稱者也。真實無妄曰誠，全體自然曰天，主宰造化曰帝，妙用不測曰神，付與萬物曰命，物受以生曰性，得此性曰德，具于心曰仁，天地萬物之統會曰太極。道也，理也，誠也，天也，帝也，神也，命也，性也，德也，仁也，太極也，名雖不同，其實一也。極，屋棟之名也。屋之脊檁曰棟。就一屋而言，惟脊檁至高至上，無以加之，故曰極。而凡物之統會處，因假借其義而名爲極焉，「辰極」、「皇極」之類是也。道者天地萬物之統會，至尊至貴，無以加者，故亦假借屋棟之名而稱之曰極也。然則何以謂之太？曰太之爲言，大之至甚也。夫屋極者，屋棟爲一屋之極而已。辰極者，北辰爲天體之極而已。皇極者，人君一身爲天下衆人之極而已。以至設官爲民之極，京師爲四方之極，皆不過指一物一處而言也。道者天地萬物之極也，雖假借極之一字强爲稱號，而曾何足以擬議其髣髴哉？故又盡其辭而曰太極者，蓋曰此極乃甚大之極，非若一物一處之極。然彼一物一處之極，極之小者爾。此天地萬物之極，極之至大者也，故曰太極。邵子曰：「道爲太極。」太祖問曰：「何物最大？」答者「道理最大」，其斯之謂與。然則何以謂之無極？曰道爲天地萬物之體而無體，謂之太極，而非有一物在一處可得而指名之也，故曰無極。易曰：「神無方，易無體。」詩曰：「上天之載，無聲無臭。」其斯之謂與。然則無極而太極者何也？曰屋極、辰極、皇極、民極、四方之極，凡物之號爲極者，皆有可得而指名者也，是則有所謂極也。道也者，無形無象，無可執着，雖稱曰極，而無所謂極也，雖則無所謂極，而實爲天地萬物之極，故曰無極而太極。

吴文正集卷一八金谿傅先生語録序

陸先生之學不在乎言語文字也，故朱之語録累百餘卷，奚啻千萬億言，而陸之語録僅僅一帙，其一帙者亦可無也。蓋先生平日教人，專於心身上切實用功，一時精神之感發，旨意之懇到，如良工斵輪，大冶鑄金，巧妙莫可彷彿也，而可筆録乎？朱語諄詳而所録多冗複，陸語峻潔而所録或暗劣，此語録之病也，故曰可無。陸門高第弟子傅季魯，人稱琴山先生，其玄孫斯正示余語録一篇，所記三十五條，其間五條已載陸先生語録，將欲鋟木以傳。余謂傳之不足以章世美，觀之不足以得家學。孟子曰：「萬物皆備於我矣。反身而誠，樂莫大焉。」由傳以遡陸，由陸以遡孟，在此而已，安用語録爲哉？余雖有是言，而其鋟木之意不能已，遂爲之題其篇端。

吴文正集卷四〇尊德性道問學齋記

天之所以生人，人之所以爲人，以此德性也。然自孟氏以來，聖傳不嗣，士學靡宗，誰復知有此哉！漢唐千餘年間，儒者各矜所長，奮迅馳騖，而不自知其缺。董、韓二子，依稀數語近之，而原本竟昧昧也，則亦漢唐之儒而已矣。宋初，如胡如孫，首明聖經，以立師教，一時號爲有體有用之學，卓行異材之士多出其門，不爲無補於人心世道。然稽其所極，度越董、韓者無幾，是何也？於所謂德性未嘗知所以用其力也。逮夫周、程、張、邵興，始能上通孟氏而爲一。程氏四傳而至朱，文義之精密，句談而字議，又孟氏以來所未有者。而其學徒往往滯於此，而溺其心。夫既以世儒記誦詞章爲俗學矣，而其爲學亦未離乎言語文字之末，甚至專守一藝而不復旁通它書，掇拾腐説而不能自遣一辭，反俾記誦之徒嗤其陋，詞章之徒議其拙。此則嘉定以後朱門末學之弊，而未有能救之者也。夫所貴乎聖人之學，以能全天之所以與我者爾。天之與我，德性是也。是爲仁義禮智之根株，是爲形質血氣之主宰。舍此而他求，所學果何學哉？假而行如司馬文正公，才如諸葛忠武侯，亦不免爲習不著、行不察，亦不過爲資器之超於人，而謂有得於聖學則未也，況止於訓詁之精、講説之密，如北溪之陳、雙峰之饒，則與彼記誦詞章之俗學，相去何能以寸哉！漢唐之儒無責焉。聖學大明於宋代，而踵其後者如此，可歎已。清江皮公字其子潛曰昭德，其師名其讀書之齋曰學。潛從吾游，請以「尊德性道問學」更其扁名，合父師所命而一之。噫！而父所命，天所命也；學者，學此而已。抑子之學詞章則云至矣，記誦則云富矣，雖然，德性無預也，姑置是。澄也鑽研於文義，毫分縷析，每猶以陳爲未精，饒爲未密也，墮此科臼之中垂四十年，而始覺其非。因子之請，惕然於歲月之已逝，今之語子，其敢以昔之自誤者而誤子也哉！自今以往，一日之内子而亥，一月之内朔而晦，一歲之内春而冬，常見吾德性之昭昭，如天之運轉，如日月之往來，不使有須臾之斷間，則於尊之之道，殆庶幾乎！於此有未能，則問於人，學於己而必欲其至，若其用力之方，非言之可喻，亦味於中庸首章、訂頑終篇而自悟可也。夫如是齊於聖，躋於聖，如種之有穫，可必其然也。願與子偕之。若夫爲是標榜，務以新美其名，而不務允蹈其實，是乃近代假託欺誑之儒所以誤天下、誤國家而自誤其身，使異己之人得以藉口而謂之爲僞學者，其弊又浮於朱學之外，而子不爲是也。

吴文正集卷四八仙城本心樓記

龍虎山形勢之奇秀，莫可與儷，自宜爲神君仙子之所棲止。其後岡名象山，金谿陸先生亦嘗搆室而講道焉，至今使人尊慕而不忘。上清道士劉立中致和，生長儒家，寄迹老氏法，好尚迥與衆異。得地於龍虎山之仙城，築宫以祠老子。若仙岩，若臺山，若琵琶，左右前後，森列環合，一覽在目，而象山直其東，乃相西偏作（棲）［樓］三間以面之。樓藏書數百卷，扁之曰「本心」。焚香讀書其間，儼然如瞻文安在前也。致和來京師，語其事，且請記。予歎曰：致和之見，固及此乎？夫人之生也，以天地之氣凝聚而有形，以天地之理付畀而有性。心也者，形之主宰，性之郛郭也。此一心也，自堯、舜、禹、湯、文、武、周公傳之，以至於孔子，其道同。道之爲道，具於心，豈有外心而求道者哉？而孔子教人，未嘗直言心體，蓋日用事物，莫非此心之用，於其用處，各當其理，而心之體在是矣。操舍存亡，惟心之謂，孔子之言也。其言不見於論語之所記，而得之於孟子之傳，則知孔子教人非不言心也。一時學者未可與言，而言有所未及爾。孟子傳孔子之道，而患學者之失其本心也，於是始明指本心以教人，其言曰：「仁，人心也，放其心而不知求，哀哉。」又曰：「學問之道無他，求其放心而已矣。」又曰：「耳目之官，不思而蔽於物，心之官則思，先立乎其大者，而其小者不能奪也。」嗚呼！至矣。此陸子之學所從出也。夫孟子言心而謂之本心者，以心爲萬理之所根，猶草木之有本，而苗莖枝葉皆由是以生也。今人談陸之學，往往曰以本心爲學，而問其所以，則莫能知。陸子之所以爲學者何？如是「本心」二字，徒習聞其名而未究竟其實也。夫陸子之學，非可以言傳也，況可以名求之哉？然此心也，人人所同有，反求諸身，即此而是以心而學，非特陸子爲然，堯、舜、禹、湯、文、武、周、孔、顔、曾、思、孟，以逮邵、周、張、程諸子，蓋莫不然。故獨指陸子之學爲本心之學者，非知聖人之道者也。聖人之道，應接酬酢，千變萬化，無一而非本心之發見，於此而見天理之當然，是之謂不失其本心，非專離去事物，寂然不動，以固守其心而已也。致和朝於斯，夕於斯，身在一樓之中，心在一身之中，一日豁然有悟，超然有得，此心即陸子之心也，此道即聖人之道也。夫如是，則龍虎山之奇秀，又豈但以老子之宮而名天下也。

劉因

劉因（一二四九～一二九三），原名駰，字夢驥，後更名因，字夢吉，號樵庵，又號雷溪真隱，河北容城縣（今屬河北）人。因薦擢承德郎、右贊善大夫。至元二十八年（一二九一)以集賢學士、嘉議大夫徵,固辭。愛諸葛亮「静以修身」之語,表其所居曰「静修」。卒,贈翰林學士,追封容城郡公,謚文靖。元史卷一七有傳。

静修集卷七太極圖後記

太極圖,朱子發謂周子得於穆伯長,而胡仁仲因之,遂亦以謂穆特周子學之一師,陸子静因之,遂亦以朱録爲有考,而潘誌之不足據也。蓋胡氏兄弟於希夷不能無少譏議,是以謂周子爲非止爲仲穆之學者。陸氏兄弟以希夷爲老氏之學,而欲其當謬加「無極」之責,而有所顧藉於周子也。然其實則穆死於明道元年,而周子時年十四矣。是朱氏、胡氏、陸氏不惟不攷乎潘誌之過,而又不攷乎此之過也。然始也,朱子見潘誌之圖爲周子所自作,而非有所受於人也,於乾道己丑已序於通書之後矣。後八年記書堂,則亦曰「不繇師傳,默契道體,實天之所畀也」。又十年,因見張詠「事有陰陽」之語與圖説意頗合,以詠學於希夷者也,故謂是説之傳固有端緒,至於先生然後得之於心,無所不貫,於是始爲此圖以發其秘爾。又八年而爲圖書注釋,則復云「莫或知其師傳之所自」。蓋前之爲説者乃復疑而未定矣,豈亦不攷乎此,故其爲説之不決於一也?而或又謂周子與胡宿、邵古同事潤州一浮屠,而傳其易書。此蓋與謂邵氏之學,因其母舊爲某氏妾,藏其亡夫遺書以歸邵氏者,同爲浮薄不根之説也。然而周子、邵子之學，先天、太極之圖，雖不敢必其所傳之出於一，而其理則未嘗不一，而其理之出於河圖者，則又未嘗不一也。夫河圖之中宫，則先天圖之所謂無極，所謂太極，所謂道與心者也。先天圖之所謂無極，所謂太極，所謂道與心者，即太極圖之所謂「無極而太極」，所謂「太極本無極」，所謂「人之所以最靈者」也。

程文海

程文海（一二四九～一三一八），字鉅夫，以字行，建昌（今江西南城）人。入元授宣武將軍管軍千户，累遷翰林學士承旨。皇慶二年（一三一三）三月以病歸，居五年而卒，年七十。贈謚文憲。元史卷一七二有傳。

雪樓集卷一二青田書院記節録

道不繫於地也，然由迹以知其事，沿事以見其人，使後之學者有所觀慕感發，則地亦若與焉者。此青田書院之所爲作也。謹按陸氏居青田，至象山文安公時已十世，不異爨，先代復其賦，表其閭。文安公兄弟又以道德師表當世，而青田陸氏聞天下。中略。公與徽國朱文公生同時，仕同朝，學同志，其不同者，立言有豐儉之間，是以今之知學之士，知文公者甚衆，而知公者甚鮮。知不知，非道之所計，然以義居數千指若此，不幸遇患又若此，行道之人猶念之，況大賢之里居，政教之所急，而可藐焉，略不訾省若此乎？無他，不知之過也。下略。

雪樓集卷二〇自觀先生王君墓碣節録

上略。幼孫字季稚，是爲自觀先生。中略。有中庸大學章句二卷，太極圖說、擬答朱陸辨深衣圖辨、經籍論、易通、貫三爲一圖、家傳譜系、簡便經驗二方各一卷，雜著若干卷。歐陽先生守道謂其學從陸氏，文自蘇氏云。烏乎！亦尚德博雅君子哉。下略。

雪樓集卷二四題象山先生遺墨後

朱、陸二公來往翰墨，情與甚真。若此帖者甚多，余家亦寶數紙，恨不使妄有異同者一一見之。

盛如梓

盛如梓，號庶齋，揚州(今屬江蘇)人。元大德間爲嘉定州儒學教授，以從仕郎、崇明州判官致仕。著老學叢談。御選宋金元明四朝詩御選元詩姓名爵里一。

庶齋老學叢談卷中上

晦庵、象山二先生不惟以書往復辨無極，鵝湖倡和，尤見旨趣。象山詩云：「墟墓生哀宗廟欽，斯人千古最靈心。涓流積至滄溟水，泉石崇成太華岑。簡易工夫終久大，支離事業竟浮沉。欲知自下升高處，真僞先須辨古今。」晦庵次韻云：「德義風流夙所欽，別離三載更關心。偶扶藜杖過寒谷，又枉藍輿度遠岑。舊學商量加邃密，新知培養轉深沉。只愁説到無言處，不信人間有古今。」

俞琰

俞琰（一二五八～一三二七），字玉吾，號石澗道人、林屋洞天真逸，吴（今江蘇蘇州）人。著書齋夜話，其卷四自云「幼習科舉之學，十六歲而三場粗通，輒應咸淳癸酉（一二七三）鄉貢進士」。推知其生於寶祐六年。宋亡不仕，隱居讀書授學。年七十卒。吴都文粹續集卷四五楊炳石澗先生小傳。

書齋夜話卷二

周濂溪太極圖説云：「無極之真，二五之精，妙合而凝，乾道成男，坤道成女，二氣交感，化生萬物。萬物化生而變化無窮焉。」此循序而言也。遡而言之，則曰：「一陰陽也。陰陽，一太極也。」太極本無極也，始則無極，終則無窮，故下舉易以結之曰：「原始反終，故知生死之説。大哉易也，斯其至矣。」篇首一句以無極、太極並言，終篇則以無窮與無極對説，辭意前後甚貫穿。人能原始而知所以生，反終而知所以死，則知周子之所謂無極，無窮矣。今人論太極圖説，但看「無極而太極」兩箇「極」字，竟不問無極、無窮兩箇「無」字，何耶？

袁桷

袁桷（一二六七～一三二七），字伯長，慶元（今浙江寧波）人。舉茂才異等，起爲麗澤書院山長。歷拜集賢直學士、翰林直學士、知制誥、同修國史。至治元年（一三二一），遷侍講學士。泰定初，辭歸。四年卒，年六十一，謚文清。元史卷一七二有傳。

清容居士集卷二一龔氏四書朱陸會同序

五經專門之説不一，既定於石渠、鴻都，嗣後學者靡知有異同矣。易學以辭象變占爲主，得失可稽也。王輔嗣出一切理喻，漢學幾於絶熄。宋邵子、朱子震始申言之，後八百餘年而始興者也。春秋家劉歆尊左氏，杜預説行，公穀廢不講。啖趙出，聖人之旨微見，劉敞氏、葉夢得氏、吕大圭氏，其最有功者也。尊王褒貶，則幾於贅，是千餘年而始著者也。書别於今文、古文，晋世相傳，馴致後宋時，則有若吴棫氏、趙汝談氏、陳振孫氏疑焉，有考過千百年而能獨明者也。詩本於大小叙，諸家詩已廢，毛公説獨尊。蘇轍氏始删，鄭樵氏悉去之，朱子祖之。此又幾二千年而置議焉者。三禮守鄭玄氏，正義皆旁正曲附，唐趙匡氏始知其非。宋諸儒駁鄭幾不能以立，甚者疑周官非聖人書。卓識獨見，雖逾千百世，亘萬古而不泯，是則寧能以一時定論爲是哉？曩朱文公承絶學之傳，其書叙疑非西京，於孝經則刊誤焉，詩去其叙，易異程氏，中庸疑於龜山楊氏。程、楊、朱子本以傳授者也，審爲門弟子，世固未以病文公也。陸文安公生同時，仕同朝，其辨争者朋友麗澤之益，朱、陸書牘具在。不百餘年，異黨之説興，深文巧闢，而爲陸學者不勝其謗，屹然墨守，是猶以丸泥而障流，杯水以止燎，何益也！淳祐中，番易湯中氏合朱、陸之説，至其猶子端明文清公漢益闡同之，足以補兩家之未備。抑又聞之，當寶慶紹定間，黄公榦在朱子門人，不敢以先人所傳爲別録。黄既死，夸多務廣，有語録焉，有語類焉，望塵承風，相與刻梓，而二家矛盾大行於南北矣。廣信龔君霆松始發憤爲朱陸會同舉要，於四書集陸子及其學者所講授，來者有攷。删繁薈精，余於龔君復有望焉。夫事定於千百年，則罔有異論，故歷舉興廢之説若是。噫！龔君之書有俟夫後，若余言亦殆將得以同傳也。至治二年八月辛未袁桷序。

案：千頃堂書目卷三著録張霆松四書朱陸會同注釋二十九卷，曰：「貴溪人。宋咸淳鄉舉，元郡縣上所著書于省，省聞之朝，授漢陽教授，不就。」

清容居士集卷四八跋瑱山經德堂記後　象山先生作。

晦庵先生晚歲每言陸文安公之門人多得踐履，是蓋深憂其徒之學鄰於上達。後百餘年，黨同惡異，空言相高，其弊有甚於昔。今觀瑱山吴氏編次師友淵源，罔有缺軼，是又其門人之諸孫也。勉之哉！晦庵之言，是誠有驗矣。延祐改元，陳郡袁桷書。

清容居士集卷四八跋象山先生經德堂記後

朱文公答項平甫書云：「子思以來教人之法，惟以尊德性、道問學兩事爲用力之要。子静所説，專是尊德性事。而某平日所論，問學上多。所以爲彼學者，多持守可觀，而看義理不細。某自覺於爲己爲人多不得力，今當反身用力，去短集長，庶幾不墮一邊。」今觀文安公所作經德堂記，瑱山吴伯厚乃其門人，諸孫持守之學有舊，謹録文公語于前，俾愧夫世之貴耳賤目者，願勉之哉！

陳櫟

陳櫟（一二六七～一三三四），字壽翁，自號定宇，晚號東阜老人，休寧（今屬安徽）人。宋亡，科舉廢，「於是慷慨發憤，惟以著書立言爲務」。延祐甲寅（一三一四）科舉肇興，一試中選，辭疾而歸，杜門著書，於朱子四書尤所用意，著述甚衆。元統二年卒，年八十三。事跡見定宇集卷一七定宇先生行狀。

勤有堂隨録

方虛谷丈云：「學者臨川而四明，文也永康而東嘉。」臨川，撫州郡望，陸象山撫州（又）［人］。象山之門人慈湖楊簡敬仲，四明人。四明，明州慶元府也。陳亮同甫，婺州永康人。葉水心，温州人。温州郡望東嘉。水心雖非同甫門人，然亦與之游從。同甫之墓，水心銘之。有云：「我覺子覺，詆濂喝洛。黄直卿、李敬子之守可移乎？」象山之學實流爲禪，專以覺悟訓學者。以我之覺期子之覺，而詆斥濂溪周子、伊洛程子之學，有禪家呵佛罵祖意。黄榦字直卿，李公謹字敬子，皆朱子門人上足，能守朱子之學，而不爲象山所移者也。其間同門，亦間有所爲移者矣。水心自建康帥閫病歸，不復出，大肆力於碑銘記文，四方甚重之。陳筠牕名耆卿，字壽老，吴荆溪名子良，字明輔，二人皆宗水心爲文，雖奔走其後而追之，終莫能繼。此見乾淳間有此樣學問文章，皆不以正理爲主者也。

定宇集卷七答問 節録

上略。愚按虚谷至元庚寅、辛卯間，嘗作理、度、德三帝紀，又作一二百大賢大不肖傳，以爲後世修史者張本，不致是非混淆。理宗十六相，庚寅年已成，其度宗三相葉、江、馬亦已成。史彌遠、鄭清之、丁大全、賈似道痛論其罪，程訥齋、馬碧梧二公婉其辭回護之，亦只書履歷，如羅鄂州之志新安。先賢真西山、魏鶴山、洪平齋、趙昌甫、劉漫塘、趙澗泉、方秋厓諸賢發揚不容泯。景獻傳、濟王傳及徐元杰以下六傳。朱文公别爲一傳，詳書其事件于後，而裒集其門人次序之。江西二陸、四明四先生爲一傳，而枚舉二陸文集與文公牴牾，以摘其非。葉水心傳，枚舉其文集之畔道詆文公者，與之辨。劉後村傳，舉其詩文之陋而佞諛者，皆附傳後。下略。

定宇集卷九汪主静先生墓誌銘節録

上略。士君子卓然有志于成立者，多本于家學相承，有以見之真，故其所行，遂足以稱世，否則遠非有所承。學之無其本而畢竟克成厥志也者幾希。先生諱深，字萬頃，號主静，姓汪氏。丰神秀偉，卓犖異常。四歲時，塾賓授大學章句，即成誦。八歲，已涉獵經史。及其長也，發憤聖賢，涵濡玩索，爲文落筆驚人。十六七歲時，遂與當時有志之士講道于平山堂，謂今學者之病在于未有洒然融釋處知所持守，只是苟免顯然尤悔而已。于是盡棄平日氣習，更鞭飭于不及處，脱然有自得氣象，同志稱其人品甚高。中略。時近臣以先生薦于國學，而議者以主静之學陸學也，非朱子之學也，遂罷其事。嗚呼！陸子豈易言哉，彼又安知朱、陸異同之所以然哉！咸淳改元，賈相專權誤國，竟辭歸丘園，以償夙志。下略。

許謙

許謙（一二七〇～一三三七），字益之，自號白雲山人，金華（今屬浙江）人。受業金履祥之門。延祐初，居東陽八華山，學者翕然從之。至元三年卒，年六十八，賜謚文懿。著有白雲集等。元史卷一八九有傳。

白雲集卷四答或人問

太極圖之原出于易，而其義則有前聖所未發者。周子探大道之精微，而筆成此書，其所以包括大化原始要終不過二百餘字，蓋亦無長語矣。謂之去「無極」二字而無所損，則不可也。太極者，孔子名其道之辭。無極者，周子形容太極之妙。二陸先生適不燭乎此，乃以周子加「無極」字爲非。蓋以「太極」之上不宜加「無極」一重，而不察無極即所以贊太極之語。周子慮夫讀易者不知太極之義，而以太極爲一物，故特著「無極」二字以明之，謂無此形而有此理也，以此防民至今猶有以太極爲一物者，而謂可去之哉？朱子辨之精，而曉天下後世者亦至矣。此固非後學之所敢輕議也。此外則無可疑可辨者矣，非朱、陸二子之思慮不及也。太極、兩儀之言，圖本于易也，而兩儀之義則微有不同，然皆非天地之別名也。易之兩儀指陰陽奇偶之畫而言，圖之兩儀指陰陽互根之象而言也。易以一而二、二而四、四而八、八而十六、十六而三十二、三十二而六十四，圖以一而二、二而五、五而(一)[十]、(一)[十]而萬者也。易以陰陽之消長而該括事物之變化，圖明陰陽之流行而推原生物之本根。圖固所以輔乎易也。惟以兩儀爲天地則大不可。以易之兩儀爲天地，則四象八卦非天地所能生。以圖之兩儀爲天地，則五行亦非天地所可生也。夫太極，理也。陰陽，氣也。天地，形也。合而言之，則形稟是氣，而理具于氣中。析而言之，則形而上、形而下不可以無別。所謂圖以陽先生于陰，與太極生兩儀者異。此猶有可論者。太極之中，本有陰陽，其動者爲陽，静者爲陰，生則俱生，非可以先後言也。一元混淪，而二氣分肇，譬猶一木折之爲二，兩半同形，何先後之有？易之辭簡，故惟曰「生兩儀」。圖之言詳，故曰「動而生陽，動極而静，静而生陰，静極復動」。陰陽既有兩端，出言下筆，必有先後，其可同言而並書之乎？況下文繼之曰「一動一静，互爲其根」，則非先後矣。而下文又曰「分陰分陽，兩儀立焉」，乃先言陰而後言陽。此周子錯綜其文，而陰陽無始之義亦可見矣。當以上下文貫穿觀之，不可斷章取義也。雖然，動静亦不可謂無先後。自一氣混沌，其初始分，須有動處，乃其始也。元會運世，歲月日時，大小不同，理則一也。其氣之運行，皆先陽而後陰。一歲之日，春夏先而秋冬後，春夏陽也。一元之運，子先而午後，子至巳陽也。數以一爲陽，二爲陰，一固先于二。人以生爲陽，死爲陰，生固先于死。孰謂陽不先于陰乎？但未動之前，亦只爲静，此乃互根之體，終不可定以爲陽先爾。所謂太極之下生陰陽，陰陽之下生五行，及乎男女成形、萬物化生，圖中各有次序則是，太極與天地五行相離則又不可也。陰陽不可名，天地前既已言之矣。太極、陰陽、五行下至于成男女而化生萬物，此正推原生物之根柢，乃發明天地之秘，而反以爲病，何其異耶？太極剖判，此世俗相承之論，非君子之言也。太極無形，何可剖判？其所判者，乃一元之氣。閉物之後，溟涬玄漠。至開天之時，則輕清者漸澄而爲天，則重濁者漸凝而爲地，乃可言判爾。太極、陰陽、五行之生，非果如母之生子，而母子各具其形也。太極生陰陽，而太極即具陰陽之中，陰陽生五行，而太極、陰陽又具五行之中，安能相離也？何不即「五行一陰陽，陰陽一太極」之言而觀之乎？所謂乾道成男，坤道成女，則二氣不待交感而各自生物，又不可也。此一節自無極之真，二五之精妙，合而凝乾道成男，坤道成女，二氣交感，化生萬物，作一貫説下，安得謂不交感而自化生耶？成男成女，朱子謂此人物之始，以氣化而生者，氣聚成形，遂以形化而無窮。真精合而有成，而所成者則有陰陽之異。其具陽之形者乾之道，具陰之形者坤之道。又合則又生，至于無窮，皆不出乎男女也。今所問之言，果有所疑耶？或直以周子之言未當也。如其果疑，則以前説求之，或得其梗槩。直以言爲未當，則非敢預聞此不韙也。待承下問，敢以爲復。

潘音

潘音(一二七〇～一三五五),字聲甫,新昌(今屬浙江)人。「甫十歲而宋亡,見長老談厓山事,即潸然涕下。」從草盧吴澄學。泰定間,築室山中,名其軒曰待清,隱居不仕。至正三年(一三四三)詔徵天下遺逸,廉訪使檄贊之行,固辭。卒,年八十六。浙江通志卷一九二。有待清軒遺稿。

待清軒遺稿　遠遊

聖人久不作,大道將已矣。吾生既無之,惟有幸夕死。殷勤謝良友,遠涉西江水。方從草廬公,共究鵝湖旨。紛紛朱陸議,竊幸窺端倪。奈何執德偏,一聘翻然起。春秋嚴内外,乾坤定冠履。西蜀已空亭,箕山仍洗耳。迢迢返岩阿,惟當隨鹿豕?兩宋名賢小集卷三八〇。

劉岳申

劉岳申，字高仲，號申齋，吉水（今屬江西）人。以吴澄薦召爲遼陽儒學副提舉，不就，後授泰和州判致仕。事跡附載元史卷一九〇劉詵傳。

申齋集卷五尊陸堂記

永豐游仁翁自名其堂曰尊陸，尊象山之學也，求記於廬陵劉子，劉子謝不敏者數年，而勤求不已，則告之曰：「陸必不尊，子尊陸，何與人事，雖子亦何與焉？如余者固不暇尊之，而又何暇記乎？」仁翁曰：「是可以記吾尊陸矣。」則重告之曰：「子知陸氏乎？自有文字以來，孰不尊易、詩、書、禮、樂、春秋，而陸氏未嘗尊之。自有聖人以來，孰不尊伏羲、神農、黄帝、堯、舜、禹、湯、文、武、周公、孔子，而陸氏未嘗尊之。子之尊陸，非陸學本意也，有不爲陸氏罪人者乎？然則陸氏果傲羣聖歟？曰非也。萬物皆備於我，而我不知人皆可以爲堯舜，而人不爲，而方且求萬物，求堯舜於堯舜，甚者徒求於紙上。此陸氏所深悲者也。而子方以尊陸號於人，豈不大可悲乎？且嘗試與子求之。吾與子各自有可尊者，各自尊所尊而知行之不暇，而何暇尊陸乎？然則如之何？曰尊德性而已。此羣聖所以爲羣聖者也。羣聖與我所同尊者，不過此耳。此學問之大本大原也。子能如陸氏之尊德性，而又能如古人之道問學，則羣聖所以爲羣聖者，不在羣聖而在我，將尊我之不暇矣，而暇尊陸乎？」仁翁土木形骸，不事修飾，至論説古今人物，談當世事，不覺復有餘人。嘗所交游，以爲一時節俠士，自爲死友，終不以成敗爲是非，里豪猾少年輒以口擊，務爲不可勝，晚更折節，得陸學而尊信之，其天資有過人者。余故以仁翁反求於仁翁，將有尊於陸者存，雖謂斯堂爲尊游可也。此善尊陸者也，此尊陸也。

虞集

虞集（一二七二～一三四八），字伯生，仁壽（今屬四川）人。大德初，薦授大都路儒學教授，累國子司業、祕書少監、翰林直學士，兼國子祭酒，除奎章閣侍書學士。至正八年五月卒，年七十七。元史卷一八一有傳。

道園學古録卷一送李彦方閩憲

文監李公彦方出貳閩憲，同朝羣公皆賦詩以爲贈。彦方屢擢臺職，激揚之宜，有不待予言者，適有一事，深有感於愚衷。先正魯國許文正公實表章程朱之學，以佐至元之治，天下人心風俗之所係，不可誣也。近日晚學小子，不肯細心讀書窮理，妄引陸子靜之説以自欺自棄，至欲移易論語章句，直斥程朱之説爲非。此亦非有見於陸氏者也，特以文其猖狂不學，以欺人而已。此在王制之必不容者也。閩中自中立之歸，已有「道南」之歎。仲素、愿中，至於元晦，端緒明白，皆在閩中，不能不於彦方之行發之。去一贓吏，治一弊政，不如此一事有以正人心，儒者之能事也。集卧病，目敭尤甚，援筆書此云。

七閩去天遠，顛連苦無告。牧人受深寄，昧者覆爲暴。犀象雜金貝，飢渴劇飫膏。大言相鄙夷，饜奪心自佼。豈無循廉吏，實病黑白撓。聰明屬旒黈，聽瑩資所到。李侯金閨彦，圖史擅讎校。晨聞大夫奏，夕理武夷棹。君子慎脩職，寧適豐廩稍。蕉荔甘多毒，薑桂老堪芼。所懷延平翁，揚休似明道。授受有源委，精微足探討。言立聖如在，表正愚可造。師匠久不興，真妄如枘鑿。云何誚支離，肆誕長兇傲。異言古所誅，末學足深悼。閩雖在海隅，前聞此淵奥。正誼從簡編，良俗宜善導。贈言不及他，持此永爲好。

道園學古録卷五送李擴序

國學之置，肇自許文正公。文正以篤實之資，得朱子數書於南北未通之日，讀而領會，起敬起畏。及被遇世祖皇帝，純乎儒者之道，諸公所不及也。世祖皇帝聖明天縱，深知儒術之大，思有以變化其人而用之，以爲學成於下而後進於上，或疏遠未即自達，莫若先取侍御貴近之特異者，使受教焉，則效用立見。故文正自中書罷政，爲之師。是時風氣渾厚，人材樸茂，文正故表章朱子小學一書以先之，勤之以灑掃應對以折其外，嚴之以出入游息而養其中，掇忠孝之大綱以立其本，發禮法之微權以通其用。於是數十年彬彬然，號稱名卿才大夫者，皆其門人矣。嗚呼！使國人知有聖賢之學，而朱子之書得行於斯世者，文正之功甚大也。文正没，國子監始立官府，刻印章如典，故其爲之者，大抵踵襲文正之成跡而已。然余嘗觀其遺書，文正之於聖賢之道、五經之學，蓋所志甚重遠焉。其門人之得於文正者，猶未足以盡文正之心也。子夏曰：「君子之道，孰先傳焉，孰後倦焉？」程子曰：「聖賢教人有序，非是先教以近者小者，而不教之遠者大者也。」夫天下之理無窮，而學亦無窮也。今日如此，明日又如此，止而不進，非學也。天下之理，無由而可窮也。故使文正復生於今日，必有以發理義道德之藴，而大啓夫人心之精微、天理之極致，未必止如前日之法也。而後之隨聲附影者，謂修詞申義爲玩物，而從事於文章，謂辯疑答問爲躐等，而始困其師長，謂無猷爲爲涵養德性，謂深中厚貌爲變化氣質，是皆假美言以深護其短，外以聾瞽天下之耳目，内以蠱晦學者之心思。此上負國家，下負天下之大者也。而謂文正之學果出於此乎？近者吴先生之來爲監官也，見聖世休明而人材之多美也，慨然思有以作新其人，而學者翕然歸之，大小如一。於是先生之爲教也，辯傳注之得失，而達羣經之會同，通儒先之户牖，以極先聖之閫奥，推鬼神之用，以窮物理之變，察天人之際，以知經綸之本，禮樂制作之具，政刑因革之文，考據援引，博極古今，各得其當，而非夸多以穿鑿，靈明通變，不滯於物，而未嘗析事理以爲二，使學者得有所據依，以爲日用常行之地得有所標指，以爲歸宿造詣之極。噫！近世以來，未能或之先也。惜夫！在官未久，而竟以病歸。嗚呼！文正與先生學之所至，非所敢知所敢言也，然而皆聖賢之道則一也。時與位不同，而立教有先後者，勢當然也。至若用世之久速，及人之淺深，致效之遠近小大，天也，非人之所能爲也。僕之爲學官，與先生先後而至，學者天資通塞不齊，聞先生言，或略解，或不能盡解，或暫解而旋失之，或解而推去漸遠，退而論集於僕，僕皆得因其材而達先生之説焉。先生雖歸，祭酒劉公以端重正大臨其上，監丞齊君嚴條約以身先之，故僕得以致其力焉。未幾，二公有他除，近臣以先生薦於上，而議者曰吴幼清陸氏之學也，非朱子之學也，不合於許氏之學，不得爲國子師，是將率天下而爲陸子静矣。遂罷其事。嗚呼！陸子豈易言哉，彼又安知朱、陸異同之所以然，直妄言以欺世拒人耳。是時，僕亦孤立不可留，未數月，移病自免去。鄧文原善之以司業召至，會科詔行，善之請改學法，其言曰：「今皇上責成成均至切也，而因循度日，不惟疲庸者無所勸，而英俊者摧敗，無以見成效。」議不合，亦投劾去。於是紛然言吴先生不可鄧司業去而投劾爲矯激，而僕之謗尤甚。悲哉！歸德李擴事吴先生最久，先生之書皆得授而讀之。先生又嘗使來授古文，故於僕尤親近。去年以國子生舉，今年有司用科舉法，依條試之中選，將命以官，間來謁曰：「比得官猶歲月間，且歸故鄉治田畝，益得温其舊學。請一言以自警。」會僕將歸江南，故略叙所見以授之，使時觀之，亦足以有所感而興起矣。

道園學古録卷四〇跋朱先生答陸先生書

按朱子年譜載陸先生與人帖云：「朱元晦在浙東，大節殊偉，劾唐與正一事，尤快台人之心。雖士大夫議論不免紛紜，今其是非已明白。江東之命，出於九重，特達於羣疑之中，此尤可喜。」即書中所謂長者，亦不以其力辭爲過者也。又案朱子答葉公謹書云：「近日亦覺向來説話有大支離處，反身以求，正坐自己用功亦未切爾。因此减去文字工夫，覺得氣象甚適。」又與胡季隨書云：「衰病如昔，但覺日前用工泛濫，不甚切己，方與一二學者力加鞭約，爲克己求仁之功，亦粗有得力處。」此兩書皆同時所書，正與書中所謂「病中絶學捐書，却覺得身心頗相收管，似有少進步處。向來泛濫，真是不濟事」之語合。蓋其所謂泛濫，正坐文字太多，所以此時進學用功，實至於此也。然竊觀其「反身以求」之説，「克己求仁之功」，令學者且看孟子道性善、求放心之説，直截如此用功。蓋其平日問辨講明之説極詳，至此而切己反求之功愈切，是以於此稍却其文字之支離，深憂夫詞説之泛濫，一旦用力，而其效之至速如此，故樂爲朋友言之也。病中絶學捐書，豈是槁木死灰、心如墻壁以爲功者？朱子嘗歎「道問學之功多，尊德性之意少」，正謂此也。噫！陸先生之問，傳之未久，當時得力者已盡，而後來失其宗，而後知朱子之説先傳後倦之有次第也。因見揭集賢「無客氣」之語，有慨然於予心者，故爲申其説如此云。

道園學古録卷四四故翰林學士資善大夫知制誥同修國史臨川先生吴公行狀節録

先生諱澄，字幼清，晚稱伯清，姓吴氏，其先自豫章之豐城遷居崇仁。中略。至大元年，除從仕郎、國子監丞，朝命行省敦遣。二年六月，到官。先是世祖皇帝初命許文正公自中書省出爲祭酒，文正始以所得朱子小學躬尊信之，以訓授弟子，繼之者多其門人，猶能守其法。久之，寖失其舊。先生既深閔乎學者之日就荒唐，而徒從事於利誘也，思有以作新之，於是六館諸生知所趨嚮。中略。皇慶元年正月，先生使買舟通州，既行而後行文告其去，監學官愕然，貴游之士倀倀失所依，有流涕者，遣數十人追至河上，懇留不從。朝廷亦遣人追留，或尼不行。蓋先生嘗爲學者言朱子道問學工夫多，陸子靜却以尊德性爲主，問學不本於德性，則其弊偏於言語訓釋之末，果如陸子靜所言矣。今學者當以尊德性爲本，庶幾得之。議者遂以先生爲陸學，非許氏尊信朱子之義。然爲之辭耳，初亦莫知朱、陸之爲何如也。中略。嗚呼！孟子歿千五［百］年而周子出，河南兩程子爲得其傳，時則有若張子精思以致其道，其迥出千古則又有邵子焉。邵子之學既無傳，而張子之歿，門人往往卒業於程氏。程門學者篤信師説，各有所奮，力以張皇斯道。奈何世運衰微，民生寡佑，而亂亡隨之矣。悲夫！斯道之南，豫章、延平高明純潔，又得朱子而屬之。百有餘年間，師弟子之言折衷無復遺憾，求之書蓋所謂集大成者。時則有若陸子靜氏超然有得乎孟子先立乎其大者之旨，其於斯文互有發明，學者於焉可以見其全體大用之盛。而二家門人區區異同相勝之淺見，蓋無足論也。朱子以來，又將百年，爲其學者毫分縷析，日以增盛，曾不足少救俗學利欲之禍，而宋遂亡矣。下略。

黄溍

黄溍（一二七七～一三五七），字晋卿，婺州義烏（今屬浙江）人。中延祐二年（一三一五）進士第。累遷應奉翰林文字、國子博士，出爲江浙等處儒學提舉。年六十七致仕，未幾落致仕，除翰林直學士、知制誥、同修國史，尋兼經筵官，陞侍講學士，久之始得謝南還，優游田里七年。卒，年八十一，謚曰文獻。元史卷一八一有傳。

文獻集卷六送慈谿沈教諭詩序

鄞沈君久遊金華，部使者薦其材于宣閫，署慈谿縣學教諭。其行也，金華之鄉先生士友咸爲賦詩，而屬予序之。昔者河南二程子没，門人各尊其所聞，各行其所知，人自爲學。至考亭朱子出，而集其大成，程子之道，賴以復明。然學術之散，未有甚于此時者，永嘉之經制，永康之事功，姑置勿論，臨川陸氏與朱氏並以性理爲學，而其爲説莫適相通，雖鵝湖之會，終不能挈而合之也。言陸氏之學者，以慈谿楊文元公、鄞袁正憲公父子爲巨擘，士生其鄉，知有陸氏而已。宗正少卿黄公亦慈谿人，始以朱子之學倡於其間，而務以躬行爲本。

其大意謂陸氏以簡易自高，而以支離病朱子，是徒見其窮探極討，爲説之詳，似乎支離，而不知真脩實踐，所守之約，固未嘗不簡易也。使宗卿與文元生同時，寧不足發鵝湖所未決之餘論乎？國朝承平日久，治教休明，建學立師，設科取士，悉主於朱子之説。至是而鄞、慈谿之士於朱子之書莫不家傳人誦之。沈君在金華，嘗登許先生益之之門，而卒業於吴君正傳，其所受實朱子之學。今去而涖教事，又適在文元、宗卿鄉邑。夫學術之分合，重事也，爲師儒者所宜盡心焉。故予於其行，舉以告之。乃若山水游觀之樂，交朋離别之思，已具於篇什作者之意，不待序而可見也。

程端學

程端學，字時叔，號積齋，鄞縣（今浙江寧波）人。至治辛酉（一三二一）進士。歷國子助教、國史院編修。「動有師法，學者以其剛嚴方正，咸嚴憚之。」遷太常博士，命未下而卒。事跡附載元史卷一九〇韓性傳。「南宋間，四明學者多宗陸氏，惟黄東發、史蒙卿獨宗朱氏。端學與其兄端禮師蒙卿，盡得朱子之指。」浙江通志卷一七五。

積齋集卷三與單良能論學書

昨奉談論竟日，甚樂也。格言奧旨，謹已服膺，其間一二疑義，敢質之左右。中略。足下又謂聖人復起，必不拘拘先大學，次論孟，次中庸，次五經之誦讀而已。僕謂聖人復起，必用孔子教人之法，必不置大學于一隅而别爲法也，必不先五經而後四書也，必不先春秋而後詩書也，必不先行而後知也，故曰「述而不作，信而好古」。傅説亦曰：「事不師古，匪説攸聞。」且就致知論之，讀書亦無序乎？譬之人生孩提而童，童而冠，冠而娶，娶而仕，自然之勢也。孩提而冠則非禮，童而娶則夭矣。故子夏曰：「孰先傳焉？孰後倦焉？」焉可誣也。足下謂讀書者，學者之一事，斯言是也。僕謂讀書者，致知中之一事，致知已不止此，況致知爲力行之地乎？程子論此備矣。然致知之始，舍讀書又將焉務？今禮樂壞矣，射御書數又無其法，處今之世者，惟有循序讀書，以明其理，理明而後有以辨古人之得失，察事物之是非，而後可由敬恕以養本心也。況禮樂既壞，本心有不壞者乎？大學所以先致知而後誠意者，正以此也。未有所知而欲行，猶不知南而遊越，不知北而遊燕也。大學者，指燕、越之路者也。若必待聖人復起，制禮作樂，而後學焉，吾恐死而有不及也。足下論朱、陸之爭，往往多陸少朱，謂陸氏之徒躬行者衆，朱子之徒辨論過多。僕謂人當觀其理，不當觀其迹。傳曰：「尊德性而道問學。」夫尊德性，誠意正心也；道問學，致知格物也。就大學論之，致知格物先也，誠意正心後也，道問學以爲尊德性之地也。陸氏之學，舍問學而尊德性者也；朱子之學，尊德性而道問學者也。生之者謂之自誠明，學之者謂之自明誠。陸氏之學欲自誠而明，以聖自居，而實不易至者也。朱子之學自明而誠，由學而至，人所可及者也。佛氏之説，一悟即了；儒者之説，勞而後通也。朱、陸門人大略如此。足下又謂周子太極無極之説，端自佛老，通書之語，淺近甚多。朱子釋太極，强爲斡旋。僕謂此事可以心體，難以口辯。以心體當自得之，以口辯則朱、陸辯之詳矣，不在畫蛇添足也。足下謂程朱者時之所尚，故吾之教人不得不然，尤所未安也。王安石曰：「時然而然，衆人也；己然而然，君子也。」足下苟知程朱之謬，當自爲一法以教人可也。教人者，本諸心，見諸體貌，形諸議論，懇懇而導之，猶懼其不能諭，況非其本心而姑從其説，僕恐受業者疑其所從也。僕與足下，同此心者也，足下好義樂善，非好勝己者，昔者之論，其有激乎世之人上孔孟，下程朱，給談鋒，衍辭藻，如陸氏之爲者尚少故也。僕恐聞足下之言者，將謂曾子、子思、孟子、程、朱不足學，孔子生知又不易進德者，終不得其門也。鄙見如此，足下幸終教之。

李存

李存（一二八一～一三五四），字明遠，更字仲公，號俟庵，安仁（今江西餘江北）人。延祐初，一試不第，遂杜門著書。至正十四年卒，年七十四。事跡見俟庵集卷首墓志銘。其「少博涉典籍，喜爲文章，後從上饒陳立太傅陸九淵之學，遂盡焚所著書。其論學以省察本心爲主，其論文謂唐虞所有之言，三代可以不言，三代所有之言，漢唐可以不言，未有六經，此理無隱，前古聖賢直形容之而已，惡能有所增損，皆陸氏義也。然存所學篤實，非金谿流派墮於元渺、併失陸氏本旨者比」。四庫全書總目卷一六七。

俟庵集卷三贈蔣立賢之廣德任

静明先生真古儒，誰其師之三祝舒。嗟余小慧成大愚，欲信不信空居諸。論詩作賦甘區區，一語及學茫無途。終然旁薄差不如，遏此盛氣隨摳趨。義哉詩友不棄予，輔以磋切何勤渠。初如蜜炙香且腴，久若劍刃深刳屠。愒時玩日雖故吾，渴則必飲饑當餔。象山之學非高虛，六經在人一字無。平生感此誠難孤，仲祝已死良可吁。知君識見與俗殊，想今致力誰能踰。搜剔窟穴窮根株，我雖未識心先輸。此行贊教風雲初，苜蓿侑食甘於魚。棘闈擢士稱錙銖，季祝已中登八公車。□朝二友爲時需。嗟我不喜當何如，嗟我不喜當何如。

俟庵集卷二四上饒陳先生墓誌銘 節録

甚哉！學之不明也。宋淳熙間，陸文安公出，大發古聖賢之旨，時承流繼覺甚盛，而近世溺於訓詁詞章科目雜藝尤甚，無肯道其學者。上饒陳先生幼業儒，不隨世碌碌，嘗遇異人授金丹術。既得陸氏書讀之，喜曰：「此豈不足以致吾知耶，又豈不足以勉吾之行耶，而他求也？」於是盡求其書，及其門人如楊敬仲、傅子淵、袁廣微、錢子是、陳仲和、周可象所著易、書、詩、春秋、禮、孝經、論語等書讀之，益喜益知益行。或病其違世所尚，先生曰：「理則然爾。」甚者譏非之，毀短之，朋排之，又甚者求欲危中之。先生曰：「死不悔。」從之遊者往往有省，由是人始知陸氏學。下略。

俟庵集卷二五祝蕃遠墓誌銘 節録

公諱蕃，字蕃遠，姓祝氏。上世有諱毫者自衢來令信之玉山縣，因家焉。其後又徙貴溪縣西昂里。中略。公幼而警敏，縣人有陳先生某者，獨得陸文安公本心之學，蕃遠從之遊。稍長，頗不羈，他日感悔，復求從先生，痛自刻厲，久而有省，大信大喜，曰：「論語曰：『吾無隱乎爾。』記曰：『風霆流形，庶物露生，無非教也。』」自是斯須不廢内觀，因購求當時陸氏師友遺書，特抄廣傳，期以大明。比朋友知慕鄉者，輒明目張膽爲言，親之猶同根，援之與共進。得一善，躍然如出諸己。氣質之偏慝，攻辨之不遺餘力。故一時登先生之門者，皆推先焉。其事師之禮尤謹，苟宜費而乏，雖質粥田宅，無所靳也。久之，郡縣以茂才異等薦之，行省授某州高節書院山長。歲適大比，以易經中鄉舉，會試不利。文安公舊講學象山，祠宇久廢，言郡縣，率同志，復構祠其上。秋仲丁，遠近與舍菜者嘗不下百人。文安之後僅有文美者甚貧，五十而鰥，求而資之娶。未幾，改授饒州南溪書院山長，學者輻湊。調集慶路儒學正。下略。

俟庵集卷二八上陳先生書一節録

上略。敬惟陸子本心之學，光紹於千有五百餘年之後，非天地無以喻其大，非日月無以喻其明，非鬼神無以喻其變，而存何足以贊述之。夫豈規規然於繩尺訓註之末，以增人昏蝕，牢人陷穽者耶？今先生又特立於波瀾顛倒之餘，扶植於俗尚壞爛之中，人之所爲不爲，人所不爲爲之，人之所非不苟非也，人之所是不苟是也。其推而教也，譬諸草木，春以萌之，夏以榮之，秋以揫之，冬以歸之，無小無大，而無所不亨者也。存雖願學，多見其不知量也。然孟子有言：「吾身不能居仁由義，謂之自棄。」使存也而遂自棄焉，則將何以逭其責於天地之間哉？詩曰：「哀哀父母，生我劬勞。」言父母生之而劬勞者也。「豈弟君子，遐不作人。」言君子作而成之者也。天高地下，敢二心焉。惟先生終惠之。干冒尊嚴，下情無任，皇恐之至。存謹再拜。

鄭元祐

鄭元祐（一二九二～一三六四），字明德，遂昌（今屬浙江）人。至正間，以學行薦爲平江路儒學教授，陞江浙儒學提舉。至正二十四年卒，年七十三。事跡見僑吴集附録蘇大年遂昌先生鄭君墓誌銘。

遂昌雜録

貴溪祝蕃遠先生諱蕃。里人陳静明先生於朱、陸兩先生仝異處，研究得其指歸，蕃遠從學，勵精勇鋭，不徇世習以守師説。蓋嘗以鄉舉上京邑，見黜於會試，以官至郴州路經歷。郡獄有冤，蕃遠直之，而當坐監郡，部使者不謂蕃遠直，以憤鬱卒於郡，士論惜之。

吴萊

吴萊（一二九七～一三四〇），字立夫，浦江（今屬浙江）人。延祐中，以春秋舉上禮部，不第歸。隱居山中，益窮諸書奥旨，以著述爲務。至元三年（一三三七），薦署饒州路長薌書院山長，未上。卒，年四十四。門人私謚曰淵穎先生。元儒考略卷四。元史卷一八一有傳。

淵穎集卷一一石塘先生胡氏文抄後序 節録

鄉予嘗見永康先生胡公錢塘寓舍，每歎古今道術之異，及今覽其所論著，則尤得其父兄淵源，師友講習，是非取舍之或不同者。蓋自近世周、邵、二程始推聖賢理數之學以淑諸人，然而學者秘之，則謂其學之所出者遠有端緒，不言師承。而今説者，乃稱濂溪之所授受，實本於壽崖佛者之徒。先生至爲論辨以著明之，曾不容喙，是殆當世士君子之所深感者也。夫以周程理學之盛，而邵之數學且不能以並傳，於是朱子乃以東都文獻之餘，一傳於閩之延平，而又兼講於楚之嶽麓，誠可謂集濂洛諸儒之大成矣。當是時也，二陸復自奮於撫之金溪，欲踵孟子，曾不以循序漸進爲階梯，而特以一超頓悟爲究（意）［竟］。今則至謂朱爲支離，陸爲簡易，必使其直見人心之妙而義理自明，然後爲學。自謂爲陸，實即禪也。故曰世之學者知禪不知學，知學不知禪，是豈深溺乎異端外學之故，而遂誣其祖，乃舉堯舜以來七聖相授，洙泗以降四子所傳道，而悉謂之禪耶？惜乎！中略。及予自燕南還，予又與鄱陽董仲可、會稽方九思、福唐高驥生、建安虞光祖及金谿傅斯正五六人者再見先生。先生則且指語予曰：「世之觀人者，自夫出處進退、用舍得喪之際有定論矣，爾等得無頗有怨尤者乎？」傳之曾祖父本學於陸，亦喜談陸者，自近年科舉行，朱學盛矣，而陸學殆絶，世之學者玩常襲故，尋行擿墨，益見其爲學術之弊。意者其幸發金谿之故櫝，而少濯其心耶？下略。

鄭玉

鄭玉（一二九八～一三五八），字子美，徽州歙縣（今屬安徽）人。「覃思六經，尤邃於春秋，絶意仕進，而勤於教學」，並構師山書院以處來學者。至正十四年（一三五四），除翰林待制、奉議大夫，辭疾不起。十七年，明兵入徽州，玉具衣冠北向再拜，自縊而死。

元史卷一九六有傳。

師山集卷三送葛子熙之武昌學録序

臨川葛君子熙將之武昌録學事，挾太史危君太樸之書，過予黄山之下，留連累日，將别，徵言以爲贈。予語之曰：予家新安朱子之鄉也，子家臨川陸子之鄉也，請各誦其所聞可乎？方二先生相望而起也，以倡明道學爲己任，陸氏之稱朱氏曰江東之學，朱氏之稱陸氏曰江西之學，兩家學者各尊所聞，各行所知。今二百餘年，卒未能有同之者。以予觀之，陸子之質高明，故好簡易；朱子之質篤實，故好邃密。蓋各因其質之所近而爲學，故所入之塗有不同爾。及其至也，三綱五常，仁義道德，豈有不同者哉？況同是堯舜，同非桀紂，同尊周孔，同排釋老，同以天理爲公，同以人欲爲私，大本達道，無有不同者乎！後之學者，不求其所以同，惟求其所以異。江東之指江西，則曰此怪誕之行也；江西之指江東，則曰此支離之説也。而其異益甚矣。此豈善學聖賢者哉？朱子之説，教人爲學之常也；陸子之説，高才獨得之妙也。二家之學，亦各不能無弊焉。陸氏之學，其流弊也，如釋子之談空説妙，至於鹵莽滅裂，而不能盡夫致知之功；朱氏之學，其流弊也，如俗儒之尋行數墨，至於頽惰委靡，而無以收其力行之效。然豈二先生立言垂教之罪哉？蓋後之學者之流弊云爾。嗚呼！孟子殁千四百年，而後周子生焉。周子之學，親傳之於二程夫子，無不同也。及二先生出，而後道學之傳始有不同者焉。周、程之同，以太極圖也；朱、陸之異，亦以太極圖也。一圖異同之間，二先生之學從可知矣。子之教於武昌也，其爲朱氏之説乎，抑爲陸氏之説乎？幸誦其所聞以教我。

師山集卷七洪本一先生墓誌銘 節録

昔先君子作尉淳安，余在侍傍，得游淳安諸先生間，吴暾先生則所師也，洪震老先生、夏溥先生則所事而資之也，洪頤先生則所友也。頤初字君實，名頤，後更今名字本一。本一日所爲詩文，古雅雋永，余甚愛而慕之。本一入邑，必過余，留宿止。余或思本一，輒上馬夜半扣門，相與論議，連日夜忘歸。時本一家尚裕，延師開義學，以教鄉人子弟。先世占籍水站，中疲於差役，有所需，本一輒售田園以供應，自是日就貧困，人不堪其憂，本一處之泊如也。余既侍親歸新安，益讀朱子之書，求朱子之道，若有所得者，本一亦盡棄其舊所爲，而從事於古人爲己之學。淳安自融堂錢氏從慈湖楊氏游，而本一之族祖衢州府君夢炎亦登其門，淳安之士皆明陸氏之學。及再會於錢塘，則議論多不合，然交情益篤。中略。玉惟鵝湖之會卒不能合朱、陸之異同，而陸子猶曰「江東也無朱元晦，江西也無陸子静」。蓋不以其學之不同而廢天下之公言也。玉於本一託交三十餘年，其所學雖若有不苟同者，銘墓之責，又安得以此而廢彼哉！姑叙其所以爲學之槩，以俟後世之知者，而爲之銘曰：道喪千載，乃生周程。又百餘年，朱陸並興。長江之西，大闡陸學。行不由知，理以心覺。淳安先哲，多游慈湖。先生承之，是訓是模。源高流深，若與衆異。天慳其逢，百不一試。潛德幽光，永閟兹土。我作銘詩，用詔終古。

師山集遺文卷三與汪真卿書

曩歲同學時，某懵然未有知識，日用心句讀文詞之間，而無有得焉。每聞吾兄之言，輒斂容起敬，自以爲非己可及。别去七八年，竟不得一見，而某優游厭飫，爲日既久，若有所得，及以前所聞者讎之，往往不合，乃知道理在天地間，非真積力久，心融意會，不可恍惚想像以人，而遽爲去取也。夫古之時，家家稷契，人人臯夔，比屋有可封之俗，所言者無非理，所行者無非道。逮德下衰，人心淪没，始以道寄聖賢，凡民雖日由之，而不自知焉。甚者逆常亂倫，而不能由於是矣。況自孟子没，詩書出，秦火中殘壞斷缺，無一完備。重以漢儒章句之習，破碎支離；唐人文章之弊，浮誇委靡。雖有董仲舒、韓愈之徒，或知理之當然，而終莫知道之所以然。故二氏之學得以乘隙出入其間，以似是而實非之言，飾空虚無爲之説，誘吾民而法之，上焉者落明心見性之場，下焉者惑禍福報應之末。而吾儒之徒無復古人爲己之學，徒以口舌辯給，而卒不能以勝之，使天下有目如夜行，有耳如聾聵，其士者如飲而醉，如病而狂。如是者千四百年，真元會合之氣散而復聚。於是汝南周夫子出焉，因太極圖而使人知理氣之並行，著易通書而教人以明誠之並進。河南兩程夫子接蹟而起，相與倡明之，而益大以輝，斯道斷而復續，晦而復明。至吾新安朱子盡取羣賢之書，析其異同，歸之至當，言無不契，道無不合，號集大成功，與孔孟同科矣。使吾道在宇宙，如青天白日，萬象燦然，莫不畢見；如康衢砥道，東西南北，無不可往；如通都大邑，千門萬户，列肆洞開，富商巨賈，輪轃輻集，所求無不可見，而天地之秘，聖賢之妙，發揮無餘藴矣。然自是以來，三尺之童即談忠恕，目未識丁，亦聞性與天道，一變而爲口耳之弊，蓋古人之學，是以所到之深淺爲所見之高下，所言皆實事；今人之學，是遊心千里之外，而此身元不離家，所見雖遠，而皆空言矣。此豈朱子畢盡精微以教世之意哉？學者之得罪於聖門，而負朱子也深矣。況中庸之德，過與不及，均之爲失。楊朱學義，而至於爲我。墨翟學仁，而至於兼愛。末流之禍，無父無君，可不畏哉！吾黨今日，但當潛心聖賢之書，視之如軍中之羽旄，如喪家之功布，進退俯仰，一隨其節，久而吾心與之爲一，自有得焉。不可先立一説，横於胸中，主爲己見，而使私意得以横起，庶幾防邪存誠。雖有小失，隨時救正，不致大謬。如此死而後已，以冀於道可入。又近時學者，未知本領所在，先立異同，宗朱子則肆毁象山，黨陸氏則非議朱子。此等皆是學術風俗之壞，殊非好氣象也。某嘗謂陸子静高明不及明道，縝密不及晦庵，然其簡易光明之説，亦未始爲無見之言也。故其徒傳之久遠，施於政事，卓然可觀，而無頹墮不振之習。但其教，盡是略下功夫而無先後之序，而其所見，又不免有知者過之之失，故以之自修雖有餘，而學之者恐有畫虎不成之弊。是學者自當學朱子之學，然亦不必謗象山也。此皆以其知而言爾。至若行之之方，以敬爲主，則不放肆而自心廣體胖，以謹獨爲要，則工夫無間斷，而自强不息，雖聖人之純亦不已，皆由此進。高明以爲如何？草草希照，不宣。

貢師泰

貢師泰（一二九八～一三六二），字泰甫，寧國宣城（今屬安徽）人。泰定四年（一三二七），釋褐出身。累遷翰林待制、國子司業，拜監察御史。至正十四年（一三五三）除吏部侍郎，遷兵部侍郎，爲江浙行省參知政事。二十二年召爲秘書卿，行至杭之海寧，得疾而卒，年六十五。元史卷一八七有傳。

玩齋集卷七象山樵舍記

江東諸郡治萬山中，而山水之勝則在廣信。廣信諸縣治萬山中，而山水之勝則在貴溪。若夫貴溪之尤勝，則莫若象山。象山自閩南行數百里，至縣境巋然突起，其勢上負而下墮，若大象然，故以名。昔宋文安陸先生居是山，以樂聖賢之道，故山名益顯於天下後世。今縣士程伯來父築屋，讀書其中，自署其顔曰象山樵舍。蓋聞先生之風而興起者也。夫山之勝峭而爲巖，谺而爲谷，散而爲峰巒林麓，窪而爲溪澗池沼，平者田疇，聚者村落，與凡神仙之居、隱逸之廬、浮圖之刹參錯旁午，殆若棊布而星列焉。且仙巖、雲臺、逍遥、琵琶諸山去樵舍近在咫尺，伯來乃無所取，而獨惓惓焉，惟兹山之慕，其真有見於先生者乎，豈徒負薪行歌、托名隱逸以僥寵榮而已耶？蓋先生之道高明而廣大，先生之學簡易而精微，雖其所入者與徽國文公小異，要其終，未始不各極於至當之歸也。門人弟子因鵝湖太極之辯，一時互相論議，遂使後之學者不能無惑焉。嗚呼！彼亦安知二先生之所以然哉！今伯來仰兹山之高而聞其道，讀先生之書而知其要，將不待言語文字之間，而超然日進於聖賢之域矣。顧予何足以知之。詩不云乎：「高山仰止，景行行止。」伯來其尚勉之。

史伯璿

史伯璿，字文璣，元末平陽（今屬浙江）人。「幼嗜學强記，博通經史及諸子百家之説，精究四書，深得朱子之旨。時説與朱子背馳者多，乃著四書管窺以辨明之，又著管窺外編論諸經史、天文地理、古今制度名物，學者傳誦焉。」隱居終身。浙江通志卷一七七。

管窺外篇卷上雜輯

太極圖説無極而太極。○節齋蔡氏曰：「易有太極。」易，變易也。夫子所謂無體之易也。太極，至極也。言變而無體而有至極之理也。先儒皆以「太極」二字便爲萬化之原，而於「易」之一字，但目爲易書，故周子太極圖説特以「無極而太極」發明「易有太極」之旨。其所謂「無極而太極」者，蓋亦言其無體之易，而有至極之理也。是其無極之真，實有得於夫子之一言。而或者以爲周子妄加者，謬也。且其圖説皆本於易，其生陰生陽，即生兩儀之義也。其五行之用，即天地數五之義，以至於二氣之化，萬物之生，聖人與合之數，三才立道之數，始終生死之義，無非本於易者，而其末也又以「大哉易也」結之。況其所謂無極者，又一篇之發端，而謂無取於易乎？蔡説，葉氏近思録注亦引之。

按：「無極」二字，陸象山非之。朱文公所以明周子之旨□□□□□□今蔡氏以「無體之易而有至極之理」之言釋之，於文勢義□□□□出之以備一説。但周子圖説又有「太極本無極」與「無極之真」之言，不知蔡説亦可通否？又按易本義釋「易有太極」之旨曰：「易者陰陽之變，太極者其理也。」則朱子固已如此説易字矣。獨朱子釋「無極而太極」之義曰：「上天之載，無聲無臭，而實萬化之樞紐，品彙之根柢也。」則蔡説似與微異，未知如何，疑不敢質，當俟有道而折衷焉。

陳應潤

陳應潤，字澤雲，元末天台（今屬浙江）人。「延祐間，由黄巖文學起爲郡曹掾，數年調明掾，至正乙酉調桐江賓幕。」著周易爻變義緼四卷。四庫全書總目卷四。

周易爻變易緼卷首太極圖説

繫辭曰：「易有太極，是生兩儀。兩儀生四象，四象生八卦。」太極言天地未判之先，已有此至極之理，造化玄妙，神機不測。兩儀既分，乾坤定位，則四象八卦自此而生。四象如在天成象，二十八宿分布於四方，日月五星運行乎其中；在地成形，如山川草木禽獸之類分聚於四方，春夏秋冬則運行乎天地之間，如此自然不假安排，不勞整頓。先儒以太少陰陽爲四象，且八卦未生，安得先有揲蓍之法？宋周濂溪先生作太極圖，加無極於太極之上。陸象山謂其傳老子之學，與朱文公辯之詳矣。又以陰静陽動爲兩儀，易水火木金土之位，恐非「易有太極」之本旨。然則濂溪先生自是一家議論，釋易之大傳，恐初學者不可曉。今重畫此圖，則太極、兩儀、四象、八卦之義粲然復明。

戴良

戴良（一三一七～一三八三），字叔能，號九靈山人，浦江（今屬浙江）人。「通經史百家，暨醫卜釋老之説。學古文於黄溍、柳貫、吴萊。」元末，爲江北行省儒學提舉，不就，避地吴中，依張士誠，後寓昌樂數年。明初洪武六年（一三七三）始南還，變姓名隱四明山。十五年召至京師，「欲官之，以老疾固辭，忤旨，明年四月暴卒，蓋自裁也」，年六十七。明史卷二八五有傳。

九靈山房集卷二二題楊慈湖所書陸象山語

陸文安公之學，由中庸「尊德性」而入，故其用工不以循序爲階梯，而以悟入爲究竟，所謂傳心之學是已。斯學也，江右諸公多得其傳。浙水之上，傳之得其宗者惟楊文元公。文元官富陽時，獲見文安而進拜焉，立談之頃，即領道要，故其所就卓卓，視文安有光。文安此帖有「家之興替在德義，不在富貴」之語，蓋亦心學之所發耳。文元書之以自厲，且署「門人楊某」於後，非有得於心學之傳者，若是乎？夫文安之學，聖人之學也。韓子謂求觀聖人者，必自孟子始。予亦謂求觀文安者，必自文元始。師程知慕二公，取其言與字，尊信而表章之，是亦文元之徒也歟。

趙汸

趙汸（一三一九～一三六九），字子常，休寧（今屬安徽）人。初「讀朱子四書，多所疑難，乃盡取朱子書讀之。聞九江黄澤有學行，往從之游。澤之學以精思自悟爲主，其教人引而不發」。「復從臨川虞集游，獲聞吴澄之學。乃築東山精舍，讀書著述其中。」學者稱東山先生。入明，詔徵預修元史，書成辭歸。未幾卒，年五十一。明史卷二八二有傳。

東山存稿卷二私試策問

孟子之書於篇末歷叙羣聖相傳之統，而終之曰：「然而無有乎爾，則亦無有乎爾。」先儒所謂明其傳之有在，而又以俟後聖於無窮者也。至于近代而以興起斯文爲己任者，蓋有其人矣，何可以不知其傳之所在乎？或曰：「由孔子而上，聖人以心相傳者也；由顔曾而下，則學者傳焉，道統之云，未可輕議也。」其信然歟？昔者春陵周子之興，河南二程子實受其學，自孟氏而來未能或之先也。其所以續夫千載不傳之緒者，亦可得而聞其説之詳乎？伯子嘗曰：「吾學雖有所受，天理兩字，却是自體貼出來。」叔子亦謂：「返求諸六經，而後得之。」則所謂受學者，果何事歟？其同時則有若司馬温公、康節邵子、横渠張子焉。三君子之所造，其優劣何如也？訂頑、正蒙之訓，精思而妙契矣。所謂非明睿所照而考索以求至者，何所指歟？内聖外王之學，醇一而不雜矣。居洛三十年，未嘗一語及其數，且有儒伯之譏，何歟？登程氏之門而得其傳者，可悉聞歟？其所造之淺深，亦有可知者歟？龜山楊氏之傳爲羅仲素氏、李愿中氏，而子朱子出焉，其授受之際，微言精義，猶有可考者歟？「道南」之歎，程子之屬，望於中立者何如也，而乃深以著書爲戒，何歟？當是之時，道學雖明，而六經羣聖人之書，俱未有定説，乃有轉使人薄之憂，何歟？豈他日有微旨歟？胡文定之傳爲其子仁仲氏，而知言、大紀二書作焉，其立言之要，可得而論歟？其於程氏之學，果能脗合而無間歟？子朱子折衷諸賢之言，而集其成，蓋有不可得而辭者矣。然四書之註，至於易簀猶改竄未已，將無尚有待於後之君子歟？嘗謂詩集傳後有子雲必好之矣，而若不滿於易本義者，何歟？書屬諸蔡仲默，而克有成，其果能繼朱子之志歟？春秋嘗屬諸黄直卿矣，而卒無所論著，何歟？至其晚年，尤惓惓禮書弗置，深以不克見其成書爲憂，今其書成矣，其述作之本意亦可得而推見歟？其同時有張敬夫氏、吕伯恭氏，其所造之淺深，猶有可論者歟？又有象山陸氏者，相與上下其説，終身不能相一，而且美之爲爲己之學，何歟？爲己之説可得而聞歟？朱子嘗徵詩説於陳君舉，君舉辭焉，而以書幣求反己之道於陸氏，果何所見歟？登朱子之門者衆矣，得其傳而不悖不惑者，亦有其人歟？其後又有魏華父氏、真希元氏，皆學乎朱子之學者也，其於聖人之道，亦皆有所發明歟？夫傳道有宗，適道有塗，而立言垂訓，則又成己成物之餘事也。然則即其傳而求其統之所由續，本其身而論其德之所以成，此格物致知之先務也。有志於學者，顧相與講明之。

東山存稿卷二對問江右六君子策

先生初遊虞公之門，乃試江右六君子策，篇末拳拳朱、陸之異同爲問。先生素熟於胸中，剖決精當，明言始異而終同焉，萬世之公論也。

問：孟子取友善士，自一鄉一國至於天下，猶以爲未足，而尚論古之人焉。其言曰：「頌其詩，讀其書，不知其人，可乎？」即一鄉一國之人，可以謂之天下之士者，古有其人焉，何可以不知其人也。以江右論之，士之勵名節者，莫盛於東漢矣。豫章有徐孺子者，千古所謂高士也，𨕥懦苟且之衰世，非斯人，吾誰與歸！觀其一木一繩之歎，其於聖人之無可無不可者何如也？晉有陶淵明者，實生於九江，出處大節，世蓋擬之諸葛孔明。而先儒觀其詩，乃或疑其出於老子，其信然乎？宋有廬陵歐陽公，以其沖和之氣，發揮治世之隆，蓋其文以謂上接於孟、韓者也。孟子之緒可考乎？南豐曾子固當濂洛未興之先，孝友之行，經學之懿，帝王之制，其見於文者，無愧於方來也。清江劉原父博學洽聞，春秋三傳之釋，儀禮之缺遺，秦漢以來之典故，文學之士未能或之先也。後之學文者，積學之功，爲德之厚，未至於三君子，而曰文乎文乎哉！其南渡也，陸子静先生生乎臨川之青田，高明卓異，前無古人，與朱文公起而相望於當世，學者從之，入德之門或小異焉。嘗觀陸先生之在白鹿也，講「君子喻於義，小人喻於利」一章，學者聞之，感動流汗，朱子親執筆而請其書焉。其相尊敬如此。夫義利之分甚微，所謂幾也。孟子分舜、跖於鷄鳴，周子發剛柔之善惡，此求端之至精者也。而二先生曷嘗有異哉？然而朱氏之學實宗於周子，周子之書莫先於太極，而（有）［太］極無極之辨，學者有莫逆於心者乎？鵝湖之會，固將以一道德也，而簡易、支離之說，終不合而罷。然二家之精微，非大賢相與剖擊，則下二賢一等者，殆無從而知之矣。道之不行也，知者過之，愚者不及也。道之不明也，賢者過之，不肖者不及也。所以不可不知其人者，其在斯乎？夫治道必本於學術，環數千里之間，必有同志之士得鄉先生之微者，幸相與講明之。

對：大江之西，環地數千里，名公鉅儒相望而起者衆矣。執事發策承學，乃獨以徐孺子、陶元亮、歐陽公、曾子固、劉原父及象山先生六君子爲問，始之以孟軻氏尚友古人之實以開其端，終之以朱子、象山之異同，而尤拳拳於斯道之所以不明不行焉。大哉問乎！執事之用心厚矣。晚學小子，曾何足以知之。然則請因孟子之言，而姑誦其所聞，以復明問之萬一可矣。夫所謂天下之士者，不出乎一鄉一國也。以一鄉一國之士而以天下名，則其所立，必有大異於常人者矣。以天下之士而尚論古之人，頌其詩，讀其書矣，而猶有不知其人之憂焉，則孟子之所謂尚友者，其亦有在於言詞之外者乎？學士虞公批云：「應在後。」此所謂必論其世者也。今以六君子觀之，孺子、元亮以風節稱，歐陽、曾、劉以文章著，若陸先生則學乎聖賢之道者也。批：「應在後。」然因其言而考其世，則皆有未易知者焉。昔漢室之將微也，所謂天地閉而賢人隱之時，與有聖人焉生於其時，吾不知其出處之何如。然黨錮諸賢以身狥國，而卒無救於炎祚之亡，則孺子之高風爲不可及矣。觀其辭玄纁之徵，避黃瓊之辟，問國事則不答，問稼穡則答，其察乎時義，蓋非一日。雖以郭林宗之明哲，猶有待於一繩一木之言而後感悟，則所謂見幾而作，不俟終日者，非孺子其孰能當之？千古而下，想聞其風，而頑廉懦立者，其以斯歟！逮夫典午氏之亡也，南面之君欣然操筆，以位禪强臣而不悔，一時在廷之士，誰復爲綱常計者，獨彭澤令陶潛以大臣之孫，恥事二姓，其於君臣之義得矣。慕諸葛而以其名爲字，詠荆軻而惜其劍術之疎，則子房博浪之心，孔明復漢之志，元亮猶有不能忘於心者乎？然觀乎其詩則斂英氣於沖陶，寄深心於淡泊，有類乎知白守黑之爲者，而世俗之論，亦惟見其杜德機焉。此子房所以誅秦蹶項以報私讐，而終身不以告人者也。故先儒謂其出於老氏，其亦可謂知言者矣。批：「是翁心事，惟東坡、山谷知之。出於老氏，乃吾朱子語。」然其言有曰：「羲農去我久，舉世少復真。汲汲魯中叟，彌縫使其淳。」自昔清談之士謂淳漓樸散，繄禮法使然，孰知魯叟彌縫，將以淳之邪？批：「亦是。」此孔明之正大，所以不爲三代以下人物者，元亮其無愧焉。嗟夫！使晋室之胄而有一人焉，庶幾乎昭烈之賢，則夫子房、孔明之所優爲者，吾知元亮其兼之矣。批：「前數子惟淵明爲難知，此獨無遺恨。」後之君子向慕比儗，而以爲不可企及者，其亦有感於斯乎？後數百年，當宋室之盛，而歐陽公出焉，雄文直道，世蓋謂孟、韓復生也。論其學之所至，視知言養氣之君子，非所敢知，然其立朝也，與希文以偕貶而不同其進，與定天下之大策而不自以爲功，批：「指立英宗。」其接後學也不以疎而棄，不以遠而遺，世皆謂公之求士甚於士之求公焉。批：「東坡語。」五代史之作，反覆乎有國者所以興衰之由，若生乎其時而憂其世者，其視昌黎子所謂畏天命而悲人窮者，蓋無間然矣。子固出於其門，文章經術，庶幾公之爲盛，而義理之淵微，典故之宏博，又有以發公之所未發者焉。然觀其力貧以養母而人無間言，嫁孤妹九人而皆得其所，善王介甫而深知其非，則後之大儒，觀乎其文而願學焉者，批：「謂朱子。」豈惟以其誥命之不愧三代哉！批：「亦文公語。」若原父則公之畏友也。其經學之邃，則士相見等篇可補記禮者之缺遺；春秋權衡、七經小義之作，又有以破專門學究之陋。其典故之博，則上而秦漢以來帝王之制作，古文奇字之音訓，下而山經地志、陰陽醫卜、稗官小説之書，莫不淹貫，雖以永叔之才學，而原父猶以其不讀書爲惜，則其抱負亦偉哉。然當羣賢彙征之秋，館職之任，七年不遷。仁宗親定夏竦謚，則以爲侵臣官；加上尊號，則以爲非古禮，批：「公是立朝可見者二事。」其官守之際嚴矣。後之君子喜談而樂道之者，豈惟以其立馬揮九制之爲能哉？雖然，以三君子積學之厚，制行之高，所謂實大而聲宏者也，使非文章之盛，猶足以暴白於當世，然後之論者，徒知貴其言詞，而不復稽其行事，則亦異乎孟軻氏尚友古人之意矣。批：「應前甚好。」若夫陸先生之學，與子朱子不同，則有非愚生之所能盡知者。然朱子之學實出周程，而周子則學乎顏子之學者也，程子亦曰「孟子才高，學之無可依據，學者當以顏子爲師」。至朱子之告張敬夫也，則又以伯子渾然天成，恐闊大難依，而有取於叔子以成其德焉。其自知也明矣。陸先生以高明之資，當其妙年，則超然有得於孟氏立心之要，而獨能以孟子爲師，且謂「幼聞伊川之言，若傷我者」。觀其尚論古人者不同如是，則其入德之門固不能無異矣。批：「講明有素者，出語自别。」夫儒者之學，莫嚴於義利之辨，而學術之筆，率由氣禀之偏。孟子舜跖鷄鳴之分，周子善惡剛柔之論，其析之也精矣。陸先生之在白鹿，朱子請其一言以儆後學，先生爲講「君子喻於義，小人喻於利」一章，深察乎學者心術之微，而欲其致謹於二者之辨，聽者爲之動心流汗。朱子請其書而藏之。今觀先生之言深切明白，使人羞惡之心油然而生，誠不愧於孟子之訓矣。然周子太極之説親授於程子，而朱子釋之曰：「上天之載，無聲無臭，而實造化之樞紐，品彙之根柢也。以其無形而有理，故曰無極而太極，以其有理而無形，故曰太極本無極。」所謂（闕）［閱］百聖而不惑者也。陸先生兄弟謂「太極」上不當更加「無極」字，移書爭之，往復數四，累千萬言，而不能相一，何歟？夫以「中」訓「極」者，是知太極之本體矣，而「中」非太極所以得名之實也。謂「易有太極，不當言無」者，是知論太極者之不當淪於高虚矣，而猶未知周子立言之妙也。然觀朱子嘗謂子静不知有氣稟之性，批：「善看即自姑引此應前。氣稟剛柔之説，見陸氏於周子之書不甚留意。」則其於周子之書，庸有未深考者矣。鵝湖之論，終以不合而罷者，則又有説焉。夫所謂墟墓而哀也，宗廟而欽也，即孟子所謂人見孺子將入井之心，而朱子所謂介然之頃，一有覺焉，則其本體已洞然者也。原其所指，皆由已發之心而悟其未發之性，則其要歸，亦有不容於不同者「乎」？然而簡易、支離之説，邃密、深沈之言，終有未合。於是毫分縷析者，深辨乎疏目闊節之多失；石稱丈量者，又以銖銖寸寸爲必差。則其所甚異者，殆無過於斯矣。執事之言曰：「二家之精微，非大賢相與剖擊，則下二賢一等者，殆無從而知矣。」至哉言也，其深有得於二賢者乎！晚學管窺，復何「所」容喙，無亦徵之於二先生之所自言者可乎？子朱子之答項平甫也，其言曰：「自子思以來教人之法，惟以尊德性、道問學爲用力之要。陸子静所説，專是尊德性事。而熹平日所論，却是道問學上多了。今當反身用力，去短集長，庶不墮於一偏也。」觀乎此言，則朱子進德之序可見矣。陸先生之祭吕伯恭也，其言曰：「追惟曩昔，粗心浮氣，徒致參辰，豈足酬議？」批：「此一證，豈淺聞者之可及？」觀乎斯言，則先生克己之勇可知矣。夫以二先生之言至於如是，豈鵝湖之論至是而各有合邪？使其合并於暮歲，則其微言精義必有契焉。而子静則既往矣。抑不知子朱子後來德盛仁熟，所謂去短集長者，使子静見之，又當以爲如何也。批：「甚好甚好，正要人知此意。」今朱子之書，家傳人誦。其端緒之明，則顔、曾、思、孟以至於周、程、張子之所傳可徵也。其工夫之密，則自夫灑掃應對進退而達乎修齊治平無間也。豈有待於愚言而後知哉！獨陸氏之學則知之者鮮，故愚亦不足以言之也。然嘗聞孟子曰：「仁，人心也。放其心而不知求，哀哉。」「學問之道無他，求其放心而已矣。」又曰：「耳目之官，不思而蔽於物，心之官則思。先立乎其大者，則小者不能奪也。」此陸先生之學所從出也。是故先生非不致知也，其所以致知者，異乎人之致知；非不集義也，其所以集義者，異乎人之集義。批：「得之矣。所謂毫釐千里者在此。」他日，朱子嘗曰：「子静是爲己之學。」又曰：「子静平日所以自任，正欲身率學者，一於天理，而不以一毫人欲雜於其間。」則其所以夐出千古者，豈不在於斯乎？若曰：苟此心之存，則擴充持守爲可略。學貴自得，則思索講習之皆非，則雖學知力行之士，不足以語此，而況於小子後生之至愚極暗者乎？易曰：「學以聚之，問以辨之。」又曰：「精義入神，以致用也。利用安身，以崇德也。」豈徒易簡之云乎！此先生之高明，所以爲不可及也。然則其可以易而言之乎？奈何前修日遠，後學寡師，求之而不得其要，察焉而不見其端。於是專務考索者傅會繳繞，而終不知本心之猶在；致力持守者（私）

[師]心自用，而卒無以異於常人。然後知二先生之所爲深憂而過計者，蓋有在也。中庸曰：「道之不行也，知者過之，愚者不及也。道之不明也，賢者過之，不肖者不及也。」執事有感於斯言，而以江右之先賢爲問，且深致意於孟軻氏「不可不知其人」之一語，其亦深悲後生之陷溺，而思有以救之者乎！批：「過當過當，亦嘉與同志者講明之耳。」不然，何其言之忠厚惻怛至於斯也？且江右鄉先生多矣，而執事所舉自六君子之外無及焉，豈非以風節關乎世教，文章本乎學行，而聖賢之道又有大於此者歟！批：「文字關鍵好。」尚論古人而至於是焉，其亦可謂微矣。夫政治之(大)[失]由乎學術，千里之繆起於毫釐，斷木爲棋，(刑土)[刓草]爲鞠，莫不有法焉。有志於學者，而於求端擇術之際無以致其思，則其流弊將有不可勝言者矣。愚不敏，竊嘗有志於斯，而未之能進也，惟執事其幸教之。

古人云：在朝言朝，在野言野。居江右而論江右之前賢，非敢僭妄，辨學以正誼，亦君子惓惓不忘鄉黨之意也。處憂患之世，(忠)[志]有所不得行，孺子、淵明之心，豈苟然乎！宋代古文之興，至歐陽公盛矣。經學之用，曾公何可當哉？而徒見於文字者，亦君子之所慨也。近時學者，從事先儒之成言，可謂千古之幸。然秦漢以來諸儒區區盡心之所存者，忽而弗之究，先儒之成言，力不能有所盡知者矣。此亦鹵莽寡陋之失不小也。是以有慨於劉氏焉。陸先生之興，與子朱子相望於一時，蓋天運也。其於聖人之道互有發明，而吾黨小子知者微矣。子常生朱子之鄉，而又有得於陸氏之説，其答斯問也，於前數君子既已各極其所藴，而於二家之所以成己而教人者，反覆究竟，尤爲明白。蓋素用力於斯事者，非綴緝傅會之比也。一時友朋，若子常之通達而起予者鮮矣。輒書其後而歸之。集離羣索居，安得與子常常相見乎？進士科得人，斯文之幸也。得於己而有餘，隨事答應之無窮，舒之斂之，惟義所在可也。雍虞集書。

案：東山存稿附録詹烜東山趙先生汸行狀云：「時江西憲試請題，虞公擬策問江右先賢及朱、陸二氏立教所以異同。具對，卒言劉侍讀有功聖經，至論朱、陸二子入德之門，尤爲精切詳備。末乃舉朱子曰：『子静所説專是尊德性，而熹平日所論却是道問學上多了。今當反身用力，去短集長，庶不墮於一偏也。』又舉陸子曰：『追惟曩昔粗心浮氣，徒致參辰，豈足酬議。』以二説爲證，使其合并於暮歲，微言精義，必有契焉。子静則已往矣。虞公評其後曰：『子常生朱子之鄉，而得陸氏之説，於二家之所以成己教人，反復究竟明白，蓋素用力斯事者，非綴緝傅會之比也。』」

東山存稿卷三與袁誠夫先生論四書日録疑義書節録

即日仲冬，伏惟樓山聘君先生尊候安福。往歲僕人還，蒙賜手書，緘示孟子日録，許以難疑請益，可於文明處間達。竊惟先生古道盛心，嘉惠晚學如此，而小子疎庸，辱教有自，敢不竭其胸臆，思所以承誨論者乎！謹以日録諸書，參之向者所聞要語、所得尊翰，諸有愚慮，悉呈先生，其終教之。戊子賜書云：「足下天資非不聰明，學問非不博贍，究竟非不精詳，但覺本領尚未分曉，統宗會元之地欠着工夫。此處未甚融貫，則讀經書未免有窒礙。」汸竊謂此一節深中淺陋之失，但上三言，亦予之大過爾。又曰：「雖朱子不能不微有此失，所以專守其説者，又加甚焉。」汸於先正大儒所造，智不足以及之，不敢輒揆所聞立議，以取侏儒觀場之誚。竊謂先生學於吾文正公，而文正則於朱、陸二氏之學互有發明者。汸聞陸先生曰：「今士大夫不志於利，惟朱元晦。」此言真如震雷驚霆。當時名儒傑出，各立門户甚衆，至此皆粉碎矣。後之君子，頂門上若當不得此一鍼，則於元晦地步未易抗衡也。況所謂統之宗、會之元者，其可從下窺高，以意識卜度乎？若學者於經旨專守一説，則事又不同。蓋義理無窮，故不當以先入之言爲主。但得於彼者未見其無疑，則舍於此者，烏可以輕易也？若夫向裏一關無所開發，而徒欲守先哲之見以爲己見，誦先哲之言以爲己言，則小子雖陋，亦未忍自畫於斯。先生尚有以教之否。下略。

徵引文獻

寶真齋法書贊（宋）岳珂　上海古籍出版社文淵閣四庫全書本
白雲集（元）許謙　上海古籍出版社文淵閣四庫全書本
北磵集（宋）釋居簡　上海古籍出版社文淵閣四庫全書本
北溪大全集（宋）陳淳　上海古籍出版社文淵閣四庫全書本
北遊集（宋）汪夢斗　上海古籍出版社文淵閣四庫全書本
吹劍録外集（宋）俞文豹　上海古籍出版社文淵閣四庫全書本
慈湖遺書（宋）楊簡　上海古籍出版社文淵閣四庫全書本
大易緝説（元）王申子　上海古籍出版社文淵閣四庫全書本
待制集（元）柳貫　上海古籍出版社文淵閣四庫全書本
道園學古録（元）虞集　上海古籍出版社文淵閣四庫全書本

定宇集　（元）陳櫟　上海古籍出版社文淵閣四庫全書本

東萊吕太史集（簡稱東萊集）　（宋）吕祖謙　浙江古籍出版社二〇〇八年吕祖謙全集本

東山存稿　（元）趙汸　上海古籍出版社文淵閣四庫全書本

管窺外篇　（元）史伯璿　上海古籍出版社文淵閣四庫全書本

寒松閣集　（宋）詹初　上海古籍出版社文淵閣四庫全書本

鶴林集　（宋）吴泳　上海古籍出版社文淵閣四庫全書本

鶴山先生大全文集　（宋）魏了翁　上海商務印書館四部叢刊初編本

鶴林玉露　（宋）羅大經　中華書局一九八三年版

黄氏日抄　（宋）黄震　上海古籍出版社文淵閣四庫全書本

晦庵先生朱文公文集（簡稱晦庵集）　（宋）朱熹　上海古籍出版社、安徽教育出版社二〇〇六年朱子全書本

積齋集　（元）程端學　上海古籍出版社文淵閣四庫全書本

江西通志　（清）謝旻等　上海古籍出版社文淵閣四庫全書本

蛟峰文集　（宋）方逢辰　上海古籍出版社文淵閣四庫全書本

經義考　（清）朱彝尊　上海古籍出版社文淵閣四庫全書本
静修集　（元）劉因　上海古籍出版社文淵閣四庫全書本
九靈山房集　（元）戴良　上海古籍出版社文淵閣四庫全書本
郡齋讀書志校證　（宋）晁公武、（宋）趙希弁撰，孫猛校證　上海古籍出版社一九九〇年版
克齋集　（宋）陳文蔚　上海古籍出版社文淵閣四庫全書本
會稽續志　（宋）張淏　中華書局宋元方志叢刊本
困學紀聞　（宋）王應麟　大象出版社二〇一六年全宋筆記本
兩宋名賢小集　（宋）陳思編、（元）陳世隆補　上海古籍出版社文淵閣四庫全書本
陸九淵集　（宋）陸九淵　中華書局一九八〇年版
楳埜集　（宋）徐元杰　上海古籍出版社文淵閣四庫全書本
蒙齋集　（宋）袁甫　上海古籍出版社文淵閣四庫全書本
勉齋集　（宋）黄榦　上海古籍出版社文淵閣四庫全書本
明史　（清）張廷玉　中華書局一九七四年版

南宋館閣續録　（宋）佚名　中華書局一九九八年版
南軒先生文集（簡稱南軒集）　（宋）張栻　上海古籍出版社二〇一〇年朱子全書外編本
千頃堂書目　（清）黄虞稷　上海古籍出版社一九九〇年版
僑吴集　（元）鄭元祐　上海古籍出版社文淵閣四庫全書本
勤有堂隨録　（元）陳櫟　上海古籍出版社文淵閣四庫全書本
清容居士集　（元）袁桷　上海古籍出版社文淵閣四庫全書本
全宋文　曾棗莊等主編　上海辭書出版社、安徽教育出版社二〇〇六年版
申齋集　（元）劉岳申　上海古籍出版社文淵閣四庫全書本
師山集　（元）鄭玉　上海古籍出版社文淵閣四庫全書本
書齋夜話　（宋）俞琰　上海古籍出版社文淵閣四庫全書本
水心文集　（宋）葉適　中華書局一九六一年葉適集本
水雲村藁　（元）劉壎　上海古籍出版社文淵閣四庫全書本
遂昌雜録　（宋）鄭元祐　上海古籍出版社文淵閣四庫全書本
四朝聞見録　（宋）葉紹翁　中華書局一九八九年版

四庫全書總目　（清）永瑢等　中華書局一九八一年版
四明文獻集（宋）王應麟　上海古籍出版社文淵閣四庫全書本
佚庵集　（宋）李存　上海古籍出版社文淵閣四庫全書本
宋名臣言行録外集　（宋）李幼武　上海古籍出版社文淵閣四庫全書本
宋史　（元）脱脱等　中華書局一九八五年版
庶齋老學叢談　（元）盛如梓　上海古籍出版社文淵閣四庫全書本
桐江集　（元）方回　江蘇古籍出版社宛委別藏本
桐江續集　（元）方回　上海古籍出版社文淵閣四庫全書本
玩齋集　（元）貢師泰　上海古籍出版社文淵閣四庫全書本
萬姓統譜　（明）凌迪知　上海古籍出版社文淵閣四庫全書本
文獻集　（元）黄溍　上海古籍出版社文淵閣四庫全書本
吴都文粹續集　（明）錢穀　上海古籍出版社文淵閣四庫全書本
吴文正集　（元）吴澄　上海古籍出版社文淵閣四庫全書本
西山先生真文忠公文集　（宋）真德秀　上海商務印書館四部叢刊初編本
習學記言　（宋）葉適　上海古籍出版社一九九二年版

新安文獻志　（明）程敏政　黄山書社二〇〇四年版
雪樓詩　（元）程文海　上海古籍出版社文淵閣四庫全書本
雪坡集　（宋）姚勉　上海古籍出版社文淵閣四庫全書本
學齋佔畢　（宋）史繩祖　上海古籍出版社文淵閣四庫全書本
巽齋文集　（宋）歐陽守道　上海古籍出版社文淵閣四庫全書本
延祐四明志　（元）袁桷　中華書局宋元方志叢刊本
隱居通議　（元）劉壎　上海古籍出版社文淵閣四庫全書本
庸齋集　（宋）趙汝騰　上海古籍出版社文淵閣四庫全書本
御選宋金元明四朝詩　（清）康熙時奉敕編　上海古籍出版社文淵閣四庫全書本
元儒考略　（明）馮從吾　上海古籍出版社文淵閣四庫全書本
元史　（明）宋濂等　中華書局點校本
淵穎集　（元）吴萊　上海古籍出版社文淵閣四庫全書本
浙江通志　（清）嵇曾筠等　上海古籍出版社文淵閣四庫全書本
直齋書録解題　（宋）陳振孫撰　上海古籍出版社一九八七年版
周易爻變易緼　（元）陳應潤　上海古籍出版社文淵閣四庫全書本

周元公集（宋）周敦頤　上海古籍出版社文淵閣四庫全書本
朱子門人　陳榮捷　華東師範大學出版社二〇〇七年版
朱子語類（宋）黎靖德　中華書局一九八六年版
燭湖集（宋）孫應時　上海古籍出版社文淵閣四庫全書本